TOEFL® TEST 必須英単語 5600

改訂新版

Master 5600 of the frequently tested words on the TOEFL TEST with lists, passages, and CD's

TOEFL iBT TEST 対策決定版

LINGO L.L.C. 代表
林 功 著

CD BOOK
[CD2枚付]

TOEFL is a registered trademark of Educational Testing Service (ETS).
This product is not endorsed or approved by ETS.

ベレ出版

はしがき

　10年間ロングセラーとして多くのTOEFL受験者を中心にご愛読頂いた「TOEFL®TEST必須英単語5000」が新しくなりました。「聞く・読むを通して文脈から単語を定着させる」というコンセプトは変わらずぶれることはありませんが、iBTという難解なテストにさらに奏功するにはどう進化すべきかという点を本書に具体的に盛り込みました。

　TOEFL®iBTが実施されるようになって5年が経過し、出題形式・傾向もやっと落ち着き、日本の受験者もようやく腹をくくってこのかなりタフな英語力判定テストに正面から立ち向かう気持ちになってきたようです。最近の生徒さんのクラスでの雰囲気やスコアの伸びからもそれが感じられます。何とか他の試験で代替しようではなく、「難しいけど方法はある」とiBTに対して前向きになってきたようです。

　既に受験された方はご存知のように、iBTは受験者の英語運用力を《読む・聞く・話す・書く》の4つのセクションで試すシステムですが、ワンレベルで難度が高いという点で、非常に趣旨は一貫しています。つまり英語圏の大学・大学院といったアカデミックな場面で支障なくやっていける英語運用力の有無を判定するという趣旨です。ある意味でiBTは理想を追い求めた試験であり、本音のテストだと筆者は思います。「易しいものは出しませんよ」というテストだと考えていいでしょう。しかし、厄介なことに「やってやるぞ」と覚悟した受験者は必ず単語という壁に突き当たるのです。

　iBTは難度の高いワンレベルなので、出題内容のポイントとなる単語のレベルも常に高いままです。この難度の高い単語群を攻略しなければ、iBT100といった高みは越えられません。だからこそ、単語は覚えるしかないのだと覚悟したTOEFL受験者を具体的に助けて、難解で覚えにくい単語の語義や綴り、発音を可能な限り印象深く有機的に彼らの記憶に残すことが、本書「TOEFL®TEST必須英単語5600」がやるべきことなのです

「TOEFL®TEST必須英単語5000」が10年間ロングセラーとして果たしてきたことを、さらに研ぎ澄ませ増幅するにはどの部分を強化すればよいのかと、生徒さんや読者のみなさんの反応から模索し続けた結果として本書が生まれました。iBT本試験に毎回のように出題される単語群の追加をはじめ、それらの単語群を含む頻出ジャンルの英文の追加、本試験と同じ速度を含む3段階の録音速度、会話問題やSpeakingでも奏効するキャンパス用語リストなど、読者のみなさんの夢に対する覚悟を形にする道具はすべて本書に含まれています。iBTは難しい、無理かなとやや弱気になったときこそ、本書のページをめくり、CDを聞いて、大声でシャドーイングしてください。歩みをやめなければ必ず目的地に着くはずです。

　　　　　　2010年　12月　もうすぐ冬至という夜半に
　　　　　　　　　　　　　　　　　　　林　功

CONTENTS

はしがき……………………………………………………………… 3
必須単語を確実に定着させるホンネの暗記法……………………10
本書の効果的な目的別活用法………………………………………14
TOEFL®iBT の特徴 …………………………………………………20
TOEFL®iBT の構成 …………………………………………………20
TOEFL®iBT の受験申し込み方法 …………………………………22
オンラインでの新規受験予約について……………………………22
有効な本人確認書類について………………………………………23

PART 1：Articles for Reading & Listening

CHAPTER Ⅰ：Humanities & Social Science

1. 基礎レート Anthropology（人類学）：
   Modern Physical Anthropology 近代自然人類学 ……26
2. 本試験レート Anthropology（人類学）：Human Migration 人類の移住 …30
3. 基礎レート Archaeology（考古学）：Research 調査 ………………34
4. 高速レート Archaeology（考古学）：Mummy ミイラ……………38
5. 基礎レート Art History（美術史）：Introduction 概論 ……………42
6. 基礎レート American History（アメリカ史）：
   The Changing Style of the Plains Indians
   アメリカ先住民族の生活様式の変化……………………………46
7. 基礎レート American History（アメリカ史）：
   The Third President 第3代大統領 ………………………50
8. 高速レート American History（アメリカ史）：
   Confederate States of America アメリカの南部連邦…54

9. 基礎レート American History（アメリカ史）：
   The Civil War Era 南北戦争時代 ……………58
10. 本試験レート Business Administration & Economics（経営学&経済学）：
    The Great Depression 大恐慌 ……………………62
11. 基礎レート Business Administration & Economics（経営学&経済学）：
    Managerial Decision Making 経営上の決断 ……………66
12. 高速レート Business Administration & Economics（経営学&経済学）：
    Government and Private Enterprise 政府と民間企業………70
13. 高速レート Education（教育学）：
    Educational Theory and Practice 教育理論と実践 …74
14. 基礎レート Ethnology（民族学）：The Ethnics 民族的背景 ………78
15. 高速レート Film（映画）：Tools of Filmmaking 映画製作の道具 82
16. 本試験レート Music（音楽）：Orgins of Jazz ジャズの起源 …………86
17. 高速レート Journalism（ジャーナリズム）：Newspapers 新聞……90
18. 基礎レート Law（法学）：Changing a Constitution 憲法改正……94
19. 基礎レート Criminology（犯罪学）：Correction 更生 …………98
20. 基礎レート Linguistics（言語学）：
    Animal Communication and Human Language
    動物の意思伝達と人間の言語 ………………………102
21. 基礎レート Linguistics（言語学）： ……………………………106
    Language Acquisition by Children 子供の言語習得
22. 本試験レート Architecture（建築学）：Roman Arch ローマ式アーチ ……110
23. 高速レート Art（芸術）：Romanticism ロマン主義 …………114
24. 本試験レート Art（芸術）：Imitation and Expression 模倣と表現…118
25. 高速レート Literature（文学）：Emily Dickinson エミリー・ディキンソン …122
26. 高速レート Theater（演劇）：Theatrical Music 劇場音楽 ………126
27. 高速レート Philosophy（哲学）：Atomism 原子論……………130
28. 本試験レート Psychology（心理学）：Behaviorism 行動主義………134
29. 基礎レート Psychology（心理学）：Memory and Motivation 記憶と動機…138
30. 高速レート Political Science（政治学）：
    Political Science in the US 合衆国の政治学…………142

31. 高速レート Women's Study（女性学）:
     The Women's Movement 女性運動 ……………146
32. 高速レート Sociology（社会学）:Railroad 鉄道 ……………150

CHAPTER II : Natural Science

33. 基礎レート Astronomy（天文学）:The Galaxies 銀河 …………154
34. 本試験レート Astronomy（天文学）:The Planets 惑星 …………158
35. 本試験レート Health Science（健康科学）:
     Pesticides and Cancer 殺虫剤と癌 ……………162
36. 高速レート Veterinary Study（獣医学）:Cat Disease 猫の病気 166
37. 基礎レート Biology（生物学）:Evolution 進化 ………………170
38. 基礎レート Biology（生物学）:Specifically Human Qualities 人間の特質 …174
39. 高速レート Biology（生物学）:Human Aggression 人間の攻撃性 …178
40. 高速レート Biology（生物学）:Aquaculture 養殖 ………………182
41. 高速レート Biology（生物学）:Flightless Birds 飛べない鳥 ……186
42. 高速レート Biology（生物学）:Symbiosis 共生 …………………190
43. 高速レート Biochemistry（生化学）:Introduction 概論 …………194
44. 高速レート Computer Science（コンピュータ学）:
     Digital Computer デジタル・コンピュータ……………198
45. 基礎レート Earth Science（地球科学）:Four Seasons 四季 ……202
46. 本試験レート Earth Science（地球科学）:
     Ocean Water:Salinity 海水の塩分濃度 ……………206
47. 高速レート Earth Science（地球科学）:
     How Rain is Formed? どうして雨は降るのか？ ……210
48. 本試験レート Earth Science（地球科学）:Arctic Tundra 北極ツンドラ…214
49. 高速レート Ecology（生態学）:
     An Unintended Consequence 意図していなかった結果 ……218
50. 基礎レート Ecology（生態学）:Conservation 自然保護 …………222
51. 高速レート Optics（光学）:Electron Microscopes 電子顕微鏡…226
52. 高速レート Printing（印刷）:Offset Printing オフセット印刷 …230
53. 高速レート Geology（地質学）:What are Oil and Gas? 石油と天然ガス…234

54. 高速レート Geology（地質学）：Convergent Boundaries　収斂境界 …238
55. 高速レート Geology（地質学）：Energy and Resources　エネルギーと資源…242
56. 高速レート Medicine（医学）：Massage　マッサージ …………………246
57. 基礎レート Medicine（医学）：Obesity　肥満 ………………………250
58. 基礎レート Medicine（医学）：Sports Medicine　スポーツ医学 …254
59. 高速レート Physics（物理学）：Conversion of Energy　エネルギーの変換 …258
60. 高速レート Physics（物理学）：Analysis and Mechanics　解析と力学…262
● Qの解答………………………………………………………………266

PART 2：Classified Word List

1. Agriculture・農業 ……………………………………………268
2. American Studies・アメリカ研究 …………………………271
3. Anthropology & Archaeology・人類学&考古学 …………275
4. Architecture・建築学 ………………………………………278
5. Art History・美術史…………………………………………283
6. Astronomy・天文学 …………………………………………287
7. Biology・生物学 ………………………………………………299
8. Chemistry・化学………………………………………………316
9. Computer & Information Technology・コンピュータ&情報技術　321
10. Earth Science・地球科学 ……………………………………327
11. Ecology・生態学 ………………………………………………334
12. Economics & Management・経済学&経営学 ………………341
13. Education・教育学 ……………………………………………354
14. Engineering・工学 ……………………………………………363
15. Essays&Term Papers・論文作成 ……………………………368
16. Geography・地理学 …………………………………………370
17. Geology・地質学………………………………………………374
18. History・歴史学 ………………………………………………379
19. International Relations・国際関係学 ………………………388
20. Journalism・ジャーナリズム …………………………………391

21. Law・法学 …………………………………………………………394
22. Linguistics・言語学 ………………………………………………402
23. Literature・文学 ……………………………………………………404
24. Mathematics・数学 …………………………………………………415
25. Medicine・医学 ……………………………………………………421
26. Meteorology・気象学 ………………………………………………444
27. Music & Theater・音楽&演劇 ……………………………………449
28. Philosophy・哲学 …………………………………………………450
29. Physics・物理学 ……………………………………………………452
30. Political Science・政治学 …………………………………………456
31. Psychology・心理学 ………………………………………………469
32. Religious Studies・宗教学 …………………………………………473
33. Sociology・社会学 …………………………………………………478

■キャンパスでよく使う単語 ……………………………………………494
索　引 ………………………………………………………………………512

必須単語を確実に定着させるホンネの暗記法

● 《単語は英文を「線」でとらえるための「点」と考えよう！》

　筆者の教え子の中には、TOEFL iBT の Reading/Listening セクションで30点満点を取る鋭い方々もいらっしゃいますが、彼らでさえ問題中のすべての単語の意味があらかじめ分っているわけではありません。彼らは当然かなりの語彙力を持っていますが、むしろその既知の語義をひとつひとつ「点」としてつなげ、最終的に完結した「線」にする能力において優れているのです。つまり、英語の長文や会話、講義の中でポイントとなることが多い単語の意味を知っていて、それを組み合わせることで、全体の意味を的確に推測し再構築できるのです。

　ただここでむしろ大切なのは、「点」が少なすぎては話にならない、「線」を作ることはできないということです。Reading/Listening において語義のわかる単語の数が少なすぎれば、結局はあてずっぽうになってしまい、細部はもとより全体の意味も的確につかむことはできません。これが iBT で伸び悩んでいるほとんどの方の現状だと思います。さあどうしましょう。どうやって重要単語を覚えましょう？

● 《二つのツールを組み合わせよう！》

　「いくらやっても、どんな単語集を使ってもなかなか覚えられません。どうか単語を暗記する効果的な方法を教えてください」と泣きつかれた場合に筆者がお薦めするのはとても泥臭い方法。「既習教材から抜き出した自作の単語帳」と「市販のリスト型単語集」を組み合わせるやり方です。最高に効率が良いかどうかは分りませんが、教え子の方々が実践して確実に効果が上がっています。この方法の最近の成功例を挙げれば、お正月頃に iBT68点だった生徒さんが、9月に108点をとりました。それでは、自分の単語集と市販の単語集を組み合わせる方法をもう少しだけ詳しく述べておきましょう。

● 《知ってる語義は覚えなくてよい！》

　例えば TOEFL iBT 対策の Reading や Listening 問題演習において、

未知ではあるが明らかに重要な単語に遭遇したとしましょう。その単語を復習時点で単語帳に加える場合、語義は、その文脈内のひとつだけ（またはプラス一個まで）にとどめましょう。欲張らないで、まずその文脈だけでの語義を確実に印象に残し、定着させましょう。実際の文脈で出会った単語の意味は、記憶の襞により刷り込まれやすいものです。もちろん、すでに知っている語義は書く必要も、もちろん覚える必要もありません。書き込んだらかえって邪魔です。

● 《攻撃的な単語帳を作ろう！》

市販の単語集に加えて、自分の単語帳は絶対に必要。但し、開くたびに自分に頭を使わせるような、暗記のために脳に記憶の負荷をぐっとかけてくれるような、手強い単語帳・単語カードを作りましょう。

例えば、affordという単語を覚える場合、より攻撃的な単語帳や単語カードを作るとすれば、以下のどのタイプがより効果的だと思いますか。

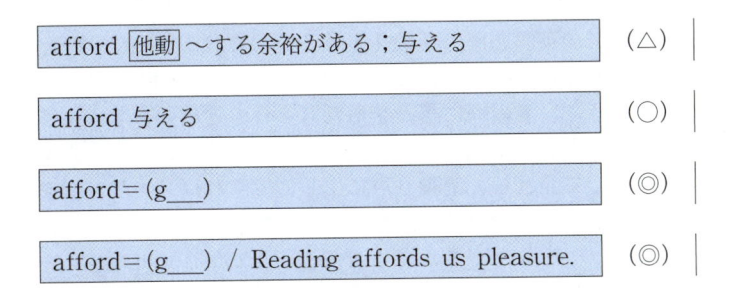

| afford 他動 〜する余裕がある；与える | (△) |

| afford 与える | (○) |

| afford＝(g___) | (◎) |

| afford＝(g___) / Reading affords us pleasure. | (◎) |

右端の△、○、◎は、書き入れ方に対する筆者の評価です。覚えるためにより実践的で、攻撃的で、そしてコンパクトであることを追求すると以上のような評価になります。affordの語義で「〜する余裕がある」というのは、TOEFL受験者であれば、ほとんどの方が知っているでしょう。故に、書き込む必要なし！

● 《言い換えの引き出しを増やそう！》

TOEFL iBTの4つのセクションに対処する場合、常に英語を「言い

換える力」が必要です。具体的に言うと、Reading や Listening の設問における選択肢は、ほとんどの場合、中身の言い換えですし、もちろん同意語問題も出題されます。Speaking や Writing でも、同じ表現ばかり使うと "repetitive"（繰り返しが多すぎる）という評価で減点になるので、適宜、他の表現に言い換えなければなりません。だからこそ、攻撃的でコンパクトな記入法を使い、語義と同類語をどんどん定着させ、読解力と表現力を強化しましょう。例えば、give の同類語が afford、confer、grant、endow、bestow、accord....みたいに浮かんでくるようになれば、iBT 100点という高い峰が現実のものとして見えてくるでしょう。

● 《覚えるためには手段を選ばず！》

　この「TOEFL TEST 必須英単語5600」だけでなく、筆者のもう一冊の拙書「TOEFL iBT 頻出英単語1700」にも共通するのですが、単語を暗記する場合、語義だけでなく、同意表現も、発音も、スペリングもまとめて覚えようというのがそのコンセプトです。「読む・聞く・話す・書く」のすべての英語運用力を鍛え上げるためには、「ひとつずつ」よりも「まとめ・組み合わせて」覚えることが大切ですし、効果的です。但し、上述したように、その際に語義をあれもこれもと欲張らないようにしましょう。単語を覚える際は、ネイティブスピーカーの発音を真似して実際に声に出して発音し、語義も声に出し、できればスペリングを紙に書き、必要なら、連想や語呂合わせもすべて動員して、手段を選ばず定着させましょう。「もうくまんできない」→ I can't bear it. すいません、でも覚えられます。

● 《出会うまで読み、出会うまで聞きまくろう！》

　単語の暗記は退屈な作業ですが、外国語習得のためには絶対に必要です。逃げないで、「よしっ」という感じでこちらから追いかけるような気持ちで、積極的に、しかも毎日時間を決めてやりましょう。前述したように、市販の単語集と自分の単語帳（カード）を併用して、毎日30個、50個と割り当てを決めて、すべての手段を同時に使って、泥臭く覚えましょう。記憶の定着度が上がれば、その分だけ充実感や達成感が増して、

よりよい流れになるはずです。

　覚えた単語の語義や音がしっかり脳裏に定着しているかどうかは、問題演習などの実際の場面でその単語に遭遇したときに判明します。例えば、This novel will afford the readers great pleasure.という英文に遭遇したとき、このaffordはgive(与える)だ、前後の文脈からもOKと感じた瞬間に、この語義はあなたの記憶にほぼ永遠に定着します。これは読解の場合ですが、Listeningの場合もその単語を会話やレクチャーで耳にした瞬間に聞き分けることができ、意味の流れからも違和感がなければ、そのときその音はあなたの耳に定着したのです。だからこそ、出会うまで読み、出会うまで聞き続ける必要があるのです。その道具として、是非この単語5600を繰り返し使ってください。

本書の効果的な目的別活用法

　TOEFL iBT の最大の特徴は、英語の《読む・聞く・話す・書く》すべての能力を単独または統合型の問題で試す点にあるでしょう。つまり英語による理解力を Reading/Listening セクションで、表現力を Speaking/Writing セクションで、ときおり統合問題もまじえながら細かく査定していきます。故に iBT は英語力判定テストとしての理想を追求するシステムであり、高得点獲得者イコール実力派と言えますが、当然、テスト自体の難易度は上がります。

　本書の読者の皆さんには、是非、目先の点数にこだわることなく、高いレベルで使える英語力を体得するつもりで、正面からこのテストに挑んでほしいものです。以下に示すのは、そのための本書の目的別使用法であり、TOEFL iBT 高得点達成のためのヒントです。

◎ Listening 重点強化型

　以下は Listening を重点的に強化したい方のためのレベル別活用法です。

●基礎レベル(TOEIC650/TOEFL iBT61/英検2級程度までの方)

> 1. CD で録音速度が《基礎レート》のレクチャー本文を選び、まず Key Sentences を何も見ないで3回(意味を考えながら)聴いてみる。
> ↓
> 2. 英文と和訳を黙読しながら Key Sentences を3回聴いてみる。
> ↓
> 3. Key Sentences の太字部分を実際に発話しながら音と意味を暗誦する。
> ↓
> 4. Key Sentences の音声を流して止め、リピートする。これを3回。
> ↓
> 5. 何も見ないで本文のナレーションを2回(意味を考えながら)聴く。
> ↓
> 6. テキストを見ながらさらに2回、本文を聴く。
> ↓

7. 和訳を確認し、Double-Check を音読し、さらに本文を頭の中で和訳しながら1回聴く。
↓
8. Double-Check で、聴き取りと意味の両面で苦手な単語に印をつける。
＊さらに細かく復習したい方は、ディクテーション(書き取り)を実施。

●中級レベル(TOEIC650-790/TOEFL iBT61-80/英検準1級程度の方)

1. CD で《基礎レート》または《本試験レート》のレクチャー本文を選び、何も見ないで3回(ポイントをメモしながら)聴いてみる。
↓
2. 英文と和訳を黙読しながら Key Sentences を3回聴いてみる。
↓
3. Key Sentences の太字部分を実際に発話しながら音と意味を暗記する。
↓
4. Key Sentences の音声を流し、聴きながら、あとからかぶせるようにシャドーイングする。これを3回。
↓
5. 何も見ないで本文のナレーションを2回シャドーイングする。その際、1回目はとにかく音を正確に再現し、2回目は意味も考えること。
↓
6. テキストを見ながらさらに2回、(棒読みにならないように気をつけながら)本文をシャドーイング。
↓
7. 和訳を確認し、Double-Check を音読し、さらに本文を頭の中で和訳しながら1回聴く。
↓
8. Double-Check で、聴き取りと意味の両面で苦手な単語に印をつける。
＊ 以上のやり方がスムーズに行えるようになったら、《高速レート》を使うか、やり方を上級レベルに準じてください。

●上級レベル(TOEIC800以上/TOEFL iBT80以上/IELTS6.0以上の方)

1. 目次どおりにではなく、CDを使って《基礎レート》《本試験レート》《高速レート》の順に演習を進めましょう。レクチャー本文を選び、本試験と同じ状況でメモを取りながら1回聴きます。その際、「必要と思われることだけを書き留める」のが鉄則です。ディクテーションではありません。あくまで講義の要約を作るためのメモと考えてください。
↓
2. もう一度本文を聴きなおして、メモを訂正し、聞き逃しや聞き違いと思われる単語をチェックしておきましょう。
↓
3. テキストを確認し、聞き逃しや聞き違いと思われる単語を目でチェックし紙に抜き出して、本文をもう1回聴きなおしましょう。
↓
4. 和訳でKey Sentencesと本文の意味を確認し、聴解の誤差を修正しましょう。
↓
5. Key Sentencesの音声を流し、聴きながら、あとからかぶせるようにシャドーイングする。これを3回。イントネーションにも気をつけましょう。
↓
6. 何も見ないで本文のナレーションを2回シャドーイングする。その際、1回目はとにかく音を正確に再現し、2回目は意味も考えること。
↓
7. テキストを見ながらさらに1回、(棒読みにならないように気をつけながら)本文をシャドーイング。試しに自分の発話を録音してみましょう。
↓
8. 和訳を確認し、Double-Checkを音読し、さらに本文を頭の中で和訳しながら1回聴く。
↓
9. Double-Checkと、聞き流し・聞き違いの単語で重要と思われるものを自身の単語帳(カード)に書き出しておきましょう。

* 《高速レート》のシャドーイングは完璧である必要はありません。会話対策ではなく、あくまでレクチャー対策なので、聴きながら同時に意

味がすんなり入ってくるようになれば当初の目的は達成されたということです。

◎ Reading 重点強化型

TOEFL iBT の Reading セクションでは、長文一題が約700語（制限時間20分）です。本書の各本文は約200〜300語ですから iBT の半分弱、ということは、読解に使えるのは2分〜4分と考えましょう。ちなみに、iBT 本試の Writing セクションで出題される Integrated Task の Reading passage は、230〜300語で制限時間3分です。iBT 受験経験者は、現在の自分の得点と各本文の語数を考慮して、3分〜5分の範囲で制限時間を設定しましょう。以下にその後の手順を書いておきます。

●中級レベル(TOEIC650-790/TOEFL iBT61-80/英検準1級程度の方)

1. タイマーを用意して、制限時間内に本文を読みましょう。例えば、No.46 の Ocean Water(273語)であれば、制限時間は4分です。

↓

2. そして同じく4分で要約ポイントを箇条書きで別紙に書き出しましょう。英語で書いても日本語で書いても構いません。但し、その際、本文に線を引いたり印をつけたりしないように。本試験は PC 画面を通して行いますから、紙にメモはできますが、画面に印はつけられません。

↓

3. 本文に Q がある場合は、必ずその設問に答えましょう。

↓

4. Key Sentences と本文和訳を確認し、自分の書き出したポイントで全体の話が見えてくるかを確かめましょう。日本語で書いたのであれば、和訳の正誤も確認しましょう。

↓

5. 要約や和訳のポイントとなった単語で、誤ったものや曖昧だった単語を自分の単語帳(カード)に抜き出しましょう。

↓

6. CD をセットし、Key Sentences と本文を聴きながら頭の中で和訳してください。

【PART 2 Classified Word List の活用法】

　本書の旧版「TOEFL TEST 必須英単語5000」が出た頃は、TOEFL iBT の前のテスト形式 TOEFL CBT が行われていました。当時、よく読者の方や教え子から確認されたのは、「Part 2 は CBT の単語レベルをはるかに超えているのではないか」ということでした。今思うと、確かにやや専門的な用語が多かったかもしれません。アメリカの大学の新学期に合わせて、各大学のブックストアに行き、スチール棚で Physics 303とか Geology 250などの名札を確認しながら、新学期用のテキストや教授がまとめた有料配布プリントを買いあさりました。主にそこから抽出したのがこのリストの原型です。さて、iBT に形式が変わってから、やや不思議な、そしてうれしいことが起こり始めました。それは「Part 2 からも結構出ますね、本試験に」というコメントが生徒さんの中から寄せられることが多くなったことです。iBT が単語集に追いついてきたわけです。

　本書はさらに iBT 本試験の出題語彙を調査し、頻出ジャンルの用語に加筆・修正を加えました。しっかり活用してください。

> Tip1：地質学や天文学、歴史など頻出の分野や、本試験を受けるごとに、苦手を自覚するジャンルにまず的を絞り、その分野のリストにざっと目を通し、《最重要語》の語義を暗記しましょう。それから Part 1 で該当科目を探して、Listening あるいは Reading の面から攻めなおしましょう。

> Tip2：まだまだ基礎レベルと自他共に認める方は、まずは Part 1 をやりましょう。どうしても Part 2 に進む場合は、《最重要語》だけに目を通し、自分の単語帳に抜き出して、Part 1 の Double-Check と共に暗記しましょう。

> Tip3：すでに iBT80を超えている方で100突破を目指す方は、リストの最初からペンを片手に、本試験の受験経験を生かして「これは」という単語に印を付けていきましょう。次にそれらの単語を単語帳(カード)に抜き出して、音も意味も同時に覚えましょう。さらに今後

の本試験で気になった単語は、本書の該当科目リストにきちんと加筆して、あなた自身の「必須英単語5600＋α」を作り上げましょう。そんな単語ほど、印象に残りやすく、土壇場であなたを救ってくれるものです。

本書のマークについて

品詞の表示
名 名詞　自 自動詞　他 他動詞　形 形容詞　副 副詞　接 接続詞

記号の解説
🔊 リスニングの注意事項
🎓 ワンポイントアドバイス
● 最重要語
Q 設問　Q の解答は266ページ
参 参考　複 複数形　単 単数形
△最重要構成語　▲派生語・関連語
(U)不可算　(C)可算
：並列　《 》説明　（ ）ルビ　（ ）補足説明
：例（例文）　⇔ 反意語　【 】但し書き

TOEFL® iBT の特徴

iBT の実施面での主な特徴は、インターネットを使って配信される問題に PC 画面を通して答えるという点ですが、内容面においてそれよりもはるかに重要なのが、TOEFL® iBT は《読む・聴く・話す・書く》の 4 つの能力を個別に査定するだけでなく、総合的に組み合わせながら試していくテストであること。Speaking と Writing の両セクションで課される Integrated Task（統合問題）は、複数の英語運用力を同時に試すという点で、まさにその目玉です。

TOEFL® iBT の構成

セクション	出題形式と内容	所要時間 （得点）
Reading	約700語の長文が 3 〜 4 題（各パッセージ平均18分で聞く）。設問数は各パッセージにつき10問 本文の内容はすべてアカデミックなもので、出題分野は社会学、自然科学、生命科学、人文科学、芸術など多岐にわたる。 設問形式で内容一致や同意語句・指示語問題以外に特殊なものは、「パラフレーズ」「文挿入」「分類」「要約」など。	54〜72分 （30点）
Listening	会話問題：2 〜 3 題（各 3 〜 5 分程度） 設問数は各会話につき 5 問 内容は科目登録の相談や提出物の期限の延長依頼、パートタイムジョブなどの事務的なものと、授業内容について教授と学生が意見を交換するアカデミックなものがあり、通常、生徒同士か生徒と教授や大学職員との間で会話が行われる。 講義問題：3 〜 4 題（各講義は 5 分前後）	41〜57分 （30点）

	設問数は各講義につき6問 すべてアカデミックな内容で、大学の一般教養課程で取り上げられるようなレベル。代表的な出題分野は社会学、自然科学、生命科学、芸術など。受験者に専門的知識がなくても解けるような出題内容となっている。	
Break（10分）		
Speaking	●Independent Task： 1題（準備時間15秒、発話時間45秒） 受験者自身の知識や経験に基づいての解答を求める身近な内容について2者択1の課題が出される。 ●Integrated Task-1： 2題（各設問とも準備時間30秒、発話時間60秒） 英文（75〜100語）を読み（制限時間45秒） ⇒関連する内容の会話・講義を聴き（1〜2分） ⇒課題に対して解答 内容はキャンパスライフにかかわる非アカデミックなものと、授業内容についてのアカデミックなものが出題される。 ●Integrated Task-2： 1題（準備時間20秒、発話時間60秒） まず講義を聴き（1〜2分） ⇒課題に対して解答 内容は授業内容についてのアカデミックなものが出題される。	約17分 （30点）

Writing	●Integrated Task：1題（作文時間20分） アカデミックな内容の英文（230〜300語）を読み（3分） ⇒英文に関連する講義を聴き（約2分） ⇒課題に対して解答 ＊リスニングで効いた講義内容の要約が求められる。 ●Independent Task：1題（作文時間30分） 与えられた課題に対して自分の立場を表明し、自身の知識・経験等に基づいて解答する。 社会一般あるいは学生にとって関連のある課題が出題される。 ＊自分が推す立場を自身の体験や知識に基づいた理由・具体例を用いてサポートすることが求められる。	約50分 (30点)
		約3時間 (計120点)

TOEFL® iBT の受験申し込み方法

以下は iBT 実施を請け負っているプロメトリック株式会社サイトからの引用をまとめたものです。詳しい情報については、必ず以下のサイトで確認してください。
http://ac.prometric-jp.com/toefl/jp/online.html

●オンラインでの新規受験予約について

オンラインでの予約に際しては、必ず以下の手順を確認の上、お申し込みください。試験予約にはあらかじめ ETS の Web サイトで「個人ページ」の作成が必要ですが、以下にはそのステップも含まれています。

Step 1
　Information Bulletin（受験要綱）を入手し内容を確認
　TOEFL® iBT Bulletin のダウンロード（PDF 形式）が可能。

Step 2
ETS（TOEFL® iBT 主催団体）のサイトにて「個人ページ」を作成
https://toefl-registration.ets.org/TOEFLWeb/extISERLogonPrompt.do

Step 3
ETS のサイトにて新規予約を行う
開催状況と、「オンラインでのお申し込みに必要なもの」を確認の上、上記の ETS の Web サイトにて新規予約を行ってください。

　オンラインでの手続きはすべて個人の責任において行っていただくことをご承諾の上、ご希望の試験日の 4 日前（中 3 日）までにお申し込みください。

オンラインによるお申し込みの場合は、申込画面の同意書を読み、クリックした時点で受験要綱に明記してあるすべての条項に同意したものとみなされます。

　オンラインでのお申し込みに必要なもの
・個人ページにログインするための USER ID およびパスワード
・クレジットカード（VISA、Master、AMEX、JCB、Discover）
・予約内容を控えていただく筆記用具
・試験当日持参する規定の本人確認書類

●有効な本人確認書類について

＜パターン 1 ＞ 1 点のみで有効となる本人確認書類

・パスポート

<パターン2> 2点で有効となる本人確認書類（作成身分証明書1点＋グループAより1点）

作成身分証明書1点	+	グループA（下記3点に限る）より1点 ・運転免許証 ・住民基本台帳カード ・外国人登録証明書 ※すべて顔写真付きに限る

パターン1、パターン2の場合、登録する氏名と本人確認書類に記載されている氏名（スペリング）が完全に一致している必要があります。

<パターン3> 2点で有効となる本人確認書類（学生証1点＋グループBより1点）

学生証1点 ※署名付きで顔写真付きに限る	+	グループB（下記2点に限る）より1点 ・運転免許証 ・住民基本台帳カード ※すべて顔写真付きに限る

※日本国籍の受験者に限る。

<学生証についての注意事項>
学生証は、中学校、高等学校、高等専門学校、大学、公的機関が設置する職業訓練校、都道府県知事が認可する専門学校が発行するものに限ります。
※上記本人確認書類はすべて有効期限内のものに限ります。

オンライン操作についてのお問い合わせ先
プロメトリック株式会社
TEL：03-5541-4800　受付時間：9：00～18：00（土日・祝日・年末年始休業を除く）
なお、スコアについてのお問い合わせ、会場に関するご質問等は直接米国ETSにお問い合わせください。TEL：1-609-771-7100（月～金 08：00～20：00 NYT）Eメール：toefl@ets.org

TOEFL MUST WORD 5600

PART 1
Articles for Reading & Listening

- **CHAPTER I : Humanities & Social Science**
- **CHAPTER II: Natural Science**

Anthropology

Modern Physical Anthropology

Key Sentences 1-1

1 A major shift in the approach to physical anthropology occurred with the discovery of genetic principles.
自然人類学の研究方法の大きな変化は、いくつかの遺伝的原理の発見と共に起こった。

2 Gregor J. Mendel had formulated the first laws of heredity.
グレゴール・J. メンデルが最初の遺伝の法則を公式化していた。

3 He had laid the foundation of the science of genetics.
彼は遺伝学の基礎を築いていた。

4 Genes are the units within sex cells.
遺伝子は性細胞内の因子である。

5 The sperm and egg transmit specific hereditary traits from one generation to the next.
精子と卵子は世代から世代へと特定の遺伝的特徴を伝える。

6 Characteristics are thought to be discarded in the hereditary process.
特性が遺伝の過程で放棄されると思われる。

7 Blood types are genetically determined.
血液型は遺伝によって決定される。

8 We can trace early migration patterns.
私たちは原始時代における移住のパターンをたどることができる。

Modern Physical Anthropology

A major shift in the approach to physical anthropology occurred at the beginning of the 20th century with the discovery of genetic principles and of the ABO blood groups. Genetics was actually rediscovered. In 1865 an Austrian monk, Gregor J. Mendel, had formulated the first laws of heredity and laid the foundation of the science of genetics. His findings were almost entirely ignored at the time. In 1900 three other European botanists arrived at the same conclusions that Mendel had published 35 years earlier, and in researching the literature on the subject they found his work.

Genes are the units within sex cells such as the sperm and egg that transmit specific hereditary traits from one generation to the next. The study of inherited traits has become essential to anthropologists in seeking to understand human variations and differences between races. Genetics has modified the theory of progressive evolution somewhat, because it has been shown by experiment that there may be genetic reversals —— that is, reversions back to traits and characteristics thought to be discarded in the hereditary process.

Early in the 20th century another Austrian, a physician named Karl Landsteiner, discovered the blood groups, or types, known as O, A, B, and AB. This led anthropologists to investigate blood differences among the races. They have noted that certain races and subraces have particular distributions of one or another blood type. This has enabled scientists to categorize the races and, since blood types are genetically determined, to trace early migration patterns.

全訳 ① 近代自然人類学

　自然人類学の研究方法の大きな変化は、いくつかの**遺伝的原理**やABO血液型の発見と共に20世紀の初頭に**起こった**。遺伝学は実は再発見されたものだった。1865年にはすでにオーストリアの修道僧グレゴール・J. メンデルが**最初の遺伝の法則を公式化し、遺伝学の基礎を築いていた**。だが、彼の発見は当時、ほとんどまったく無視された。1900年に別の３人のヨーロッパ人植物学者がメンデルが35年前に発表していたのと同じ結論に到達し、その題目に関する文献を調べているうちに、メンデルの著作を発見した。

　遺伝子は精子や卵子といったようなある世代から次の世代へと特定の遺伝的特徴を伝える性細胞内の因子である。人類の多様性や人種間の相違点を理解しようとする場合、遺伝的に受け継がれた特徴を研究することが不可欠となる。遺伝学は進歩的進化論にいくぶんの修正を加えた。なぜなら実験によってわかったところによると、遺伝的逆行現象、すなわち、**遺伝の過程で放棄される**と思われる**特性**や特徴への「後戻り」が起こるかもしれないからだ。

　20世紀の初期にもうひとりのオーストリア人内科医カール・ランドスタイナーが、O型、A型、B型、AB型として知られている血液のグループ、つまり血液型を発見した。これによって、人類学者は人種間の血液型の相違を調査するようになった。そして彼らは、ある人種や亜人種においてはいずれかの血液型が独特な分布を示していることに気がついた。このことによって科学者が人種を分類することが可能となり、そして**血液型は遺伝によって決定される**ことから、**原始時代における移住のパターンをたどる**ことができるようになった。

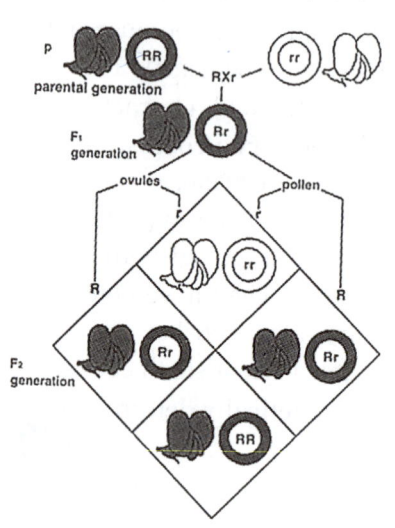

Double-Check —Modern Physical Anthropology

人類学

□ physical anthropology [æ̀nθrəpálədʒi]	自然人類学
□ genetic principles [dʒənétik]	遺伝的原理
□ the ABO blood groups [blʌ́d]	ABO の血液型
□ formulate the first laws of heredity [fɔ́ːrmjulèit] [hərédəti]	最初の遺伝の法則を公式化する
□ lay the foundation of the science of genetics [faundéiʃən]	遺伝学の基礎を築く
□ Genes are the units within sex cells. [dʒiːnz]	遺伝子は性細胞内の因子である。
□ the sperm and egg [spə́ːrm]	精子と卵子
□ transmit specific hereditary traits [hərédətèri] [tréits]	特定の遺伝的特徴を伝える
□ genetic reversals [rivə́ːrsəlz]	遺伝的逆行現象
□ discarded in the hereditary process [diskɑ́ːrdid]	遺伝の過程で放棄される
□ genetically determined [dʒənétikəli]	遺伝によって決定される
□ trace early migration patterns [maigréiʃən]	原始時代における移住のパターンをたどる

2 Anthropology
Human Migration

Key Sentences 1-3

1 Although we don't think of ourselves as migratory in the way we do of other animal species, people have always been on the move.

私たち人類は、他の動物には移動する習性があるとみなし、自身のことはそれほどとは思っていないが、人類は常に移動を続けてきた。

2 This migration coincided with successive cycles of glacial periods known as the "Ice Age."

この移動は「氷河時代」として知られている氷河期の連続する周期と一致した。

3 Humans survived the bitterly cold weather that prevailed in these regions due to their ability to make things.

人類が、この地域の厳しい寒さの中で生き延びることができたのは、物を作ることができたからである。

4 Human migration has not just involved taking over unused land.

人類の移住は、未使用地を引き継ぐことにかかわっただけではなかった。

5 People have also invaded land occupied by other peoples through killing, displacing, or genetically mixing with the land's existing inhabitants.

人類はまた、その土地の原住民たちを殺戮し、追い払い、または彼らと混血することで、他民族の領地へと侵入した。

6 To sum up, migration seems to be a fundamental human instinct.

要約すると、移住は人類の基本的な本能のようである。

Human Migration

Although we don't think of ourselves as migratory in the way we do of other animal species, people have always been on the move. A few hundred thousand years ago, humans migrated from the savannahs of Africa and spread rapidly into present-day Europe and Asia. This migration coincided with successive cycles of glacial periods known as the "Ice Age," and it probably occurred as humans followed the advance and retreat of plants and animals. Humans survived the bitterly cold weather that prevailed in these regions due to their ability to make things, such as shelter and clothing, but, more importantly, due to their ability to control fire.

Later migrations took humans to Japan, on to Indonesia, and finally to Australia. They also migrated across the Bering land bridge into North America and spread quickly down to the southern tip of South America. Later movements brought people to the eastern part of the Canadian Arctic and to northern Greenland.

Human migration has not just involved taking over unused land. People have also invaded land occupied by other peoples through killing, displacing, or genetically mixing with the land's existing inhabitants. Looking at today's world, it is clear that we continue to do this. To sum up, migration seems to be a fundamental human instinct.

全訳 ②人類の移住

　私たち人類は、他の動物には移動する習性があるとみなし、自身のことはそれほどとは思っていないが、人類は常に移動を続けてきた。数十万年前に人類はアフリカのサバンナから移動し、現在のヨーロッパやアジアへと急速に広がっていった。この移動は「氷河時代」として知られている氷河期の連続する周期と一致しており、おそらく人類が動植物の進出と撤退に従うにつれて起こったのだろう。人類が、この地域の厳しい寒さの中で生き延びることができたのは、住居や衣類などの物を作ることができたからであるが、もっと重要なのは火を起こすことができたからである。

　その後の移住により、人類は日本、さらにインドネシア、そしてオーストラリアへ到達した。人類はまたベーリング陸橋を通って、北米へ移住し、南米の南端へと急速に広がっていった。人類はその後、移動を重ね、カナダ領北極の東部そして北グリーンランドまで行き着いた。

　人類の移住は、未使用地を引き継ぐことにかかわっただけではなかった。人類はまた、その土地の原住民たちを殺戮し、追い払い、または彼らと混血することで、他民族の領地へと侵入した。今日の世界に眼をやるとき、私たちがいまだに同じことを繰り返しているのは明白である。要約すると、移住は人類の基本的な本能のようである。

Double-Check —Human Migration

人類学

□think of oneself as migratory [málgrətɔ̀ːri]	自身のことを移動の習性があるとみなす
▲migrate	圓移住する；移動する
□on the move [múːv]	絶えず移動して
□coincided with successive cycles [kòuənsáidid]	連続する周期と一致した
△coincide	圓同時に起こる；一致する
□survived the bitterly cold weather [səváivd]	厳しい寒さの中で生き延びた
□involved taking over unused land [inválv]	未使用の土地を引き継ぐことと関係した
△involve	他関係する；必然的に含む；巻き込む
△take over	他引き継ぐ；肩代わりする
□invaded land occupied by other peoples [invéidid]	他民族の領地へと侵入した
△invade	他侵入する；侵略する；侵害する
△occupy	他占有する；占領する
□to sum up [sʌ́m]	要約すると
□a fundamental human instinct [ínstiŋkt]	人類の基本的な本能

33

3. Archaeology

Research

Key Sentences 1-5

1 The exact methods of finding archaeological sites vary.
考古学上の遺跡を発見するための明確な方法は多様である。

2 In sampling, a limited number of strategic spots in the region are checked for signs of an underlying archaeological site.
標本抽出を行う場合、地下に考古学上の遺跡があるという形跡を求めて、その地域の限られた数の発掘戦略上で重要な場所が調べられる。

3 This act, designed to protect the archaeological heritage of an area, has encouraged archaeological sampling of areas.
この条例は、ある地域の考古学遺産を守るために企図されたのだが、考古学上の標本抽出を奨励することとなった。

4 To find sites that have no surface traces, archaeologists may use aerial photographs.
地表に何の痕跡もない遺跡現場を発見するために、考古学者は空中写真を使用する場合もある。

5 Archaeologists may simply probe the ground with sound.
考古学者は単に音を使って地面を調査する場合もある。

6 A probe, or periscope, may be inserted into the ground to locate walls and ditches.
調査用具、すなわち潜望鏡が、壁面や水路を探り当てるために地面に挿入されるだろう。

Research

The exact methods of finding archaeological sites vary, primarily because there are so many different types of sites. Some sites —— such as mounds, temples, forts, roads, and ancient cities —— may be easily visible on the surface of the ground. Such sites may be located by simple exploration: by an individual or group going over the ground on foot, in a jeep or car, or on a horse, mule, or camel. This kind of survey can be comprehensive —— that is, the entire area may be covered —— or it can involve the technique of sampling. **In sampling, a limited number of strategic spots in the region are checked for signs of an underlying archaeological site.** Sampling was not widely used in the United States until the passage of the Archaeological Resources Protection Act of 1979. **This act, designed to protect the archaeological heritage of an area, has encouraged archaeological sampling of areas** in which archaeological remains might exist that are in danger of being destroyed by construction or by the growth of cities.

To find sites that have no surface traces, archaeologists may use aerial photographs taken from balloons, airplanes, or satellites by cameras with remote sensors, infrared film, or other devices. The archaeologist checks these photographs for clues such as variations in soil color, ground contour, or crop density that may indicate the existence of a site.

Archaeologists may simply probe the ground with sound to check for variations in reflection of sound that would indicate the presence of structures or hollows in the ground. **A probe, or periscope, may be inserted into the ground to locate walls and ditches.**

全訳 ③ 調 査

　考古学上の遺跡を発見するための明確な方法が多様であるのは、第一に非常に多くの様々なタイプの遺跡が存在するからだ。塚や寺院、砦、道路そして古代の都市などの遺跡は地表から容易に発見することができるだろう。そのような遺跡は単純な探査、つまり個人あるいはグループが徒歩やジープや車、または馬、ロバ、ラクダなどでその地点へ行くことによってつきとめられるだろう。この種の調査は総合的になる可能性がある。すなわち全領域が網羅される場合もある。さもなければ標本抽出という手法がかかわることになるだろう。標本抽出を行う場合、地下に考古学上の遺跡があるという形跡を求めて、その地域の限られた数の発掘戦略上で重要な場所が調べられる。1979年に考古学遺産保護条例が可決されるまで、合衆国では標本抽出はあまり広くは用いられていなかった。この条例は、ある地域の考古学遺産を守るために企図されたのだが、工事や都市の拡大によって破壊される危険性のある考古学上の遺留品が存在する地域で、考古学上の標本抽出を奨励することとなった。

　地表に何の痕跡もない遺跡現場を発見するために、考古学者は遠隔センサーや赤外線フィルムやその他の装置のついたカメラで気球、航空機、衛星などから撮影された空中写真を使用する場合もある。考古学者たちは遺跡の存在を示す可能性のある土の色、地面の輪郭、作物密度の変化などの手がかりを求めてこれらの写真を調べ上げる。

　考古学者は、地中に建造物や空洞が存在することを示す音の反響の変化を調べるために単に音を使って地面を調査する場合もある。調査用具すなわち潜望鏡が、壁面や水路を探り当てるために地面に挿入されるだろう。

Double-Check —Research

☐ archaeological sites [à:*r*kiəládʒikəl]	考古学上の遺跡
☐ strategic spots in the region [rí:dʒən]	その地域の発掘戦略上で重要な場所
☐ protect the archaeological heritage [héritidʒ]	考古学遺産を守る
☐ surface traces [sə́:*r*fis]	地表の痕跡
☐ aerial photographs [ɛ́əriəl]	空中写真
☐ probe the ground with sound [próub]	地面を音で調べる
△ probe	他自名(綿密に)調査(する)(＝investigate＝examine＝inspect)【宇宙や政治の汚職関係でも頻出】
☐ locate walls and ditches [dítʃi:z]	壁面や水路を探り当てる
△ locate [lóukeit]	他所在位置をつきとめる(＝find out＝rummage)

考古学

4 Archaeology

Mummy

Key Sentences 1-7

1 The Egyptians had an elaborate notion of the afterlife.
エジプト人は死後の生活について綿密な考えを持っていた。

2 They took great precautions in the treatment of corpses.
彼らは死体の処置に多大な注意を払った。

3 The internal organs were removed and stored separately in stone jars.
内臓は取り出され、別々に石の壺に貯蔵された。

4 The body was steeped in chemicals.
亡骸は薬品に浸された。

5 The body was wrapped in bandages which were smeared with pitch to make them waterproof.
遺体は防水のために樹脂をなすりつけて包帯で巻かれた。

6 They were most conscious of the waxy pitch with which the bandaged corpse was coated.
彼らは包帯が巻かれた死体の表面に塗られていたロウのような樹脂を最も気にかけた。

7 The conditions keep the flesh reasonably intact.
その条件によって、肉体はそれほど損なわれないままに保存される。

Mummy

It was important in the ancient Egyptian way of life to preserve the body physically after death. **The Egyptians had an elaborate notion** of the afterlife and felt that to take full advantage of it, the physical body must remain in existence.

They took great precautions, therefore, **in the treatment of corpses**, especially of high-placed individuals and most particularly of pharaohs. The internal organs (which decayed most easily) **were removed and stored separately in stone jars**, although the heart, as the very core of life, was replaced in the body.

The body was then **steeped in chemicals**. No secret, forgotten preservatives were involved. Common substances such as beeswax, oil, and salt were used, though the procedure could be very complicated and took up to seventy days. **The body was** then **wrapped in bandages** which were **smeared with pitch to make them waterproof**.

Foreigners who came to Egypt were always amazed at this care for corpses, for in all other lands, bodies were buried or burnt or otherwise quickly disposed of. The Persians, who conquered Egypt in 525 B.C., were among those amazed at the preserved corpses. **They were most conscious of the waxy pitch** with which the bandaged corpse was coated, and their word for this was "mum." To the Arabs this became "mumia" and to us it is mummy. The word has acquired broader meaning. Any body, animal as well as human, which has accidentally been preserved under **conditions** which keep the flesh reasonably intact is said to be "mummified." Mummified mammoths have been discovered under the Siberian ice, for instance.

全訳 ④ミイラ

　古代エジプトの生活様式において、人間の死後、遺体を物理的に保存しておくことが重要であった。**エジプト人は死後の生活について綿密な考え**を持っており、死後の生活を十分に活用するために肉体が現存していなければならないと感じていた。それゆえ、特に位の高い人たちや、とりわけ王様たちの**死体の処置に多大な注意を払った。内臓**（これらは最も簡単に腐敗してしまった）**は取り出され、別々に石の壺に貯蔵された**。だが心臓は生命のまさに中核をなすものであるから、再び肉体に埋め込まれた。

　亡骸は薬品に浸された。秘密の今や忘れ去られた保存料は、まったく含まれていなかった。ビーワックス、油、塩などのありふれた物質が使用されたが、その手順はとても複雑で70日間はかかっただろう。**遺体は次に防水のために樹脂をなすりつけた包帯で巻かれた。**

　エジプトにやってきた外国人たちは、死体に対するこのような処置に常に驚いた。というのは、他のすべての土地では死体は埋葬されるか焼却されるか、さもなければすみやかに処理されたからだ。ペルシア人は紀元前525年にエジプトを征服したのだが、保存された死体に驚嘆した人たちである。**彼らが最も気にかけたのは、包帯が巻かれた死体の表面に塗られていたロウのような樹脂**であった。そしてペルシア人がこの樹脂に対して使ったのが「マム」という言葉である。アラブ人にとってはこれが「マミア」となり、私たちにとっては「マミー」である。この言葉は本来よりも広い意味を獲得した。人間のものであれ動物のであれ、**肉体をそれほど損なわれないままにしておく条件**下でたまたま保存されたどんな死体も「ミイラ化した」と言われる。たとえば、ミイラ化したマンモスがシベリアの氷の下から発見されている。

ミイラ

Double-Check —Mummy

☐ an elaborate notion 　　[ilǽbərit]	綿密な考え
☐ take great precautions 　　　　　[prikɔ́ːʃənz]	多大な注意を払う
☐ the treatment of corpses 　　　[tríːtmənt]　[kɔ́ːrpsiz]	死体の処置
☐ pharaoh 　　[fɛ́(ː)ərou]	图ファラオ《古代エジプト王の称号》
☐ internal organs 　[intə́ːrnəl][ɔ́ːrgənz]	内臓
☐ steeped in chemicals 　　[stíːpt]　　[kémikəlz]	薬品に浸された
☐ wrapped in bandages 　　[ræpt]　　　[bǽndidʒz]	包帯で巻かれた
☐ smear with pitch 　　[smíər]	樹脂をなすりつける
☐ buried or burnt or otherwise quickly disposed of 　　[bérid]	埋葬されるか焼却されるか、さもなければすみやかに処理された
☐ the waxy pitch 　　　[wǽksi]	ロウのような樹脂
☐ The bandaged corpse was coated with～. 　　　　　　　　　　　[kóutid]	包帯が巻かれた死体は～で塗られていた。
☐ keep the flesh reasonably intact 　　　　　　　　　　[intǽkt]	肉体をそれほど損なわれないままにしておく
△ intact	图損なわれないままで；無傷の；そのままの

考古学

5. Art History

Introduction

Key Sentences 1-9

1 Art historical research has two primary concerns.
美術史研究には2つの主要な関心事がある。

2 The first is to authenticate an art object.
1番目は、ある芸術作品が本物であると証明することである。

3 This chiefly involves the enumeration and analysis of the various artistic styles, periods, movements, and schools of the past.
つまりこのことは主に、過去の多様な美術様式、時代、運動、諸派の列挙と分析にかかわっている。

4 Art historical scholarship depends greatly on the intuitive judgment, and critical sensitivity of the scholar in making correct attributions.
美術史の学識は、正しい属性特定を行う場合のその学者の直感的判断力と批評家的な感受性に大いに依存している。

Introduction

Art historical research has two primary concerns. The first is (1) to discover who made a particular art object (attribution), (2) to authenticate an art object, determining whether it was indeed made by the artist to whom it is traditionally attributed, (3) to determine at what stage in a culture's development or in an artist's career the object in question was made, (4) to assay the influence of one artist on succeeding ones in the historical past, and (5) to gather biographical data on artists and documentation (provenance) on the previous whereabouts and ownership of particular works of art.

The second primary concern of art historical research is to understand the stylistic and formal development of artistic traditions on a large scale and within a broad historical perspective; this chiefly involves the enumeration and analysis of the various artistic styles, periods, movements, and schools of the past. Art history also involves iconography, which is the analysis of symbols, themes, and subject matter in the visual arts, particularly the meaning of religious symbolism in Christian art.

Art historical scholarship depends greatly on the broad experience, intuitive judgment, and critical sensitivity of the scholar in making correct attributions. An extensive knowledge of the historical context in which the artist lived and worked is also necessary, as well as empathy with and understanding of a particular artist's ideas, experiences, and insights.

228語

> assayやto gather（togetherと同じ音に聴こえてしまう）の聴き取りに注意!!

全訳 ⑤ 概 論

　美術史研究には2つの主要な関心事がある。1番目は(1)ある芸術作品に関して誰が作り出したかを発見し、(2)伝統的にその人の手によると言われている作者によって確かにその作品が作り出されたのかを鑑定し、作品が本物であることを証明し、(3)ある文化の発展のどの段階であるいはその芸術家の経歴のどの段階で問題となっている作品が作り出されたのかを判定し、(4)その後の歴史においてある芸術家が後継者たちに与えた影響を分析し、(5)芸術家たちの伝記的データや特定の芸術作品のこれまでの所在と所有権に関しての文書証拠（来歴）を集めることである。

　第2番目の美術史研究における主な関心事は、芸術的伝統の様式的、形式的発達を大きな規模で、そして広い歴史的展望の中で理解することである。つまりこのことは主に、過去の多様な美術様式、時代、運動、諸派の列挙と分析にかかわっている。美術史はまた図像学とも関連している。つまり図像学とは、視覚芸術における象徴、テーマ、題材の分析であり、特にキリスト教美術における宗教的象徴主義の意義の分析である。

　美術史の学識は、正しい属性特定を行う場合のその学者の広い経験、直感的判断力、批評家的な感受性に大いに依存している。

　特定の芸術家が生活し、芸術活動をした歴史的情況に対する広い知識もまた必要なものであるが、ある特定の芸術家の観念、体験、洞察力に対する共感と理解はもとよりのことである。

Double-Check —Introduction

☐ **primary concerns** [práimeri] [kənsə́ːrnz]	主要な関心事
☐ **authenticate an art object** [ɔːθéntəkèit]	ある芸術作品が本物であると証明する
☐ **assay the influence** [əséi]	与える影響を分析する
☐ **gather biographical data** [bàiəgrǽfikəl]	伝記的データを集める
☐ **involves the enumeration of the schools of the past** [inʃùːməréiʃən]	過去の諸派を列挙することにかかわっている
☐ **art historical scholarship** [skάlərʃip]	美術史の学識
☐ **intuitive judgment** [int(j)uːitiv]	直感的判断力
☐ **critical sensitivity** [sènsətívəti]	批評家的な感受性
☐ **correct attributions** [ætrəbjúːʃənz]	正しい属性特定

美術史

6 American History

The Changing Style of the Plains Indians

Key Sentences 1-11

1 They found aboriginal cultures that were agriculturally oriented.
農業中心の原住民の文化を見出した。

2 The daily routine of the Indians centered on the subsistence cultivation of corn, beans and squash.
インディアン（先住民族）たちの日課は自給自足のためのトウモロコシ、豆類、ウリなどの栽培が中心だった。

3 About once a year, the tribes went on a major bison hunt to supplement their vegetable diet and to obtain hides, sinew, bone and other raw materials.
ほぼ年に一度、各部族は、野菜中心の日常食を補い毛皮や腱や骨や、その他の生の材料を入手するために、大々的なバイソン狩りを行った。

4 The mobility offered by the horse resulted in the convergence of diverse aboriginal groups onto the Plains.
馬によって得られた機動性は、結果として、様々な先住民族集団の、大平原への密集をひきおこした。

5 The Indian population of the Plains had tripled to an estimated 150,000.
大平原の先住民の人口は3倍に増え、およそ15万人となった。

6 The aboriginals of the Plains became nomadic hunters.
大平原の原住民は放浪の狩人となった。

The Changing Style of the Plains Indians

When the first Europeans arrived in the Great Plains of North America, they found aboriginal cultures that were agriculturally oriented. The daily routine of the Indians centered on the subsistence cultivation of corn, beans and squash. About once a year, the tribes went on a major bison hunt to supplement their vegetable diet and to obtain hides, sinew, bone and other raw materials. (A)■ Hunting did not occupy much of their time. (B)■

The Indians obtained the first horses after the Spaniards settled New Mexico in 1598. (C)■ By 1800, the use of the horse had spread throughout the tribes of the Great Plains. (D)■ The mobility offered by the horse resulted in the convergence of diverse aboriginal groups onto the Plains to take advantage of the material wealth afforded by hunting the great bison herds. Within 100 years of the introduction of the horse, the Indian population of the Plains had tripled to an estimated 150,000. A new way of life was established, one dependent upon following bison herds. Thus, subsistence agriculture was largely abandoned and the aboriginals of the Plains became nomadic hunters; gardening simply was not as profitable as hunting.

Q The following sentence can be added to the passage.
This way of life, however, was drastically changed by the introduction of the horse.
Where would it best fit in the passage? Choose the one best answer, (A), (B), (C) or (D).
(A)■   (B)■   (C)■   (D)■

全訳 ⑥アメリカ先住民族の生活様式の変化

　ヨーロッパ人たちがはじめて北米の大平原に到達したとき、農業中心の原住民の文化を見出した。インディアンたちの日課は自給自足のためのトウモロコシ、豆類、ウリなどの栽培が中心だった。ほぼ年に一度、各部族は、野菜中心の日常食を補い毛皮や腱や骨や、その他の生の材料を手に入れるために、大々的なバイソン狩りを行った。狩猟が先住民たちの時間を取ることはそれほどなかった。しかしながら、このような生活様式は馬の導入によって急激に変化した。

　先住民はスペイン人が1598年にニューメキシコに入植した後、はじめて馬を手に入れた。1800年までに馬の使用は大平原の各部族の間に広まった。馬によって得られた機動性は、結果として、大々的なバイソン狩りによって得られる物質的な豊かさを得ようとする様々な先住民族集団の、大平原への密集をひきおこした。馬の導入から100年経たないうちに、大平原の先住民の人口は3倍に増え、およそ15万人となった。新しい生活様式、つまりバイソンの群れについていくことに依存する生活が確立した。このようにして自給自足のための農業は大部分が放棄され、大平原の先住民は放浪の狩人となった。農業は単に狩猟ほど利益になるものではなかったのだ。

Double-Check —The Changing Style of the Plains Indians

☐ aboriginal cultures [æbərídʒənəl]	原住民の文化
☐ agriculturally oriented [ægrəkʌ́ltʃərəli] [ɔ́:riəntid]	農業中心の
☐ the daily routine [déili] [ru:tí:n]	日課
☐ the subsistence cultivation [səbsístəns] [kʌ̀ltəvéiʃən]	自給自足のための栽培
☐ a major bison hunt [báisən]	大々的なバイソン狩り
☐ supplement their vegetable diet [sʌ́pləmənt] [dáiət]	野菜中心の食料を補う
☐ obtain hides [əbtéin][háidz]	毛皮を手に入れる
☐ the mobility offered by the horse [moubíləti][ɔ́(:)fərd]	馬によって得られた機動性
☐ the convergence of diverse aboriginal groups onto the Plains [kənvə́:rdʒəns] [divə́:rs] [pléinz]	様々な先住民族集団の、大平原への密集
☐ tripled to an estimated 150,000 [trípld] [éstəmèitid]	3倍に増え、およそ15万人となった
☐ the aboriginals of the Plains	大平原の先住民
☐ nomadic hunters [noumǽdik]	放浪の狩人
△ nomadic	形遊牧の；放浪者の

アメリカ史

7 American History

The Third President

Key Sentences 1-13

1 In an effort to restore a balance of Republicans in government office, Jefferson started what came to be known as the "spoils system."

政府内の役職における共和党の勢力バランスを回復するために、ジェファーソンは（政権を握った政党が公職の任免を支配する）いわゆる猟官制度として知られるようになる政策を始めた。

2 He tried in vain to control the Supreme Court in the interests of the will of the people.

彼は国民の意思のために最高裁判所を統制しようとするが、失敗に終わった。

3 Jefferson also launched the Lewis and Clark Expedition.

ジェファーソンはまた、ルイス&クラーク探検に着手した。

4 Aaron Burr was accused of making a treasonable effort.

アーロン・バーは反逆的行為を行っているとして訴えられた。

5 In the trial that followed the suppression of this Burr conspiracy, Jefferson's personal animosity toward Burr and toward Chief Justice John Marshall did him little credit.

このようなバーの陰謀制圧にともなう裁判では、バーや主任判事ジョン・マーシャルに対するジェファーソンの個人的な憎しみのせいで、一連のことはほとんど彼の手柄とは評価されなかった。

6 His Embargo Act was a daring and original means of keeping the peace.

彼の禁輸法は平和維持の大胆で独創的な手段であった。

The Third President

In an effort to restore a balance of Republicans in government office, Jefferson started what came to be known as the "spoils system." He tried in vain to control the Supreme Court in the interests of the will of the people. He negotiated the purchase of the vast Louisiana territory on doubtful constitutional grounds.

Jefferson also launched the Lewis and Clark Expedition. He was responsible for the fighting of our first war as a nation, on the shores of Tripoli against the Barbary pirates. His efforts to prevent a second war with England only postponed it until 1812.

Jefferson was slow but successful in meeting the first real threat to the new American union. **Aaron Burr was accused of making a treasonable effort** to set up an independent government in the Southwest. This was halted when it had scarcely begun. However, **in the trial that followed** the suppression of this Burr conspiracy, Jefferson's personal animosity **toward Burr and toward Chief Justice John Marshall** did him little credit.

His Embargo Act was a daring and original, but eventually unsuccessful, means of keeping the peace. However, it may have been one of the most successful and inspired diplomatic moves of the young republic. In effect it applied economic pressures against Britain and France, who were at war with each other. It was Jefferson's answer to the British Orders in Council and the Impressment Acts, directed against neutral (in this case, mainly American) shipping. The Embargo Act stopped American shipping, thus in intent depriving European nations of some of the raw materials needed for war.

全訳 7 第3代大統領

　政府内の役職における共和党の勢力バランスを回復するために、ジェファーソンは（政権を握った政党が公職の任免を支配する）いわゆる猟官制度として知られるようになる政策を始めた。彼は国民の意思のために最高裁判所を統制しようとするが、失敗に終わった。彼は、疑念の残る憲法上の根拠に基づいて、広大なルイジアナ区域の買収について交渉した。

　ジェファーソンはまた、*ルイス&クラーク探検に着手した。彼はバーバリー海賊に対するトリポリ海岸でのわが国の国家としての最初の戦いの責任を負った。イギリスとの第2の戦争を防ごうとする彼の努力は1812年までしか奏効しなかった。

　アメリカの統一に対する最初の本当の脅威に遭遇したとき、ジェファーソンはすみやかではないもののうまくそれを切り抜けた。南西部に独立政府を設立すべく反逆的行為を行っているとして、アーロン・バーが訴えられた。この企ては始まるか始まらないかの時点で阻止された。しかしながら、このようなバーの陰謀制圧にともなう裁判では、バーや主任判事ジョン・マーシャルに対するジェファーソンの個人的な憎しみのせいで、一連のことはほとんど彼の手柄とは評価されなかった。

　彼の禁輸法は大胆で独創的ではあったが、平和を維持する方法としては結局うまくいかなかった。しかしながらこの政策は、このまだ若々しい共和国が実施した最も成功した、素晴らしい外交上の方策であったかもしれない。事実上、それがイギリスやフランスに経済的な圧力を加えることとなった。というのは、両国は互いに戦争状態にあったからだ。この法令は（この場合、主にアメリカを指すのだが）中立輸送に向けられた議会の英国枢密院令や徴用法に対するジェファーソンの返答だった。禁輸令はアメリカ側の出荷を停止させ、このようにして意図的にヨーロッパの諸国から戦争にとって必要な原材料を奪い取ることとなったのだ。

*ルイジアナ購入でアメリカが取得したミシシッピー川以西の広大な領土の調査・地図作製を行った探検。動植物やアメリカ先住民の調査もした（1804〜06年）。

Double-Check —The Third President

☐ restore a balance of Republicans [ripʌ́blikənz]	共和党の勢力バランスを回復する
☐ government office [gʌ́vərmmənt]	政府内の役職
☐ the Supreme Court [səprí:m]	最高裁判所
☐ in the interests of the will of the people [íntərəsts]	国民の意思のために
☐ negotiate the purchase [pə́:rtʃəs]	買収について交渉する
☐ constitutional grounds [kànstətjú:ʃənəl]	憲法上の根拠
☐ launch the Lewis and Clark Expedition [lɔ́:ntʃ] [èkspədíʃən]	ルイス&クラーク探検に着手する
☐ make a treasonable effort [trí:zənəbl]	反逆的行為を行う
☐ the suppression of this Burr conspiracy [kənspírəsi]	バーの陰謀制圧
☐ personal animosity [æ̀nəmάsəti]	個人的な憎しみ
☐ does him little credit [krédit]	ほとんど彼の手柄とは評価されない
☐ Embargo Act [imbά:rgou]	禁輸法
☐ a daring and original means [dέəriŋ]	大胆で独創的な手段

アメリカ史

8 American History

Confederate States of America

Key Sentences 1-15

1 Six southern states declared their withdrawal (secession) from the United States.
　南部の6州が合衆国からの脱退を宣言した。

2 They organized a separate and independent government called the Confederate States of America.
　彼らは南部連邦政府と呼ばれる別個の独立政府を組織した。

3 The preamble of the new Confederate constitution declared that each state was "acting in its sovereign and independent character."
　新(南部)連邦法の前文において各州は「独自の主権的、独立的立場で行動するもの」と宣言された。

4 Never before had the issue been charged with the emotional factor of the abolition of black slavery.
　黒人奴隷制度の廃止という感情の絡んだ要素が、その議論に含まれたことは一度もなかった。

5 The president was given the right to veto separate items of appropriation bills.
　大統領は、歳出予算案の各条項を拒否する権利を与えられた。

Confederate States of America

Between Dec. 20, 1860, and Feb. 1, 1861, six southern states declared their withdrawal (secession) from the United States. On February 4, at Montgomery, Ala., they organized a separate and independent government called the Confederate States of America. The states that set up this government were South Carolina, Mississippi, Florida, Alabama, Georgia, and Louisiana. A seventh state, Texas, was admitted to the confederation on March 2. Jefferson Davis of Mississippi was elected president and Alexander H. Stephens of Georgia, vice-president.

The preamble of the new Confederate constitution declared that each state was "acting in its sovereign and independent character." This right had been asserted at earlier periods in American history. Never before, however, had the issue been charged with the emotional factor of the abolition of black slavery.

The constitution of the Confederate States reflected the then prevailing belief in the South that slavery was the only practicable status for the large black population of that section. It forbade any legislation impairing the institution of slavery though it did prohibit foreign slave trade.

The remainder of the constitution was largely based on that of the Union from which the states of the lower South were withdrawing. Among the modifications was a six-year term for the president, who could not succeed himself. The president was, in addition, given the right to veto separate items of appropriation bills. Congress was prohibited from adopting a protective tariff on imports.

Q Look at the word "It" in paragraph 3.
Find out the word or phrase in paragraph 3 that "It" refers to.

全訳 ⑧アメリカの南部連邦

　1860年12月20日から1861年2月1日までの間に南部の6州が合衆国からの脱退を宣言した。2月4日にアラバマ州モンゴメリーでそれらの諸州は、南部連邦政府と呼ばれる別個の独立政府を組織した。この政府を構成する州は、サウス・カロライナ、ミシシッピー、フロリダ、アラバマ、ジョージア、そしてルイジアナだった。第7番目のテキサスは3月2日に南部連邦に加盟を認められた。ミシシッピー州のジェファーソン・デイビスが大統領に選ばれ、ジョージア州のアレクサンダー・H.スティーブンが副大統領となった。

　新(南部)連邦法の前文において各州は「独自の主権的、独立的立場で行動するもの」と宣言された。この権利は米国史のもっと早い時期に主張されていたものである。しかしながら、黒人奴隷制度の廃止という感情の絡んだ要素がその議論に含まれたことは一度もなかった。

　南部連邦政府の憲法は、奴隷制度はその地域の多数の黒人たちにとって唯一の実際に与えることが可能な地位であるという、南部においての当時の圧倒的な信仰を反映していた。その憲法は、外国との奴隷の売買は確かに禁止していたが、奴隷制度そのものを損なうどのような立法も禁じていた。

　憲法のその他の部分は、南部の諸州がそこから脱退した北部政府の憲法に大方は基づいていた。主な修正案としては、大統領の任期は1期6年であること、そして再選は許されないなどであった。また大統領は歳出予算案の各条項を拒否する権利を与えられた。議会は輸入品に対しての保護関税を採択することを禁じられた。

Double-Check —Confederate States of America

☐ declare their withdrawal (=secession) 　[diklέər]　　　[wiðdrɔ́ːəl]　　[siséʃən]	脱退を宣言する
△ Secession	図(1860〜61年に企てられた) 南部11州の連邦脱退
☐ the Confederate States of America 　　　[kənfédərit]	南部連邦政府
☐ the preamble of the new Confederate constitution 　　　[príːæmbl]　　　　　　　　　[kànstitjúːʃən]	新(南部)連邦法の前文
☐ sovereign and independent character 　[sávərin]　　　[indipéndənt]	主権的、独立的立場
☐ the abolition of black slavery 　　　[æbəlíʃən]　　　　[sléivəri]	黒人奴隷制度の廃止
☐ prevailing belief 　[privéiliŋ]	圧倒的な信仰
☐ the only practicable status 　　　　[præktikəbl][stéitəs]	唯一の実現が可能な地位
☐ legislation impairing the institution of slavery 　[lèdʒisléiʃən][impέəriŋ]	奴隷制度を損なう立法
☐ prohibit foreign slave trade 　[prouhíbit]	外国との奴隷売買を禁止する
☐ the right to veto separate items 　　　　　　[víːtou][sépərit]	各条項を拒否する権利
☐ appropriation bills 　[əpròupriéiʃən]	歳出予算案
☐ protective tariff on imports 　[prətéktiv][tǽrif]	輸入品に対しての保護関税

アメリカ史

9. American History

The Civil War Era

Key Sentences 1-17

1 White Southerners had been embittered by Northern defiance of the 1850 Federal Fugitive Slave Act.
南部の白人たちは、1850年の連邦逃亡奴隷法に対する北部側の反抗に憤激していた。

2 The Southern states seceded from the Union and formed the Confederacy.
南部諸州は連邦から脱退し、南部連合を結成した。

3 Preservation of the Union, not the abolition of slavery, was the initial objective of President Lincoln.
奴隷制の廃止ではなく、連邦の存続こそがリンカーン大統領の当初の目的であった。

4 Lincoln believed in gradual emancipation.
徐々に（奴隷）解放を行うやり方を、リンカーンは信奉していた。

5 Black leaders vigorously recruited blacks into the Union armed forces.
黒人指導者たちは、黒人たちを精力的に北軍へと入隊させた。

6 They performed heroically despite discrimination in pay, rations, equipment, and assignments and the unrelenting hostility of the Confederate troops.
彼らは給与、食糧、装備、任務等の差別や南部連合諸部隊の情け容赦のない敵意にもかかわらず、雄々しく自分の任務を遂行したのである。

The Civil War Era

By the end of the 1850s, the North feared complete control of the nation by slaveholding interests and the white South believed that the North was determined to destroy its way of life. **White Southerners had been embittered by Northern defiance** of the 1850 **Federal Fugitive Slave Act** and had been alarmed in 1859 by the raid at Harpers Ferry, W. Va., led by the white abolitionist John Brown. After Abraham Lincoln was elected president in 1860 on the antislavery platform of the new Republican Party, **the Southern states seceded from the Union and formed the Confederacy.**

The Civil War, which liberated the nation's slaves, began in 1861. But **preservation of the Union**, not **the abolition of slavery**, was **the initial objective** of President Lincoln. Lincoln believed in **gradual emancipation**, with the federal government compensating the slaveholders for the loss of their "property." But in September 1862 he issued the Emancipation Proclamation, declaring that all slaves residing in states in rebellion against the United States as of Jan. 1, 1863, were to be free. Thus the Civil War became, in effect, a war to end slavery.

Black leaders such as the author William Wells Brown, the physician Martin R. Delany, and Douglass **vigorously recruited blacks into the Union armed forces**. Douglass declared in the North Star, "Who would be free themselves must strike the blow." By the end of the Civil War more than 186,000 black men were in the Union army. **They performed heroically despite discrimination in pay, rations, equipment, and assignments and the unrelenting hostility of the Confederate troops.**

全訳 ⑨ 南北戦争時代

　1850年代の末までには、北部諸州は奴隷所有者側によって国全体が支配されるのを恐れ、南部の白人たちは北部の人々が南部の人々の生活様式を破壊しようと心に決めていると信じていた。**南部の白人たちは1850年の連邦逃亡奴隷法という北部側の反抗に憤激**していたし、1859年に起こった白人の奴隷制度廃止論者ジョン・ブラウン率いるウエスト・バージニア州ハーパーズ・フェリーでの襲撃が原因で警戒感を深めていた。エイブラハム・リンカーンが新しい共和党の反奴隷制の公約によって1860年に大統領に選ばれた後、**南部諸州は連邦から脱退し、南部連合を結成した**。

　全国の奴隷たちを解放することとなる南北戦争は1861年に起こった。しかし、**奴隷制の廃止ではなく、連邦の存続こそがリンカーン大統領の当初の目的**であった。連邦政府が奴隷所有者に対し「財産」の損失を補償しながら**徐々に奴隷解放を行うやり方を、リンカーンは信奉していた**。しかし、1862年9月に、彼は解放宣言を発令し、1863年1月1日現在で、合衆国に対し反逆を企てている諸州在住のすべての奴隷は自由となることを宣言した。このようにして南北戦争は事実上、奴隷制度を終結させる戦争となったのだ。

　作家のウィリアム・ウェルズ・ブラウン、内科医のマーティン・R.ディラニー、そしてダグラスなどの黒人指導者たちは、黒人たちを**精力的に北軍へと入隊させた**。ダグラスはノース・スター誌上で、「自身が自由になりたい者はガツンと一発、攻撃をくらわせるだろう」と宣言した。南北戦争の終結までに18万6,000人以上の黒人が北軍に加わった。**彼らは給与、食糧、装備、任務等の差別や南部連合諸部隊の情け容赦のない敵意**にもかかわらず、雄々しく自分の任務を遂行したのである。

President Lincoln at Antietam with McClellan Alexander

Double-Check —The Civil War Era

☐ embittered by Northern defiance 　[imbítərd]　　　　　　[difáiəns]	北部側の反抗に憤激した
☐ Federal Fugitive Slave Act 　[fédərəl]　[fjú:dʒətiv]	連邦逃亡奴隷法
☐ seceded from the Union 　[sisí:did]	連邦から脱退した
☐ formed the Confederacy 　　　　　　　[kənfédərəsi]	南部連合を結成した
☐ preservation of the Union 　[prèzərvéiʃən]	連邦の存続
☐ the abolition of slavery 　　　[æbəlíʃən]　　[sléivəri]	奴隷制の廃止
☐ the initial objective 　　　[iníʃəl] [əbdʒéktiv]	当初の目的
☐ gradual emancipation 　[grǽdʒuəl][imænsəpéiʃən]	段階的な奴隷解放
☐ vigorously recruited 　[vígərəsli]　[rikrú:tid]	精力的に入隊させた
☐ the Union armed forces	（米国南北戦争の）北軍
☐ discrimination in pay, rations, equipment, and assignments 　　[diskrìmənéiʃən]　　[rǽʃənz][ikwípmənt]　　　[əsáinmənts]	給与、食糧、装備、任務等の差別
☐ the unrelenting hostility 　　　[ùnriléntiŋ]　[hɑstíləti]	情け容赦のない敵意
☐ the Confederate troops 　　　[kənfédərət]　[trú:ps]	南部連合の諸部隊

アメリカ史

10 The Great Depression

Business Administration & Economics

Key Sentences 1-19

1 On Oct. 24, 1929, the complete collapse of the stock market began; about 13 million shares of stock were sold.
株式市場の完全崩壊は1929年10月24日に始まり、およそ、1,300万株が売られた。

2 The value of most shares fell sharply, leaving financial ruin and panic in its wake.
ほとんどの株の価値は急激に下落し、その後には金融破産と恐慌が残った。

3 There had been financial panics before, and there have been some since, but never did a collapse in the market have such a devastating and long-term effect.
それ以前にも金融恐慌はあったし、それ以後にもいくつか起こっているが、株式市場の崩壊がかくも破壊的で長期にわたる影響を及ぼしたことはない。

4 Wages for those still fortunate enough to have work fell precipitously.
幸運にもまだ仕事にありついていた人々の賃金も急激に下落した。

5 Government itself was sorely pressed for income at all levels as tax revenues fell.
政府自体も、税収が減るにつれて、あらゆるレベルで歳入が乏しくひどく困っていた。

6 The international structure of world trade collapsed, and each nation sought to protect its own industrial base by imposing high tariffs on imported goods.
世界貿易における国際的構造が崩壊し、各国は輸入品に高い関税をかけることによって自国の産業基盤を守ろうとした。

The Great Depression

On Oct. 24, 1929, the complete collapse of the stock market began; about 13 million shares of stock were sold. Tuesday, October 29——known ever since as Black Tuesday——extended the damage; more than 16 million shares were sold. **The value of most shares fell sharply,** leaving financial ruin and panic in its wake.

There had been financial panics before, and there have been some since, but never did a collapse in the market have such a devastating and long-term effect. Like a snowball rolling downhill, it gathered momentum and swept away the whole economy before it. Businesses closed, putting millions out of work. Banks failed by the hundreds. **Wages for those still fortunate enough to have work** fell precipitously. The value of money decreased as the demand for goods declined.

Most of the agricultural segment of the economy had been in serious trouble for years. With the arrival of the depression it was nearly eliminated altogether, and the drought that created the 1930s Great Plains Dust Bowl compounded the damage.

Government itself was sorely pressed for income at all levels **as tax revenues fell,** and government at that time was much more limited in its ability to respond to economic crises than it is today.

The international structure of world trade collapsed, and each nation sought to protect its own industrial base by imposing high tariffs on imported goods. This only made matters worse.

全訳 ⑩ 大恐慌

　株式市場の完全崩壊は1929年10月24日に始まり、およそ1,300万株が売られた。10月29日(火)は以来ブラック・チューズデーとして知られることになるのだが、この日にダメージはさらに拡大し、1,600万株以上が売り払われた。**ほとんどの株の価値は急激に下落し、その後には金融破産と恐慌が残った。**

　それ以前にも金融恐慌はあったし、それ以後にもいくつか起こっているが、**株式市場の崩壊がかくも破壊的で長期にわたる影響を及ぼしたことはない。**坂道をころがる雪玉のように、この崩壊は勢いを増して、それ以前の経済体制すべてを全滅させてしまった。企業は倒産し、何百万もの人々が失業した。何百という銀行が閉鎖された。**幸運にもまだ仕事にありついていた人々の賃金も急激に下落した。**製品に対する需要がおとろえるにつれて、貨幣価値は下落した。

　経済体制における農業部門のほとんどがそれ以前から何年もの間、深刻な状況下にあった。不況の訪れとともに、農業部門のほぼすべてが消滅してしまった。1930年代、米国中南部を黄塵地帯にしてしまった旱魃がダメージを倍加させた。**政府自体も、税収が減るにつれて、あらゆるレベルで歳入が乏しくひどく困っていた。**しかも、当時の政府の経済危機に対処する能力は現在のそれよりもはるかに限られていた。

　世界貿易における国際的構造が崩壊し、各国は輸入品に高い関税をかけることによって自国の産業基盤を守ろうとした。これは事態をさらに悪化させただけだった。

Double-Check —The Great Depression

□ the complete collapse of the stock market [kəlǽps]	株式市場の完全崩壊
□ leaving financial ruin and panic in its wake [rú(ː)in]	その後には金融破産と恐慌が残った
△ wake	图通った跡；(大災害の)あと
□ have such a devastating and long-term effect [dévəstèitiŋ]	かくも破壊的で長期にわたる影響を及ぼした
▲ devastate	他荒らす；破壊する；荒廃させる
□ fell precipitously [prisípətəsli]	急激に下落した
□ sorely pressed for income at all levels	あらゆるレベルで歳入が乏しくひどく困っていた
△ be pressed for 〜	〜がなくて困っている
□ by imposing high tariffs on imported goods	輸入品に高い関税をかけることによって
△ impose	他(義務を)課す；負わせる；押し付ける

経営学&経済学

11. Business Administration & Economics
Managerial Decision Making

Key Sentences 1-21

1 The guidelines governing management decisions cannot be reduced to a simple formula.
経営上の決断を左右する指針を単純に公式化することはできない。

2 The goal of a business enterprise was to maximize its profits.
企業の目標は、その利益を最大にすることだった。

3 Today's profits can be increased at the expense of profits years away, by cutting maintenance, deferring investment, and exploiting staff.
今日の利益は、何年も先の利益を犠牲にして増やすことが可能だ、つまり維持費を削減し、投資を先送りし、職員を酷使することで。

4 These are part of necessary performance incentives for executives.
これらは重役たちにとって必要な仕事への励みになる。

5 Some proponents of such expenditures believe that they serve to enhance contacts, breed confidence, improve the flow of information, and stimulate business.
そのような経費の擁護者の中には、それらが接触を密にし、自信を養い、情報の流れを改善し、事業を刺激すると信じる者もいる。

6 Management asserts primacy of profits.
経営陣は利益第一を主張する。

Managerial Decision Making

The guidelines governing management decisions cannot be reduced to a simple formula. Traditionally, economists have assumed that the goal of a business enterprise was to maximize its profits. There are, however, problems of interpretation with this simple assertion. First, the notion of "profit" is itself unclear in operational terms. Today's profits can be increased at the expense of profits years away, by cutting maintenance, deferring investment, and exploiting staff. Second, there are questions over whether expenditure on offices, cars, staff expenses, and other trappings of status reduces shareholders' wealth or whether these are part of necessary performance incentives for executives. Some proponents of such expenditures believe that they serve to enhance contacts, breed confidence, improve the flow of information, and stimulate business. Third, if management asserts primacy of profits, this may in itself provide negative signals to employees about systems of corporate values. Where long-term success requires goodwill, commitment, and cooperation, focus on short-term profit may alienate or drive away those very employees upon whom long-term success depends.

Generally speaking, most companies turn over only about half of their earnings to stockholders as dividends. They plow the rest of their profits back into the operation. A major motivation of executives is to expand their operations faster than those of their competitors. The important point, however, is that without profit over the long term no firm can survive. For growing firms in competitive markets a major indicator of executive competence is the ability to augment company earnings.

全訳 11 経営上の決断

　経営上の決断を左右する指針を単純に公式化することはできない。伝統的に、経済学者は企業の目標はその利益を最大にすることだと仮定してきた。しかしながら、このような単純な主張に関して解釈の問題がいくつか存在する。まず第一に、「利益」という概念はそれ自体業務上の観点からすると不鮮明である。今日の利益は、何年も先の利益を犠牲にして増やされることが可能だ。つまり維持費を削減し、投資を先送りし、職員を酷使することによって可能となる。次にオフィスや車やスタッフ、そしてその他の体裁にかかる経費が株主の富を減らすことになるかどうかとか、重役たちにとって必要な仕事への励みになるのかどうかに関して疑問が存在する。そのような経費の擁護者の中には、それらが接触を密にし、自信を養い、情報の流れを改善し、事業を刺激すると信じる者もいる。第3番目に、もしも経営陣が利益第一を主張すればこのこと自体が、会社の価値体系について、従業員に否定的な信号を送ることになるかもしれない。長期間にわたる成功が善意と献身と協力を要するときに、短期の利益に焦点を絞ることは長期の成功をまさに左右する従業員たちを疎外したり、追い立てることになるかもしれない。

　一般的に言って、ほとんどの企業はその収益の半分しか配当として株主に還元してはいない。そのような企業は、残りの利益を事業に再投資する。重役たちの主な動機は、競争相手よりも早く事業を拡大することである。しかしながら重要な点は、長期にわたって利益がなければ、どんな企業も生き残れないということだ。競争の激しい市場での成長企業にとって、重役の能力の主要なものさしは、企業の収益を増加させることだ。

Double-Check —Managerial Decision Making

☐ the guidelines governing management decisions [disíʒənz]	経営上の決断を左右する指針
☐ a simple formula [fɔ́ːrmjulə]	単純な公式
☐ a business enterprise [éntərpràiz]	企業
☐ maximize its profits [mǽksəmàiz]	その利益を最大にする
☐ at the expense of profits years away [ikspéns]	何年も先の利益を犠牲にして
☐ defer investment [difə́ːr][invéstmənt]	投資を先送りする
☐ exploit staff [iksplɔ́it]	職員を酷使する
☐ performance incentives for executives [inséntivz] [igzékjutivz]	重役たちにとっての業務遂行への励み
☐ some proponents of such expenditures [prəpóunənts] [ikspénditʃərz]	そのような経費の擁護者
☐ enhance contacts, breed confidence [bríːd]	接触を密にし、自信を養う
☐ assert primacy of profits [əsə́ːrt][práiməsi]	利益第一を主張する

12 Business Administration & Economics
Government and Private Enterprise

Key Sentences 1-23

1 A principal effort of the government traditionally has been the fostering of competition through enforcement of antitrust laws.

政府の主な努力は、伝統的に独占禁止法の施行を通して競争を助長することであった。

2 These are designed to combat collusion among companies and, where feasible, to prevent mergers that significantly reduce competition.

これら(の法律)は企業間の馴れ合いに対抗するために、そして可能な場面では、競争を極度に減らしてしまう合併を阻止するためにつくられた。

3 The major area of government regulation of economic activity is through fiscal and monetary policy.

経済活動に関する政府の規制の主要な領域は、財政金融政策によるものである。

4 The government exerts considerable leverage on certain sectors of the economy.

政府は、経済体制のある部門に対して相当な影響力を発揮している。

5 The government endeavors to support farm incomes through payments to farmers, controls on output, price supports, and the provision of storage and marketing facilities.

政府は農民への支払い、生産高の統制、価格保護、そして貯蔵および市場取引の施設の供給によって、農家の収入を支えるために努力している。

Government and Private Enterprise

The U.S. government plays only a small direct part in economic activity, being largely restricted to such agencies as the U.S. Postal Service, the Nuclear Regulatory Commission, and the Tennessee Valley Authority. Enterprises that are often in public hands in other countries, such as airlines and telephone systems, are run privately in the United States.

A principal effort of the government traditionally has been the fostering of competition through enforcement of antitrust laws. These are designed to combat collusion among companies with respect to prices, output levels, or market shares and, where feasible, to prevent mergers that significantly reduce competition. The vigor with which antitrust laws and regulations are to be enforced is a matter of perennial political debate.

The major area of government regulation of economic activity is through fiscal and monetary policy. The government also exerts considerable leverage on certain sectors of the economy as a purchaser of goods, notably in the aircraft and aerospace industries. Proposals for governmental controls of prices and incomes have been a frequent source of much controversy.

Farming is a field in which the government strongly influences private economic activity. It endeavors to support farm incomes through payments to farmers, controls on output, price supports, and the provision of storage and marketing facilities. One disadvantage of the system is that payments are related to farm output, so that the benefit often goes to the larger commercial farms rather than to the so-called family farms that were originally the main object of governmental concern.

全訳 12 政府と民間企業

　合衆国政府は、経済活動においてはほんの少しの直接的な役割しか果たしていない。そしてその役割は郵便事業、原子力規制委員会、テネシー峡谷公共事業などの機関に大方は限られている。たとえば航空会社や電話事業などといった他の諸国ではしばしば公営である事業が、合衆国では民間の手によって経営されている。

　政府の主な努力は、伝統的に**独占禁止法の施行**を通して**競争を助長**することであった。これらの法律は価格、生産水準、市場占有率に関して**企業間の馴れ合いに対抗する**ために、そして可能な場面では、競争を極度に減らしてしまう**合併を阻止する**ためにつくられた。独占禁止法や規制が施行されるのにともなう活力は、絶え間ない政治論争の的である。

　経済活動に関する政府の規制の主要な領域は、**財政金融政策**によるものである。**政府は**また航空宇宙産業において際立っているのだが、物品の購入者側として**経済体制のある部門に対して相当な影響力を発揮している**。物価や収入についての政府介入の提案は、たびたび多くの論争の出所となってきた。

　農場運営は、政府が民間の経済活動に多大な影響を与える分野である。**政府は農民への支払い、生産高の統制、価格保護、そして貯蔵および市場取引の施設の供給によって、農家の収入を支えるために努力している。**このシステムにおけるひとつの不利な点は、支払いが農業生産と関係しており、その結果利益は、もともと政府の懸念の主な対象であったいわゆる家族農場へというよりも、むしろより大規模な営利農場へしばしば行ってしまうということである。

Double-Check —Government and Private Enterprise

□ be run privately [práivətli]	民間の手によって経営されている
△ run	他自 経営する；運営する；機械を動かす；(映画を)上映する；(水や涙が)流れる
□ the fostering of competition [kàmpətíʃən]	競争の助長
□ enforcement of antitrust laws [infɔ́ːrsmənt]	独占禁止法の施行
□ combat collusion among companies [kəlúːʒən]	企業間の馴れ合いに対抗する
□ prevent mergers [mə́ːrdʒərz]	合併を阻止する
□ government regulation of economic activity [règjuléiʃən]	経済活動に関する政府の規制
□ fiscal and monetary policy [fískəl] [mánətèri]	財政金融政策
□ exert considerable leverage [igzə́ːrt] [lévəridʒ]	相当な影響力を発揮する
□ endeavor to support farm incomes [indévər]	農家の収入を支えるために努力する
□ the provision of storage and marketing facilities [prəvíʒən] [fəsílətiz]	貯蔵および市場取引の施設の供給

経営学&経済学

13 Education

Educational Theory and Practice

Key Sentences 1-25

1 In formulating educational criteria and aims, Dewey drew heavily on the insights into learning offered by contemporary psychology.

教育の基準と狙いを練り上げるにあたって、デューイは、現代心理学によって提供される学識に対する様々な洞察に深く依存した。

2 He viewed thought and learning as a process of inquiry starting from doubt or uncertainty and spurred by the desire to resolve practical frictions or relieve strain and tension.

彼は思想や学問というものを、疑念や確信のなさから始まり、実際的な摩擦を解決したり緊張や不安を取り除きたいという願望によって駆り立てられる探求の過程とみなした。

3 Among the results of Dewey's administrative efforts were the establishment of an independent department of pedagogy and of the University of Chicago's Laboratory Schools.

デューイの行政面での努力の結果、実を結んだのが、独立した教育省とシカゴ大学ラボラトリー・スクールの設立であった。

4 The Laboratory Schools attracted wide attention and enhanced the reputation of the University of Chicago as a foremost center of progressive educational thought.

ラボラトリー・スクールは各方面の注目を集め、進歩的な教育思想の最先端を走る中心的な場所としてシカゴ大学の評判を高めたのである。

Educational Theory and Practice

Dewey's work in philosophy and psychology was largely centered in his major interest, educational reform. In formulating educational criteria and aims, he drew heavily on the insights into learning offered by contemporary psychology as applied to children. He viewed thought and learning as a process of inquiry starting from doubt or uncertainty and spurred by the desire to resolve practical frictions or relieve strain and tension. Education must therefore begin with experience, which has as its aim growth and the achievement of maturity.

Dewey's writings on education, notably his *The School and Society* (1899) and *The Child and the Curriculum* (1902), presented and defended what were to remain the chief underlying tenets of the philosophy of education he originated. These tenets were that the educational process must begin with and build upon the interests of the child; that it must provide opportunity for the interplay of thinking and doing in the child's classroom experience; that the teacher should be a guide and coworker with the pupils, rather than a taskmaster assigning a fixed set of lessons and recitations; and that the school's goal is the growth of the child in all aspects of its being. Among the results of Dewey's administrative efforts were the establishment of an independent department of pedagogy and of the University of Chicago's Laboratory Schools, in which the educational theories and practices suggested by psychology and philosophy could be tested. The Laboratory Schools, which began operation in 1896, attracted wide attention and enhanced the reputation of the University of Chicago as a foremost center of progressive educational thought.

全訳 13 教育理論と実践

　デューイの哲学や心理学における業績は、大部分が彼の主要な興味の対象、つまり教育改革にその中心がおかれていた。教育の基準と狙いを練り上げるにあたって、彼は、子供に適用されるような、現代心理学によって提供される学識に対する様々な洞察に深く依存した。彼は思想や学問というものを、疑念や不確かさから始まり、実際的な摩擦を解決したり緊張や不安を取り除きたいという願望によって駆り立てられる探求の過程とみなした。ゆえに教育は、体験から始まらなければならなかった。というのは教育がその目標として、成熟の達成を担っていたからだ。

　デューイの教育に関する著作、特に『学校と社会』(1899)や『子供と教科課程』(1902)では、彼が創り出した教育哲学の主要な基本的教義でありつづけるものが提示され正当化されている。これらの教義とは、教育の過程は子供の興味から始まり、その上に築かれねばならないこと、教育は子供の教室での体験の中で思慮することと行動することの相互作用の機会を与えなければならないこと、先生は、型にはまった一式の授業や暗唱を生徒に課す厳格な監督者というよりもむしろ、生徒たちの案内者であり勉強仲間であるべきだということ、そして学校の目標は子供の存在のあらゆる面で子供が成長することであった。デューイの行政面での努力の結果、実を結んだのが、独立した教育省とシカゴ大学ラボラトリー・スクールの設立であった。そしてこのラボラトリー・スクールで、心理学や哲学によって示唆を受けた教育理論と実践が試されることが可能になった。ラボラトリー・スクールは1896年に業務を開始したのだが、各方面の注目を集め、進歩的な教育思想の最先端を走る中心的な場所としてシカゴ大学の評判を高めたのである。

Double-Check —Educational Theory and Practice

☐ **formulate educational criteria** [fɔ́ːrmjulèit]　　　　　[kraitíəriə]	教育の基準を練り上げる
☐ **the insights into learning** [ínsàits]	学識に対する様々な洞察
☐ **a process of inquiry** 　　　　　　　[inkwáiəri]	探求の過程
☐ **spurred by the desire** [spə́ːrd]	願望によって駆り立てられる
☐ **resolve practical frictions** 　　　　　　　　　[fríkʃənz]	実際的な摩擦を解決する
☐ **relieve strain and tension** [rilíːv] [stréin]	緊張や不安を取り除く
☐ **the chief underlying tenets** 　　　　　　　　　　[ténits]	基本的教義
☐ **assigning a fixed set of lessons and recitations** [əsáiniŋ]　　　　　　　　　　　　[rèsətéiʃənz]	型にはまった一式の授業や暗唱を課す
☐ **administrative efforts** [ædmínəstrèitiv]	行政面での努力
☐ **an independent department of pedagogy** 　　　　　　　　　　　　　　　[pédəgòudʒi]	独立した教育省
☐ **attract wide attention** 　　　　　　　[əténʃən]	各方面での注目を集める
☐ **enhance the reputation** 　　　　　　　[rèpjutéiʃən]	評判を高める
☐ **a foremost center of progressive educational thought** [fɔ́ːrmòust]　　　[prəgrésiv]	進歩的な教育思想の最先端を走る中心的な場所

教育学

14 Ethnology
The Ethics

Key Sentences 1-27

1 Current usage confines the term "ethnic" to the descendants of the newest immigrants.
　現行の用法によると「民族的」という言葉は、最新の移民たちの子孫に限定されている。

2 Its proper, more comprehensive meaning applies to all groups unified by their cultural heritage.
　その適切でより包括的な意味は、自身の文化遺産によってひとつに結ばれたすべての集団にあてはまる。

3 Tightly knit communities, firm religious values, and a belief in the value of education earned them prominent positions in business, in literature and law, and in cultural and philanthropic institutions.
　結束の固い地域共同体、堅固な宗教的価値観、そして教育の価値への信念によって、彼らは実業界、文壇、法曹界および文化的、慈善的機関において主立った地位を得たのである。

4 These people preserved affiliations with the Democratic Party until the 1960s.
　これらの人々は1960年代まで民主党との友好関係を保った。

◁ **philanthropic** [filənθrǽpik] はネイティヴ・スピーカーでも発音しづらい単語のひとつ。

The Ethnics

Although current usage confines the term "ethnic" to the descendants of the newest immigrants, its proper, more comprehensive meaning applies to all groups unified by their cultural heritage and by their experience in the New World.

In the 19th century, Yankees formed one such group, marked by common religion and by habits shaped by the original Puritan settlers. From New England, the Yankees spread westward through New York, northern Ohio, Indiana, and Illinois and on to Iowa and Kansas. Tightly knit communities, firm religious values, and a belief in the value of education earned them prominent positions in business, in literature and law, and in cultural and philanthropic institutions. They long identified with the Republican Party.

Southern whites and their descendants, by contrast, generation after generation remained preponderantly rural as migration took them westward across Tennessee and Kentucky to Arkansas, Missouri, Oklahoma, and Texas. These people remained primarily rural until the industrialization of the South in the 20th century, and they preserved affiliations with the Democratic Party until the 1960s.

The colonial population also contained other elements that long sustained their identities as groups. The Pennsylvania Germans, held together by religion and language, still pursue their own way of life after three centuries. The great 19th-century German migrations, however, contained a variety of elements that dispersed in the cities as well as in the agricultural areas of the West; to the extent that ethnic ties have survived, they are largely sentimental.

全 訳 14 民族的背景

　現行の用法によると「民族的」という言葉は、最新の移民たちの子孫に限定されているが、その適切でより包括的な意味は、自身の文化遺産と新世界での体験によってひとつに結ばれたすべての集団にあてはまる。

　19世紀においてヤンキー（ニューイングランド人）はひとつのそのような集団を形成していたし、共通の宗教と最初のピューリタン開拓者たちによってつちかわれた習慣で際立っていた。ヤンキーたちはニューイングランドからニューヨーク、オハイオ北部、インディアナ、イリノイを通ってさらにアイオア、カンザスへと西に広がっていった。結束の固い地域共同体、堅固な宗教的価値観、そして教育の価値への信念によって、彼らは実業界、文壇、法曹界および文化的、慈善的機関において主立った地位を得たのである。彼らは長い間、共和党に共感を抱いていた。

　対照的に、南部の白人とその子孫たちは、移住によってテネシーやケンタッキーを横切りアーカンソー、ミズーリ、オクラホマ、テキサスと西の方へ進みながら、圧倒的に農村風のままであった。20世紀になって南部の工業化が進むまで、南部の白人はなによりもまず依然として農民だったのである。そして彼らは1960年代まで民主党との友好関係を保ったのだ。

　英国植民地時代の人々はまた集団として彼らの固有性を長く維持してきたほかの要素を保有していた。ペンシルバニアのドイツ移民たちは宗教と言語によって結束していたのだが、3世紀たった今もまだ、彼ら独自の生活様式を追求している。しかしながら19世紀のドイツ人大移住による人々は、西部の農業地域はもとより都市部にも散らばっていった多様な要素を持っていた。民族的結束が残っているとすれば、それは大方、心情的なものである。

Double-Check ―The Ethnics

□ current usage 　[kə́:rənt] [júːsidʒ]	現行の用法
□ the descendants of the newest immigrants 　　[diséndənts]	最新の移民たちの子孫
□ comprehensive meaning 　[kɑ̀mprihénsiv]	包括的な意味
□ cultural heritage 　　　　[héritidʒ]	文化遺産
□ tightly knit communities 　　　　[nít]	結束の固い地域共同体
▲ tight	形(ロープなどが)ピーンと張った；(服などが)きつい；(スケジュールが)ぎっしり詰まった
□ firm religious values 　　　[rilídʒəs]	堅固な宗教的価値観
□ earn them prominent positions 　　　　　　[prɑ́mənənt]	彼らに主立った地位をもたらす
□ philanthropic institutions 　[filənθrɑ́pik] [ìnstətjúːʃənz]	慈善的機関
□ preserve affiliations 　　　[əfìliéiʃənz]	友好関係を保つ

民族学

15 Film
Tools of Filmmaking

Key Sentences 1-29

1 All motion pictures are based on an illusion of motion made possible by a characteristic of visual perception called persistence of vision.
すべての映画(動画)は残像と呼ばれる視覚認知の特徴によって可能となる動体錯覚にもとづいている。

2 The brain retains an impression for 1/16 to 1/10 of a second after the eye has stopped looking at an illuminated image.
脳は光に照らされた画像を見終わって16分の1秒から10分の1秒間、その印象を保持している。

3 The pages are riffled at a rather fast pace.
ページはかなり速いペースでパラパラめくられる。

4 In motion pictures, persistence of vision is used to create the illusion of motion from still photographs.
映画においては、静止写真から動体の錯覚をつくり出すために残像が利用される。

5 The time lapse between images is normally 1/24 of a second in most cameras.
ほとんどのカメラにおいてある画像から次の画像へ変わるのに経過する時間は、24分の1秒である。

6 Persistence of vision causes the separate images to be projected as a continuously moving scene.
残像によって、別々の画像が連続して動く場面として映し出される状態が可能となる。

Tools of Filmmaking

All motion pictures are based on an illusion of motion made possible by a characteristic of visual perception called persistence of vision. The brain retains an impression for 1/16 to 1/10 of a second after the eye has stopped looking at an illuminated image. When a series of pictures of an object is presented in steady, rapid succession, with the position of the object slightly altered in each picture to represent successive stages of movement, the brain blends the different pictures into one another, creating the illusion of motion.

A simple way to demonstrate the illusion of motion is to draw a line in the lower right-hand corner of each page of a pad of paper, altering the angle of each line very slightly in a single direction. If the pages are then riffled at a rather fast pace, the eye will perceive the illusion of a moving line.

In motion pictures, persistence of vision is used to create the illusion of motion from still photographs. By means of a shutter that opens and closes at high speed, the motion-picture camera photographs a series of still images. Because the time lapse between images is normally 1/24 of a second in most cameras, the differences between images are small. The illusion of motion is provided by the projector, in which the film is moved past a light source at the same speed at which the images were photographed. Persistence of vision causes the separate images to be projected as a continuously moving scene. If there were no separations between images, the pictures would appear as a blur.

> Q The word "still" in paragraph 3 is closest in meaning to
> (A)persistent (B)faster (C)silent (D)motionless.

全訳 15 映画製作の道具

　すべての映画（動画）は残像と呼ばれる視覚認知の特徴によって可能となる動体錯覚にもとづいている。脳は光に照らされた画像を見終わって16分の1秒から10分の1秒間、その印象を保持している。ある物体の一連の画像が、運動の連続的な段階を示すために、それぞれの画像で物体の位置を少し動かして、とぎれなく素早く連続して提示されると、脳は様々な画像を互いに混同し、動体の錯覚をつくり出してしまう。

　動体の錯覚を明らかに示す簡単な方法は、メモ帳の各ページの右下に、同一の方向で各々少し角度を変えて線を引いてみることだ。かなり速いペースでページがパラパラめくられると、眼は動く線の錯覚を知覚する。

　映画においては、静止写真から運動の錯覚をつくり出すために残像が利用される。高速で開閉するシャッターによって、動画用カメラは一連の静止画像を写真に収める。ほとんどのカメラにおいてある画像から次の画像へ変わるのに経過する時間は、24分の1秒であるから、画像間の差異は小さい。動体の錯覚は映写機によって与えられる。つまり映写機の内部では、画像が撮影されたのと同じ速さでフィルムが光源の前を通り過ぎる。残像によって、別々の画像が連続して動く場面として映し出される状態が可能となる。もしもある画像と次の画像の間が分割されていなければ、写真はぼやけて見えるだろう。

Double-Check —Tools of Filmmaking

映画

☐ an illusion of motion 　　[ilúːʒən]	動体錯覚
☐ visual perception 　　　　[pərsépʃən]	視覚認知
☐ persistence of vision 　　[pərsístəns]	残像
☐ retain an impression 　　[ritéin]	印象を保持する
☐ an illuminated image 　　　　　　[ímidʒ]	光に照らされた画像
☐ riffle the pages at a fast pace 　　[rífl]	速いペースでページをめくる
☐ still photographs 　　[stil]　[fóutəgræfs]	静止写真
☐ the time lapse 　　　　　[læps]	経過する時間
△ lapse	图《通例単数形》（時の）経過；推移；期間；隔たり
☐ be projected as a continuously moving scene 　　　　　　　　　　[kəntínjuəsli]	連続して動く場面として映し出される

16 Music

Origins of Jazz

Key Sentences 1-31

1 Because of its spontaneous, emotional, and improvisational character, and because it is basically of black origin and association, jazz has to some extent not been accorded the degree of recognition it deserves.

　ジャズは、自然で、感情のこもった、即興的な特性を持ち、基本的に黒人の間で生まれ、彼らを連想させるので、それに値する程の評価を十分には与えられていない。

2 European audiences have often been more receptive to jazz, and thus many American jazz musicians have become expatriates.

　ヨーロッパの聴衆の方が、ジャズに対する受容度がより高いことが多かったので、その結果、多数の米国ジャズ演奏家たちが国籍離脱者となった。

3 Jazz tended to suggest loose morals and low social status.

　ジャズは不道徳や社会的地位の低さを示唆する傾向があった。

4 Show tunes became common vehicles for performance, and, while the results were exquisite, rhythmic and harmonic developments were impeded until the mid-1940s.

　ショー的な要素の強い曲が演奏における定番の見せ場となり、その結果は見事だったにもかかわらず、リズムとハーモニーの進化は1940年代半ばまで滞ることとなった。

5 The blues, vocal and instrumental, was and is a vital component of jazz.

　ブルースは歌唱の面でも楽器演奏の面でもジャズの重要な構成要素であったし、今もそうである。

Origins of Jazz

Jazz developed in the latter part of the 19th century from black work songs, field hollers, hymns, and spirituals whose harmonic, rhythmic, and melodic elements were predominantly African. Because of its spontaneous, emotional, and improvisational character, and because it is basically of black origin and association, jazz has to some extent not been accorded the degree of recognition it deserves. European audiences have often been more receptive to jazz, and thus many American jazz musicians have become expatriates.

At the outset, jazz was slow to win acceptance by the general public, not only because of its cultural origin, but also because it tended to suggest loose morals and low social status. However, jazz gained a wide audience when white orchestras adapted or imitated it, and became legitimate entertainment in the late 1930s when Benny Goodman led racially mixed groups in concerts at Carnegie Hall. Show tunes became common vehicles for performance, and, while the results were exquisite, rhythmic and harmonic developments were impeded until the mid-1940s.

Jazz is generally thought to have begun in New Orleans, spreading to Chicago, Kansas City, New York City, and the West Coast. The blues, vocal and instrumental, was and is a vital component of jazz, which includes, roughly in order of appearance: ragtime; New Orleans or Dixieland jazz; swing; bop, or bebop; progressive, or cool, jazz; neo-bop, or hard-bop; third stream; mainstream modern; Latin-jazz; jazz-rock; and avant-garde or free jazz.

(提供:Infoplease.com)

全訳 16 ジャズの起源

　ジャズは19世紀後半にそのハーモニー、リズム、メロディの要素が圧倒的にアフリカ的な黒人の労働歌、ハラーソング、賛美歌、霊歌から発達した。ジャズは、自然で、感情のこもった、即興的な特性を持ち、基本的に黒人の間で生まれ、彼らを連想させるので、本来与えられるべき評価がいくらか割引かれている。ヨーロッパの聴衆の方が、ジャズに対する受容度がより高いことが多かったので、その結果、多数の米国ジャズ演奏家たちが国籍離脱者となった。

　ジャズは当初、一般大衆になかなか受け入れられなかったが、それは文化的起源のせいだけでなく、不道徳や社会的地位の低さを示唆する傾向があったからである。しかしながら、白人の交響楽団に取り入れられ、模倣されるに及んで、ジャズは幅広い層の聴衆を獲得し、ベニー・グッドマンが人種混合の楽団をカーネギーホールで指揮した1930年代に正統なエンターテインメントとなった。ショー的な要素の強い曲が演奏における定番の見せ場となり、その結果は見事だったにもかかわらず、リズムとハーモニーの進化は1940年代半ばまで滞ることとなった。

　ジャズは一般的にニューオーリンズで始まり、シカゴ、カンザスシティ、ニューヨーク、そして西海岸に広がったと考えられている。ブルースは歌唱の面でも楽器演奏の面でもジャズの重要な構成要素であったし、今もそうである。他の要素として含まれるものには、おおよその登場順で挙げれば、ラグタイム、ニューオーリンズまたはデキシーランド・ジャズ、スイング、バップまたはビバップ、プログレッシブまたはクール・ジャズ、ネオビバップまたはハードビバップ、サードストリーム、メジャーモダン、ラテンジャズ、ジャズロック、アバンギャルドまたはフリージャズがある。

Double-Check —Origins of Jazz

☐ spontaneous, emotional, and improvisational character [spantéɪniəs]　　　　　　[ɪmprɑ̀vəzéɪʃənl]	自然で、感情のこもった、即興的な特性
▲ improvisation	图即興
▲ improvise	他即興で演奏する
☐ accorded the degree of recognition it deserves	それに値する程度の評価が与えられる
△ accord	他与える；許す；示す
☐ more receptive to jazz	ジャズに対する受容度がより高い
☐ become expatriates	国籍離脱者となる
☐ loose morals and low social status [lúːs]　　　　　　　　　　[stéɪtəs]	不道徳や社会的地位の低さ
△ loose	形だらしない
☐ common vehicles for performance [víːəkl]	演奏における定番の見せ場
△ vehicle	图見せ場；伝達手段
☐ rhythmic and harmonic developments were impeded [ɪmpíːdɪd]	リズムとハーモニーの進化は滞った
△ impede	他遅らせる；邪魔する
☐ a vital component of jazz [váɪtl]	ジャズの重要な構成要素

音楽

17 Journalism
Newspapers

Key Sentences
1-33

1 **With the advent of radio and television** in the 20th century, the use of the term has broadened.

20世紀の**ラジオ・テレビの登場と共に**、その用語の使用範囲は広まった。

2 In China during the T'ang dynasty a court circular called a pao, or "report," was **issued to government officials**.

唐王朝時代の中国では、「パオ」、つまり「報告」と呼ばれる宮廷回覧板が**政府の役人たち向けに発行された**。

3 At first **hindered by government-imposed censorship**, restrictions, and taxes, newspapers in the 18th century came to enjoy the reportorial freedom and **indispensable function**.

最初は**政府によって強要される検閲**や規制、税金によって**妨害されていた**が、18世紀の新聞は報道の自由と**欠くことのできない役割**を担うようになった。

4 The growing demand for newspapers owing to **the spread of literacy** and the introduction of steam- and then **electric-driven presses** caused the daily circulation of newspapers to rise from the thousands to the hundreds of thousands and eventually to millions.

識字力の普及や、蒸気およびそれに続く**電動印刷機**の導入による新聞に対する需要の高まりによって、新聞の毎日の発行部数は数千部から数十万部、そしてついには数百万部へと増加することとなったのである。

Newspapers

The word journalism was originally applied to the reportage of current events in printed form, specifically newspapers, but **with the advent of radio and television in the 20th century, the use of the term has broadened** to include all printed and electronic communication dealing with current affairs.

The earliest known journalistic product was a newssheet circulated in ancient Rome called the Acta Diurna. Published daily from 59 BC, it was hung in prominent places and recorded important social and political events. **In China during the T'ang dynasty a court circular called a pao, or "report," was issued to government officials.** This gazette appeared in various forms and under various names more or less continually to the end of the Ch'ing dynasty in 1911. The first regularly published newspapers appeared in German cities and in Antwerp around 1609. The first English newspaper, the Weekly News, was published in 1622. One of the first daily newspapers, The Daily Courant, appeared in 1702.

At first **hindered by government-imposed censorship**, restrictions, and taxes, newspapers in the 18th century came to enjoy the reportorial freedom and **indispensable function** that they have retained to the present day. **The growing demand for newspapers owing to the spread of literacy** and the introduction of steam- and then **electric-driven presses** caused the daily circulation of newspapers to rise from the thousands to the hundreds of thousands and eventually to millions.

231語

> currentの発音は意外に聴き取りにくいから、繰り返し聴いて慣れておこう!!

全訳 17 新聞

　ジャーナリズムという言葉はもともとは、印刷形式での最新の出来事の報道、特に新聞にあてられたものであるが、**20世紀のラジオ・テレビの登場と共に、**その用語の使用範囲は広まって、最近の出来事を取り扱うすべての印刷および電子通信を含むようになった。

　最も初期の周知の報道的産物は、「アクタ・ディウルナ」と呼ばれる古代ローマで流通したニュース掲示である。紀元前59年から毎日発行されたのだが、この新聞は主だった場所で貼り出され、重要な社会的、政治的諸事を記録した。**唐王朝時代の中国では、「パオ」、つまり「報告」と呼ばれる宮廷回覧板が政府の役人たち向けに発行された。**このような官報型新聞は様々な形式や名称で、多かれ少なかれ連続して1911年の清王朝の終焉まで発行された。最初の定期刊行新聞は、1609年頃にドイツの各都市やアントワープで発行された。最初の英語の新聞「ウィークリー・ニューズ」は、1622年に発行された。最初の日刊紙のひとつ、「ザ・デイリー・クーラント」は1702年に登場した。

　最初は政府によって強要される検閲や規制、税金によって妨害されていたが、18世紀の新聞は報道の自由と新聞が今日まで保持してきた、**欠くことのできない役割**を担うようになった。**識字力の普及**や、蒸気およびそれに続く**電動印刷機**の導入による新聞に対する需要の高まりによって、新聞の毎日の発行部数は数千部から数十万部、そしてついには数百万部へと増加することとなったのである。

Double-Check —Newspapers

□ with the advent of radio and television [ǽdvent]	ラジオ・テレビの登場と共に
△ advent	图(重要人物・事件の)出現；到来（=coming）
□ a court circular [sə́ːrkjulər]	宮廷回覧板
□ issued to government officials [íʃuːd]	政府の役人たち向けに発行された
□ be hindered by government-imposed censorship [híndərd]　　　　　　　　[impóuzd]	政府により強要される検閲によって妨害される
△ hinder	他…を遅らせる；〈人が〉(…するのを)妨げる（=prevent=keep）
□ indispensable function [ìndispénsəbl]	欠くことのできない役割
□ the spread of literacy [spréd]　　[lítərəsi]	識字力の普及
△ literacy	图識字力；教養があること
□ electric-driven presses [iléktrik]	電動印刷機

ジャーナリズム

18 Law

Changing a Constitution

Key Sentences 1-35

1 Processes of amending a constitution are normally provided for in the document itself.
憲法の修正の過程は通常、その文書自体に規定される。

2 The amendment process is time-consuming and cumbersome.
(憲法)修正の過程は時間を要し、わずらわしいものである。

3 The fundamental law of the land is not easily subject to the whims of special-interest groups.
国家の基本法は特定の利益団体の気まぐれに容易に従うものではない。

4 Those constitutions having lengthy sections of what amounts to statute law are subject to frequent amendment.
制定法に等しい冗長な条文を含む憲法はしばしば修正されやすい。

5 The statute represented the desires of a substantial faction of the American population at the time.
その法令は当時のアメリカ国民のかなりの多数派が抱く願望を表していた。

6 Prohibition was repealed, or withdrawn, by the 21st Amendment in 1933.
禁酒法は1933年の憲法修正第21条によって廃止、つまり撤回された。

> **prohibition** [pròuhibíʃən] は h を発音しない場合 [pròuəbíʃən] も多いから慣れておこう。!!

基礎レート

Changing a Constitution

Processes of amending, or changing, a constitution are normally provided for in the document itself. The United States Constitution has only been amended 26 times since it went into effect in 1789, and ten of those amendments consist of the Bill of Rights that was added in 1791. Because the amendment process is time-consuming and cumbersome, the fundamental law of the land is not easily subject to the whims of special-interest groups, factions, or even the majority of the population at any given time.

The shorter and more basic a constitution is, the less likely it is to be changed. The most successful constitutions confine themselves primarily to the procedures of government. By contrast, those constitutions having lengthy sections of what amounts to statute law are subject to frequent amendment. If a constitution embodies, for example, provisions that guarantee full employment, housing, or college education, it may fail if the government is unable to live up to these promises.

It was just this type of situation that led to the one failed experiment in the United States Constitution. The 18th, or Prohibition Amendment was added in 1919. It was a law prohibiting the manufacture and sale of alcoholic beverages. The statute represented the desires of a substantial faction of the American population at the time. But it proved unenforceable and failed miserably because too many people disliked it and refused to obey it. It was repealed, or withdrawn, by the 21st Amendment in 1933.

244語

法学

🎓 **statute** [stǽtʃuːt] は、知らないとぐいと差をつけられてしまう単語。

全訳 18 憲法改正

　憲法の修正あるいは改正**の過程**は通常、その文書自体に規定される。合衆国憲法は1789年に効力を発して以来、26回しか修正されていない。そしてそのうちの10回の修正は1791年に加えられた「権利宣言」で成り立っている。**憲法修正の過程は時間を要し、わずらわしいものであるから、国家の基本法は**、どのような時でも**特定の利益団体**、派閥、そして国民の大多数のであれ、**その気まぐれに**容易に従うものではない。

　憲法が短ければ短いほど、そして基本的であればあるほど、改正される可能性はますます低くなる。最もうまくできた憲法は、主に政治の手順を述べるにとどまっている。対照的に、**制定法に等しい冗長な条文を含む憲法は、しばしば修正されやすい**。たとえば憲法が完全雇用や住宅、大学教育などを保証する条項を具体的に示しているとすれば、政府がその公約を守れない場合、その憲法は失敗ということになる。

　合衆国憲法においてひとつの失敗に終わった実験となったのが、まさにこのようなタイプの状況だった。憲法修正案第18条、つまり禁酒法は1919年に追加された。その修正案はアルコール飲料の製造販売を禁じる法律だった。**その法令は**当時のアメリカ国民の**かなりの多数**が抱く**願望を表していた**。しかし、あまりにも多数の人々がそれを嫌う従うことを拒絶したから、施行不能であることが判明し、惨めな失敗に終わった。**禁酒法は1933年の憲法修正第21条によって廃止、つまり撤回された**。

Double-Check —Changing a Constitution

☐ amending a constitution [əméndiŋ]　[kànstətjúːʃən]	憲法の修正
△ amend	他(動議・法案・憲法などを)修正[改正]する
☐ time-consuming and cumbersome 　　　　　　　　　　[kʌ́mbərsəm]	時間を要し、わずらわしい
△ cumbersome	形(任務が)重荷となる；めんどうな；(家具・機械などが)(大きくて)扱いにくい；動かしにくい
☐ the whims of special-interest groups 　　　[hwímz]	特定の利益団体の気まぐれ
☐ The statute represented the desires. 　　　[stǽtʃuːt]	その法令は願望を表していた。
☐ substantial 　[səbstǽnʃəl]	形十分な；相当な
☐ faction 　[fǽkʃən]	名派閥
☐ repeal 　[ripíːl]	他(法律などを)廃止[撤回、破棄]する
☐ withdraw 　[wiðdrɔ́ː]	他撤回する；取り下げる

法学

19 Criminology
Correction

Key Sentences 1-37

1 A major interest of criminologists is correction.
犯罪学者の主要な関心は更生である。

2 Until well into the 19th century, penalties consisted primarily of public humiliation, beatings or torture, banishment or exile, death, fines, or confiscation of property.
19世紀半ばまで、刑罰は主に、**公衆の面前での見せしめ**、むち打ちつまり拷問、流刑つまり国外追放、死罪、罰金、**財産の没収**などであった。

3 Imprisonment as a penalty became common after the 16th century but only for lesser offenses.
刑罰としての投獄は16世紀以降に一般的なものとなったが、**より程度の軽い罪**に対してだけのものであった。

4 Probably the most significant correctional developments of the late 19th century were probation and parole.
おそらく、19世紀後半の更生に関する最も重要な進歩は**執行猶予と仮釈放**だろう。

5 Under probation the sentence of a selected convicted criminal is suspended.
執行猶予のもとでは、**特に選ばれた既決囚の判決**が保留とされる。

6 Parole involves conditional release from confinement after part of a sentence has already been served.
仮釈放制度は、判決による刑期の何分の一かがすでに務め上げられた後、**収監から条件付きで釈放される**ことを意味する。

Correction

A major interest of criminologists is correction: what should be done with the criminal once he has been caught, tried, and convicted. Until well into the 19th century, penalties consisted primarily of public humiliation, beatings or torture, banishment or exile, death, fines, or confiscation of property. Imprisonment as a penalty became common after the 16th century but only for lesser offenses.

Not until the late 19th century did imprisonment become the most common penalty for most crimes. This resulted in great part from the work of criminologists who persuaded society against the uselessness of other punishments. Gradually the purpose of imprisonment began to shift from confinement to attempts to turn prisoners away from the life of crime when they were released. Prisons for young offenders, the first of which was established at Elmira, N.Y. in 1876, were called reformatories. They gave greater emphasis to education for their inmates.

Probably the most significant correctional developments of the late 19th century were probation and parole. Under probation the sentence of a selected convicted criminal is suspended if the criminal promises to behave well, accept some supervision of his life, and meet certain specific requirements. Parole involves conditional release from confinement after part of a sentence has already been served. It is granted only if the prisoner seems to have changed into an honest and trustworthy person.

Q The word "criminal" in paragraph 1 is closest in meaning to (A) reformatory (B) offender (C) inmate (D) probation

全訳 19 更　生

　犯罪学者の主要な関心は更生、つまりいったん犯罪者が逮捕され、裁判にかけられ刑が確定したら何をすべきかということである。19世紀半ばまで、刑罰は主に、公衆の面前での見せしめ、むち打ちつまり拷問、流刑つまり国外追放、死罪、罰金、財産の没収などであった。刑罰としての投獄は16世紀以降に一般的なものとなったが、より程度の軽い罪に対してだけのものであった。

　19世紀の後半になってはじめて、投獄はほとんどの犯罪に対する最も一般的な刑罰となった。このようになったのは大部分が、他の刑罰が無益なものであることを社会の人々に納得させた犯罪学者たちの業績のおかげである。徐々に投獄の目的は、犯罪者が監禁から解放されるとき犯罪と関係のある生活から目を背けさせる試みへと移行し始めた。若年犯罪者のための刑務所は、1876年ニューヨーク州のエルマイラにつくられたのだが、感化院と呼ばれた。感化院は、囚人たちの教育を以前よりも重要視した。

　おそらく、19世紀後半の更生に関する最も重要な進歩は執行猶予と仮釈放だろう。執行猶予のもとでは、特に選ばれた既決囚の判決が、もしその犯罪者が更生を約束し、なんらかの生活監視を受け入れ、ある特定の要求に見合うのであれば、保留とされる。仮釈放制度は、判決による刑期の何分の一かがすでに務め上げられた後、収監から条件付きで釈放されることを意味する。その個人が正直で信頼できる人物に変わったと思われる場合にだけ、仮釈放が許可される。

Double-Check —Correction

☐ a major interest of criminologists [krìmənálədʒists]	犯罪学者の主要な関心
☐ correction [kərékʃən]	図更生
☐ public humiliation [hju:mìliéiʃən]	公衆の面前での見せしめ
☐ confiscation of property [kánfəskèiʃən] [prápərti]	財産の没収
☐ imprisonment as a penalty [impríznmənt]	刑罰としての投獄
☐ lesser offenses [lésər]	より程度の軽い罪
☐ prisons for young offenders [əféndərz]	若年犯罪者のための刑務所
☐ education for inmates [ínmèits]	囚人たちの教育
☐ probation and parole [proubéiʃən] [pəróul]	執行猶予と仮釈放
☐ the sentence of a selected convicted criminal [kənvíktid]	特に選ばれた既決囚の判決
☐ conditional release from confinement [kənfáinmənt]	収監からの条件付き釈放

犯罪学

20 Linguistics

Animal Communication and Human Language

Key Sentences 1-39

1 Animals cannot communicate about **abstract concepts**.
動物は**抽象的な概念**について意思を伝えることはできない。
(つまり、「愛」や「友情」や「憎しみ」などについては語り合えない)

2 Animals cannot "talk" about objects that are not in their **immediate environment**.
動物は、自分の**身近な環境**にないものについて「語る」ことはできない。

3 Their **communication apparatus** is limited to simple gestures.
動物の**意思伝達の道具**は、単純な身振り手振りに限られている。

4 Animal communication systems are **genetically inherited**.
動物の意思伝達の方式は**遺伝的に受け継がれている**。

5 **Social interaction** is fundamental to human language.
社会的相互作用は、人間の言語にとって根本的なものである。
(つまり、周りの人とのやり取りから、人間は言語を学ぶ)

6 Our language is **defined and controlled by the community**.
私たちの言語は**社会共同体によって規定され制御される**。
(住んでいる社会のしきたりなどによって、人の言語は左右される)

Animal Communication and Human Language

Apes, chimpanzees, and dolphins seem capable of communicating with one another; however, their communication systems are very simple. **They cannot communicate about abstract concepts and ideas or "talk" about objects that are not in their immediate environment. Their communication apparatus is limited to simple gestures** and a very limited range of vocal utterances that vary primarily in pitch and volume. On the other hand, human speech is built up from a variety of units which, loosely speaking, correspond to vowel and consonant sounds. While **animal communication systems are genetically inherited,** this is not true of human language. At birth, humans are programmed to learn language: the ability to learn is genetically inherited. However, language itself is learned from interaction with individuals in society. If a child were raised in an environment where language was never used, that child would never learn a language. Fortunately children are brought up in a language-rich environment, and they quickly acquire language skills.

Social interaction is fundamental to human language. More precisely, our language is socially dependent and conventional. This means that **our language is defined and controlled by the community** in which we live; speakers within our language community accept a system of rules, called grammar, which governs our language.

Q Look at the word "this" in paragraph 1. Find out the word or phrase in paragraph 1 that "this" refers to.

全訳 20 動物の意思伝達と人間の言語

猿、チンパンジー、そしてイルカは、互いに意思を伝え合うことができるようだ。しかしながら、彼らの意思伝達の方式は非常に単純なものである。**彼らは抽象的な概念や考えについて意思を伝えたり、自分の身近な環境にないものについて「語る」ことはできない。彼らの意思伝達の道具は、単純な身振り手振りや、主に高低の調子や音量が変化する、非常に限られた範囲の発声に限られている。**一方、人間の話し言葉は、大まかに言って母音と子音に呼応する様々な単位で成り立っている。**動物の意思伝達の方式は遺伝的に受け継がれている**けれども、このようなことは人間の言語にはあてはまらない。人間には誕生の時点で、言語をやがて習得するようなシステムが組み込まれている。つまり、学習能力を遺伝的に受け継いでいる。しかしながら、言語自体は社会の他の個人とのやり取りを通して学ばれる。もしも、ある子供が言語のまったく使われない環境で育てられれば、その子供は言語を学ぶことは決してないだろう。幸運にも、子供たちは言語がふんだんにある環境で育てられるから、彼らはすみやかに言語技術を習得する。

　社会的相互作用は、人間の言語にとって根本的なものである。もっと正確に言えば、私たちの言語は社会に依存し、しきたりに従うものである。これはつまり、**私たちの言語は私たちの住んでいる社会共同体によって規定され制御される**ということだ。私たちの言語社会の内部にいる話し手は、文法と呼ばれる言語を支配する規則の体系を受け入れている。

Double-Check —Animal Communication and Human Language

□ abstract concepts [æbstrǽkt]	抽象的な概念
□ immediate environment [imíːdiət]	身近な環境
△ immediate	形 直接の；じかの
□ communication apparatus [æpərǽtəs]	意思伝達の道具
□ a very limited range of vocal utterances [ʌ́tərənsiz]	非常に限られた範囲の発声
▲ utter	動 声を出す；言う
□ loosely speaking [lúːsli]	大まかに言えば
▲ loose	形 ゆるい；解放された
□ genetically inherit [inhérət]	遺伝的に受け継ぐ
□ true of human language	人間の言語にあてはまる
□ raise＝bring up [réiz]	他 育て上げる (＝rear)
□ acquire language skills [əkwáiər]	言語技術を習得する
▲ acquired	形 獲得した；後天的な
□ social interaction [intərǽkʃən]	社会的相互作用(社会における人とのやり取り)
□ conventional [kənvénʃənəl]	因習的な；決まりきった
▲ convention	名 慣例；協定
□ define [difáin]	他 規定する；定義する
▲ definition	名 定義

言語学

21 Linguistics

Language Acquisition by Children

Key Sentences (1-41)

1 No psychological theory of learning, as currently formulated, is capable of accounting for the process.
現在、体系化されているようなどんな心理学的学習理論も、その過程を説明することができない。

2 Research on language acquisition has been strongly influenced by Chomsky's theory of generative grammar.
言語習得に関する研究は、チョムスキーの生成文法に深く影響されてきた。

3 It is possible for young children to infer the grammatical rules underlying the speech.
話し言葉の裏にある文法の規則を、幼児が推測することは可能である。

4 It is this innate knowledge that explains the success and speed of language acquisition.
言語習得の成功とスピードを説明するのが、まさにこのような生まれつきの知識である。

5 It is not grammatical competence as such that is innate but more general cognitive principles.
生まれつきなのは、そのような文法的な能力ではなく、もっと一般的な認識原理である。

6 The basic semantic categories and grammatical functions can be found in the earliest speech of children.
子供の最も初期の発話の中に、意味についての基本的分類や文法機能が見出される。

Language Acquisition by Children

One of the topics most central to psycholinguistic research is the acquisition of language by children. The term acquisition is preferred to "learning," because many psycholinguists believe that **no psychological theory of learning, as currently formulated, is capable of accounting for the process** whereby children, in a relatively short time, come to achieve a fluent control of their native language.

Since the beginning of the 1960s, **research on language acquisition has been strongly influenced by Chomsky's theory of generative grammar**, and the main problem to which it has addressed itself has been how **it is possible for young children to infer the grammatical rules** underlying the **speech** they hear and then to use these rules for the construction of utterances that they have never heard before. It is Chomsky's conviction, shared by a number of psycholinguists, that children are born with a knowledge of the formal principles that determine the grammatical structure of all languages, and that **it is this innate knowledge that explains the success and speed of language acquisition**. Others have argued that **it is not grammatical competence as such that is innate but more general cognitive principles** and that the application of these to language utterances in particular situations ultimately yields grammatical competence.

Many recent works have stressed that all children go through the same stages of language development regardless of the language they are acquiring. It has also been asserted that **the same basic semantic categories and grammatical functions can be found in the earliest speech of children in a number of different languages** operating in quite different cultures in various parts of the world.

全訳 21 子供の言語習得

　心理言語学の研究にとって最も中心的な論題のひとつは、子供の言語習得である。「習得」という用語が「学習」よりも好まれる。なぜなら多くの心理言語学者たちが信じるところでは、**現在、体系化されているようなどんな心理学的学習理論も**、子供たちが比較的短期間で母国語を滞りなくあやつることができるようになる**過程を説明することができない**からだ。

　1960年代の初頭以来、**言語習得に関する研究は、チョムスキーの生成文法に深く影響されてきた**。そして生成文法が主張した主要な問題は、耳にする話し言葉の裏にある**文法の規則**を幼児が**推測し**、この規則をそれまで一度も聴いたことがない発話の構築に使用することがどれくらい可能かということである。すべての言語の文法的構造を決定する形式原理についての知識を、子供たちは生まれつき持っており、**言語習得の成功とスピードを説明するのが、まさにこのような生まれつきの知識である**というのが、チョムスキーの確信するところであり、多くの言語心理学者の同意するところである。**生まれつきなのは、そのような文法的な能力ではなく、もっと一般的な認識原理であり**、特定の状況での発話にこの原理を適用することが最終的には文法的な能力を生み出すのだ、と主張する者もいる。

　最近の多くの研究成果が強調するのは、習得する言語が何であれ、すべての子供たちは言語発達の同じ段階を経験するということである。世界の様々な地域のとても多様な文化圏で使われているたくさんの多様な言語において、**子供の最も初期の発話の中に、意味についての同じような基本的分類や文法機能が見出されることもまた主張されている**。

Double-Check —Language Acquisition by Children

□ **currently formulated** [kə́:rəntli]	現在体系化されている
△ formulate [fɔ́:rmjulèit]	他(明確に)表す;述べる;公式化する
□ **language acquisition** [æ̀kwəzíʃən]	言語習得
△ acquisition [æ̀kwizíʃən]	名獲得;習得(=acquirement);掘り出し物
□ **generative grammar** [dʒénərətiv]	生成文法
□ **infer the grammatical rules** [infə́:r]	文法の規則を推測する
□ **the construction of utterances** [kənstrʌ́kʃən]	発話の構築
▲ utter [ʌ́tər]	他(言葉を)発する
□ **Chomsky's conviction** [kənvíkʃən]	チョムスキーの確信
□ **innate knowledge** [inéit]	生まれつきの知識
□ **cognitive principles** [kɑ́gnətiv]	認識原理
□ **semantic categories** [simǽntik]	意味についての分類

言語学

22 Architecture
Roman Arch

Key Sentences

1 One architectural feature Rome perfected is the arch.
ローマが完成させた建築の特徴のひとつは、アーチである。

2 Roman arches are comprised of several parts such as a keystone, a voussoir, and a pier.
ローマ式アーチは、かなめ石、迫石(せり石)、橋脚などいくつかの部品で成り立っている。

3 Its name "keystone" comes from its importance: without it, the arch would collapse.
「かなめ石」という名称は、その重要性に由来している。つまり、かなめ石がなければ、アーチは崩壊してしまうだろう。

4 The keystone is surrounded on each side by voussoirs, or wedge-shaped bricks or stones.
かなめ石は両側を迫石、つまりくさび型のレンガや石ではさまれている。

5 The thrust of the voussoirs pushes outward and downward in a Roman arch.
ローマ式アーチでは、迫石の押圧力が外側へ、そして下方へと働く。

6 The use of voussoirs creates arches which can be used to span large distances and which can bear heavy loads.
迫石の使用により、広大な領域に橋渡しをするために使うことができて、しかも重い負荷に耐えられるアーチを作ることが可能となる。

7 A Roman arch's pier is the wall or stone on which the arch rests.
ローマ式アーチの橋脚は、その上にアーチが設置される壁あるいは石である。

Roman Arch

Ancient Rome greatly influenced architecture, and continues as a major influence even today. One architectural feature Rome perfected is the arch. Romans did not invent the arch, but they greatly expanded its use and designed arches that could support massive amounts of weight. Roman arches are comprised of several parts such as a keystone, a voussoir, and a pier.

The keystone, or capstone, is the center stone found at the top of the arch. In this position it supports the surrounding bricks or stones and helps distribute the weight of the remainder of the arch. Its name "keystone" comes from its importance: without it, the arch would collapse. Romans were the first to use keystones in their arches.

The keystone is surrounded on each side by voussoirs, or wedge-shaped bricks or stones. The term voussoir comes from French and Latin roots meaning "to turn." The thrust of the voussoirs pushes outward and downward in a Roman arch. Roman arches are noted for their semi-circular, non-pointed curves. The use of voussoirs creates arches which can be used to span large distances and which can bear heavy loads. An example of this can be seen in the arches used in construction of ancient Roman aqueducts, many of which still stand today.

The keystone and voussoirs of an arch need a base on which to rest. These bases are called piers. A Roman arch's pier is the wall or stone on which the arch rests. Concrete and stone were often used in the construction of piers, which are usually square or rectangular in shape.

(提供：ehow.com)

全訳 22 ローマ式アーチ

　古代ローマは建築に多大な影響を与えた。そして今日もなお、主要な影響力であり続けている。**ローマが完成させた建築の特徴のひとつは、アーチである。**アーチを発明したのはローマ人ではなかったが、彼らはその用途を大幅に拡大し、膨大な重量を支えられるアーチを開発した。**ローマ式アーチは、かなめ石、迫石(せり石)、橋脚といったいくつかの部品で成り立っている。**かなめ石、つまり冠石は、アーチの頂上にある中心石である。ここに位置することで、かなめ石は周りのレンガや石を支え、アーチの他の部分に重量をふり分ける役割を果たす。**「かなめ石」という名称は、その重要性に由来している。つまり、かなめ石がなければ、アーチは崩壊してしまうだろう。**ローマ人はアーチにかなめ石を使用した最初の人々である。**かなめ石は両側を迫石、つまりくさび型のレンガや石ではさまれている。**「ブースワー」という言葉はフランス語とラテン語に語源を持ち、「方向転換する」ことを意味する。**ローマ式アーチでは、迫石の押圧力が外側へ、そして下方へと働く。**ローマ式アーチは、そのとがった部分のない半円形のカーブでよく知られている。**迫石の使用により、広大な領域に橋渡しをするために使うことができて、しかも重い負荷に耐えられるアーチを作ることが可能となる。**具体例は古代ローマの導水管の建設に使われたアーチに見受けられるが、その多くは今日でもなお、現存している。アーチのかなめ石と迫石には、それをのせるための土台が必要である。この土台が橋脚と呼ばれる。**ローマ式アーチの橋脚は、その上にアーチが設置される壁あるいは石である。**橋脚の建設には、コンクリートや石が使われることが多かったが、通常、それらは正方形か長方形であった。

Double-Check —Roman Arch

☐ one architectural feature Rome perfected	ローマが完成させた建築の特徴のひとつ
☐ be comprised of several parts	いくつかの部品で成り立っている
△ comprise	他全体を形成する；構成する
☐ the arch would collapse	アーチは崩壊してしまうだろう
☐ surrounded on each side by voussoirs	両側を迫石（せり石）ではさまれている
☐ the thrust of the voussoirs	迫石の押圧力
☐ span large distances	広大な領域に橋渡しをする
△ span	他空間に橋渡しをする
☐ a Roman arch's pier	ローマ式アーチの橋脚

芸術

23 Romanticism — Art — Key Sentences

1 Romanticism started as a reaction against the perceived strictures of the preceding age.
ロマン主義は、それ以前の時代の肌で感じられる拘束への反発として始まった。

2 In this case, early romantic writers wished to move away from the philosophical formalism of the neoclassical age.
この場合、初期ロマン派作家は新古典主義時代の哲学的原理主義から距離をおくことを望んだ。

3 Theology reestablished the place of humans within a completely untamed natural world.
神学が、完全に手つかずの自然界の中に人間の地位を再構築した。

4 Transcendentalism was taking its place as a serious philosophical stance.
超絶主義は本格的な哲学的立場として場所の確保をし始めていた。

5 The basic premise resides in the realization that neither theism nor deism can adequately answer the burning question of man's relationship with God.
その基礎となる前提は、一神論も自然神論も人間と神の関係という大変重要な問題には適切に答えることができないのだという認識の内に存在した。

6 Transcendentalists chose a form of pantheism to articulate their view of the universe.
超絶主義者は、彼らの宇宙観をはっきりと述べるために汎神論という形式を選択した。

Romanticism

Like many literary and artistic movements, Romanticism started as a reaction against the perceived strictures of the preceding age. In this case, early romantic writers wished to move away from the philosophical formalism of the neoclassical age. Man's relation to the natural world was reestablished while the basis of philosophy began to shift toward what would later be called Transcendentalism, the belief system that places God back in nature.

Landscape art, gardening, music, even theology reestablished the place of humans within a completely untamed natural world. The emphasis in all areas of creative endeavor was in the reliance upon emotions and the natural senses while placing humans in a new Eden.

Critics and historians now look back upon the years between 1850 and 1855 as the American Renaissance, primarily due to the fact that so many writers of pivotal importance were busily recording their world at the time: Emerson, Thoreau, Melville, Hawthorne, and others. Moreover, Transcendentalism was taking its place as a serious philosophical stance. Beginning in the Far East and traveling through Europe, Transcendentalism finally found its way to America through the writings of Ralph Waldo Emerson and Henry David Thoreau. The basic premise resides in the realization that neither theism nor deism can adequately answer the burning question of man's relationship with God. Instead, Transcendentalists chose a form of pantheism to articulate their view of the universe. The major group of Transcendentalists comprised young intellectuals in the Boston area who were, for the most part, concerned with the theology of the liberal Unitarian church.

全訳 23 ロマン主義

　多くの文学・芸術運動と同様にロマン主義も、それ以前の時代の肌で感じられる拘束への反発として始まった。この場合、初期ロマン派作家は新古典主義時代の哲学的原理主義から距離をおくことを望んだ。人間と自然界との関係が見直され、その間、後に「超絶主義」と呼ばれる神を再び自然の中に位置付ける信仰へと哲学の根本は移り始めた。

　風景画、園芸、音楽、そして神学までが、完全に手つかずの自然界の中に人間の地位を再構築した。芸術活動の全領域において、力点は情緒と自然な感覚への依存におかれ、一方、人間は「新エデンの園」の中におかれた。

　批評家や歴史学者たちは、この1850年から1855年までの数年間を、今や「アメリカのルネッサンス」として振り返る。そして、それは主に中心的な重要性を持っていた多くの作家たち、つまりエマーソン、ソロー、メルヴィル、ホーソンなどが当時、自身の世界をせわしなく記録していたという事実による。さらに、超絶主義は、本格的な哲学的立場として場所の確保をし始めていた。極東に始まりヨーロッパを巡ったあげく、超絶主義はついにラルフ・ワルド・エマーソンとヘンリー・デヴィッド・ソローの著作を通してアメリカへ至る道を見つけたのである。その基礎となる前提は、一神論も自然神論も人間と神の関係という大変重要な問題には適切に答えることができないのだという認識の内に存在した。そのかわり、超絶主義者は、彼らの宇宙観をはっきりと述べるために汎神論という形式を選択した。超絶主義者の一大集団はボストン在住の、ほとんどが自由主義的なユニテリアン教会派の神学と関係のある若い知識人で構成されていた。

Double-Check —Romanticism

□ Romanticism [rouméntisìzəm]	ロマン主義
□ a reaction against the perceived strictures [pərsíːvd] [stríktʃərz]	肌で感じられる拘束への反発
□ the preceding age [prisíːdiŋ]	それ以前の時代
□ the philosophical formalism of the neoclassical age [filəsáfikl] [fɔ́ːrməlìzəm] [nìːəklǽsikl]	新古典主義時代の哲学的原理主義
□ theology [θiálədʒi]	神学
□ a completely untamed natural world [əntéimd]	完全に手つかずの自然界
□ Transcendentalism [trænsendéntəlìzəm]	超絶主義
□ a serious philosophical stance [síː(ː)əriəs] [stǽns]	本格的な哲学的立場
□ The basic premise resides in the realization. [prémis] [rizáidz] [rìː(ː)əlizéiʃən|-lai-]	基礎となる前提は、その認識の内に存在する。
□ neither theism nor deism [θíːìzəm] [díːìzm]	一神論も自然神論も〜でない
□ pantheism [pǽnθi(ː)ìzəm]	汎神論
□ articulate one's view of the universe [ɑːrtíkjəlit]	自分の宇宙観をはっきりと述べる

芸術

24 Art

Imitation and Expression

Key Sentences 1-47

1 The movement away from art as imitation, or representation, probably started in France with the work of the impressionists in the 19th century.

模倣つまり描写としての美術からの離脱の動きは、おそらく19世紀の印象派の作品によってフランスで始まったと思われる。

2 Such art can be said to express the inner life, imagination, or emotions of the artist. Or it may be art that refers to nothing at all——just pure abstraction for its own sake.

そのような美術は、画家の内的生活、想像あるいは感情を表現するものと言えるだろう。または、まったく何物かを描こうというのではなく、それ自体を目的とした純粋に抽象的なことを言おうとする美術であるかもしれない。

3 Critics have contended, for instance, that all representational art is to some degree abstract.

たとえば批評家はすべての写実的美術はある程度は抽象的であると主張した。

4 While some features of its subject are emphasized, others are ignored or downplayed.

主題には強調されるものもあれば、無視されたり軽視されたりするものもある。

5 The Gothic art of the Middle Ages was abstract to some degree in that it did not pretend to depict literal reality.

中世のゴシック美術は、見たままの現実を描くふりをしなかったという点で、ある程度抽象的であった。

Imitation and Expression

The movement away from art as imitation, or representation, probably started in France with the work of the impressionists in the 19th century. The word impressionist is itself suggestive. The artist is not just painting a representation, because the artwork is giving a personal impression of what is seen. The artist is not trying to be a photographic realist.

The late 19th and early 20th centuries, therefore, created a sharp break with all past understandings of art. A painting or a piece of sculpture no longer had to refer to something familiar. It could instead consist only of abstract lines, shapes, and colors. Such art can be said to express the inner life, imagination, or emotions of the artist. Or it may be art that refers to nothing at all——just pure abstraction for its own sake.

The art as expression theory has generally replaced the art as imitation belief. Critics have contended, for instance, that all representational art is to some degree abstract. While some features of its subject are emphasized, others are ignored or downplayed. The Gothic art of the Middle Ages was abstract to some degree in that it did not pretend to depict literal reality. It was intent on portraying religious symbolism, but the abstractions were not so removed from normal experience that they were not easily recognizable by the viewers. Abstract portraits of saints and depictions of events in the life of Jesus had become familiar to viewers by long association.

全訳 24 模倣と表現

　模倣つまり描写としての美術からの離脱の動きは、おそらく19世紀の印象派の作品によってフランスで始まったと思われる。印象派という言葉自体がそれを連想させる。画家というものはただ描写を絵にするだけではない。なぜなら芸術作品は眼にしたものについての個人的な印象を表すものだからだ。画家はものを写真のように写す写実主義者になろうとしてはいない。

　それゆえ、19世紀後期から20世紀初期にかけて美術に関する過去のすべての了解との断絶が起こった。絵画や彫刻作品はもはや、何かお馴染みのものを描かなければならないということはなくなった。その代わりに、抽象的な線、形、色だけで作り上げることも可能となった。そのような美術は、画家の内的生活、想像あるいは感情を表現するものと言えるだろう。または、まったく何物かを描こうというのではなく、それ自体を目的とした純粋に抽象的なことを言おうとする美術であるかもしれない。

　表現としての美術という理論が、模倣としての美術という信仰に全般的にとってかわった。たとえば批評家はすべての写実的美術はある程度は抽象的であると主張した。美術の主題には強調されるものもあれば、無視されたり軽視されたりするものもある。中世のゴシック美術は、見たままの現実を描くふりをしなかったという点で、ある程度抽象的であった。それは宗教が象徴するものを描くことに専心していたが、それらの抽象的作品は通常の体験からそれほどかけ離れてはいなかったから、見る者によって簡単に抽象的だと気づかれることはなかった。聖人を描いた抽象的肖像画やイエスの生涯の様々な出来事の描写は、長年の関連付けによって見る者にとってお馴染みとなっていたのだ。

Double-Check —Imitation and Expression

□ art as imitation, or representation [rèprɪzentéɪʃən]	模倣つまり描写としての美術
△ representation	图描写；写実；表現
□ pure abstraction for its own sake [æbstrǽkʃən]	それ自体を目的とした純粋に抽象的なこと
□ critics have contended [kənténdɪd]	批評家は主張した
△ contend	他主張する；持論とする
□ representational art [rèprɪzentéɪʃənəl]	写実的美術；具象的な絵画
□ others are ignored or downplayed [dáunpléɪd]	他のものは無視され、あるいは軽視される
□ depict literal reality [dɪpíkt]	見たままの現実を描く

芸術

25 Literature

Emily Dickinson

Key Sentences 1-49

1 Such compression makes her work aphoristic like Emerson's but also results in occasional obscurity.

そのような凝縮のおかげで、彼女の作品はエマーソンの作品と同じように警句的であるが、また結果として時に不明瞭になってしまうこともある。

2 The language of the poems is precise, instantly expressive, and richly connotative.

その詩の言語は正確で即妙な表現力に富み、含蓄に溢れている。

3 She delighted in such indirections as ambiguities, incongruities, paradoxes, and puns.

彼女はたとえばあいまいさ、不調和、逆説、そして掛詞といった間接表現を好んで使用した。

4 Her prosody, at first sight, seems the most derivative of her techniques, for her meters are essentially those of English hymns.

一見すると、彼女の韻律は彼女の技法の中で最も独創性のないもののように思える。というのは、歩格(韻律の単位)が本質的に英国の賛美詩のものだからだ。

5 She frequently abandoned exact for approximate rhymes.

彼女はたびたび、正確な押韻を放棄して疑似押韻を使った。

Emily Dickinson (1830~1886)

In that totality we call style, Emily Dickinson's poems were unique. No doubt influenced by her Yankee heritage, she squeezed worlds of meaning into the smallest space. Her longest poem extends to only fifty lines. Such compression makes her work aphoristic like Emerson's but also results in occasional obscurity. The language of the poems is precise, instantly expressive, and richly connotative. Like the Elizabethans, Dickinson not only exhibited a lust for all kinds of words but also took noticeable liberties with grammar. She delighted in such indirections as ambiguities, incongruities, paradoxes, and puns —— a method well described in her poem "Tell All the Truth but Tell It Slant." Capitalization served her as a sort of underlining to emphasize any word she wished. For punctuation she used dashes with such abandon that her manuscripts have constantly frustrated their editors. Thomas H. Johnson and others even attribute a musical function to these dashes.

Her prosody, at first sight, seems the most derivative of her techniques, for her meters are essentially those of English hymns. In fact, most of her poems employ probably the best-known of all meters, the so-called common meter, used traditionally in ballads as well as hymns. Yet Dickinson never felt bound to these forms but experimented with them, sometimes mixing several meters in a single poem. Rhyme in her hands proved equally flexible and functional. She frequently abandoned exact for approximate rhymes. Although this freedom with rhyme invites comparison with such poets as Vaughan and Emerson, it is safe to say that Dickinson went the furthest in it.

全訳 25 エミリー・ディキンソン

　私たちが文体と呼ぶ統一性において、エミリー・ディキンソンの詩は特異な存在である。明らかに内なるヤンキーの伝統に影響を受けながら、ディキンソンは言葉の意味の世界を最小の空間に絞り込んでしまった。彼女の最長の詩は、ほんの50行の長さでしかない。そのような凝縮のおかげで、彼女の作品はエマーソンの作品と同じように警句的であるが、また結果として時に不明瞭になってしまうこともある。その詩の言語は正確で即妙な表現力に富み、含蓄に溢れている。エリザベス朝の詩人と同様に、彼女はあらゆる種類の言葉に対して欲望を示しただけでなく、文法に関してもきわめて自由な用法を試みた。彼女はたとえばあいまいさ、不調和、逆説、そして掛詞といった間接表現を好んで使用した。つまり彼女の詩、『すべての真実を語れ、しかも歪めて』で十分に表現されている手法である。大文字を使用することが、彼女の望むどんな言葉についても強意のためにある種のアンダーラインを引くような役割を果たしている。句読法については、ダッシュを非常に奔放に使ったので、その原稿は絶えず編集者たちを悩ませた。トーマス・H. ジョンソンや他の人たちは、これらのダッシュには音楽的機能があるとさえ考えている。

　一見すると、彼女の韻律は彼女の技法の中で最も独創性のないもののように思える。というのは、歩格（韻律の単位）が本質的に英国の賛美詩のものだからだ。実際、彼女の詩のほとんどは、賛美詩はもとより物語詩でも伝統的に使われているいわゆる共通韻律と呼ばれる、おそらくすべての韻律単位の中で最もよく知られたものを使用している。だが、ディキンソンはこれらの形式に対し決して義務感を感じることはなく、一篇の詩の中で、いくつかの韻律を混ぜ合わせて使ったりしながら実験を試みた。彼女の手による押韻は、同様に柔軟で機能を十分に果たしている。彼女はたびたび、正確な押韻を放棄して疑似押韻を使った。押韻に関してのこのような自由な手法によって、ボーハムやエマーソンと比べられるのだが、押韻に関してはディキンソンが一番進んでいたと言っても間違いはないだろう。

Double-Check —Emily Dickinson

□ compression [kəmpréʃən]	名凝縮
□ aphoristic [æfərístik]	形警句的な
□ occasional obscurity [əkéiʒənəl] [əbskjú(:)ərəti]	時おりの不明瞭さ
□ connotative [kánətèitiv|kɔ́n-]	形含蓄のある
□ ambiguity [æ̀mbəgjú:əti]	名あいまいさ
□ incongruity [ìnkɑŋgrú(:)əti|-kɔŋ-]	名不調和
□ paradox [pǽrədɑ̀ks|-dɔ̀ks]	名逆説
□ pun [pʌ́n]	名掛詞
□ with abandon [əbǽndən]	こころゆくまで；奔放に
□ prosody [prásədi|prɔ́s-]	名韻律
□ derivative [dirívətiv]	名独創性のない
□ meter [mí:tər]	名歩格《韻律の単位》
□ English hymns [íŋɡliʃ] [hímz]	英国の賛美詩
□ approximate rhymes [əpráksəmit|-rɔ́k-][ráimz]	疑似押韻

文学

125

26 Theater
Theatrical Music

Key Sentences 1-51

1 The secular theater in the Middle Ages established itself as deliberate parody tolerated by the church as a safety valve to consistent piety.
　中世の大衆演劇は、一貫した信心深さへの安全弁として教会に大目に見てもらう用意周到なパロディとして確立した。

2 The annual Feast of Fools in 15th-century Paris incorporated an obscene parody of the mass.
　15世紀のパリで毎年行われた「道化者の宴」は、ミサの卑猥なパロディを組み込んでいた。

3 Surviving texts suggest that there was little choral music as such.
　現存する資料が示唆するところでは、そのような合唱音楽はほとんど存在しなかったようだ。

4 The constituent parts of the entertainment varied widely from place to place.
　演芸の構成要素は、場所によって大幅に違っていた。

5 Musicians probably had little or no acquaintance with musical notation.
　演奏家たちはおそらく、ほとんどあるいはまったく楽譜に関する知識はなかった。

6 Musicians played pieces from their regular repertory.
　演奏家たちは、自分の決まったレパートリーからの曲を演奏した。

Theatrical Music

In a pattern that was to repeat itself after the birth of opera 200 years later, the secular theater in the Middle Ages established itself either as lighthearted interludes in serious moralities or as deliberate parody tolerated by the church as a safety valve to consistent piety. The annual Feast of Fools in 15th-century Paris, for instance, incorporated an obscene parody of the mass performed in song and dance within the church. By the year 1400 numerous comedies and farces had appeared, usually performed on festive occasions in aristocratic houses or on open stages in municipal squares.

These plays often employed musical forces comparable to those of the religious plays and used them for similar purposes. Choirboys from the church sometimes took part, but surviving texts suggest that there was little choral music as such. The individual actors incorporated parts of songs chanted monophonically to embellish or heighten the dramatic effect, and dancing to specific instrumental music also had a regular place in the entertainment. Professional musicians might be hired and might also be required to act; the constituent parts of the entertainment varied widely from place to place.

The fact that, except for songs, documents of the period contain almost no music directly linked with the theater is thought to indicate that very little original instrumental music was written for theatrical purposes at this time. Whatever was suitable for weddings, banquets, and other feasts perhaps served a theatrical purpose just as well. Musicians probably had little or no acquaintance with musical notation and played pieces from their regular repertory.

全訳 26 劇場音楽

　200年後のオペラの誕生後、繰り返し起こることになる様式で、**中世の大衆演劇**は、深刻な道徳劇の中の陽気な幕間劇か、**一貫した信心深さへの安全弁**として**教会に大目に見てもらう用意周到なパロディ**として確立した。たとえば**15世紀のパリ**で毎年行われた「道化者の宴」は、教会の中で歌や踊りで演じられる**ミサの卑猥なパロディを組み込んでいた**。1400年までに無数の喜劇や笑劇が登場しており、通常、貴族の屋敷内や市の広場の屋外劇場で上演された。

　これらの演劇は、宗教劇に匹敵するほど音楽の力を利用し、宗教劇と同様の目的で音楽を使った。教会からの少年聖歌隊も時々参加したが、**現存する資料が示唆するところでは、そのような合唱音楽はほとんど存在しなかったようだ**。個々の役者たちは、装飾音を加えたり、劇的効果を高めるために単旋律で詠唱される歌の一節を芝居に組み込んだ。そして特定の演奏曲に合わせた踊りもまた、演芸の中の定位置を確保した。プロの演奏家が雇われただろうし、また演技をすることを求められることもあったかもしれない。**演芸の構成要素は、場所によって大幅に違っていた**。

　歌曲を除いて、その時代の資料には演劇と直接関連する音楽はほぼまったく含まれていないという事実は、この頃演劇用として書かれた独創的な演奏曲はほとんどなかったことを示すものと考えられる。結婚式や宴会やその他の祝宴にふさわしいものはなんでも、ただ演劇用にもおそらく利用されただろう。**演奏家たちはおそらく、ほとんどあるいはまったく楽譜に関する知識はなく、自分の決まったレパートリーからの曲を演奏したのだろう**。

Double-Check —Theatrical Music

□ the secular theater [sékjələr][θí(:)ətər]	大衆演劇
□ secular	形世俗的な（=worldly）
□ deliberate parody tolerated by the church [delíbərit][pǽrədi][tálərèitid]	教会に大目に見てもらう用意周到なパロディ
□ a safety valve [vǽlv]	安全弁
□ consistent piety [kənsístənt][páiəti]	一貫した信心深さ
□ incorporate an obscene parody of the mass [inkɔ́ːrpərèit][əbsíːn]	ミサの卑猥なパロディを組み入れる
□ choral music [kɔ́ːrəl]	合唱音楽
□ the constituent parts of the entertainment [kənstítʃuənt|-tju-][èntərtéinmənt]	演芸の構成要素
□ have no acquaintance with musical notation [əkwéintəns][noutéiʃən]	楽譜に関する知識はまったくない
□ pieces from one's regular repertory [píːsiz][régjələr][répərtɔ́ːri|-təri]	自分の決まったレパートリーからの曲

演劇

27 Philosophy — Atomism

Key Sentences 1-53

1 Atomism explains complex phenomena in terms of aggregates of fixed particles or units.
原子論は、一定の(素)粒子あるいは単位の集合の立場から複雑な現象を説明する。

2 The material universe is composed of minute particles.
物質世界はごく小さな粒子で成り立っている。

3 Atomism is in essence an analytical doctrine.
原子論は、本質的には分析的な理論である。

4 In contrast to holistic theories, atomism explains the observable properties of the whole by those of its components and of their configurations.
全体論とは対照的に、原子論はその全体の中の目に見える特性を、その構成要素や構成要素の配置の特性によって説明する。

5 The atoms are absolutely indivisible, qualitatively identical and combinable with each other only by juxtaposition.
原子は絶対に不可分であり、性質上はまったくの同一物であり、そして並置することでしか互いに組み合わせることができない。

> aggregateは名形と動では発音が違うから要注意!!

Atomism

Atomism is a doctrine that explains complex phenomena in terms of aggregates of fixed particles or units. This philosophy has found its most successful application in natural science: according to the atomistic view, the material universe is composed of minute particles, which are considered to be relatively simple and immutable and too small to be visible. The multiplicity of visible forms in nature, then, is based upon differences in these particles and in their configurations; hence any observable changes must be reduced to changes in these configurations.

Atomism is in essence an analytical doctrine. It regards observable forms in nature not as intrinsic wholes but as aggregates. In contrast to holistic theories, which explain the parts in terms of qualities displayed by the whole, atomism explains the observable properties of the whole by those of its components and of their configurations.

In order to understand the historical development of atomism and, especially, its relation to modern atomic theory, it is necessary to distinguish between atomism in the strict sense and other forms of atomism. Atomism in the strict sense is characterized by three points: the atoms are absolutely indivisible, qualitatively identical (i.e., distinct only in shape, size, and motion), and combinable with each other only by juxtaposition. Other forms of atomism are less strict on these points.

◁ minute [mainjúːt] は要注意単語だが，発音が独特だからかえって覚えやすい。

全訳 27 原子論

　原子論は、一定の（素）粒子あるいは単位の集合の立場から複雑な現象を説明する理論である。この原理は自然科学において最も効果的な用途を見出した。すなわち原子論の見解によると、**物質世界はごく小さな粒子で成り立っており**、しかもそれらの粒子は相対的に単純で不変であり、肉眼では見えないほど小さいものである。その場合、自然界の可視物の多様性は、これらの粒子と粒子の配置の多様性に依っている。よって、どのような目に見える変化も、この粒子の配置の変化に還元されるに違いない。

　原子論は、**本質的には分析的な理論**である。それは、自然界の可視物を本質的な統一体としてではなく集合体とみなしている。全体論は全体によって示される本質の観点から部分を説明するのだが、**それとは対照的に、原子論はその全体の中の目に見える特性を、その構成要素や構成要素の配置の特性によって説明する。**

　原子論の歴史的発達と、そして特に原子論と近代原子理論との関係を理解するためには、厳密な意味での原子論と他の形式の原子論を区別する必要がある。厳密な意味での原子論は、以下の3つのポイントで特徴づけられている。つまりその３点とは、**原子は絶対に不可分であり、性質上はまったくの同一物**（すなわち形状、大きさ、運動においてのみ異なる）であり、そして**並置することでしか互いに組み合わせることができない**ということである。他の形式の原子論は、これらの点においてそれほど厳格ではない。

Double-Check —Atomism

□ Atomism [ǽtəmìzm]	图原子論
□ complex phenomena [finámənə]	複雑な現象
□ aggregates of fixed particles [ǽgrigəts]	一定の(素)粒子の集合
□ be composed of minute particles [mainjúːt]	ごく小さな粒子で成り立っている
△ minute	形微細な；微小な；かすかな
□ an analytical doctrine [ænəlítikəl] [dáktrin]	分析的な理論
□ holistic theories [houlístik]	全体論
△ holistic	形全体論の；全身用の
□ the observable properties [əbzə́ːrvəbl]	目に見える特性
□ configuration [kənfìgjuréiʃən]	图配置；形状；構成
□ absolutely indivisible [ǽbsəlúːtli] [ìndəvízəbl]	絶対に不可分な
□ qualitatively identical [kwálətèitivli][aidéntikəl]	性質上はまったくの同一の
□ juxtaposition [dʒʌ̀kstəpəzíʃən]	图並置；並列(状態)

哲学

28 Psychology
Behaviorism

Key Sentences

1 Behaviorism became a major thrust of American psychology for the first half of the 20th century.
行動主義は、20世紀の前半に米国心理学の主要な推進力となった。

2 Clark L. Hull at Yale University and B.F. Skinner at Harvard argued that human thought is an inference from behavior and that all psychology could be, or should be, concerned only with behavior.
エール大学のクラー・L・ハルとハーバード大学のB・F・スキナーは人間の思考は行動からの推測であり、すべての心理学はおそらくあるいは当然ながら行動としかかかわっていないと主張した。

3 Pavlov observed that when he paired a neutral (conditioned) stimulus, such as a buzzer, with a natural (unconditioned) stimulus, such as food, the reflex response to the food—salivation—eventually came to be elicited by the buzzer.
パブロフは、たとえばブザーなどの中性(条件)刺激と食物などの自然(無条件)刺激を組み合わせるとき、最終的にはブザーによって食物に対する条件反射つまり唾液の分泌が誘発されるようになることに気がついた。

4 Pavlov called the response to the conditioned stimulus a conditioned reflex.
パブロフは条件刺激に対するこの反応を条件反射と名付けた。

5 This model was extended to all subdisciplines within psychology.
このモデルは心理学に属するすべての下位分野へと広がった。

6 Early studies in child psychology were modeled after studies of animal learning and had children learning in mazes not unlike those used in animal investigations.
児童心理学の初期の研究は動物の学習に関する研究を手本とし、動物についての調査で使われたのとなんら変わらない迷路で子供たちを学習させた。

Behaviorism

Behaviorism became a major thrust of American psychology for the first half of the 20th century when such psychologists as Clark L. Hull at Yale University and B.F. Skinner at Harvard argued that human thought is an inference from behavior and that all psychology could be, or should be, concerned only with behavior. It was not until about 1960 that American psychologists returned to the definition of psychology as the investigation of human thought as well as behavior.

A major influence in turning American psychology to behaviorism came from the work of the Russian physiologist Ivan Pavlov. Pavlov discovered what he called the conditioned reflex. Pavlov observed that when he paired a neutral (conditioned) stimulus, such as a buzzer, with a natural (unconditioned) stimulus, such as food, the reflex response to the food—salivation—eventually came to be elicited by the buzzer. Pavlov called the response to the conditioned stimulus a conditioned reflex.

Pavlov's research on the conditioned reflex became the model for a great deal of research in American psychology, which regarded learning and conditioning as the major concerns. This model was extended to all subdisciplines within psychology. Early studies in child psychology, for example, were modeled after studies of animal learning and had children learning in mazes not unlike those used in animal investigations. Although psychologists are still concerned with learning, it no longer holds the central place in psychology that it once did.

全訳 28 行動主義

　行動主義はエール大学のクラーク・L・ハルやハーバード大学のB・F・スキナーなどの心理学者たちが、人間の思考は行動からの推測であり、すべての心理学は行動としかかかわらないだろうし、当然そうあるべきだと主張した20世紀前半において、米国心理学の主要な推進力となった。1960年頃になってようやく米国の心理学者たちは人間の行動だけでなく思考の調査としての心理学という定義にもどったのである。

　米国心理学が行動主義に変容することに主要な影響を与えたのは、ロシアの心理学者パブロフの研究であった。パブロフは、たとえばブザーなどの中性（条件）刺激と食物などの自然（無条件）刺激を組み合わせるとき、最終的にはブザーによって食物に対する条件反射つまり唾液の分泌が誘発されるようになることに気がついた。パブロフは条件刺激に対するこの反応を条件反射と名付けた。

　条件反射に関するパブロフの研究は米国心理学において多くの研究のモデルとなった。というのは、米国の心理学は学習と条件を主要な関心事とみなしていたからだ。このモデルは心理学に属するすべての下位分野へと広がった。たとえば、児童心理学の初期の研究は動物の学習に関する研究を手本とし、動物についての調査で使われたのとなんら変わらない迷路で子供たちを学習させた。心理学者たちは未だに学習に関心を持っているが、学習はかつてそうであったほどには心理学における中心的な地位を占めてはいない。

Double-Check —Behaviorism

▲behaviorism [bɪhéɪvjərìzm]	图行動主義
□a major thrust of American psychology [θrʌ́st]	米国心理学の主要な推進力
□an inference from behavior [ínfərəns] [bɪhéɪvjə]	行動からの推測
▲infer [ɪnfɔ́ː]	他(事実・証拠から) 推測する；推察する
□a neutral stimulus [n(j)úːtrəl] [stímjələs]	中性刺激（例：ブザーの音）
□the reflex response to the food—salivation [ríːfleks] [sæ̀ləɪvéɪʃən]	食物に対する反射的反応、すなわち唾液
□came to be elicited [ɪlísət]	誘発されるようになった
□a conditioned reflex	条件反射
□major concerns	主要な課題；大切な関心事
□extended to all subdisciplines [sʌ́bdísəplən]	すべての学問的下位区分へと広まった
□modeled after studies of animal learning	動物の学習についての研究を手本とした

心理学

29 Psychology

Memory and Motivation

Key Sentences

1-57

1 The ability of the brain to register the notion of heat, remember it, and later recall it means that a specific piece of information has been learned.
熱という概念を記録し、記憶し、思い出す脳の能力は、ある特定の情報が学ばれたということを意味する。

2 The mind would be a storehouse of miscellaneous, unassorted data.
頭の中は、種々雑多な未整理のデータの貯蔵庫になってしまうだろう。

3 Immediate memory lasts no more than a couple of seconds, the time it takes for a sensory impression to register.
瞬間的記憶はほんの2〜3秒、つまり感覚的印象が記録するのに要する時間の間しか続かない。

4 Information may be lost through disuse or may become flawed through reinterpretation.
使われないことで情報が失われたり、あるいは再解釈によって損なわれることもある。

5 One way this is done is by repetition and rehearsal.
これがなされるひとつの方法は、反復と繰り返し演習である。

6 An actor might memorize his or her lines from a script.
俳優は、台本から自分のせりふを暗記するだろう。

Memory and Motivation

One learns that a burning candle is hot by feeling the heat. **The ability of the brain to register the notion of heat, remember it, and later recall it means that a specific piece of information has been learned.** Memory, therefore, is essential to learning.

Learning is a selective process. Far more is perceived than remembered; otherwise **the mind would be a storehouse of miscellaneous, unassorted data.**

There appear to be three levels of memory: immediate, short-term, and long-term. **Immediate memory lasts no more than a couple of seconds, the time it takes for a sensory impression to register.** Short-term memory is a matter of seconds or minutes: One looks up a phone number in the directory and makes a call; by the time the call is completed, the number has normally been forgotten. Long-term memory can last a lifetime, but some experts believe that **information may be lost through disuse or may become flawed through reinterpretation.**

Information often is transferred from short-term to long-term memory. **One way this is done is by repetition and rehearsal,** much the way **an actor might memorize his or her lines from a script.** Novel or vivid experiences seem to be more readily shifted to long-term memory. Other means of transfer are by the association of an unfamiliar name or fact with something that is already known, or grouping things together so that fewer facts at a time need to be absorbed. Many strategies are taught for improving memory, and most people develop their own devices.

252語

🎓 ローマ数字に精通しておこう!!

全訳 29 記憶と動機

　火のついたローソクが熱いということは、熱を感じることによって学ばれる。**熱という概念を記録し、記憶し、思い出す脳の能力は、ある特定の情報が学ばれたということを意味する。**それゆえ、記憶は学習にとって不可欠なものである。

　学習は選択的過程である。記憶されることよりも、はるかに多くのことが知覚される。さもなければ、**頭の中は、種々雑多な未整理のデータの貯蔵庫**になってしまうだろう。

　記憶には3つのレベル、つまり瞬間的記憶、短期的記憶、長期的記憶が存在するようだ。**瞬間的記憶はほんの2～3秒、つまり感覚的印象が記録するのに要する時間の間しか続かない。**短期的記憶は数秒あるいは数分のことである。つまり電話番号を電話帳で調べ、電話をかける。そしてその電話が終わるまでに、その番号は通常忘れ去られてしまう。長期的記憶は一生涯存続することが可能だが、専門家によっては、**使われないことで情報が失われたり、あるいは再解釈によって損なわれる**こともあると信じる者もいる。

　情報はしばしば、短期から長期の記憶へと移し替えられる。**これがなされるひとつの方法は、反復と繰り返し演習**であり、俳優が**台本から彼あるいは彼女のせりふを暗記する**のと同じやり方である。目新しく活々とした体験は、よりすみやかに長期的記憶に移行するように思われる。移し替えの他の方法は、なじみのない名前や事実をすでに知っている何かと関連させることによるものか、一度に吸収する事柄がより少なくてすむように、複数の事物をひとつにまとめることである。多くの戦略が物覚えをよくするために教えられているし、ほとんどの人々がその人独自の方策を考え出している。

Double-Check —Memory and Motivation

□ register the notion of heat [nóuʃən]	熱という概念を記録する
□ a specific piece of information [spisífik]	ある特定の情報
□ a storehouse of miscellaneous, unassorted data [mìsəléiniəs]	種々雑多な未整理のデータの貯蔵庫
□ for a sensory impression to register [sénsəri]	感覚的印象が記録するのに
□ be lost through disuse [disjú:s]	使われないことで失われる
□ become flawed through reinterpretation [flɔ́:d] [rì:intə:rprətéiʃən]	再解釈によって損なわれる
□ by repetition and rehearsal [rihə́:rsəl]	反復と繰り返し演習
□ memorize his or her lines from a script [méməràiz] [skrípt]	台本から彼あるいは彼女のせりふを暗記する
□ novel or vivid experiences [vívid]	目新しく活々とした体験
□ more readily shifted to long-term memory [ʃíftid]	よりすみやかに長期的記憶に移行する
□ many strategies [strǽtədʒiz]	多くの戦略
□ develop one's own devices [diváisiz]	その人独自の方策を開発する

心理学

30 Political Science

Political Science in the US

Key Sentences 2-!

1 The debates about ratification of the Constitution led to the writing of the federalist papers by John Jay, James Madison, and Alexander Hamilton in 1787.

憲法の承認に関する論争は1787年のジョン・ジェイ、ジェイムス・マディソン、アレクサンダー・ハミルトンによる連邦主義的な論文の執筆へと至っていった。

2 'Democracy in America' is probably the best analysis of United States political institutions ever written.

『アメリカの民主主義』はおそらく、それまでに書かれた合衆国の政治制度についての最高の分析であろう。

3 Politics has played a significant role in the American consciousness ever since the colonial era.

政治学は英国植民地時代以来、アメリカ人の意識の中で重要な役割を果たしてきた。

4 The term political science was coined after the president of Harvard College added to the curriculum a course on ethics and politics.

ハーバード・カレッジ学長が教科課程に倫理学と政治学に関するコースを付け加えたあと、政治学という用語が造語された。

5 The first permanent professorship in political science was created at Columbia University in 1857.

政治学の最初の常任教授職は、1857年にコロンビア大学で創設された。

Political Science in the US

Political science was taken up enthusiastically in the United States, a nation with a history of political experimentation. Some of the most notable works on government were written about the American system. **The debates about ratification of the Constitution led to the writing of the federalist papers by John Jay, James Madison, and Alexander Hamilton in 1787.** In the 1830s Alexis de Tocqueville published his 'Democracy in America,' probably the best analysis of United States political institutions ever written. Two generations later the British writer James Bryce published 'The American Commonwealth.'

Politics has played a significant role in the American consciousness ever since the colonial era. As early as 1642, before the term political science was coined, Henry Dunster, **president of Harvard College, added to the curriculum a course on ethics and politics.** In the mid-19th century the president of Yale College, Theodore Dwight Woolsey, introduced a course in political philosophy into the school.

The first permanent professorship in political science was created at Columbia University in 1857. The first man to teach the course was Francis Lieber, a German immigrant and author of 'On Civil Liberty and Self-Government' (1853). In 1880 a whole school of political science was established at Columbia by John W. Burgess. In the same year the Academy of Political Science was founded. Another professional organization, the American Political Science Association, was founded in 1903. From 1880, faculties of political science began appearing at more colleges and universities.

全訳 30 合衆国の政治学

　政治学は政治的実験の歴史を持つ国、つまり合衆国において熱心に取り上げられた。政治に関する最も注目すべき作品のうちのいくつかは、アメリカの体制について書かれたものである。憲法の承認に関する論争はジョン・ジェイ、ジェイムス・マディソン、そしてアレクサンダー・ハミルトンによる1787年の連邦主義的な論文の執筆へと至っていった。1830年代にはアレクシス・トクベルが、おそらくはそれまでに書かれた合衆国の政治制度についての最高の分析であろう、『アメリカの民主主義』を発表した。それから2世代ほどたって、イギリス作家ジェームス・ブライスが『アメリカ共和国』を出版した。

　政治学は英国植民地時代以来、アメリカ人の意識の中で重要な役割を果たしてきた。早くも1642年、つまり政治学という用語が造語される前に、ハーバード・カレッジ学長のヘンリー・ダンスターが教科課程に倫理学と政治学に関するコースを付け加えた。19世紀の半ばには、エール・カレッジの学長テオドア・ドワイト・ウルセイが政治哲学の講座を学内に導入した。

　政治学の最初の常任教授職は、1857年にコロンビア大学で創設された。そのコースを最初に教えたのが、ドイツ移民で『市民的自由と自治について』(1853)の著者であるフランシス・リーバーだった。1880年にはコロンビア大学で単独の政治学科が、ジョン・W.バーゲスによって設立された。同年、政治学アカデミーが創立された。もうひとつの専門的な団体、米国政治学協会は1903年につくられた。1880年から政治学の学部が、さらに多くの単科大学や総合大学に登場し始めたのである。

Double-Check —Political Science in the US

☐ ratification of the Constitution [ràetəfikéiʃən][kànstətjúːʃən|kɔ̀nstitjúː-]	憲法の承認
△ ratification	图承認；認可；批准；裁可
☐ the federalist papers [fédərəlist]	連邦主義的な論文
☐ political institutions [ìnstətjúːʃənz]	政治制度
△ institution	图制度；機関
☐ the American consciousness [kánʃəsnis]	アメリカ人の意識
☐ the colonial era [kəlóuniəl][érə|íərə]	植民地時代
☐ The term political science was coined. [kɔ́ind]	政治学という用語が造語された。
△ coin	囮(新しい用語を) 造語する
☐ the first permanent professorship [pə́ːrmənənt] [prəfésərʃìp]	最初の常任教授職

政治学

31. Women's Study

The Women's Movement

Key Sentences 2-3

1 During the 1960s and 1970s, the women's movement made considerable progress in elevating public awareness of inequalities between the sexes.

1960年代と1970年代に、女性運動は**男女両性間の不平等**について**一般の人々の認識を高める**点で、かなりの進歩を成し遂げた。

---

2 The National Organization for Women (NOW) was formed in 1966 by Betty Friedan and other like-minded activists to promote women's rights through legislation.

全国女性機構（NOW）は**立法を通して女性の権利を拡大させる**ために、ベティ・フリーダンと他の**同じ志を持った活動家**によって1966年に結成された。

---

3 NOW lobbied for the end of job discrimination.

全国女性機構は、**職業差別の終結を求めてロビー活動を行った**。

---

4 The Equal Rights Amendment was passed by Congress.

男女平等に関する米国憲法修正案（ERA）は議会を通過した。

---

5 The organization also sought the legalization of abortion.

その団体はまた、**妊娠中絶の合法化**も求めた。

---

6 The women's movement also helped to forge a new sense of identity and shared experiences among women.

女性運動はまた、**新しい意味での主体性**と女性の間での共通の体験**をつくり出す**ことを助長した。

The Women's Movement

During the 1960s and 1970s, the women's movement made considerable progress in elevating public awareness of inequalities between the sexes. A central player in the movement was the National Organization for Women (NOW), which was formed in 1966 by Betty Friedan and other like-minded activists to promote women's rights through legislation. In the late 1960s NOW lobbied for the end of job discrimination and for government-supported child-care services for professional mothers. In 1972 NOW helped to secure support for Title IX of the Education Amendments Act, which required colleges to guarantee equal opportunities for women, and the Equal Rights Amendment, which was passed by Congress but subsequently failed in the ratification process. The organization also sought the legalization of abortion, a goal achieved with the Supreme Court's decision in the Roe vs. Wade case of 1973.

In addition to its political achievements, the women's movement also helped to forge a new sense of identity and shared experiences among women. An important part of this process was the creation of publications specifically for women, such as *Ms.*, a feminist magazine founded in 1970 that provided a forum for women's issues. Other publications, such as the influential book 'Our Bodies, Ourselves,' helped many women to feel more comfortable about their bodies and encouraged them to discuss formerly taboo topics such as birth control, lesbianism, and rape. In addition, schools and universities began to offer courses in women's issues; by 1974 nearly 80 institutions offered women's studies programs.

全訳 ③1 女性運動

　1960年代と1970年代に、女性運動は男女両性間の不平等について一般の人々の認識を高める点で、かなりの進歩を成し遂げた。その運動で中心的役割を果たしたのは、全国女性機構（NOW）であったが、この団体は立法を通して女性の権利を拡大させるために、ベティ・フリーダンと他の同じ志を持った活動家によって1966年に結成された。1960年代後半には全国女性機構は職業差別の終結と、働く母親たちのための政府補助による保育サービスを求めてロビー活動を行った。1972年にこの機構は、教育に関する米国憲法修正案の第11条への支持を確保することを援助した。この修正案は大学側に、女性に対する機会均等を保証することを要求するものだった。そして、この機構が応援した男女平等に関する米国憲法修正案（ERA）は議会を通過したが、結局、承認過程で否決された。この団体はまた、妊娠中絶の合法化も求めた。そしてこの目標は1973年に、ロウ対ウエイド裁判における最高裁判所の決定により達成された。

　その政治的業績に加えて、女性運動はまた、新しい意味での主体性と女性の間での共通の体験をつくり出すことを助長した。この過程での重要な部分は、特に女性のための出版物がつくられたことであった。そしてその例が、女性問題に意見交換の場を与えた1970年創刊の'Ms'という女性雑誌である。その他の出版物、たとえば、影響力のある本『私たちの身体、私たち自身』は、多くの女性たちが自身の身体に関してより気楽に感じられることを助けた。そして以前はタブーであった、たとえば産児制限、同性愛、強姦などの話題について話し合うことを奨励した。それに加えて学校や大学側が、女性問題の講座を設置し始めた。1974年までに、ほぼ80の教育機関が女性研究プログラムを設置していた。

Double-Check —Women's Movement

☐ inequalities between the sexes [ìnikwálətiz]	男女両性間の不平等
☐ elevate public awareness [éləvèit] [əwέərnis]	一般の人々の認識を高める
☐ like-minded activists [ǽktəvists]	同じ志を持った活動家
☐ promote women's rights through legislation [lèdʒisléiʃən]	立法を通して女性の権利を拡大させる
☐ lobbied for the end of job discrimination [lάbid] [diskrìmənéiʃən]	職業差別の終結を求めてロビー活動を行った
☐ the Equal Rights Amendment [əméndmənt]	男女平等に関する米国憲法修正案（ERA）
☐ the ratification process [rǽtəfikéiʃən]	承認過程
☐ the legalization of abortion [lìːgəlaizéiʃən] [əbɔ́ːrʃən]	妊娠中絶の合法化
☐ forge a new sense of identity [fɔ́ːrdʒ]	新しい意味での主体性をつくり出す
△ forge	他（鉄などを）鍛えて（金属製品に）する；（計画などを）立てる
☐ a forum for women's issues [fɔ́ːrəm]	女性問題の意見交換の場

女性学

32 Sociology
Railroad

1 The public was seized by what was called "railroad mania."

大衆はいわゆる「鉄道熱」と呼ばれるものにとりつかれた。

2 The new steam machine was mechanically and visually arresting.

その働きから言っても、目に見える姿かたちの上からも、新しい蒸気機械は人目を引いた。

3 The railroad evoked a widely shared sense that an almost magical enhancement of human power was about to take place.

鉄道の出現によって、人間の力のほとんど魔術的なまでの強化が今にも起ころうとしているという意識が一般に広がり始めた。

4 The steam-powered locomotive was the first important innovation in overland transportation.

蒸気機関車は、陸上輸送手段の第一の重要な革新的発明であった。

5 It was the railroad that made it feasible to ship goods long distance over land.

物品を陸路で遠くまで出荷することを現実に可能にしたのは、まさに鉄道であった。

高速レート

Railroad

2-6

Of all the great modern <u>innovations</u>, the railroad may well be the one to which historians have allowed the most dramatic and far-reaching influence. No sooner had the first passenger railroads begun operations in England and the United States, around 1830, than the public was seized by what was called, even then, "**railroad mania.**" The new steam machine was as great a source of astonishment then as the computer is today. It could pull more weight faster than people had thought possible; **it was mechanically and** visually arresting; and it almost immediately began to change common ideas of time, space, and history. **The railroad** evoked a widely shared sense **that an almost** magical enhancement of human power **was about to take place.**

The more historians have learned about the changes caused by the railroad, the less maniac, the more reasonable or at least understandable, that initial mania has come to seem. They remind us that the steam-powered locomotive **was the first important** innovation in overland transportation since before the time of Julius Caesar, and many economic historians have described the railroad as one of the chief pivots on which the industrial revolution turned. Before large-scale production could be profitable, farmers and manufacturers had to gain access to larger markets. **It was the railroad that** made it feasible to ship goods **long distance over land.**

225語

Q The word "innovations" in paragraph 1 is closest in meaning to (A) operations (B) new inventions (C) magical enchantment (D) common ideas.

社会学

全訳 32 鉄　道

　近代のあらゆる偉大な発明の中で、鉄道は最も劇的で遠大な影響力を持つものとして歴史家が認めるものと言えよう。1830年頃、英国と合衆国で最初の乗客輸送用鉄道の運転が開始されたとたん、大衆は当時でさえいわゆる「鉄道熱」と呼ばれるものにとりつかれた。

　ちょうど今日のコンピュータがそうであるように、この新しい蒸気機械は当時の人々を驚嘆させずにはおかなかった。それは人々の想像以上に今までより重い物を今までより迅速に引っ張ることができた。またその働きから言っても、目に見える姿かたちの上からも、新しい蒸気機械は人目を引かずにはおかず、さらにはまた、たちまちのうちに一般の人の考えている時間、空間および歴史の概念を変え始めたのである。鉄道の出現によって、人間の力のほとんど魔術的なまでの強化が今にも起ころうとしているという意識が一般に広がり始めた。

　歴史家には、鉄道が引き起こしたいろいろな変化について知れば知るほど、あの当初の鉄道熱が単なる熱狂ではなくて、もっともなことのように思え、少なくとも理解できることだと思われた。歴史家によって我々は蒸気機関車がジュリアス・シーザーの時代以前からの歴史の中で陸上輸送手段の第一の重要な革新的発明であることを痛感させられるし、また多くの経済史の研究家たちは、鉄道を産業革命推進の枢軸のひとつとして記述している。大規模な生産が利潤をもたらすには、その前に農業経営者や製造業者たちは、これまでより大きな市場への到達手段を獲得しなければならなかった。物品を陸路で遠くまで出荷することを現実に可能にしたのは、まさに鉄道であった。

Railroad Depot at City Point

Double-Check —Railroad

□ The public was seized by ～. [síːzd]	大衆は～にとりつかれた。
□ visually arresting [víʒuəli] [əréstiŋ]	視覚的に目立つ
□ evoke a widely shared sense [ivóuk]	広く共有された意識を喚起する
□ magical enhancement of human power [mǽdʒikəl] [inhǽnsmənt]	人間の力の魔術的なまでの強化
□ the steam-powered locomotive [lòukəmóutiv]	蒸気機関車
□ innovation in overland transportation [ìnəvéiʃən] [trænspərtéiʃən]	陸上輸送手段の革新的発明
□ the chief pivots [pívəts]	枢軸
□ gain access to larger markets [ǽkses]	これまでより大きな市場への到達手段を獲得する
△ access	图接近方法；(利用・入手の)権利、方法
□ make it feasible to ship goods [fíːzəbl]	物品を出荷することを現実に可能にする

社会学

33 Astronomy
The Galaxies

Key Sentences 2-7

1 The larger galaxies may contain as many as a trillion stars.
　より大型の銀河には1兆個もの星が含まれている。

2 Galaxies can be up to 100,000 light-years in diameter.
　銀河の直径は、10万光年に及ぶものもあるだろう。

3 Galaxies were long thought to be more or less passive objects, containing stars and interstellar gas and dust and shining by the radiation that their stars give off.
　銀河は長い間、多かれ少なかれ受動的な物体で、星と惑星間のガスやチリを含み、そこにある星の発する放射によって輝いているものと思われていた。

4 A number of galaxies emit large amounts of energy in the radio region.
　多くの銀河が、多量のエネルギーを電波領域で発している。

5 This radiation had been given off by charged particles of extremely high energy moving in magnetic fields.
　この放射は、磁場において動き回っている非常に強いエネルギーを持った帯電分子によって発散されていた。

基礎レート

The Galaxies

2-8

天文学

Stars are found in huge groups called galaxies. Scientists estimate that the larger galaxies may contain as many as a trillion stars, while the smallest may have fewer than a million. Galaxies can be up to 100,000 light-years in diameter.

Galaxies may have any of four general shapes. Elliptical galaxies show little or no structure and vary from moderately flat to spherical in general shape. Spiral galaxies have a small, bright central region, or nucleus, and arms that come out of the nucleus and wind around, trailing off like a giant pinwheel. In barred spiral galaxies, the arms extend sideways in a short straight line before turning off into the spiral shape. Both kinds of spiral systems are flat. Irregular galaxies are usually rather small and have no particular shape or form.

Galaxies were long thought to be more or less passive objects, containing stars and interstellar gas and dust and shining by the radiation that their stars give off. When astronomers became able to make accurate observations of radio frequencies coming from space, they were surprised to find that a number of galaxies emit large amounts of energy in the radio region. Ordinary stars are so hot that most of their energy is emitted in invisible light, with little energy emitted at radio frequencies. Furthermore, astronomers were able to deduce that this radiation had been given off by charged particles of extremely high energy moving in magnetic fields.

239語

> [Q] Look at the word "emit" in paragraph 3.
> Find out the word or phrase in paragraph 3 that "emit" refers to.

全訳 33 銀 河

　星は銀河と呼ばれる巨大な集団の中に見出される。科学者の推定によれば、**より大型の銀河には1兆個もの星**が含まれており、一方、最小の銀河の星の数は100万個にも満たないとされている。**銀河の直径は、10万光年に及ぶものもあるだろう。**

　銀河の形状は、4つの一般的なものの中のどれかに属しているだろう。楕円銀河はほとんどあるいはまったく内部構造というものを持たず、通常の形状はおだやかな扁平から球状のものまで様々である。渦巻銀河は中心に小さな明るい部分、つまり核を持っており、そしてその核から出て、周りを取り巻き、巨大な風車のように次第に見えなくなる渦巻き状の腕がある。棒渦巻き銀河においては、周りを取り巻く腕は、渦巻き型になって消えるまでは短い直線で横にまっすぐにのびている。どちらの種類の渦巻き銀河も扁平である。不規則銀河は通常、かなり小さく、特定の形状を持っていない。

　銀河は長い間、多かれ少なかれ受動的な物体で、星と惑星間のガスやチリを含み、そこにある**星の発する放射**によって輝いているものと思われていた。宇宙から来る電波周波数を正確に観察できるようになったとき、**多くの銀河が多量のエネルギーを電波領域**で発していることを知って天文学者たちは驚いた。通常の星は非常に熱いからそのエネルギーのほとんどは目に見えない光線で発散されるし、電波周波数で発散されるエネルギーはほとんどない。さらに、**天文学者たちは、この放射が磁場において動き回っている非常に強いエネルギーを持った帯電分子**によって発散されていることを推論することができた。

Spiral Galaxy M100

Double-Check —The Galaxies

□ the larger galaxies [gǽləksiz]	より大型の銀河
□ a trillion stars [tríljən]	1兆個もの星
□ up to 100,000 light-years in diameter [daiǽmitər]	直径は10万光年に及ぶものもあるだろう
□ elliptical galaxies [ilíptikəl]	楕円銀河
□ from moderately flat to spherical in general shape [mάdəritli│mɔ́d-] [sférikəl]	通常の形状はおだやかな扁平から球状で
□ spiral galaxies [spáiərəl]	渦巻銀河
□ interstellar gas [ìntərstélər]	惑星間のガス
□ the radiation that their stars give off [rèidiéiʃən]	星の発する放射
□ emit large amounts of energy [imít]	多量のエネルギーを発する
□ the radio region [ríːdʒən]	電波領域
□ deduce [didjúːs]	他 推論する
□ charged particles [tʃɑːrdʒd][pάːrtiklz]	帯電分子
□ magnetic fields [mægnétik]	磁場

天文学

34 Astronomy

The Planets

Key Sentences 2-9

1 All the planets travel about the sun in elliptical orbits that are close to being circles. Mercury and Pluto have the most eccentric orbits.
すべての惑星は円に近い楕円形の軌道で太陽の周りを回っている。水星と冥王星は最大の離心軌道を有している。

2 Mercury's orbit is tilted 7 degrees to the plane of Earth's orbit (the ecliptic plane).
水星の軌道は、地球の軌道面（黄道面）に対し、7度傾いている。

3 Most of the planets rotate on their axes in the same west-to-east motion (the exceptions are Venus, Uranus, and Pluto). Most of the axes are nearly at right angles to the plane of the planets' orbits.
ほとんどの惑星は、同じ西から東回りでそれぞれの軸を中心に自転する（例外は金星、天王星、冥王星）。その回転軸のほとんどは惑星の軌道面に対しほぼ直角である。

4 It is rolling on its side as it orbits the Sun.
太陽の周りを回りながら、横たわって回転している。

5 The inner planets——Mercury, Venus, Earth, and Mars——lie within the asteroid belt, near the sun.
内惑星つまり水星、金星、地球、火星は、太陽の近く、つまり小惑星帯の内側に位置している。

6 They are dense, rocky, and small. Since Earth is a typical inner planet, this group is sometimes called the terrestrial planets.
それら（これらの惑星）は密度が高く、岩に覆われていて、小型である。地球は内惑星の典型なので、このグループは時に地球系惑星と呼ばれることがある。

7 Since Jupiter is the main representative of the outer planets, they are sometimes called the Jovian, or giant, planets.
木星が外惑星の主要な代表なので、これらは木星系あるいは巨星系惑星と呼ばれることがある。

The Planets

All the planets travel about the sun in elliptical orbits that are close to being circles. Mercury and Pluto have the most eccentric orbits. All the planets travel in one direction around the sun, the same direction in which the sun rotates. Furthermore, all the planetary orbits lie in very nearly the same plane. Again, Mercury and Pluto have the most tilted orbits: **Mercury's is tilted 7 degrees to the plane of Earth's orbit (the ecliptic plane)**; Pluto's is tilted about 17 degrees.

Most of the planets rotate on their axes in the same west-to-east motion (the exceptions are Venus, Uranus, and Pluto). Most of the axes are nearly at right angles to the plane of the planets' orbits. In other words, those axes of rotation are basically perpendicular to their orbital planes. Uranus, however, is tilted so that its axis lies almost in the plane of its orbit, which basically means that **it is rolling on its side as it orbits the Sun**.

The planets can be divided into two groups. **The inner planets—Mercury, Venus, Earth, and Mars—lie within the asteroid belt**, near the sun. They are dense, rocky, and small. Since Earth is a typical inner planet, this group is sometimes called the terrestrial planets.

The outer planets lie beyond the asteroid belt. With the exception of Pluto, they are much larger and more massive than the inner planets, and they are much less dense. **Since Jupiter is the main representative of the outer planets, they are sometimes called the Jovian, or giant, planets.** Pluto is an outer planet, but it is not usually regarded as a Jovian planet.

全訳 34 惑 星

　すべての惑星は円に近い楕円形の軌道で太陽の周りを回っている。水星と冥王星は最大の離心軌道を有している。すべての惑星は、太陽が回るのと同一の方向に太陽の周りを回っている。さらにすべての惑星の軌道はほぼ同一面に位置している。ここでもまた水星と冥王星が最も傾斜した軌道を持っている。つまり水星は、地球の軌道面（黄道面）に対し、7度傾いており、冥王星のそれは約17度傾斜している。

　ほとんどの惑星は、同じ西から東回りでそれぞれの軸を中心に自転する（例外は金星、天王星、冥王星）。その回転軸のほとんどは惑星の軌道面に対しほぼ直角である。言い換えると、それらの自転軸は、その惑星の軌道に対し基本的に垂直である。しかしながら、天王星は、軌道面に対しほぼ平行になるくらいに傾いている。つまり、基本的には、太陽の周りを回りながら横たわって回転していることになる。

　惑星は2つのグループに分類することができる。内惑星つまり水星、金星、地球、火星は、太陽の近く、つまり小惑星帯の内側に位置している。これらの惑星は密度が高く、岩に覆われていて、小型である。地球は内惑星の典型なので、このグループは時に地球系惑星と呼ばれることがある。

　外惑星は小惑星帯の外側に位置している。冥王星という例外を除いて、外惑星は内惑星よりもはるかに大型で、質量も大きいが密度ははるかに低い。木星が外惑星の主要な代表なので、これらは木星系あるいは巨星系惑星と呼ばれることがある。冥王星は外惑星であるが、通常、木星系惑星とは見なされない。

Double-Check —The Planets

□ elliptical orbits [ɪlíptɪkl] [ɔ́əbəts]	楕円形の軌道
□ eccentric orbits [ɪkséntrɪk]	離心（偏心）軌道
□ be tilted 7 degrees to the plane [tíltid]	（軌道）面に対して7度傾いている
□ rotate on their axes [róʊteɪt] [ǽksɪz]	軸を中心に回転する
□ at right angles to the plane	（軌道）面に対し<u>直角で</u> （=perpendicular）
▲ perpendicular [pə̀ːpŋdíkjələ]	形垂直の；直角をなす
□ rolling on its side	横たわって回転する
□ the asteroid belt [ǽstərɔ̀ɪd]	小惑星帯：火星と木星の間にある小惑星の軌道が集中している領域
□ the terrestrial planets [təréstriəl]	地球系惑星
△ terrestrial	形地球の；陸上の；地上の
□ the main representative of [rèprɪzéntətɪv]	〜の主要な代表

35 Health Science

Pesticides and Cancer

Key Sentences 2-11

1 While pesticides have gotten a lot of negative publicity, some of it may not be justified.

殺虫剤について多大な悪評がたっていますが、そのうちのいくつかは正当とは言えないでしょう。

2 These chemicals were found risky in tests in which rats consumed doses thousands of times greater than humans typically consume.

これらの化学物質は、人間が通常摂取する何千倍もの服用量をねずみに摂取させる実験でその危険性が判明した。

3 There are natural chemicals in our foods that are much more toxic than pesticide residues.

私たちが食べる食品の中には、殺虫剤残留物よりもはるかに毒性の高い天然の化学物質が存在します。

4 The best way to fight these toxins is to destroy the fungi that are responsible for producing them.

これらの毒素を阻止する最良の方法はそれらの毒素を生み出す原因となる菌類を破壊することです。

5 Eating more fruits and vegetables can reduce the risk of cancer by a significant amount.

より多くのくだものや野菜を食べることで、癌にかかる危険性を著しく減らすことができるのです。

6 Because pesticide use leads to an increase in fresh food consumption, it indirectly saves lives by cutting the incidence of cancer.

殺虫剤を使用することで新鮮な食品の摂取量が増加し、結果として癌の発生が減少し、間接的に生命を救うことになるのです。

Pesticides and Cancer

While pesticides have gotten a lot of negative publicity, some of it may not be justified. Contrary to popular belief, there are no pesticides approved for use in the U.S. which are known to cause cancer in humans. It's unlikely that pesticide residues have caused cancer in any individual, but there are approved chemicals that are listed as suspected of causing cancer. However, these chemicals are listed because they were found risky in tests in which rats consumed doses thousands of times greater than humans typically consume. I would like to suggest that this is not a realistic method of testing pesticide risks, particularly in humans.

Furthermore, there are natural chemicals in our foods that are much more toxic than pesticide residues. These natural toxins are associated with several kinds of cancer. The best way to fight these toxins is to destroy the fungi that are responsible for producing them. This can be achieved by pesticide treatment. In this way, pesticides may actually reduce the incidence of cancer.

A final, important point is that the use of pesticides has allowed us to dramatically increase the supply of cheap, attractive fruits and vegetables throughout the year. We are now discovering that eating more fruits and vegetables can reduce the risk of cancer by a significant amount. Thus, because pesticide use leads to an increase in fresh food consumption, it indirectly saves lives by cutting the incidence of cancer.

全訳 ③5 殺虫剤と癌

　殺虫剤について多大な悪評がたっていますが、そのうちのいくつかは**正当とは言えないでしょう**。一般に信じられているのとは逆に、合衆国で認可されている殺虫剤の中で人間の癌の原因となることが判明しているものは皆無です。殺虫剤の残留物が個々の人々に癌を発症させた可能性はないようですが、癌の原因となる疑いがあるとしてリストにあがっている認可化学物質はあります。しかしながら、**これらの化学物質は、人間が通常摂取する何千倍もの服用量をねずみに摂取させる実験でその危険性が判明した**という理由で疑いをかけられています。私がここで示唆しておきたいのは、これでは殺虫剤の危険性、特に人体における危険性を試す現実的な方法にはならないということです。

　さらに、**私たちが食べる食品の中には、殺虫剤残留物よりもはるかに毒性の高い天然の化学物質が存在します**。これらの天然毒素は数種類の癌と関係があります。**これらの毒素を阻止する最良の方法はそれらの毒素を生み出す原因となる菌類を破壊する**ことです。これは殺虫剤処理で達成可能です。この方法を用いることで、実際には殺虫剤によって癌の発生を減少させることができるでしょう。

　最後の重要なポイントとしては、殺虫剤の使用によって安くて魅力的なくだものや野菜の供給を一年中いちじるしく増やすことが可能となったことです。**より多くのくだものや野菜を食べることで、癌にかかる危険性を著しく減らすことができるのです**。このようにして、**殺虫剤を使用することで新鮮な食品の摂取量が増加し、結果として癌の発生が減少し**、間接的に生命を救うことになるのです。

Double-Check —Pesticides and Cancer

□ have gotten a lot of negative publicity [pʌblísəti]	多大な悪評がたつ
△ publicity	图評判；世間の注目
□ consumed doses thousands of times greater [kəns(j)úːmd]	何千倍もの服用量を摂取する
△ consume	他摂取する；食べる
□ much more toxic than pesticide residues [táksɪk] [rézid(j)ùːs]	殺虫剤残留物よりもはるかに毒性の高い
△ residue	图残留物；残滓
□ fight these toxins [táksṇs]	これらの毒素を阻止する
□ responsible for producing them [rɪspánsəbl]	それらを生み出す原因となる
□ by a significant amount [sɪgnífɪkṇt]	著しく；かなりの程度に
□ by cutting the incidence of cancer [ínsɪdəns]	癌の発生を減らすことによって

獣医学

36 Veterinary study
Cat Disease

Key Sentences

1 Upper respiratory infections are exceedingly common.
呼吸器上部の感染症は非常によく見受けられる。

2 Rabies is an invariably fatal viral disease.
恐水病は例外なく致命的なウイルス性疾患である。

3 It is therefore advisable that all cats in such areas be given preventive vaccinations.
それゆえ、該当する地域のすべての猫が予防ワクチンを投与されることが望ましい。

4 These may cause ulcers or completely obstruct the digestive tract.
これが原因で潰瘍ができたり、消化器官が完全に詰まったりすることがある。

5 Bite wounds may become infected.
かまれた傷が化膿する場合がある。

6 The cat cannot heal the wound by licking it.
猫は傷口をなめて治癒することはできない。

7 Many apparently normal cats have tiny mineral crystals in their urine.
多くの、見たところ正常な猫が、尿中に非常に小さな鉱物性の結晶を有している。

8 A urinary obstruction is a grave emergency.
尿道障害は、重大な緊急事態である。

Cat Disease

Upper respiratory infections are exceedingly common, and the best-known are pneumonitis and rhinotracheitis. Symptoms resemble those of the common cold in humans and distemper in dogs. The cat's "colds," however, cannot be passed on to humans or dogs although they are highly infectious for other cats.

Rabies is an invariably fatal viral disease. It is transmitted by the bite of a rabid animal. Rabies has become established among the wild animals in many parts of the world. A cat that roams outdoors in an area where rabies occurs may be bitten by a rabid animal. **It is therefore advisable that all cats in such areas be given preventive vaccinations.**

A cat that swallows large amounts of fur while grooming may develop fur balls or hair balls. Occasionally **these may cause ulcers or** completely **obstruct the digestive tract**. Prevention, in the form of frequent combing and brushing, is best. If fur balls occur in spite of grooming, the animal may be given a teaspoonful of mineral oil in its food or a dab of petroleum jelly on its paws twice a week.

Bite wounds may become infected and cause serious problems. Contrary to popular belief, **the cat cannot heal the wound by licking it**. It is better to seek veterinary attention as soon as possible.

Many apparently normal cats have tiny mineral crystals in their urine. For reasons not yet fully understood, these crystals often clump together to form sandlike particles or small stones which may cause irritation or obstruction of the urinary passages. A urinary obstruction is a grave emergency and must be treated immediately by a veterinarian.

全訳 36 猫の病気

　呼吸器上部の感染症は非常によく見受けられるが、その中でも最も有名なのが、間質性肺炎と鼻腔気管炎である。その症状は人間の普通の風邪や犬のジステンパーに似ている。しかしながら、猫の風邪は他の猫に対しては非常に伝染性の強いものであるが、犬や人間にうつる可能性はない。

　恐水病は例外なく致命的なウイルス性疾患である。恐水病は、この病気にかかった動物にかまれることによって感染する。恐水病は、世界中の多くの地域の野生動物間で定着したものとなっている。恐水病が発生している地域の屋外を動き回る猫は、すでに罹病した動物にかまれる場合があるだろう。**それゆえ、該当する地域のすべての猫が予防ワクチンを投与されることが望ましい。**

　毛づくろいをしている間に多量の毛をのみ込む猫は、体中に体毛の固まり、つまり毛玉が生じるかもしれない。時おり、**これが原因で潰瘍ができたり、消化器官が完全に詰まったりする**ことがある。頻繁に毛を整えたりブラッシングするようにして、この予防をすることが最善の方法である。適切な毛づくろいにもかかわらず、毛玉が生じた場合は、茶さじ1杯のミネラル・オイルを餌にまぜるか、週2回、その猫の前脚にグリースをひと塗りしてあげるとよいだろう。

　かまれた傷が化膿して非常に深刻な問題を引き起こす場合もある。一般に信じられているのとは逆に、**猫は傷口をなめて治癒することはできない。**できるだけ早く獣医の手当てを求める方が懸命だ。

　多くの、見たところ正常な猫が、尿中に非常に小さな鉱物性の結晶を有している。理由はまだはっきりとはわかっていないが、これらの結晶がしばしば凝集して、尿道の炎症や詰まりをひきおこす可能性のある砂状の微粒子や小さな結石をつくってしまう。**尿道障害は重大な緊急事態**であるから、ただちに獣医の処置を受けねばならない。

Double-Check —Cat Disease

☐ respiratory infections [réspərətɔ̀ːri] [infékʃənz]	呼吸器系の感染症
☐ pneumonitis and rhinotracheitis [njuː(ː)móunətəs] [ràinoutrèikiáitis]	間質性肺炎と鼻腔気管炎
☐ rabies [réibiːz]	図恐水[狂犬]病
☐ an invariably fatal viral disease [invέ(ː)əriəbli] [váirəl][dizíːz]	例外なく致命的なウイルス性疾患
☐ a rabid animal [rǽbid]	恐水病にかかった動物
☐ preventive vaccinations [privéntiv] [vǽksənéiʃənz]	予防ワクチン
☐ cause ulcers [ʌ́lsərz]	潰瘍ができる
☐ obstruct the digestive tract [əbstrʌ́kt] [didʒéstiv|dai-][trǽkt]	消化器官が詰まる
☐ become infected [inféktid]	化膿する
☐ heal the wound by licking it [wúːnd] [líkiŋ]	傷口をなめて治癒する
☐ seek veterinary attention [vétərənèri]	獣医の手当てを求める
☐ tiny mineral crystals in their urine [táini][mínərəl][krístəl] [júː(ː)ərin]	尿中の非常に小さな鉱物性の結晶
☐ a urinary obstruction [júː(ː)ərənèri][əbstrʌ́kʃən]	尿道障害

獣医学

37 Biology
Evolution

1 Charles Darwin published his theory of evolution in a book entitled 'On the Origin of Species by Means of Natural Selection.'

チャールズ・ダーウィンは『自然淘汰による種の起源について』というタイトルの本の中で、自身の進化論を発表した。

2 His thoughtful presentation provided a sound biological explanation for the existence of multitudes of different organisms in the world.

彼の思慮に満ちた提示によって、世界の多数の様々な有機体の存在に対してしっかりとした生物学的説明が加えられた。

3 Genetics and the mechanisms of inheritance were unknown during Darwin's time.

遺伝子学や遺伝の仕組みについては、ダーウィンの時代には知られていなかった。

4 New species can be formed ── and others become extinct.

新しい品種が形成される可能性があり、そして他の品種は絶滅する。

Evolution

New biological concepts and theories developed rapidly during the 18th and 19th centuries and challenged many old ideas. In 1859 **Charles Darwin published his theory of evolution in a book entitled 'On the Origin of Species by Means of Natural Selection.'** The concept of natural selection and evolution revolutionized 19th-century thinking about the relationships between groups of plants and animals. **His thoughtful presentation provided a sound biological explanation for the existence of multitudes of different organisms in the world** and suggested that they might be related to one another. To support his ideas Darwin used examples from geology, domestic animals, cultivated plants, and from his personal observations of the wealth of biological variability and similarity that can be found among living creatures. Although **genetics and the mechanisms of inheritance were unknown during Darwin's time**, he noted that certain life forms are more likely to survive than others. This concept of natural selection provided, for the first time, a universal explanation for the variations observed in nature. He made a powerful case that **new species can be formed** —— and others **become extinct** —— by a gradual process of change and adaptation made possible by this natural variability. Darwin's ideas influenced the field of biology more than any other concept.

Q The word "challenged" in paragraph 1 is closest in meaning to
(A) questioned (B) projected (C) survived (D) revolutionized

全訳 37 進 化

　新しい生物学の概念や理論は、18世紀と19世紀に急速に発達し、多くの古い見解に対し疑問を呈した。1859年に**チャールズ・ダーウィンは『自然淘汰による種の起源について』というタイトルの本の中で、自身の進化論を発表した**。自然淘汰と進化の概念は、動植物の集団間の関係についての19世紀の思潮を刷新した。**彼の思慮に満ちた提示によって、世界の多数の様々な有機体の存在に対してしっかりとした生物学的説明が加えられ**、それらの有機体が互いに関係しているかもしれないことが示唆された。自分の見解を立証するために、ダーウィンは地質学、家畜、栽培用植物から、そして生物のうちに見出される豊かな生物学的多様性と類似性の独自の観察から取った例を活用した。**遺伝子学や遺伝の仕組みについてはダーウィンの時代には知られていなかった**が、彼は、ある種の生命体の方が他の生命体よりも生き延びる可能性が高いということに注目していた。この自然淘汰という概念は、自然の中で観察される個体変異にはじめて普遍的な説明を提供したのである。彼は、徐々に変化する過程と、このような自然変異によって可能となる適応によって**新しい品種が形成される可能性があり、そして他の品種は絶滅する**という力強い陳述を行った。ダーウィンの見解は他のどの概念よりも生物学という分野に影響を与えた。

Double-Check —Evolution

□ theory of evolution [θí(ː)əri] [èvəlúːʃən]	進化論
□ Origin of Species [ɔ́(ː)ridʒin] [spíːʃiːz]	種の起源
□ natural selection [nǽtʃərəl] [silékʃən]	自然淘汰
□ a sound biological explanation [bàiəládʒikəl] [èksplənéiʃən]	しっかりとした生物学的説明
□ multitudes of different organisms [mʌ́ltitjùːd] [ɔ́ːrɡənìzəmz]	多数の様々な有機体
□ genetics and the mechanisms of inheritance [dʒənétiks] [mékənìzmz] [inhéritəns]	遺伝子学や遺伝の仕組み
▲ genetic, -cal [dʒənétik|-kəl]	形 遺伝の；遺伝子(学)の；起源の
▲ gene [dʒíːn]	名 遺伝(因)子；ジーン；ゲン
□ become extinct [ikstíŋkt]	絶滅する
▲ extinction [ikstíŋkʃən]	名 絶滅；消滅

生物学

38. Specifically Human Qualities

Biology — Key Sentences 2-17

1 The relative absence in man of instinctive regulation in the process of adaptation to the surrounding world.
環境に適応する過程において、人間の方が相対的に本能的調整能力が欠けているということ。

2 The mode of adaptation of the animal to its world remains the same throughout.
動物の外界に対する適応の仕方は、昔からずっと同じである。

3 If its instinctive equipment is no longer fit to cope successfully with a changing environment, the species will become extinct.
もし動物の持つ本能装置が変化する環境をうまく処理するのにもはや適さなくなれば、その種は絶滅してしまうであろう。

4 The animal's inherited equipment makes it a fixed and unchanging part of its world.
受け継がれた（本能）装置によって動物は、外界の安定した不変の一部になっているのだ。

5 The emergence of man can be defined as occurring at the point in the process of evolution where instinctive adaptation has reached its minimum.
人間の出現は、進化の過程において動物の本能的適応力が最小段階に到達した時点に起きたと定義されよう。

6 His awareness of himself as a separate entity
独立した実体として自己を認識すること

Specifically Human Qualities

The first element which differentiates human from animal existence is a negative one: the relative absence in man of instinctive regulation in the process of adaptation to the surrounding world. The mode of adaptation of the animal to its world remains the same throughout. If its instinctive equipment is no longer fit to cope successfully with a changing environment, the species will become extinct. The animal can adapt itself to changing conditions by changing itself. In this fashion it lives harmoniously, not in the sense of absence of struggle but in the sense that its inherited equipment makes it a fixed and unchanging part of its world; it either fits in or dies out.

The less complete and fixed the instinctive equipment of animals, the more developed is the brain and therefore the ability to learn. The emergence of man can be defined as occurring at the point in the process of evolution where instinctive adaptation has reached its minimum. But he emerges with new qualities which differentiate him from the animal: his awareness of himself as a separate entity, his ability to remember the past, to visualize the future, and to denote objects and acts by symbols; and his reason to conceive and understand the world. Man is the most helpless of all animals, but this very biological weakness is the basis for his strength, the prime cause for the development of his specifically human qualities.

> Q Look at the word "mode" in paragraph 1.
> Find out the word or phrase in paragraph 1 that "mode" refers to.

全訳 38 人間の特質

　人間と動物を区別する第1の要素は否定的なものである。つまり、環境に適応する過程において、人間の方が相対的に本能的調整能力が欠けているということである。動物の外界に対する適応の仕方は、昔からずっと同じである。もし動物の持つ本能装置が変化する環境をうまく処理するのにもはや適さなくなれば、その種は絶滅してしまうであろう。動物は、自身を変えることによって変化する状況に適応できるのである。このように、動物は調和の取れた生き方をしている。それは争いのないという意味ではなく、受け継がれた（本能）装置によって動物は、外界の安定した不変の一部になっているのだ。動物は、適応するか死滅するかのどちらかである。

　動物の持つ本能装置が不完全であり、不安定であればあるほどそれだけ脳が発達し、ものを学ぶ能力が増大する。人間の出現は、進化の過程において動物の本能的適応力が最小段階に到達した時点に起きたと定義されよう。しかし、人間は自らを動物と区別する新しい特質を備えて出現するのだ。つまりその特質とは独立した実体として自己を認識することであり、過去を記憶したり将来を展望したり、記号によって物体や行為を指し示す能力であり、世界を思い描き、理解する理性である。人間はあらゆる動物の中で最も無力であるが、しかし、このまさに生物学的な弱さというものが、人間の持つ力の礎なのである。そしてそれこそが、とりわけ人間の持つ特質が発達した主要な原因なのだ。

Double-Check —Specifically Human Qualities

☐ instinctive regulation [instíŋktiv] [règjəléiʃən]	本能的調整能力
▲ instinct [ínstiŋkt]	图本能
☐ adaptation to the surrounding world [ædəptéiʃən] [səráundiŋ]	環境に適応する過程
☐ the mode of adaptation [móud]	適応の仕方
△ mode	图やり方；様式；方式 (＝way＝method ＝manner＝fashion)
☐ instinctive equipment [instíŋktiv] [ikwípmənt]	本能装置
☐ inherited equipment [inhéritid]	受け継がれた装置
☐ the emergence of man [imə́:rdʒəns]	人間の出現
▲ emerge [imə́:rdʒ]	圓出現する；現れる
☐ instinctive adaptation	本能的適応力
☐ a separate entity [sépərit] [éntəti]	独立した実体

生物学

39 Biology
Human Aggression

Key Sentences 2-19

1 To write about human aggression is a difficult task.
人間の攻撃性について書くことは難しい仕事である。

2 When a child rebels against authority, it is being aggressive; but it is also manifesting a drive towards independence.
権力に楯突くとき、子供は攻撃的になっている。だが、それは同時に独り立ちへ向かう衝動を示しているのだ。

3 The desire for power has, in extreme form, disastrous aspects which we all acknowledge.
権力欲は、知ってのとおり、これも極端に走れば悲惨な側面を持つものである。

4 The drive to conquer difficulties underlies the greatest of human achievements.
人間の数々の輝かしい偉業の根底には、困難を克服しようとする衝動がある。

5 The aggressive part of human nature is not only a necessary safeguard against savage attack.
人間性に見られるこの攻撃的な部分は、単に外敵から身を守るのに必要な保護手段にとどまらない。

6 He possessed a large amount of inborn aggressiveness.
彼には生来の攻撃性が十分に備わっていた。

Human Aggression

To write about human aggression is a difficult task because the term is used in so many different senses. Aggression is one of those words which everyone knows, but which is nevertheless hard to define. One difficulty is that there is no clear dividing line between those forms of aggression which we all deplore and those which we must not disown if we are to survive. When a child rebels against authority, it is being aggressive; but it is also manifesting a drive towards independence which is a necessary and valuable part of growing up. The desire for power has, in extreme form, disastrous aspects which we all acknowledge; but the drive to conquer difficulties, or to gain mastery over the external world, underlies the greatest of human achievements.

The aggressive part of human nature is not only a necessary safeguard against savage attack. It is also the basis of intellectual achievement, of the attainment of independence, and even of that proper pride which enables a man to hold his head high amongst his fellows. Without the aggressive, active side of his nature man would be even less able than he is to direct the course of his life or to influence the world around him. In fact, it is obvious that man could never have attained his present dominance, nor even have survived as a species, unless he possessed a large amount of inborn aggressiveness.

Q The word "inborn" in paragraph 2 is closest in meaning to
(A)disastrous (B)aggressive (C)savage (D)innate

全訳 39 人間の攻撃性

　人間の攻撃性について書くことは**難しい仕事である**。それこそ、いろいろな意味合いで用いられているからだ。攻撃性とは、確かに誰もが知っている言葉のひとつではある。ところが、それを定義するのは難しい。ひとつには、それを誰もが非難する攻撃行動と見るか、それとも生き残ろうとするならば認めないわけにはいかない攻撃行動と見るか、その区別が明確にできないという難しさがあるからだ。たとえば、**権力に楯突くとき、子供は攻撃的になっている**。だが、**それは同時に成長に必要で**価値のある**独り立ちへ向かう衝動を示しているのだ**。また、**権力欲は**、知ってのとおり、これも極端に走れば**悲惨な側面を持つ**ものである。だが人間の数々の輝かしい偉業の根底には、**困難を克服しようとする**、あるいは周りの世界を支配しようとする**衝動がある**。

　人間性に見られるこの攻撃的な部分は、単に外敵から身を守るのに必要な保護手段にとどまらない。それは同時に、知を究め、独立独歩の精神を身につけ、さらには仲間に伍して臆することなく堂々と生きていくだけの誇りを持つ基になっている。人間にこのような攻撃性というか積極性がなければ、今のように、自分の人生を開拓したり、周りの世界に影響を与えるといったことは、およそ叶わぬことであろう。事実、人間にこういった**生来の攻撃性**が十分備わっていなければ、今のように他を支配することも、種として生き延びることさえもなかったであろう。

Double-Check —Human Aggression

☐ human aggression [əgréʃən]	人間の攻撃性
☐ a difficult task [tæsk]	なかなか難しい仕事
☐ rebels against authority [rébəl] [əθɔ́:rəti]	権力に楯突く
☐ manifest a drive towards independence [mǽnəfèst] [indipéndəns]	独り立ちへ向かう衝動を示す
☐ the desire for power [dizáiər]	権力欲
☐ disastrous aspects [dizǽstrəs] [ǽspekts]	悲惨な側面
☐ the drive to conquer difficulties [káŋkər]	困難を克服しようとする衝動
☐ a necessary safeguard against savage attack [séifgà:rd] [sǽvidʒ]	外敵から身を守るのに必要な保護手段
☐ survive as a species [sərváiv] [spí:ʃi:z]	種として生き延びる
☐ inborn aggressiveness [ínbɔ́ːn] [əgrésivnis]	生来の攻撃性
△ inborn	形 生来の；生まれつきの；生得の；先天性の (＝natural＝innate＝inherent＝native)

生物学

40 Biology

Aquaculture

Key Sentences 2-21

1 Raising animals and plants in the water is aquaculture.
水中で動物や植物を生育させるのは養殖である。

2 In animal aquaculture much effort has gone into controlling the breeding process.
動物の養殖では、繁殖過程の管理に多大な努力が払われる。

3 Some fish, such as trout, are easily bred in captivity.
マスなどの魚類は養殖池の中で簡単に繁殖される。

4 Eggs are squeezed from the female and fertilized.
卵はメスの体内から搾り出され、(人工)受精される。

5 When the rice paddies are idle during the time between harvest and planting, farmers may buy young carp and fatten them in the paddies.
農閑期で田んぼが使われない時期に、農民たちはコイの幼魚を購入し、田んぼで大きくする。

6 The immature mussels float after hatching and attach themselves to the ropes.
ムラサキイ貝の稚貝は孵化した後、漂ってロープに付着する。

7 In some areas fish are artificially bred.
地域によっては、魚は人工孵化される。

高速レート

Aquaculture

The growing of plants and animals on land for food and other products is agriculture. Raising animals and plants in the water is aquaculture. In animal aquaculture much effort has gone into controlling the breeding process. Some fish, such as trout, are easily bred in captivity. Eggs are squeezed from the female and fertilized. Once hatched, immature fish are raised in tanks or ponds. Carp and catfish, which do not breed easily in captivity, are caught in the wild while young and then raised to maturity by aquaculturists. In Indonesia, for example, when the rice paddies are idle during the time between harvest and planting, farmers may buy young carp and fatten them in the paddies. Mussels are raised in France by a process that involves hanging ropes over natural mussel beds in the ocean. (A)■ The immature mussels, called spats, float after hatching and attach themselves to the ropes. (B)■ The spatcovered ropes are next wound around large stakes in the sea. (C)■ Similar methods are used to raise oysters in many parts of the world.(D)■

Aquaculturists keep their animals captive by such means as ponds, tanks, and underwater enclosures. In some areas fish are artificially bred, released into the wild, and then recaptured as adults. This is done in enclosed areas such as the Caspian Sea, where sturgeon are raised for their flesh and their eggs.

229語

| Q | The following sentence can be added to the passage.
There the mussels mature.
Where would it best fit in the passage? Choose the one best answer, (A), (B), (C) or (D)
(A)■　(B)■　(C)■　(D)■

全訳 40 養 殖

　食物や産物として、植物や動物を地上で育てることは農業である。水中で動物や植物を生育させるのは養殖である。動物の養殖では、繁殖過程の管理に多大な努力が払われる。マスなどの魚類は養殖池の中で簡単に繁殖される。卵はメスの体内から搾り出され、(人工)受精される。いったん孵化すると、稚魚は水槽やいけすで育てられる。コイやナマズは捕獲しての繁殖（つまり人工孵化）が容易ではないので、幼魚のうちに野生のものを捕獲し、それから養殖業者が成魚に育て上げる。たとえばインドネシアでは、農閑期で田んぼが使われない時期に、農民たちはコイの幼魚を購入し、田んぼで大きくする。ムラサキイ貝は、海中の天然の貝床の上にロープを張ることを伴う方法で、フランスで養殖されている。スパットと呼ばれるムラサキイ貝の稚貝は孵化した後、漂ってロープに付着する。次に稚貝の付着したロープは海上の大型の杭にまきつけられ、そこでムラサキイ貝は成長する。同様の方法を使ってカキの養殖が世界各地で行われている。

　養殖業者は、池や水槽、海底柵などに動物をいれておく。地域によっては魚は人工孵化され、放流され、やがて成魚が捕獲される。このような方法は、その身や卵を取るためにチョウザメが育てられる、カスピ海のような四方を囲まれた水域で使われている。

Double-Check —Aquaculture

□ aquaculture [ǽkwəkʌ̀ltʃer]	(魚・海藻類の)養殖；水栽培
▲ culture	名他 栽培；耕作；飼育；養殖；培養(する)
□ the breeding process [brí:diŋ]	繁殖過程
▲ breed	他自 繁殖させる(する)
□ easily bred in captivity [bréd] [kæptívəti]	養殖池の中で簡単に繁殖される
□ captivity [kæptívəti]	名 とらわれの身；監禁状態
□ fertilize [fə́:rtəlàiz]	他 受精させる
▲ fertilizer	名 (化学)肥料
▲ fertile	形 (土地などが)肥沃な；豊かな；肥えた
□ The rice paddies are idle. [pǽdiz] [áidl]	田んぼは使われていない。
□ idle	形 使われていない；動いていない
□ float after hatching [flout] [hǽtʃiŋ]	孵化した後、漂う
□ artificially bred [ɑ̀:rtəfíʃəli]	人工孵化される

生物学

41 Biology

Flightless Birds

1 Certain birds whose ancient relatives once flew have lost the power of flight and have adapted to other modes of living.

かつてはその遠い昔の系類が空中を飛んでいたある種の鳥類は、飛翔力を失ってしまい、他の生存方式に適応してしまった。

2 Two extinct ratites are the elephant bird and the moa.

絶滅した2種の平胸類はエレファント・バードとモア（恐鳥）である。

3 Birds are descended from reptiles that began to live in trees about 225 million years ago.

鳥は、およそ2億2,500万年前に樹上で生活し始めた爬虫類の系統を引いている。

4 The scales on the bodies of these reptiles are believed to have evolved into feathers.

これらの爬虫類のうろこが羽根に進化したと信じられている。

5 This was accompanied by the gradual modification of the forelimbs into membranous wings.

これに伴って、前肢が徐々に膜状の翼に変化した。

6 The first line of descent attained flight long ago.

最初の系統が、ずいぶん昔に飛ぶことを成し遂げた。

7 The other line, flightless birds, is at an early stage of evolution.

残りの系統、飛べない鳥は進化の初期の段階にある。

Flightless Birds

Certain birds whose ancient relatives once flew have lost the power of flight and have adapted to other modes of living. The largest such group of birds, called the ratites, includes the ostrich, rhea, emu, cassowary, and kiwi. Two extinct ratites are the elephant bird and the moa. Unrelated to the ratites are the penguin, whose flipperlike wings help it to swim, and the extinct dodo.

According to theory, birds are descended from pseudosuchians, reptiles that began to live in trees about 225 million years ago. With the passage of time, the scales on the bodies of these reptiles are believed to have evolved into feathers. This was accompanied by the gradual modification of the forelimbs into membranous wings, making it possible for these animals to leap from trees and glide to the ground. From these reptiles, Archaeopteryx ("ancient wing") evolved. According to theory, this warm-blooded animal could use its wings to rise up and move through the air. Archaeopteryx, the first true bird, probably appeared some 136 million years ago.

If all birds are descended from Archaeopteryx, where then do flightless birds come from? This question has puzzled scientists for a long time. Some suggest that modern birds have two common ancestors instead of one. The first line of descent, representing the majority, attained flight long ago.

The other line, flightless birds, is at an early stage of evolution. Most experts reject this view today. They say that flightless birds had flying ancestors but lost the use of their wings because they did not need them to survive.

全訳 41 飛べない鳥

　かつてはその遠い昔の系類が空中を飛んでいたある種の鳥類は、**飛翔力を失ってしまい、他の生存方式に適応してしまった**。そのような鳥類の最大のものは、平胸類（ダチョウ類）と呼ばれ、ダチョウ、アメリカダチョウ、エミュ（オーストラリア産の大型鳥）、ヒクイドリ（オーストラリア、ニューギニア産）、キーウィ（ニュージーランド産）を含んでいる。今は**絶滅している2種の平胸類はエレファント・バードとモア（恐鳥）**である。（飛べない鳥の中で）平胸類と無関係なのはペンギン——その水かきのような翼は泳ぐのに役立つ——と絶滅したドードーである。

　理論にのっとれば、**鳥は偽鰐（ぎがく）類、すなわちおよそ2億2,500万年前に樹上で生活し始めた爬虫類の系統を引いている**。時の経過と共にこれらの爬虫類の**うろこが羽根に進化した**と信じられている。これに伴って、**前肢が徐々に膜状の翼に変化した**。そしてこれによって、これらの動物は木から飛び立ち地面へ滑空できるようになった。この種の爬虫類から始祖鳥が進化した。理論的には、この温血動物は自分の翼で飛び立ち空中を飛び回ることができた。始祖鳥、つまり最初の鳥類はおそらく1億3,600万年前に登場しただろう。

　すべての鳥類が始祖鳥の子孫であるのなら、その場合、飛べない鳥はどこから来たのであろうか。この疑問は長い間、科学者たちを戸惑わせてきた。現存する鳥類の祖先は1つではなく、2つの共通する祖先なのだという者もいた。**最初の系統**が大多数を代表しているのだが、この系統がずいぶん昔に**飛ぶことを成し遂げた。**

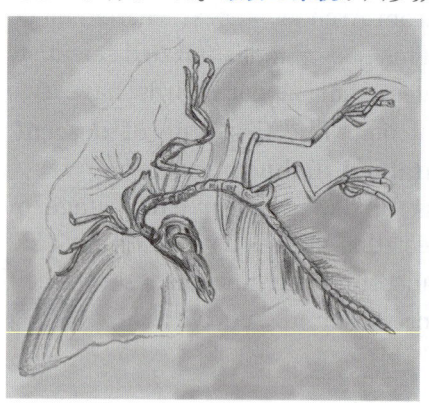

　残りの系統、飛べない鳥は進化の初期の段階にある。だが、ほとんどの専門家は、今日この見方を退けている。彼らによれば、飛べない鳥には飛べる祖先がいたのだが、生存するために翼を必要としなかったから翼の機能を喪失してしまったのである。

Double-Check —Flightless Birds

☐ lose the power of flight 　[lúːz]　　[pàuər]　　[fláit]	飛翔力を失う
☐ adapt to other modes of living 　[ədǽpt]　　　　　[móudz]	他の生存方式に適応する
☐ two extinct ratites 　　　[ikstíŋkt][rǽtaits]	絶滅している2種の平胸類
☐ be descended from reptiles 　　[diséndid]　　　　[réptailz]	爬虫類の系統を引いている
☐ the scales 　　[skeilz]	🈠うろこ；うろこ状のもの
☐ evolve into feathers 　[iválv]　　　[féðərz]	羽根に進化する
☐ the gradual modification 　　[grǽdʒuəl][màdəfəkéiʃən]	漸次の変形
▲ modify 　[mádəfài]	🈠🈑修正する；変更する
☐ the forelimbs into membranous wings 　　[fɔ́ːrlìms]　　　[mémbrənəs]	前肢が膜状の翼に（なる）
☐ the first line of descent 　　　　　　　　[disént]	最初の系統
☐ attain flight 　[ətéin][fláit]	飛ぶことを成し遂げる
☐ flightless birds 　[fláitlis]	飛べない鳥
☐ at an early stage of evolution 　　　[ə́ːrli]　　　　[èvəlúːʃən|ìːv-]	進化の初期の段階

生物学

42. Biology: Symbiosis

Key Sentences 2-25

1. Symbiosis is classified into: mutualism, commensalism, and parasitism.
共生は共存、共棲、寄生に分類される。

2. Human beings, animals, and most plants need nitrogen to survive but cannot metabolize it from the air.
人間、動物、ほとんどの植物は生きていくために窒素を必要とするが、それを空気中から物質代謝させることはできない。

3. This compound is then converted into some organic form, such as amino acids.
この合成物は次に、たとえばアミノ酸といった何らかの有機物に変換される。

4. Lichens consist of fungi and algae.
地衣類は、菌類と藻類で成り立っている。

Symbiosis

Close living arrangements between two different species is called symbiosis. The word comes from the Greek word meaning "state of living together." Usually the two organisms are in close physical contact, with one living on or in the other. In some cases, however, the relationship is less intimate. Symbiosis is classified into: mutualism (once called symbiosis), **commensalism, and** parasitism. These relationships range from mutually beneficial to harmful, or even fatal, for one of the species.

In mutualism both partners benefit from the relationship. One of the best-known mutual relationships is the one between 'nitrogen-fixing' Rhizobium bacteria and several leguminous plants such as beans, peas, peanuts, and alfalfa.

Human beings, animals, and most plants need nitrogen to survive **but cannot** metabolize it from the air. Rhizobium bacteria, which live in the soil, enter the roots of legumes and produce nodules, or enlargements, in which they absorb nitrogen from the air and convert it into ammonia. **This compound is then** converted into some organic form, **such as** amino acids, which is shared by the bacteria and the host plant. By eating such leguminous plants, other organisms obtain a rich source of nitrogen-bearing compounds. The bacteria, in turn, benefit from the relationship by absorbing from the host plant nutrients that they cannot manufacture themselves.

Lichens, which consist of fungi and algae, are another well-known example of mutualism. Algae receive shelter and a moist environment by dwelling within the fungi. In turn, the algae provide the fungi with food through photosynthesis.

全訳 42 共 生

　2つの異なる種の間の密接な生存協定は、共生と呼ばれる。この言葉は「共存状態」を意味するギリシア語に由来する。通常、2個の有機体は片方が他方に依存する形で、物理的に接触している。しかしながら、場合によっては、その関係があまり密接ではないこともある。**共生は共存**（かつては共生と呼ばれた）、**共棲、寄生に分類される**。これらの関係は、互いに有益から有害、あるいは一方の種にとって致命的でさえあるといった範囲に及んでいる。

　共存においては、双方がその関係から恩恵を受ける。最も有名な共存関係のひとつは、窒素付着ライゾビアム・バクテリアと、豆、エンドウ、ピーナッツ、アルファルファなどのマメ科の植物との関係である。

　人間、動物、ほとんどの植物は生きていくために窒素を必要とするが、それを空気中から物質代謝させることはできない。ライゾビアム・バクテリアは地中に棲息しているが、マメ科植物の根の中に侵入し、根粒つまりコブを生産し、そこで空気中から窒素を吸収しアンモニアに変える。**この合成物は次に、**たとえば**アミノ酸**といった、バクテリアとその宿主の植物によって共有される**何らかの有機物に変換される**。そのようなマメ科の植物を食べることによって、他の有機体は窒素を含む合成物の豊富な資源を手に入れる。そして今度はバクテリアが宿主の植物から、自身では作り出せない栄養素を吸収することで、その関係から恩恵を受ける。

　地衣類はカビ・キノコなどの**菌類**と藻などの**藻類で成り立っている**のだが、共存のもうひとつのよく知られた例である。菌類の中にすむことによって、藻類はすみかと湿度の高い環境を手に入れる。一方、今度は藻類が光合成を通して菌類に食物を提供する。

Double-Check —Symbiosis

□ Symbiosis is classified into ~ [sìmbióusis] [klǽsəfàid]	共生は〜に分類される
□ parasitism [pǽrəsàitizm]	图寄生
□ need nitrogen to survive [náitrədʒən]	生きていくために窒素を必要とする
□ metabolize it from the air [mətǽbəlàiz]	それを空気中から物質代謝させる
△ metabolize	他……を(新陳)代謝させるもの；質交代により変化させる；(食物にするために)化学分解する
□ be converted into some organic form [kənvə́ːrtid]	何らかの有機物に変換される
□ amino acids [əmíːnou]	图アミノ酸
□ lichen [láikən]	图地衣類；コケ
□ consist of fungi and algae [fʌ́ŋgai|-dʒi] [ǽldʒiː]	菌類と藻類で成り立っている

生物学

43 Biochemistry

Introduction

Key Sentences 2-27

1 The organic compounds comprise the basic constituents of cells.
有機化合物は、細胞の基本的な構成要素で成り立っている。

2 Biochemistry entails the study of all the complexly interrelated chemical changes that occur within the cell.
生化学は、細胞内部で起こるすべての複雑な相互関係を持つ化学変化の研究を必然的に伴う。

3 The cell's degradation of substances that release energy and its buildup of complex molecules that store energy or act as substrates or catalysts for biological chemical reactions are studied in detail by biochemists.
細胞内の、エネルギーを放出する物質の減成と、エネルギーを蓄えたり、基質すなわち生化学反応のための触媒の役割を果たしたりする複雑な分子の細胞内組成の両方が、生化学者によって詳細に調べられる。

4 Biochemists study the regulatory mechanisms within the body.
生化学者は、身体内の調整機能について研究を加える。

5 Molecular biology is a field closely allied to biochemistry.
分子生物学は、生化学と密接に結びついている学問だ。

Introduction

Biochemistry is the science concerned with the chemical substances and processes that occur in plants, animals, and microorganisms. Specifically, it involves the quantitative determination and structural analysis of the organic compounds that comprise the basic constituents of cells (proteins, carbohydrates, and lipids) and of those that play a key role in chemical reactions vital to life (nucleic acids, vitamins, and hormones). Biochemistry entails the study of all the complexly interrelated chemical changes that occur within the cell —— e.g., those relating to protein synthesis, the conversion of food to energy, and the transmission of hereditary characteristics. Both the cell's degradation of substances that release energy and its buildup of complex molecules that store energy or act as substrates or catalysts for biological chemical reactions are studied in detail by biochemists. Biochemists also study the regulatory mechanisms within the body that govern these and other processes.

Biochemistry lies in the border area between the biological and physical sciences. Accordingly, it makes use of many of the techniques common to physiology and those integral to analytical, organic, and physical chemistry. The field of biochemistry has become so large that many subspecialities are recognized, as, for example, clinical chemistry and nutrition. Molecular biology, the study of large molecules —— for example, proteins, nucleic acids, and carbohydrates —— that are essential to life processes is a field closely allied to biochemistry. Taken as a whole, modern biochemistry has outgrown its earlier status of an applied science and has acquired a place among the pure, or the sciences.

全訳 43 概 論

　生化学は、動植物や微生物の中で発生する化学的な物質や変化と関係する科学である。それは具体的には、**細胞の基本的な構成要素**（蛋白質、炭水化物、脂質）を含む有機化合物と、生命にとって不可欠な化学反応において主要な**役割を果たす有機化合物**（核酸、ビタミン、ホルモン）の数値決定や構造分析とかかわっている。**この科学は、**細胞内部で起こるすべての複雑な相互関係を持つ**化学変化** ── すなわち、蛋白質の合成、食物のエネルギーへの変換、遺伝的特質の伝達と関連する変化 ── **についての研究を必然的に伴う**ものである。**細胞内の、エネルギーを放出する物質の減成**と、エネルギーを蓄えたり、基質すなわち**生化学反応のための触媒**の役割を果たしたりする複雑な分子の細胞内組成の両方が、生化学者によって詳細に調べられる。生化学者はまた、**身体内の**いろいろな変化を司る**調整機能**について研究を加える。

　生化学は生物学と（生物以外の）自然科学の間の境界領域に位置している。したがって、生化学は生理学に共通する技術と分析的、有機的、物質化学に不可欠な技術の多くを使用する。生化学の分野はとても広大なものとなってきたので、たとえば臨床化学や栄養学のような下位専門分野が認められている。**分子生物学は**大型の分子、たとえば蛋白質、核酸、炭水化物といった生命過程にとって不可欠な分子に関する**学問**だが、**生化学と密接に結びついている**。全体としてとらえるなら、近代生化学はより初期の応用科学的立場ではとらえきれなくなり、純正科学つまり自然科学の中でひとつの地位を獲得したのだ。

Double-Check —Introduction

☐ the organic compounds [kάmpaundz]	有機化合物
☐ comprise the basic constituents of cells [kəmpráiz] [kənstítʃuənts]	細胞の基本的な構成要素で成り立っている
△ comprise	他(団体・組織が)含む；〜から成る
☐ Biochemistry entails the study of chemical changes. [bàioukémətri] [intéilz]	生化学は化学変化の研究を伴う。
☐ biochemist [bàioukémist]	图生化学者
☐ degradation of substances [dègrədéiʃən] [sΛbstənsiz]	物質の減成《有機化合物の炭素数を減らすこと》
☐ catalysts for biological chemical reactions [kǽtəlists]	生化学反応のための触媒
☐ clinical chemistry and nutrition [klínikəl] [nju:tríʃən]	臨床化学や栄養学
☐ molecular biology [məlékjulər]	分子生物学
☐ the regulatory mechanisms within the body [régjulətɔ̀:ri] [mékənìzmz]	身体内の調整機能
☐ closely allied to biochemistry [əláid]	生化学と密接に結びついている

生化学

44 Computer Science
Digital Computer

Key Sentences 2-29

1 A digital computer typically consists of a control unit, an arithmetic-logic unit, a memory unit, and input/output units.

デジタル・コンピュータは主として制御装置、電算論理装置、記憶装置、入力・出力装置で成り立っている。

2 The main computer memory, usually high-speed random-access memory (RAM), stores instructions and data.

コンピュータの主要な記憶装置、通常、高速任意アクセス・メモリー（RAM）は、指示とデータを蓄えておく。

3 The basic operation of the CPU is analogous to a computation carried out by a person using an arithmetic calculator.

中央電算処理装置の基本的作業は、電卓を使う人によって実行される計算と似通ったものである。

4 The CPU and fast memories are realized with transistor circuits.

中央電算処理装置と高速記憶装置はトランジスター回路によって可能になる。

5 I/O units are commonly referred to as computer peripherals.

入力/出力装置は一般にコンピュータ周辺装置と呼ばれる。

6 Almost all computers contain a magnetic storage device known as a hard disk.

ほぼすべてのコンピュータは、ハードディスクと呼ばれる磁気記憶装置を内蔵している。

Digital Computer

A digital computer typically consists of a control unit, an arithmetic-logic unit, a memory unit, and input/output units. The arithmetic-logic unit (ALU) performs simple addition, subtraction, multiplication, division, and logic operations, such as OR and AND. **The main computer memory, usually high-speed random-access memory (RAM), stores instructions and data.** The control unit fetches data and instructions from memory and effects the operations of the ALU. The control unit and ALU usually are referred to as a processor, or central processing unit (CPU). The operational speed of the CPU primarily determines the speed of the computer as a whole. **The basic operation of the CPU is analogous to a computation carried out by a person using an arithmetic calculator.** The control unit corresponds to the human brain and the memory to a notebook that stores the program, initial data, and intermediate and final computational results. In the case of an electronic computer, **the CPU and fast memories are realized with transistor circuits.**

I/O units, or devices, **are commonly referred to as computer peripherals** and consist of input units (such as keyboards and optical scanners) for feeding instructions and data into the computer and output units (such as printers and monitors) for displaying results. In addition to RAM, a computer usually contains some slower, but larger and permanent, secondary memory storage. **Almost all computers contain a magnetic storage device known as a hard disk**, as well as a disk drive to read from or write to removable magnetic media known as floppy disks.

全訳 44 デジタル・コンピュータ

　デジタル・コンピュータは主として制御装置、電算論理装置、記憶装置、入力・出力装置で成り立っている。電算論理装置（ALU）は単純な加減乗除やたとえば OR や AND といった論理的作業を行う。コンピュータの主要な記憶装置、それは通常、高速任意アクセス・メモリー（RAM）なのだが、指示とデータを蓄えておく。制御装置はデータと指示を記憶装置から入手してきて、電算論理装置の作業目的を達成する。制御装置と電算論理装置は通常、プロセッサー、あるいは中央電算処理装置（CPU）と呼ばれる。中央電算処理装置の処理速度が、コンピュータ全体の処理速度を主として決定する。中央電算処理装置の基本的作業は、電卓を使う人によって実行される計算と似通ったものである。制御装置が人間の脳に相当し、記憶装置が学習計画や初期データ、中間および最終的な計算結果を書きためておくノートに相当する。電子計算機の場合、中央電算処理装置と高速記憶装置はトランジスター回路によって可能になる。

　入力/出力装置は一般にコンピュータ周辺装置と呼ばれ、指示とデータをコンピュータ内に供給する入力装置（たとえばキーボードやスキャナーなど）と結果を表示する出力装置（たとえばプリンターやモニター画面など）で成り立っている。任意アクセス・メモリー（RAM）に加えて、コンピュータは通例、より速度は遅いがより大型で永久的な2次記憶貯蔵装置を内蔵している。ほぼすべてのコンピュータは、フロッピー・ディスクとして知られている着脱可能な磁気媒体に書き込んだり読み取ったりできるディスク・ドライブはもとより、ハードディスクと呼ばれる磁気記憶装置も内蔵している。

Double-Check —Digital Computer

□ a digital computer 　　[dídʒitəl]	デジタル・コンピュータ
△ digital	形 計数の；デジタル型の （⇔ analog 計量型の）
□ an arithmetic-logic unit 　　[æriθmétik]	電算論理装置
□ high-speed random-access memory 　　　　　　　[rǽndəm]	高速任意アクセス・メモリー
□ analogous to a computation 　　[ənǽləgəs]　　　[kɑ̀mpjutéiʃən]	計算と似通った
△ analogous	形 似ている；類似した；相似の
□ transistor circuit 　　　　　[sə́ːrkit]	トランジスター回路
□ referred to as computer peripherals 　　　　　　　　　　[pərífərəlz]	コンピュータ周辺装置と呼ばれる
▲ refer to … as ～	…を～と呼ぶ
□ a magnetic storage device 　　　　　　[stɔ́ːridʒ]	磁気記憶装置

コンピュータ学

45 Earth Science
Four Seasons

Key Sentences 2-31

1 **Latitudinal variations** in the input of solar energy are due to two factors.
太陽エネルギーの入射の緯度変化は2つの要素から起こる。

2 **The polar axis of the earth** is **tilted at an angle of 23.5° with respect to the ecliptic.**
黄道に対して、極軸は23.5度の角度で傾いている。

3 In **the Northern Hemisphere winter,** no sunlight strikes the area around the North Pole **during a full day's rotation of the earth.**
北半球の冬には、地球が一日に自転する間に太陽光線はまったく北極圏を照らすことがない。

4 **As the seasons shift, the South Polar region** eventually becomes plunged into 24-hour darkness.
季節が変わるにつれて、南極圏はついに24時間の暗黒へと突入する。

5 **Low-latitude regions near the equator undergo little seasonal change** in the duration of daylight.
赤道近くの緯度が低い地域では、日照の持続の季節による違いをほとんど経験することがない。

6 Because of seasonality, more **annual radiation** is received **per unit area** at lower as compared to higher latitudes.
季節の変化の存在によって、高緯度地域に比べ低緯度地域で、一年間により多量の放射を単位面積あたりで受けることになるのだ。

基礎レート

Four Seasons

2-32

Latitudinal variations in the input of solar energy are due to two factors. First, the earth is a sphere, and the angle at which the sun's rays hit its surface varies from 90° (or vertical) near the equator to 0° (or horizontal) near the poles. Less energy is received at the poles because the same amount of radiation is spread out over a much larger area at high latitudes and because at high latitudes the sun's rays must travel through a much greater thickness of atmosphere, where more absorption and reflection occur.

The second factor affecting latitudinal variations in heating is the duration of daylight. Because the polar axis of the earth is tilted at an angle of 23.5° with respect to the ecliptic, we have a progression of seasons where the angle of the sun's rays striking any given point varies over the year. In the Northern Hemisphere winter, no sunlight strikes the area around the North Pole during a full day's rotation of the earth because it is in the earth's shadow. Thus, little or no solar heating occurs in this area at this time. Conversely, at the South Pole there is continual daylight, but at a very low sun angle, during the Northern Hemisphere winter. As the seasons shift, the South Polar region eventually becomes plunged into 24-hour darkness, just as the North Pole had been earlier. Low-latitude regions near the equator, by contrast, undergo little seasonal change in the duration of daylight, whereas intermediate latitudes are subjected to changes intermediate between those of the poles and the equator. Thus, because of seasonality, more annual radiation is received per unit area at lower as compared to higher latitudes.

284語

地球科学

全訳 45 四 季

　太陽エネルギーの入射の緯度変化は2つの要素から起こる。まず第1に、地球は球体であるから、太陽光線が地表に到達する角度は、赤道近くでの90度（つまり垂直）から南・北極近くでの0度（つまり水平）まで様々である。高い緯度でははるかに広大な領域に同じ量の放射が広がるという理由と、高い緯度では太陽光線はより厚い大気の層を通ることになり、その途中で吸収や反射がより起こりやすいという理由で、極圏ではあまりエネルギーが受け取られない。

　熱量の緯度による変化に影響する第2の要素は、日照の持続である。黄道に対して、極軸は23.5度の角度で傾いているから、太陽光線がある地点に到達する角度が一年を通じて変化するという季節の進行を、私たちは経験する。北半球の冬には、北極は地球の陰にあるから、地球が一日に自転する間に太陽光線はまったく北極圏を照らすことがない。だから、この時期この地域では、太陽熱というものがほとんどあるいはまったく発生しないのだ。逆に南極では北極圏が冬の間、絶えることのない日照が続き、しかも非常に入射角が低い。季節が変わるにつれて、ちょうど北極がそうであったのと同じように、南極圏はついに24時間の暗黒へと突入する。対照的に、赤道近くの緯度が低い地域では、日照の持続の季節による違いをほとんど経験することがない。だが、中レベルの緯度の地域では極圏と赤道の中間の変化を受けやすい。このようにして、季節の変化の存在によって、高緯度地域に比べ低緯度地域で、一年間により多量の放射を単位面積あたりで受けることになるのだ。

Double-Check —Four Seasons

☐ latitudinal variations [lætətjúːdənəl]	緯度による変化
☐ the duration of daylight [djuréiʃən]	日照の持続
☐ the polar axis of the earth [póulər][ǽksis]	地球の極軸
☐ tilted at an angle of 23.5° with respect to the ecliptic [tíltid] [iklíptik]	黄道に対して23.5度の角度で傾いている
☐ the Northern Hemisphere winter [hémisfiər]	北半球の冬
☐ during a full day's rotation of the earth [routéiʃən]	地球が一日に自転する間に
☐ as the seasons shift	季節が変わるにつれて
☐ the South Polar region [ríːdʒən]	南極圏
☐ low-latitude regions near the equator [lǽtətjùːd] [ikwéitər]	赤道近くの緯度が低い地域
☐ undergo little seasonal change [síːzənəl]	季節による違いをほとんど経験することがない
☐ annual radiation [ǽnjuəl][rèidiéiʃən]	年間放射量
☐ per unit area [ɛəriə]	単位面積あたりで

地球科学

46 Earth Science
Ocean Water: Salinity

Key Sentences 2-33

1 The average ocean salinity is 35 ppt (35 parts per thousand).

海水の平均塩分濃度は35ppt（千分の35）である。

2 The Black Sea is so diluted by river runoff, its average salinity is only 16 ppt.

黒海は河川流水によって薄められ、その平均塩分濃度はわずか16 pptしかない。

3 Estuaries (where fresh river water meets salty ocean water) are examples of brackish waters.

例えば、河口（河川の淡水が海の塩水と接するところ）は半塩水域である。

4 The process by which water flows through a semi-permeable membrane (a material that lets only some things pass through it) such as the animal's skin from an area of low concentration (lots of water, little salt) to an area of high concentration (little water, lots of salt) is called osmosis.

動物の皮膚などの半透膜(いくつかの限られた物だけを通過させる物質)を通って、水が濃度の低い溶液(多量の水に少量の塩分)から濃度の高い溶液(少量の水に多量の塩分)側に移行する過程は、浸透と呼ばれる。

5 Your kidneys will try to flush the salts out of your body in urine, and in the process pump out more water than you are taking in.

人間の腎臓には塩分を尿によって体外に洗い流そうとする性質があり、この過程で、摂取する以上の水分を汲み出すことになる。

Ocean Water: Salinity

The average ocean salinity is 35 ppt (35 parts per thousand). This number varies between about 32 and 37 ppt. Rainfall, evaporation, river runoff, and ice formation cause the variations. For example, the Black Sea is so diluted by river runoff, its average salinity is only 16 ppt.

Freshwater salinity is usually less than 0.5 ppt. Water between 0.5 ppt and 17 ppt is called brackish. Estuaries (where fresh river water meets salty ocean water) are examples of brackish waters.

Most marine creatures keep the salinity inside their bodies at about the same concentration as the water outside their bodies because water likes a balance. If an animal that usually lives in salt water were placed in fresh water, the fresh water would flow into the animal through its skin. If a fresh water animal found itself in the salty ocean, the water inside of it would rush out. The process by which water flows through a semi-permeable membrane (a material that lets only some things pass through it) such as the animal's skin from an area of low concentration (lots of water, little salt) to an area of high concentration (little water, lots of salt) is called osmosis.

This is also why humans (and nearly all mammals) cannot drink salt water. When you take in those extra salts, your body will need to expel them as quickly as possible. Your kidneys will try to flush the salts out of your body in urine, and in the process pump out more water than you are taking in. Soon you'll be dehydrated and your cells and organs will not be able to function properly.

(提供：The Office of Naval Research's Science and Technology Focus)

全訳 46 海水の塩分濃度

　海水の平均塩分濃度は35ppt（1000分の35）である。この数値はおよそ32から37pptの間で変化する。降雨、蒸発、河川流水、着氷によってこの変動がひきおこされる。例えば黒海は河川流水によって薄められ、その平均塩分濃度はわずか16pptしかない。

　淡水の塩分濃度は、通常0.05ppt以下である。塩分濃度が0.5から17pptの間の水は半塩水と呼ばれる。例えば、河口（河川の淡水が海の塩水と接するところ）は半塩水域である。ほとんどの海洋生物は体内の塩分濃度を体外の海水の濃度とほぼ同じに保っているが、それは水が濃度の平衡を好むからである。もしも通常は塩水中にすむ動物が淡水に移されると、その動物の体内に皮膚を通して淡水が流れ込むであろう。もしも淡水動物がたまたま塩水の海に紛れ込むと、体内の水分が急激に流れ出るだろう。動物の皮膚などの半透膜（いくつかの限られた物だけを通過させる物質）を通って、水が濃度の低い溶液（多量の水に少量の塩分）から濃度の高い溶液（少量の水に多量の塩分）側に移行する過程は、注 浸透と呼ばれる。

　これはまた人間（そしてほぼすべてのほ乳類）が塩水を飲料水とすることができない理由である。余分な塩分を摂取した場合、人体は可能なかぎりすばやくそれらを排出する必要がある。人間の腎臓には塩分を尿によって体外に洗い流そうとする性質があり、この過程で、摂取する以上の水分を汲み出すことになる。人体は、まもなく脱水症状となり、細胞と器官が正しく機能することができなくなる。

注　浸透：濃度の異なる溶液が、半透膜を境に接するとき、溶媒（通常は水）がその膜を通って濃度の高い溶液側に移行する現象。

Double-Check —Ocean Water: Salinity

☐ The average ocean salinity [səlínəti]	海水の平均塩分濃度
☐ diluted by river runoff [dilúːted]	河川流水によって薄められ
△ dilute	他 薄める；弱める
☐ estuaries (where fresh river water meets salty ocean water)	河口（河川の淡水が海の塩水と接するところ）
△ estuary [éstʃuèri]	名 河口
☐ flows through a semi-permeable membrane [pə́ːrmiəbl][mémbrein]	半透膜を通って移行する
△ permeable	形（液体を）通す；透過性のある
☐ osmosis [azmóusis]	浸透；浸透性
☐ flush the salts out of your body in urine	塩分を尿によって体外に洗い流す

地球科学

47 Earth Science

How Rain is Formed ?

Key Sentences 2-35

1 The sun's heat evaporates the water.
太陽熱が水を蒸発させる。

2 It remains in the atmosphere as an invisible vapor until it condenses, first into clouds and then into raindrops.
それ（蒸発した海や河川の水）は、まず雲に、そしてやがて雨滴に凝結するまでは目に見えない蒸気として大気中にとどまる。

3 Convergent lift occurs in cyclonic storms such as tornadoes.
収束性の上昇は、竜巻のような大暴風を伴う嵐の中で発生する。

4 Air whirling toward the center of a cyclone collides with itself and is forced upward.
サイクロン（大暴風雨）の中心へ向かう渦巻状の大気は互いにぶつかり合って、無理やり上へ押し上げられる。

5 For raindrops to form, there must be particulate matter in the air.
雨滴ができるためには、大気中に微粒子状の物質が存在しなければならない。

6 These particles are called condensation nuclei.
これらの微粒子は凝結核と呼ばれている。

7 The precipitation falls as snow.
雨は雪に変わって降ることになる。

🔊 **particulate** [pərtíkjulət] の発音に注意!!

How Rain is Formed ?

The oceans are the chief source of rain, but lakes and rivers also contribute to it. **The sun's heat** evaporates the water. **It remains in the atmosphere as** an invisible vapor **until it** condenses, **first** into clouds **and then into raindrops**. Condensation happens when the air is cooled.

Air cools either through expansion or by coming into contact with a cool object such as a cold landmass or an ice-covered expanse. When air passes over a cold object, it loses heat and its moisture condenses as fog, dew, or frost. Air also cools as it rises and expands. The water vapor in the cooling air condenses to form clouds and, sometimes, rain.

Air rises for several reasons. Convergent lift occurs in cyclonic storms such as tornadoes. **Air whirling toward the center of a cyclone** collides with itself **and is forced upward**. In convective lift, air coming into contact with a warm surface, such as a desert, is heated and becomes more buoyant than the surrounding air. In orographic lift, the air is forced upward as it encounters a cooler, denser body of air or when it meets raised landforms such as mountains.

For raindrops to form, there must be particulate matter **in the air**, such as dust or salt, at temperatures above freezing. **These particles are called** condensation nuclei. When the nuclei are cooled to temperatures below the freezing point, water condenses around them in layers. The particles become so heavy they resist updrafts and fall through the clouds. When the air temperature is at or below freezing all the way to the ground, the precipitation falls as snow.

全訳 47 どうして雨は降るのか？

　海は雨の主要な源であるが、湖や河川も雨のもととなっている。**太陽熱が水を蒸発させる。それは、まず雲に、そしてやがて雨滴に凝結するまでは目に見えない蒸気として大気中にとどまる。**大気の温度が下がるとき、凝結は発生する。

　空気の温度は膨張によって、または、たとえば冷たい陸地や氷に覆われた土地といった冷たい物体に接触することで、下降する。大気が冷たい物体の上を通過すると、熱を失い、その湿気が霧や露や霜となって凝結する。大気はまた上昇したり、膨張すると温度が低下する。温度低下中の空気中にある水蒸気は凝結して雲になったり、時に雨になったりする。

　大気はいくつかの理由で上昇する。**収束性の上昇は、たとえば竜巻のような大暴風を伴う嵐の中で発生する。サイクロン（大暴風雨）の中心へ向かう渦巻状の大気は互いにぶつかり合って、無理やり上へ押し上げ**られる。対流性上昇においては、たとえば砂漠のような暖かな地表と接触する大気は熱され、周りの大気より流動性の高いものとなる。山岳的上昇において、大気はより温度の低い、密度の高い大気団に遭遇したり、山脈などの隆起した陸地に出合うと無理やり持ち上げられる。

　雨滴ができるためには、大気中に埃や塩などの微粒子状の物質が氷点以上の気温で存在しなければならない。これらの微粒子は凝結核と呼ばれている。その核が0度以下に冷やされると、水がその核の周りに層をつくる。その微粒子は非常に重いから、上昇気流に抗して雲の間を落下する。気温が地面までずっと0度、あるいは0度以下であれば、**雨は雪に変わって降ることになる。**

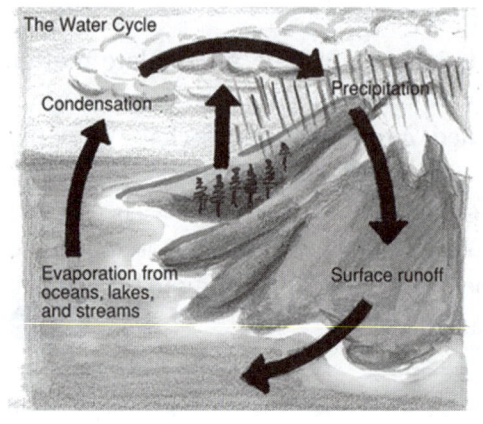

Double-Check —How Rain is Formed ?

☐ evaporate the water [ivǽpərèit]	水を蒸発させる
☐ an invisible vapor [invízəbl] [véipər]	目に見えない蒸気
☐ condense into clouds [kəndéns]	雲に(となって)凝結する
☐ convergent lift [kənvə́:rdʒənt]	収束[集中]性の上昇
△ convergent	形一点に向かう；集中の；収斂（しゅうれん）性の；収束の
☐ cyclonic storms such as tornadoes [saiklánik] [tɔːrnéidouz]	竜巻のような大暴風を伴う嵐
☐ collide with ～ [kəláid]	～にぶつかり合う
☐ particulate matter [pərtíkjulət]	微粒子状の物質
☐ condensation nuclei [kàndenséiʃən] [njúːkliài]	凝結核
☐ precipitation [prisìpətéiʃən]	降雨[降水]（量）

地球科学

48 Earth Science
Arctic Tundra

1 Arctic tundra is located in the northern hemisphere, encircling the north pole and extending south to the coniferous forests of the taiga.
北極ツンドラは北半球に位置しており、北極を取り囲み、南はタイガの針葉樹林地帯まで広がっている。

2 The average summer temperature is 3 to 12° C (37 to 54° F) which enables this biome to sustain life.
夏期平均気温は摂氏3〜12度（華氏37〜54度）あり、この生物群系で生物が棲息することが可能となる。

3 When water saturates the upper surface, bogs and ponds may form, providing moisture for plants.
その表面上層部が水で侵されると、沼や池が形成され、植物に湿り気を供給する。

4 All of the plants are adapted to sweeping winds and disturbances of the soil.
それらの植物はすべて猛烈な風と土壌の変動に適応している。

5 Animals are adapted to handle long, cold winters and to breed and raise young quickly in the summer.
動物は長く寒い冬を切り抜け、夏にすばやく繁殖し子供を育てられるように適応している。

6 Animals such as mammals and birds also have additional insulation from fat.
哺乳類や鳥類などの動物はまた、脂肪によってさらに付加的な寒気遮断力を得ている。

7 Because of constant immigration and emigration, the population continually oscillates.
移動による出入りが絶えないため、棲息動物の数は絶えず変動している。

Arctic Tundra

Arctic tundra is located in the northern hemisphere, encircling the north pole and extending south to the coniferous forests of the taiga. The arctic is known for its cold, desert-like conditions. The growing season ranges from 50 to 60 days. The average winter temperature is $-34°$ C ($-30°$ F), but the average summer temperature is 3 to $12°$ C (37 to $54°$ F) which enables this biome to sustain life. Rainfall may vary in different regions of the arctic. Yearly precipitation, including melting snow, is 15 to 25 cm (6 to 10 inches). Soil is formed slowly. A layer of permanently frozen subsoil called permafrost exists, consisting mostly of gravel and finer material. When water saturates the upper surface, bogs and ponds may form, providing moisture for plants. There are no deep root systems in the vegetation of the arctic tundra; however, there are still a wide variety of plants that are able to resist the cold climate. There are about 1,700 kinds of plants in the arctic and subarctic. All of the plants are adapted to sweeping winds and disturbances of the soil. Plants are short and cluster together to resist the cold temperatures and are protected by the snow during the winter. The fauna in the arctic is also diverse. Animals are adapted to handle long, cold winters and to breed and raise young quickly in the summer. Animals such as mammals and birds also have additional insulation from fat. Many animals hibernate during the winter because food is not abundant. Another alternative is to migrate south in the winter, like birds do. Reptiles and amphibians are few or absent because of the extremely cold temperatures. Because of constant immigration and emigration, the population continually oscillates.

(提供：UCMP/University of California Museum of Paleontology)

全訳 48 北極ツンドラ

　北極ツンドラは北半球に位置しており、**北極を取り囲み、南はタイガの針葉樹林地帯まで広がっている**。北極はその寒さと砂漠に似た状況で知られている。植物成長期間は50〜60日の範囲である。冬期の平均気温は摂氏−34度（華氏−30度）だが、**夏期平均気温は摂氏3〜12度（華氏37〜54度）あり、この生物群系で生物が棲息することが可能となる**。降雨状況は地域によって異なる。年間降雨量は雪解け水を含めて15〜25センチメートル（6〜10インチ）である。土壌の形成は緩慢で、永久凍土層と呼ばれる永久に凍結した下層土の層が存在し、ほとんどが砂利かさらにキメの細かい物質で成り立っている。**その表面上層部が水で侵されると、沼や池が形成され、植物に湿り気を供給する**。北極ツンドラの植物には深くまで根をはるものはないが、それでもこの寒冷気候に耐えられる様々な植物が棲息している。北極および亜北極には約1700種類の植物が自生している。**それらの植物はすべて猛烈な風と土壌の変動に適応している**。これらは低い気温に耐えられるように背が低く群生しており、冬の間は雪によって保護されている。北極では動物相も多様である。**動物は長く寒い冬を切り抜け、夏にすばやく繁殖し子供を育てられるように適応している**。哺乳類や鳥類などの動物はまた、**脂肪によってさらに付加的な寒気遮断力を得ている**。餌は豊富ではないから、多くの動物は冬眠する。もうひとつの選択肢は、鳥がそうするように、冬に南へ渡ることである。極度の寒さのため、爬虫類や両生類はほとんどあるいはまったく棲息していない。**移動による出入りが絶えないため、棲息動物の数は絶えず変動している**。

Double-Check —Arctic Tundra

□ Arctic tundra	北極ツンドラ
□ encircling the north pole	北極を取り囲み
□ extend south to the coniferous forests	南はタイガの針葉樹林地帯まで広がっている
□ enable this biome to sustain life	この生物群系で生物が棲息することが可能となる
□ water saturates the upper surface	表面上層部を水が満たすと
△ saturate	他浸す；満たす
□ bogs and ponds form	沼や池が形成される
□ be adapted to sweeping winds	猛烈な風に適応している
□ disturbances of the soil	土壌の変動
□ handle long, cold winters	長く寒い冬を切り抜ける
△ handle	他対処する；切り抜ける；処理する
□ breed and raise young quickly	すばやく繁殖し子供を育てる
□ have additional insulation from fat	脂肪によりさらに付加的な寒気遮断力を得ている
□ the population continually oscillates	生息数は絶えず変動している
△ oscillate	自他振動する(させる)；上下する(させる)

地球科学

49 Ecology

An Unintended Consequence

1 Scientists have discovered a disturbing unintended consequence of genetic engineering.
科学者たちは**遺伝子工学**の憂慮すべき、**意図していなかった結果**を発見した。

2 Monarchs are not an endangered species.
皇帝アゲハは**絶滅危惧種**ではない。

3 The genetically engineered corn might be killing other insects and doing other unseen damage to the food chain.
遺伝子工学によってつくられたトウモロコシは他の昆虫を殺し、**食物連鎖に見えない別の損害を与えている**かもしれない。

4 The corn is genetically engineered to produce a natural pesticide that kills the corn-destroying European corn borer.
そのトウモロコシは、トウモロコシを駄目にしてしまうヨーロッパ穴あけ虫を殺す**天然の殺虫剤**を生み出すように**遺伝子的に操作されている**。

5 Bt corn has been touted by the industry as a way to fight a major pest without using chemicals.
ビーティ・トウモロコシは、化学肥料を使わずに主要な害虫と戦う方法として**業界側によってほめちぎられている**。

An Unintended Consequence

Scientists have discovered a disturbing unintended consequence of genetic engineering: Pollen from a widely planted, laboratory-designed strain of corn can kill monarch butterflies.

Monarch caterpillars eating milkweed leaves dusted with pollen from the altered corn plants ate less, grew more slowly and died more quickly. After four days, 44 percent of them had died versus none of the caterpillars that did not feed on the pollen.

Monarchs are not an endangered species, but environmentalists fear that if the genetically engineered corn is killing the orange-and-black butterflies, **it might be killing other insects and** doing other unseen damage to the food chain.

The strain is called Bt corn and is manufactured by major agricultural companies. **The corn is** genetically engineered **to produce** a natural pesticide **that kills the corn-destroying European corn borer.**

It was approved in the U.S. by the Food and Drug Administration and hit the market in 1996. It accounted for more than 25 percent of the 40 million hectares of corn planted in the U.S. in 1998.

Bt corn has been touted by the industry **as a way to fight a major pest without using chemicals.**

Q The phrase "accounted for" in paragraph 5 is closest in meaning to
(A) occupied (B) endangered (C) explained (D) altered

全訳 49 意図していなかった結果

　科学者たちは遺伝子工学の憂慮すべき、意図していなかった結果を発見した。それは広く栽培されている研究室でつくられた系統のトウモロコシが、皇帝アゲハを殺してしまう可能性があるということだ。

　変種のトウモロコシからの花粉が降りかかったトウワタの葉を食べる皇帝アゲハの幼虫は、あまり食物を食べず、成長もより遅く、より早く死んでしまった。4日後、その44％は死亡したが一方、その花粉を餌としなかった幼虫は一匹も死ななかった。

　皇帝アゲハは絶滅危惧種ではないが、環境保護論者たちは、もし遺伝子工学によってつくられたトウモロコシが黄黒アゲハを殺しているのであれば、それは他の昆虫を殺し、食物連鎖に見えない別の損害を与えているかもしれない。

　その系統はビーティ・トウモロコシと呼ばれ、大手の農業生産会社で生産されている。そのトウモロコシは、トウモロコシを駄目にしてしまうヨーロッパ穴あけ虫を殺す天然の殺虫剤を生み出すように遺伝子的に操作されている。

　このトウモロコシは米国ではFDA（米国食品薬品局）によって認可され、1996年に市場に出回った。それは1998年に合衆国で植えられた4,000万ヘクタールにわたるトウモロコシの25％以上を占めた。

　ビーティ・トウモロコシは、化学肥料を使わずに主要な害虫と戦う方法として業界側によってほめちぎられている。

Double-Check —An Unintended Consequence

□ unintended consequence [kánsəkwèns]	意図していなかった結果
□ genetic engineering [dʒənétik] [èndʒiníəriŋ]	遺伝子工学
□ an endangered species [indéindʒərd]	絶滅危惧種；絶滅寸前の動・植物
□ do unseen damage [dǽmidʒ]	見えない損害を与える
□ food chain [tʃéin]	食物連鎖《生物が群集内で互いに捕食者・被食者の関係によって連鎖的につながっていること》
□ genetically engineered [èndʒiníərd]	遺伝子的に操作される
△ engineer	他(巧みに)処理する；加工する；たくらむ
□ a natural pesticide [péstəsàid]	天然の殺虫剤
△ pesticide	名殺虫剤；農薬 (=insecticide)
□ touted by the industry [táutid] [índəstri]	業界側によってほめちぎられる

生態学

50 Ecology

Conservation

Key Sentences
2-41

1 In the 1980s a number of wildlife biologists and conservation groups fostered a movement to restore the gray wolf to Yellowstone National Park.

1980年代に、多数の野生生物学者や自然保護団体が、イエローストーン国立公園に灰色狼を復活させる運動を促進した。

---

2 Hunters would often poison the carcass of a downed elk in an attempt to decrease the wild canine population.

狩猟家たちは、この犬科の野生動物の数を減らそうとして、打ち倒されたヘラジカの死体にしばしば毒を塗ったものだった。

---

3 A bounty was placed on wolves by the government.

政府によって狼に賞金がかけられた。

---

4 The animals would decimate area livestock.

その動物(狼)がその地域の家畜を殺してしまうであろう。

---

5 The wolves made a dramatic and beneficial impact on wildlife biodiversity in Yellowstone.

狼は、イエローストーンの野生動物の生物的多様性に劇的で有益な影響を与えたのである。

---

6 Coyotes had been the top predators in the ecosystem.

コヨーテは、そこの生態系中の第一の捕食動物であった。

---

7 The decreased coyote population was a boon for rodent species.

コヨーテの数の減少は、げっ歯類(動物)にとってはひとつの恩恵であった。

Conservation

In the 1980s a number of wildlife biologists and conservation groups fostered a movement to restore the gray wolf to Yellowstone National Park. In the late 19th century, wolves were considered a nuisance by park visitors; hunters would often poison the carcass of a downed elk in an attempt to decrease the wild canine population. A bounty was placed on wolves by the government, and by the 1920s the population was eliminated. The reintroduction program was strongly protested by local ranchers, who claimed that the animals would decimate area livestock. Despite the protests, the wolf restoration program began in 1995 with the release of 33 Canadian wolves into the park.

The wolf population thrived in their new home, with the population at the end of 1997 numbering approximately 97 and continuing to grow. In only two years after the wolves were transported from Canada to the Wyoming park, they reduced the Yellowstone coyote population by almost 50 percent. In doing so, the wolves made a dramatic and beneficial impact on wildlife biodiversity in Yellowstone. In the absence of the wolves, coyotes had been the top predators in the ecosystem, at the top of the local food chain, along with grizzly bears. Their population had grown large but remained extremely stable. Part of the reason for the coyotes decline after the wolves were reintroduced may be territorial shifts —— some of the coyotes may have simply moved out of Yellowstone. But the main reason for the downsized coyote population was probably death at the jaws of the wolves. The decreased coyote population was a boon for rodent species, such as ground squirrels, voles, and pocket gophers, which constituted most of the coyote diet.

全訳 50 自然保護

　1980年代に、多数の野生生物学者や自然保護団体が、イエローストーン国立公園に灰色狼を復活させる運動を促進した。19世紀後半においては、狼は公園を訪れる人々によって厄介者とみなされていた。そして狩猟家たちはこの犬科の野生動物の数を減らそうとして、打ち倒されたヘラジカの死体にしばしば毒を塗ったものだった。政府によって狼に賞金がかけられ、1920年代までにその群れは除去されてしまった。狼の再導入計画は、地元の牧場主たちによって強硬に反対された。そして彼らは、狼がその地域の家畜を殺してしまうであろうと主張した。そのような抗議にもかかわらず、狼の再導入計画は33頭のカナダ狼を公園内に放つことで1995年に開始された。

　狼の数は新しい生息地で増え、1997年末にはおよそ97頭を数え、そして増えつづけた。狼がカナダからワイオミングの公園内に運び込まれてからほんの2年間に、狼のおかげでコヨーテの数が約半分にまで減った。そうすることで、狼はイエローストーンの野生動物の生物的多様性に劇的で有益な影響を与えたのである。狼が不在の間、コヨーテはそこの生態系中の第一の捕食動物であり、グリズリー・ベアとともに地元の食物連鎖の先頭に位置していた。コヨーテの数は増加し、しかも非常に安定していた。狼が再導入されて以降のコヨーテ減少の理由は、おそらくすみかの変更、つまりコヨーテのうちのいくらかがイエローストーンから単に引っ越してしまったのかもしれない。しかしコヨーテの数が減少した主な理由は、おそらく狼にかみ殺されたからであろう。コヨーテの数の減少は、たとえばグランド・スクリルやハタネズミ、ジネズミといったコヨーテの餌の大部分を構成していたげっ歯類（動物）にとってはひとつの恩恵であったのだ。

Gray Wolf Licking Its Lips

Double-Check —Conservation

□ wildlife biologists [wáildlàif][baiálədʒists]	野生生物学者
□ conservation groups [kànsərvéiʃən]	自然保護団体
□ foster a movement [fɔ́:stər]	運動を促進する
□ restore the gray wolf [ristɔ́:r]	灰色狼を復活させる
□ the carcass of a downed elk [ká:rkəs] [élk]	打ち倒されたヘラジカの死体
□ wild canine population [kéinain][pàpjuléiʃən]	犬科の野生動物の数・固体数
□ a bounty is placed on ~ [báunti]	~に賞金がかけられる
□ The population was eliminated. [ilímənèitid]	その群れが除去されてしまった。
□ the reintroduction program [rí:intrədʌ́kʃən]	再導入計画
□ decimate area livestock [désəmèit] [láivstàk]	地域の家畜を殺してしまう
□ make a beneficial impact on ~ [bènəfíʃəl]	~に有益な影響を与える
□ wildlife biodiversity [bàioudivə́:rsəti]	野生動物の生物的多様性
□ the top predators in the ecosystem [prédətərz]	生態系中の第一の捕食動物
□ a boon for rodent species [bú:n] [róudnt]	げっ歯類(動物)にとってのひとつの恩恵

生態学

51 Optics

Electron Microscopes

Key Sentences 2-43

1 The electron microscope is so named because it directs a beam of electrons rather than light through a specimen.
電子顕微鏡は、光よりもむしろ電子光線を標本の中へ通すから、そのように命名されている。

---

2 This beam then travels through the length of the microscope cylinder, which houses the lenses, the specimen chamber, and the image-recording system.
この光線は、次に顕微鏡の円筒を縦に通り抜ける。そして、この円筒内にはレンズ、標本室、画像記録装置が内蔵されている。

---

3 The column and specimen chamber of the electron microscope are evacuated by pumps.
電子顕微鏡の円筒と標本室は、ポンプによってからっぽにされる。

---

4 Living specimens cannot be examined with an electron microscope, since they will not survive in a vacuum.
生きた標本は真空の中では生き延びられないので、電子顕微鏡では調べられない。

---

5 In the optical microscope the image is determined by absorption of light by the specimen.
光学顕微鏡では、画像は標本による光の吸収度で決定される。

---

6 The electron microscope, with its tremendous resolving power, can magnify specimens over 50,000 times.
電子顕微鏡には驚くべき解像能力があるから、標本を5万倍以上に拡大することができる。

Electron Microscopes

The electron microscope is so named because it directs a beam of electrons rather than light through a specimen. The beam of electrons is created in a hot tungsten filament in an electron gun. This beam then travels through the length of the microscope cylinder, which houses the lenses, the specimen chamber, and the image-recording system. Two types of electron lenses are used, electrostatic and electromagnetic. They create electric and electromagnetic fields to both concentrate and move the beam.

The electron microscope requires that the electron beam be in a vacuum, because electrons cannot travel far in air at atmospheric pressure. The column and specimen chamber of the electron microscope are evacuated by pumps. Living specimens cannot be examined with an electron microscope, since they will not survive in a vacuum. The magnification in magnetic electron microscopes is determined by the strength of the current passing through the electric and electromagnetic lens coils. The image is focused by changing the current through the objective lens coil. In the optical microscope the image is determined by absorption of light by the specimen; in the electron microscope the image results from a scattering of electrons by atoms of the specimen. Since an atom with a high atomic number scatters electrons more than does a light atom, it appears darker. As the beam passes through a specimen, each tiny variation in the structure of the specimen causes a variation in the electron stream. The image produced is then projected onto a fluorescent screen or recorded on film. The electron microscope, with its tremendous resolving power, can magnify specimens over $50,000$ times.

全訳 51 電子顕微鏡

　電子顕微鏡は、光よりもむしろ電子光線を標本の中へ通すから、そのように命名されている。電子光線は電子銃の高熱タングステン・フィラメントでつくり出される。この光線は、次に顕微鏡の円筒を縦に通り抜ける。そしてこの円筒内にはレンズ、標本室、画像記録装置が内蔵されている。2つのタイプのレンズ、つまり静電型と電磁型がある。これらのレンズは電子光線を集中させることと動かすことの両方を行うために、電気界と電磁界をつくり出す。

　電子顕微鏡は、電子光線が真空中にあることを必要とするが、それは電子は大気圧のせいで空気中ではあまり遠くまで進んでいくことができないからだ。電子顕微鏡の円筒と標本室は、ポンプによってからっぽにされる。生きた標本は真空の中では生き延びられないので、電子顕微鏡では調べられない。電磁型電子顕微鏡の光学倍率は、電子および電磁レンズ・コイルを通り抜ける電流の強さによって決まる。画像は、対物レンズ・コイルを通る電流を変えることで焦点を合わせられる。光学顕微鏡では、画像は標本による光の吸収度で決定される。電子顕微鏡では、画像は標本の原子によって電子が拡散される結果として生じてくる。高い原子番号を持った原子は、軽い原子が行うよりも大幅に電子を散乱させるので、より暗く見える。電子光線が標本の中を通り抜けると、その標本の内部構造が持つ各々の違いによって電子の流れに変化が起こる。生み出される画像は蛍光画面に映し出されるか、フィルムに記録される。電子顕微鏡には驚くべき解像能力があるから、標本を5万倍以上に拡大することができる。

Double-Check —Electron Microscopes

光学

□ electron microscope [iléktrɑn][máikrəskòup]	電子顕微鏡
□ direct a beam of electron	電子光線を通す
□ through a specimen [spésəmən]	標本の中へ
□ the microscope cylinder [sílindər]	顕微鏡の円筒（シリンダー）
□ house the lenses [háuz]	レンズを内蔵する
△ house	囮収容する；場所を提供する；場所に収める
□ atmospheric pressure [ætməsférik]	大気圧
□ evacuated by pumps [ivǽkjuèitid]	ポンプによってからっぽにされる
□ survive in a vacuum [vǽkjuəm]	真空の中で生き延びる
□ the optical microscope [ɑ́ptikəl]	光学顕微鏡
□ absorption of light by the specimen [æbsɔ́ːrpʃən]	標本による光の吸収度
□ tremendous resolving power [triméndəs]	驚くべき解像能力
□ magnify specimens [mǽgnəfài]	標本を拡大する

52 Printing
Offset Printing

Key Sentences 2-45

1 Offset printing (also called offset lithography) has replaced letterpress and intaglio methods almost entirely for commercial work.

オフセット印刷(オフセット石版印刷とも呼ばれる)は商業用としてほぼ全面的に、凸版印刷や凹版印刷にとって代わった。

2 As the inked blanket cylinder rotates, it deposits the image onto the paper.

インクの付いた印刷ブランケット・シリンダーが回転するにつれて、画像が紙の上に印刷される。

3 Offset does not depend on raised or etched surfaces to transfer images.

オフセット印刷は画像を移し替える(印刷する)ために、版の表面を隆起させたり版の表面に刻みを付けたりすることに依存することはない。

4 The offset plate is chemically treated so that the area to which the ink is transferred retains the greasy ink and repels water.

オフセット印刷用の原版には化学的な処理が施されている。その結果、インクが移し替えられる領域は油性インクを保持しており、水をはじく。

5 Since there is no type to wear out, an offset plate can make a large number of impressions.

磨耗性の活字が存在しないので、オフセット印刷原版によって多数の印刷部数が可能となる。

Offset Printing

In the past few decades, offset printing (also called offset lithography) has replaced letterpress and intaglio methods almost entirely for commercial work. The name offset refers to the fact that the printing plates do not come into direct contact with the paper. Instead, the inked printing plates (which are attached to a cylinder) transfer, or offset, the image to a rubber blanket covering another cylinder. As the inked blanket cylinder rotates, it deposits the image onto the paper, which is fed from another set of rollers.

The offset technique was made possible at the beginning of the 20th century after the development of certain photographic processes and the rotary webfed press. Offset printing plates are usually made of steel, aluminum, or a chrome-copper alloy.

Unlike letterpress or intaglio printing, offset does not depend on raised or etched surfaces to transfer images. Instead it relies on the fact that grease and water do not mix. As the plate cylinder rotates, the plate passes first under water-soaked damping rollers and then under inking rollers that carry a grease-based ink. The offset plate is chemically treated so that the area to which the ink is transferred retains the greasy ink and repels water. The rest of the plate retains water and repels ink. As the cylinder continues to rotate, the plate presses against the rubber blanket, which accepts ink from the plate and transfers it to the paper. Since there is no type to wear out, an offset plate can make a large number of impressions. Offset presses can be designed to print both sides of the paper at once and to reproduce images with one or more colors.

全訳 52 オフセット印刷

　この20〜30年の間に、**オフセット印刷（オフセット石版印刷とも呼ばれる）は商業用としてほぼ全面的に、凸版印刷や凹版印刷にとって代わ**った。オフセットという名称は、印刷原版が直接に紙面と接触しないという事実のことを言っている。その代わり、インクの付いた印刷原版（これは円柱面にとりつけられている）が、別の円柱面を覆っているゴム製印刷ブランケットに画像を移し替え、つまり、オフセット刷りにする。**インクの付いた印刷ブランケット・シリンダーが回転するにつれて、画像が別のローラー装置から給紙される紙の上に印刷される。**

　オフセット印刷の技術は、ある種の写真製版法やロータリー式輪転印刷機の開発の後、20世紀の初頭に可能になった。オフセット印刷原版はたいてい鉄、アルミニウム、またはクロムと銅の合金でできている。

　凸版あるいは凹版印刷と違って、**オフセット印刷は画像を移し替える(印刷する)ために、版の表面を隆起させたり版の表面に刻みを付けたりすることに依存することはない**。その代わり、オフセット印刷は油と水は混じり合わないという事実に依存する。印刷原版の円柱面が回転すると、原版はまず水に浸った湿ったローラーの下を通り、次に油脂を基にしたインクの付いたローラーの下を通過する。**オフセット印刷用の原版には化学的な処理が施されている。その結果、インクが移し替えられる領域は油性インクを保持しており、水をはじく**。原版のほかの残りの部分は水を保持し、インクをはじく。円柱面が回転を続けると、原版はゴム製印刷ブランケットに押し付けられ、そしてブランケットは原版からインク部分を受け入れ、それを紙面に印字する。**磨耗性の活字が存在しないので、オフセット印刷原版によって多数の印刷部数が可能となる**。オフセット印刷機は同時に両面印刷をしたり、単色または多色での画像印刷ができるように工夫されている。

Double-Check —Offset Printing

☐ offset printing [ɔ́:fsèt]	オフセット印刷
☐ lithography [liθɑ́grəfi]	图石版印刷
☐ intaglio methods [intǽljou]	凹版印刷
☐ cylinder rotates [róuteits]	シリンダーが回転する
☐ deposit the image [dipázit]	画像を定着させる（印刷する）
△ deposit	他(正確に)置く；おろす
☐ etch surfaces [étʃ] [sə́:rfisiz]	表面に刻みを付ける
☐ transfer images [trænsfə́:r]	画像を移し替える
☐ chemically treated [kémikəli]	化学的な処理が施されている
☐ repel water [ripél]	水をはじく
△ repel	他追い返す；はじく；通さない
☐ make a large number of impressions [impréʃənz]	多数の印刷をする

印刷

53 Geology

What are Oil and Gas?

Key Sentences 2-47

1 Oil and gas are primarily mixtures of compounds of carbon and hydrogen, known as hydrocarbons.

石油と(天然)ガスは、炭素と水素の化合物が主に混じり合ったものであり、炭化水素として知られている。

2 A natural cycle begins with deposits of plant and animal remains and fine sediment.

自然循環は、動植物の死がいや粒子の細かな堆積物の堆積で始まる。

3 Any hydrocarbons remaining on the surface are soon oxidized by bacteria.

表面に残っているどんな炭化水素も、すぐにバクテリアによって酸化される。

4 Oil and gas may be trapped underneath curved layers of rock called anticlines, or by faults in the rock.

石油や(天然)ガスは、アンチクラインと呼ばれる湾曲岩層の下部に、あるいは岩石の断層によって閉じ込められるかもしれない。

5 The term reservoir can be misleading, giving people the impression of large subterranean lakes full of oil.

貯蔵層という用語は、地下にある石油でいっぱいの大きな湖という印象を人々に与え、誤解を招く可能性がある。

6 Oil and gas are trapped within porous sedimentary rocks.

石油と(天然)ガスは通水性のある堆積岩の中に閉じ込められる。

What are Oil and Gas?

Oil and gas are primarily mixtures of compounds of carbon and hydrogen, known as hydrocarbons. They are formed as part of a natural cycle which begins with deposits of plant and animal remains and fine sediment. Trapped over millions of years, often deep beneath the ocean, this organic matter is transformed by the combined effect of temperature and pressure into oil and natural gas.

The formation of oil and gas deposits, or reservoirs, occurs when these hydrocarbons migrate upward through the rock layers towards the surface. These hydrocarbons often escape to the surface where they may form natural oil seeps or, in the case of gas, simply dissipate. Any hydrocarbons remaining on the surface are soon oxidized by bacteria. Sometimes oil and gas are trapped in deep underground structures which prevent them reaching the surface. They may be trapped underneath curved layers of rock called anticlines, or by faults in the rock. Faults occur when layers of rock split and move, such as in an earthquake or during normal seismic events. The term reservoir can be misleading, giving people the impression of large subterranean lakes full of oil. In fact, oil and gas are trapped within porous sedimentary rocks such as sandstone or shale and may occupy as little as five per cent of the rock volume.

cycleは意外に聴きとれないことがあるから注意!!

全訳 53 石油と天然ガス

　石油と(天然)ガスは、炭素と水素の化合物が主に混じり合ったものであり、炭化水素として知られている。それらは動植物の死がいや粒子の細かな堆積物の堆積で始まる自然循環の一部として形成される。何百万年にもわたってしばしば海の奥底に閉じ込められるから、このような有機体は気温と圧力の相乗効果によって石油と天然ガスに変化する。

　石油や(天然)ガスの層、つまり貯蔵層の形成は、これらの炭化水素が岩石の層を通り抜けて表面に出てくるときに起こる。これらの炭化水素はしばしば表面にわき出てきて、そこで天然の石油だまりを形成したり、天然ガスの場合は単に揮発してしまう。表面に残っているどんな炭化水素も、すぐにバクテリアによって酸化される。時おり、石油や(天然)ガスが、地表に出てくるのを妨げる深部の地下構造に閉じ込められることがある。石油や(天然)ガスは、アンチクラインと呼ばれる湾曲岩層の下部に、あるいは岩石の断層によって閉じ込められるかもしれない。断層はたとえば、地震や通常の地震活動におけるように、岩層が割れたり動いたりするときに発生する。貯蔵層という用語は、地下にある石油でいっぱいの大きな湖という印象を人々に与え、誤解を招く可能性がある。実際、石油と天然ガスはたとえば砂岩やけつ岩といった通水性のある堆積岩の中に閉じ込められる。そして岩石の体積の5％ほどしか占めないだろう。

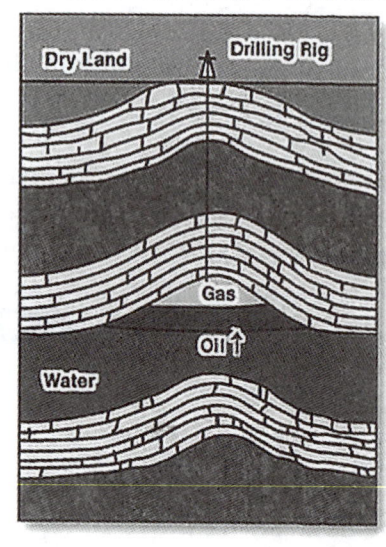

Double-Check —What are Oil and Gas?

☐ compounds of carbon and hydrogen 　　　　　　　[káːrbən]　　[háidrədʒən]	炭素と水素の化合物
☐ hydrocarbon 　[hàidroukáːrbən]	炭化水素
☐ deposits of plant and animal remains 　　　　　　　　　　　　　　[riméinz]	動植物の死がいの堆積
☐ fine sediment 　　　[sédəmənt]	粒子の細かな堆積物
☐ organic matter 　[ɔːrgǽnik]	有機体
☐ oxidized by bacteria 　[áksədàizd]　[bæktíəriə]	バクテリアによって酸化される
☐ curved layers of rock 　　　　　[léiərz]	湾曲岩層
☐ faults in the rock 　[fɔ́ːlts]	岩石の断層
☐ seismic events 　[sáizmik]	地震活動
☐ reservoir 　[rézərvwὰːr]	名 貯蔵層
☐ misleading 　[mìslíːdiŋ]	形 誤解を招く(可能性がある)
☐ subterranean lakes 　[sÀbtəréiniən]	地下にある湖
☐ porous sedimentary rocks 　[pɔ́ːrəs]　[sèdəméntəri]	通水性のある堆積岩
△ porous	形 小穴の多い；浸透性の

地質学

54 Geology
Convergent Boundaries

Key Sentences 2-49

1 Plates collide head-on along their convergent boundaries.
プレートはその収斂(しゅうれん)境界に沿って正面衝突する。

2 A profusion of geologic activities is associated with a plate collision.
おびただしい数の地殻活動は、プレートの衝突と関連している。

3 The edge of the overriding plate is crumpled and uplifted to form a mountain chain roughly parallel to the trench.
重なり合ったプレートのふちは捻じ曲げられそして押し上げられて、海溝とほぼ平行する山脈を形成する。

4 Materials may be scraped off the descending slab and incorporated into the adjacent mountains.
下方にもぐり込む岩盤から様々な物質がはぎとられ、隣接する山脈と合体する。

5 Magma formed where plates sink into the mantle floats upward, and can reach the surface and erupt from volcanoes.
プレートがマントルの中に沈み込む地点で形成されるマグマは、浮き出てきて地表に達し、火山から噴火する可能性もある。

6 Divergent zones are sources of new lithosphere.
分岐帯が新しい岩石圏の源である。

高速レート

Convergent Boundaries

2-50

Because the plates cover the globe, if they separate in one place, they must converge somewhere else; and they do. Plates collide head-on along their convergent boundaries.

A profusion of geologic activities is associated with a plate collision. One plate sinks beneath the other, a process called subduction. Ocean lithosphere thus descends into the asthenosphere. This downbuckling produces a long, narrow deep-sea trench (about 100km wide), where the ocean floor reaches its greatest depths (about 10 km below sea level). The edge of the overriding plate is crumpled and uplifted to form a mountain chain roughly parallel to the trench. The enormous forces of collision and subduction produce great earthquakes. Materials may be scraped off the descending slab and incorporated into the adjacent mountains. Imagine yourself as a geologist attempting to figure out the meaning of such tangled evidence. Furthermore, during subduction, parts of the descending plate may begin to melt. Magma formed where plates sink into the mantle floats upward, and can reach the surface and erupt from volcanoes.

Recall that divergent zones are sources of new lithosphere. Subduction zones at boundaries of convergence are sinks in which lithosphere is consumed by being returned to the mantle.

198語

地質学

意味はまだしも、**lithosphere**（岩石圏）や**asthenosphere**（岩流圏）の発音は聴き慣れておこう。

全訳 54 収斂境界

　プレート岩盤は地球の表面をおおっているから、ある場所でプレートが分裂すれば、どこか他の場所で当然収束しなければならない。**プレートはその収斂（しゅうれん）境界に沿って正面衝突する。**

　おびただしい数の地殻活動は、プレートの衝突と関連している。一方のプレートは残りのプレートの下側にもぐり込む、つまりそれは沈み込みと呼ばれる過程である。このようにして海洋岩石圏は岩流圏へ沈み込んでいく。このような下方屈曲（まき込み）は長く狭い海溝（幅約100キロメートル）をつくり出している。そして、そこで海底は最大の深度（海面下約10キロ）に達する。**重なり合ったプレートのふちは捩じ曲げられそして押し上げられて、海溝とほぼ平行する山脈を形成する。**衝突と沈み込みの巨大な圧力は大きな地震を引き起こす。**下方にもぐり込む岩盤から様々な物質がはぎとられ、隣接する山脈と合体する。**そのような込み入った証拠の意味を解き明かそうとする地質学者の立場は、どんなものだろうか。さらに沈み込みの最中に、下方へもぐり込むプレートのいくつかの部分は溶け始めるだろう。**プレートがマントルの中に沈み込む**地点で形成されるマグマは、浮き出てきて地表に達し、**火山から噴火する**可能性もある。

　分岐帯が新しい岩石圏の源であることを忘れてはならない。収斂境界の沈み込み帯は、マントルにもどることで岩石圏が消滅してしまうくぼ地である。

Double-Check —Convergent Boundaries

☐ Plates collide head-on. 　　　[kəláid]	プレートは正面衝突する。
☐ convergent boundaries 　[kənvə́ːrdʒənt][báundəriz]	収斂(しゅうれん)境界
☐ a profusion of geologic activities 　　[prəfjúːʒən]　　[dʒìːəládʒik]	おびただしい数の地殻活動
☐ the overriding plate 　　[òuvərráidiŋ]	重なり合ったプレート
☐ crumple 　[krʌ́mpl]	他捻じ曲げる
☐ uplift	他隆起させる；持ち上げる；押し上げる
☐ parallel to the trench 　　　　　　　[tréntʃ]	海溝と平行している
☐ incorporated into the adjacent mountains 　[inkɔ́ːrpərèitid]　　　　[ədʒéisnt]	隣接する山脈と合体される
△ incorporate	他包含する；合体する；組み入れる
☐ Plates sink into the mantle. 　　　　　　　　[mǽntl]	プレートはマントルの中に沈み込む。
☐ erupt from volcanoes 　[irʌ́pt]	火山から噴火する
☐ divergent zone 　[divə́ːrdʒənt]	分岐帯
△ divergent	形分かれ出る；分岐する（⇔ convergent）

地質学

55 Geology

Energy and Resources

Key Sentences 2-51

1 The earth's crust consists of a relatively thin layer of rock lying above the mantle, a region of high temperatures and pressures.
　地殻は高温高圧の部分であるマントルの上方にある比較的薄い岩の層で成り立っている。

2 Geologists call the rate of increase the "geothermal gradient," and measure it in degrees per unit of depth.
　地質学者はその増加の割合を「地熱勾配」と呼び、深さの単位で度数を測定する。

3 Geothermal energy schemes go back thousands of years.
　地熱エネルギー利用計画は何千年も前にさかのぼる。

4 Such reservoirs occur in permeable rocks, most commonly in seismically active regions.
　このような(天然の)貯水池は浸透性のある岩石層に分布し、地震活動の激しい地域に最もありがちである。

5 The first generator driven by geothermal steam began operating in Italy in 1904.
　地熱蒸気によって動かされる最初の発電機は、1904年にイタリアで操業を開始した。

6 Decaying radioactive elements give the rocks extra heat.
　崩壊する放射性元素が、岩石層にさらに付加的な熱を与えている。

Energy and Resources

The earth's crust consists of a relatively thin layer of rock lying above the mantle, a region of high temperatures and pressures. Geologists call the rate of increase the "geothermal gradient," and measure it in degrees per unit of depth.

The geothermal gradient varies from place to place, but it is usually higher in crust beneath the sea than in thicker continental crust. Engineers can exploit the heat wherever they can reach it.

Geothermal energy schemes go back thousands of years. Reservoirs of hot water can lie close to the surface where local geological conditions allow. Such reservoirs occur in permeable rocks, most commonly in seismically active regions. These are often close to the boundaries of crustal plates, for example in Iceland, New Zealand and Italy. Converting the energy to electricity is also not a new idea. The first generator driven by geothermal steam began operating in Italy in 1904. Today, geothermal power plants around the world have a capacity of more than two thousand megawatts. Together with geothermal projects that supply only warmth for space heating rather than electricity generation, this adds up to at least 10,000 MW of geothermal energy already in use. Engineers could extract more of this heat if they could find ways to drill economically through impermeable rock to depths at which temperatures are high enough. In a development project run by Britain's Central Electricity Generating Board in Cornwall in South-West England, the geothermal gradient is normal, but decaying radioactive elements give the rocks extra heat.

全訳 55 エネルギーと資源

　地殻は高温高圧の部分であるマントルの上方にある薄い岩石の層で成り立っている。地質学者はその増加の割合を「地熱勾配」と呼び、深さの単位で度数を測定する。

　地熱勾配は場所によって変わるが、より厚めの大陸地殻におけるよりも、海中にある地殻において通常高めである。技術者はそれに手の届く限り、どんな場所でも地熱を利用することができる。

　地熱エネルギー利用計画は何千年も前にさかのぼる。温泉は付近の地質状況が許す地表近くにある可能性が高い。このような(天然の)貯水池は浸透性のある岩石層に分布し、地震活動の激しい地域に最もありがちである。これらは、たとえばアイスランド、ニュージーランド、イタリアのような地殻プレートの境界線上に近い場所にあることが多い。そのエネルギーを電気に変換することもまた、新しいアイデアではない。地熱蒸気によって動かされる最初の発電機は、1904年にイタリアで操業を開始した。今日、世界中の地熱発電所は2,000メガワットを超える発電能力を有している。発電というよりもむしろ暖房のための熱だけを供給する地熱エネルギー利用計画を加えると、合計で少なくとも10,000メガワットの地熱エネルギーがすでに利用されていることになる。もし技術者が温度の十分に高い深さまで非浸透性の岩石層を安価に掘削する方法を見つけることができれば、この地熱をより多くを抽出することができるだろう。イギリスの南西部にあるコーンウォールの英国発電委員会によって運営されている開発計画では、地熱勾配は普通のレベルだが、崩壊する放射性元素が、岩石層にさらに付加的な熱を与えている。

Double-Check —Energy and Resources

☐ the earth's crust [krʌ́st]	地殻
☐ thin layer [θín]	薄い層
☐ rock lying above the mantle [mǽntl]	マントルの上方にある岩
☐ geothermal gradient [dʒìəθə́ːrməl] [gréidiənt]	地熱勾配《地下の温度の上昇の度合い》
☐ per unit of depth [dépθ]	深さの単位で
☐ geothermal energy schemes [skíːmz]	地熱エネルギー利用計画
☐ occur [əkə́ːr]	自 分布する；棲息する
☐ permeable rocks [pə́ːrmiəbl]	浸透性のある岩石層
☐ seismically active regions [saizmíkəli] [ríːdʒənz]	地震活動の激しい地域
☐ geothermal steam	地熱蒸気
☐ decaying radioactive elements [dikéiiŋ]	崩壊する放射性元素
☐ extra heat	付加的な熱

地質学

56 Medicine

Massage

Key Sentences

1 Massage is a proven cure to stress.
マッサージは証明済みのストレス治療法である。

2 The massaging of flesh quiets the stress response.
筋肉マッサージがストレス反応を鎮める。

3 Massage can improve lung function in asthmatics and increase the immune function in men with HIV.
マッサージが喘息患者の肺機能を改善し、エイズ・ウイルス感染者の免疫機能を高める可能性がある。

4 There are many other options, from yoga to biofeedback to music therapy.
マッサージのほかに、ヨガから生体自己制御、そして音楽療法まで多くの選択肢がある。

5 People with asthma or rheumatoid arthritis could ease their sickness by writing about the most stressful events in their lives.
喘息やリウマチ関節炎の患者たちは、自分の人生での一番ストレスのもととなった出来事について書くことによって、自分の病気をやわらげることができた。

Massage

Massage is a proven cure to stress. No one knows precisely how the massaging of flesh quiets the stress response, but the effects can be dramatic. Over the past 23 years psychologist Tiffany Field of the University of Miami's Touch Research Institute has published studies suggesting it can hasten weight gain in early birth babies, improve lung function in asthmatics and increase the immune function in men with HIV. Healthy people may benefit too. In a 1996 study, medical workers who got 10 biweekly massages outscored their colleagues who didn't receive massages on timed math tests.

There are many other options, from yoga to biofeedback to music therapy, and none of them excludes the others. So do what works for you. And whether you go to church, join a support group or start a diary, find a way to talk about your feelings. Studies suggest that group support can extend the lives of people with skin or breast cancer. And researchers showed recently that people with asthma or rheumatoid arthritis could ease their sickness by writing about the most stressful events in their lives. How can such different exercises have such similar benefits? The key, experts agree, is that they fight feelings of helplessness. Anything that encourages a sense of control —— putting a terrible memory into words, calming a racing heart through breathing exercises, even planning your own funeral —— lets you stop feeling like a victim.

> So do what works for you. の意味を取りちがえないようにしたい。

全訳 56 マッサージ

　マッサージは証明済みのストレス治療法である。筋肉マッサージがどのくらいストレス反応を鎮めるのかは誰にも正確にはわからないが、その効果は目覚ましい場合がある。過去23年間にわたって、マイアミ大学触覚研究所の心理学者ティファニー・フィールドは、マッサージが未熟児の体重増加を早め、喘息患者の肺機能を改善し、エイズ・ウイルス感染者の免疫機能を高める可能性があることを示唆する研究を発表してきた。健康な人もその恩恵を受けるかもしれない。1996年のある研究では、隔週ごとにマッサージを10回受けた医者たちの方が、そのマッサージを受けなかった同僚たちより数学のテストで高得点を記録した。

　マッサージのほかに、ヨガから生体自己制御、そして音楽療法まで多くの選択肢があるし、そのどれが他よりも良いということはない。だからあなたにとって効き目のあるものをやりなさい。そしてあなたが教会へ行こうが、支援団体に参加しようが、日記を書き始めようが、とにかく自分の感情について話す手段を探すことだ。諸々の研究によれば、グループ支援によって皮膚がんや乳がん患者の余命をのばすことができる。そして、最近、研究者が示したところでは、喘息やリウマチ関節炎の患者たちは、自分の人生での一番ストレスのもととなった出来事について書くことによって、自分の病気をやわらげることができた。どうしてそのように異なる行為が、そんなに似通った恩恵をもたらすのか。専門家も認めるポイントは、患者たちが無力感に対し戦いを挑むことである。みじめな記憶を文章にしてみるとか、呼吸法で胸騒ぎを鎮めるとか、自身の葬式を計画することでさえ、それが何であれ、制御感を促進することが、被害者意識を取り除いてくれるのだ。

Double-Check —Massage

□ a proven cure to stress [prúːvən]	証明済みのストレス治療法
□ quiet the stress response [rispáns]	ストレス反応を鎮める
△ quiet [kwáiət]	他 静かにさせる；静める；鎮める
□ improve lung function in asthmatics [lʌ́ŋ] [fʌ́ŋkʃən] [æzmǽtiks]	喘息患者の肺機能を改善する
□ the immune function [imjúːn]	免疫機能
△ immune	形 免疫の；免除された
□ music therapy [θérəpi]	音楽療法
□ the most stressful events [strésfəl]	最もストレスのたまること
□ asthma or rheumatoid arthritis [ǽzmə] [rúːmətɔ̀id] [ɑːrθráitis]	喘息やリウマチ関節炎

医学

57 Medicine
Obesity

Key Sentences

1 Obesity is the principal nutritional disease.
肥満は主要な栄養上の病気である。

2 Obesity itself is merely a form of hunger in disguise.
肥満そのものこそが、一種の姿を変えた飢えにすぎない。

3 The specter of overweight stalks some of us the way starvation stalks others.
肥満という幽霊がわれわれのうちの幾人かに忍び寄るのは、飢餓が他の人々に迫るのと同じやり方である。

4 The stomach bears witness.
胃がそれを証明する。

5 Bulky meals of 10,000 or more calories pose no mechanical or physiological problems.
1万カロリーまたはそれ以上の重い食事をしても、物理的に、あるいは生理学的に、何の問題も起こらない。

6 We have an almost irresistible urge to eat.
われわれはほとんど抑えられないほど強い、食べたいという衝動を持っている。

7 We also have at least some built-in controls that reduce our appetite for food and that limit the accumulation of excess fat.
われわれは、食欲を減らし、過剰な脂肪の蓄積を抑える、少なくとも何らかの生来の制御機能をも備えている。

Obesity

In a society in which obesity is the principal nutritional disease, one easily forgets the horrible things that lack of food and drink can do to the human body. Yet obesity itself is merely a form of hunger in disguise. The specter of overweight stalks some of us the way starvation stalks others. That is because we humans have long developed the ability both to eat and to overeat. The stomach bears witness. Though it is a small muscular sac when empty, it readily expands to take in several pounds of food at a time; bulky meals of 10,000 or more calories pose no mechanical or physiological problems.

Healthy people who have endured considerable weight loss over a number of months as a result of food deprivation can eat in great volume. After volunteers in a famous laboratory hunger study returned to eating freely, their daily consumption rose to 10,000 calories.

Yet, no matter how hungry at the outset, human beings do not ordinarily continue to stuff themselves so resolutely that they swell to gigantic proportions. We have an almost irresistible urge to eat, but we also have at least some built-in controls that reduce our appetite for food and that limit the accumulation of excess fat.

Q The phrase "stuff" in paragraph 3 is closest in meaning to
(A) feed (B) block (C) endure (D) starve

全訳 57 肥　満

　肥満が主要な栄養上の病気と見られる社会においては、人は食物や飲物の欠乏が人体に及ぼす恐ろしい状態を容易に忘れてしまう。しかし、肥満そのものこそが、一種の姿を変えた飢えにすぎないのである。肥満という幽霊がわれわれのうちの幾人かに忍び寄るのは、飢餓が他の人々に迫るのと同じやり方である。その理由は、人間は食べる能力と食べすぎる能力の両方を持つようになって久しいからだ。胃がそれを証明する。胃は空腹のときは小さな筋肉の袋であるが、たやすく拡大して、一時に何ポンドもの食物を取り入れるのである。1万カロリーまたはそれ以上の重い食事をしても、物理的に、あるいは生理学的に、何の問題も起こらない。

　何カ月にもわたって食事の量が不足していたために、かなりの体重減少に耐えた健康な人々は、多量の食事を取ることができる。よく知られた空腹研究の実験に志願した人々が、実験終了後、自由に食べ始めたとき、彼らの1日の食事(の量)は1万カロリーに上ったのである。

　しかし、はじめは、どんなに空腹であっても、人間は普通膨れ上がって巨人のようになるまで断固として食べ物を詰め込み続けたりはしないものだ。われわれはほとんど抑えられないほど強い、食べたいという衝動を持っているが、しかし同時に、食欲を減らし、過剰な脂肪の蓄積を抑える、少なくとも何らかの生来の制御機能をも備えている。

Double-Check —Obesity

☐ obesity [oubíːsəti]	肥満（＝overweight）
☐ nutritional disease [njuːtríʃənəl] [dizíːz]	栄養上の病気
☐ hunger in disguise [hʌ́ŋgər] [disgáiz]	姿を変えた飢え
△ disguise	名他変装（させる）；偽装（させる）
☐ the specter of overweight [spéktər]	肥満という幽霊
☐ bear witness [bɛ́ər][wítnis]	証明する；証言する
☐ bulky meals [bʌ́lki]	重い食事
☐ pose no mechanical or physiological problems [məkǽnikəl] [fìziəládʒikəl]	物理的に、あるいは生理学的に、何の問題も起こらない
☐ irresistible urge [ìrizístəbl]	抑えられないほど強い欲求・衝動
☐ built-in controls [kəntróulz]	生来の制御機能
☐ reduce one's appetite [ridʒúːs] [ǽpətàit]	食欲を減らす
☐ the accumulation of excess fat [əkjùːmjuléiʃən]	過剰な脂肪の蓄積

医学

58 Medicine: Sports Medicine

Key Sentences

1 Sports medicine encompasses four areas.
スポーツ医学は4つの領域を含んでいる。

2 Physical preparation involves a program of conditioning exercises designed to develop certain muscle groups and to increase cardiac output and oxygen intake.
身体的準備運動にかかわるのは、ある種の筋肉類を発達させ、心臓機能と酸素摂取力を高めるために考案されたコンディションづくりのプログラムである。

3 Athletic shoes are continually improved to boost athletes' speed and endurance.
運動用の靴は、選手のスピードや持久力を高めるために絶えず改良されている。

4 New materials can increase performance by decreasing friction and resistance.
新しい材料によって摩擦や抵抗を減らすことで、プレーのレベルを高めることができる。

5 Nutrition is a critical aspect of sports medicine.
栄養はスポーツ医学の重要な側面である。

6 The wrong diet can seriously impair an athlete's performance and health.
誤った食餌法によって、選手のプレーのレベルと健康がひどく損なわれる可能性がある。

Sports Medicine

Sports medicine encompasses four areas: preparation of the athlete, prevention of injury or illness, diagnosis and treatment of injury, and rehabilitation. **Physical preparation involves a program of conditioning exercises designed to develop certain muscle groups and to increase cardiac output and oxygen intake.** Mental preparation focuses on building self-image, maintaining motivation and discipline to train regularly, avoiding undue risks, and learning to accept whatever changes in life-style may be necessary. Mental preparation also helps athletes to handle the psychological stress associated with the risk of injury or illness. Practitioners of sports medicine advise manufacturers on the development of equipment that enhances performance and promotes the health and safety of athletes. **Athletic shoes, for instance, are continually improved to boost athletes' speed and endurance** while providing comfort and protection from injury. **New materials** make sportswear more comfortable and protective and **can increase performance by decreasing friction and resistance.**

Nutrition is a critical aspect of sports medicine. The wrong diet can seriously impair an athlete's performance and health. Nutritional counseling by trained professionals can ensure that athletes have what they need in terms of nutrient adequacy, energy requirements, protein and carbohydrate distribution, timing of meals, and fluid intake. In the late 20th century, increasing attention was given to athletes' use of so-called performance-enhancing drugs such as amphetamines and anabolic steroids. Today, practitioners of sports medicine must be prepared to advise athletes about the serious health risks associated with such drug use.

全訳 58 スポーツ医学

　スポーツ医学は4つの領域、つまり、準備運動、ケガや病気の予防、ケガの診断と治療、リハビリテーションを含んでいる。身体的準備運動にかかわるのは、ある種の筋肉類を発達させ、心臓機能と酸素摂取力を高めるために考案されたコンディションづくりのプログラムである。精神的準備で焦点が絞られるのは、自己イメージの確立、やる気と規則的なトレーニングへの規律維持、無用な危険の回避、そしてどんな生活様式の変化も必要であれば受け入れる心構えの習得などである。精神的準備はまた、ケガや病気の危険性の関連する心理的ストレスを運動選手が解決する助けとなる。スポーツ医学の専門家は、運動選手のプレーの質を高め、彼らの健康や安全を促進する器具の開発に関して、製造業者にアドバイスを与える。たとえば、運動用の靴は選手のスピードや持久力を高める一方で、よい履き心地とケガ防止能力を与えるために絶えず改良されている。新しい材料によってスポーツ・ウェアはよりよい着用感と防御力を手に入れ、摩擦や抵抗を減らすことで、プレーのレベルを高めることができる。

　栄養はスポーツ医学の重要な側面である。誤った食餌法によって、選手のプレーのレベルと健康がひどく損なわれる可能性がある。実際に訓練された専門家による栄養相談によって、選手は確実に栄養適正、エネルギー必需品目、蛋白質や炭水化物の配分、食事の時刻、液体摂取の点から見て必要なものを摂取することが可能となる。20世紀後半には、アンフェタミンやアナボリック・ステロイドなどのいわゆる運動能力増強剤の選手間の使用に、ますます注目が集まった。今日、スポーツ医学の専門家は、以上のような薬品の使用と関連する深刻な健康上の危険性について、選手にアドバイスを与えられるようになっていなければならない。

Double-Check —Sports Medicine

☐ encompass four areas [inkʌ́mpəs]	4つの領域を含んでいる
☐ increase cardiac output and oxygen intake [káːrdiæk]	心臓機能と酸素摂取力を高める
△ intake [íntèik]	图取り入れ；吸い込み；摂取(量)
☐ enhance performance [inhǽns]	プレーの出来栄え(レベル)を高める
☐ promote the health [prəmóut]	健康を促進する
☐ boost athletes' speed and endurance [búːst]　　　　　　[indjúərəns]	選手のスピードや持久力を高める
△ boost	他引き上げる；高める；押し上げる
☐ decrease friction and resistance 　　　　[fríkʃən]　　[rizístəns]	摩擦と抵抗を減らす
☐ Nutrition is a critical aspect. [njuːtríʃən]　[krítikəl]	栄養は重要な側面である。
☐ seriously impair an athlete's performance [impέər]	選手のプレーの出来栄え(レベル)をひどく損なう
△ impair	他悪くする；(機能を)損なう；害する

医学

59 Physics

Conversion of Energy

Key Sentences 2-59

1 James Joule performed a long series of experiments to study the conversion of mechanical energy to heat.

ジェームス・ジュールは、力学的エネルギーを熱に変換する研究のために、長期にわたる一連の実験を実施した。

2 In one experiment he used a barrel to heat water by rotating a paddle wheel inside the barrel.

彼はある実験で、内部の水車を回転させることで水を熱するために樽を使用した。

3 This principle —— known as the law of conservation of energy —— is one of the fundamental laws of classical physics.

この法則は ―― エネルギー保存の法則として知られているのだが ―― 古典物理学の基本的な法則のひとつである。

4 If all our autos ran on electricity, that energy could be supplied only by burning additional fossil or nuclear fuel at our electricity generating plants.

もし私たちの自動車のすべてが電気で走ることになれば、発電所でさらに化石燃料か核燃料を燃やすことでしか、その分のエネルギーを供給できないだろう。

5 This advantage might well be offset by the weight of the batteries to be carried about.

この利点はおそらく、車に載せる電池の重量で相殺されてしまうだろう。

Conversion of Energy

Beginning in the year 1840, James Joule performed a long series of experiments to study the conversion of mechanical energy to heat. In one experiment he used a barrel to heat water by rotating a paddle wheel inside the barrel. He measured the work done in turning the wheel and the heat produced in the water, and found that a given amount of work always produced the same amount of heat. Later experiments showed that heat and mechanical energy are always converted back and forth in precisely the same ratio. We now know that the same rule is true for all forms of energy. In everyday terms, energy is never lost: when it disappears in one form, it always shows up in an equal amount in another form. This principle —— known as the law of conservation of energy —— is one of the fundamental laws of classical physics and is a very cornerstone of modern science and technology.

When it comes to the subject of energy, we should understand why a nation like the United States cannot solve its energy problems by operating automobiles on electricity instead of gasoline. It should be clear by now that electrical energy is no easier to come by than the chemical energy in gasoline. Neglecting engine efficiency for the moment, it takes the same amount of energy to move an automobile a given distance regardless of the initial source of that energy. If all our autos ran on electricity, that energy could be supplied only by burning additional fossil or nuclear fuel at our electricity generating plants. It is true, of course, that electric motors are more efficient than gasoline engines. But this advantage might well be offset by the weight of the batteries to be carried about.

全訳 59 エネルギーの変換

　ジェームス・ジュールは1840年から、**力学的エネルギーを熱に変換する**研究のために、長期にわたる一連の実験を実施した。彼はある実験で、**内部の水車を回転させること**で水を熱するために樽を使用した。彼は、水車を回転させるための仕事量と水中で生み出される熱を測定した。そして、ある一定の仕事量が常に同じ量の熱を生み出すことを発見した。その後の実験によって、熱と力学的エネルギーは常に同じ割合で相互に変換されることが判明した。私たちは今では、同じ法則が全ての形のエネルギーにあてはまることを承知している。わかりやすく言えば、エネルギーは決して失われることはないのだ。つまり、エネルギーがひとつの形式において消失すると、常に別の形で同量のエネルギーが姿を現わす。この法則は ── **エネルギー保存の法則**として知られているのだが ── **古典物理学の基本的な法則のひとつ**であり、まさに近代科学技術の礎である。

　エネルギー問題となると、合衆国のような国が、なぜガソリンの代わりに電気で自動車を動かすことでエネルギー問題を解決できないのかを理解すべきだろう。電気エネルギーが、ガソリンの化学的エネルギーと同様に入手が容易でないのは、今や当然明らかなことである。当面、エンジン効率を無視すれば、最初のエネルギー源に関係なく、一台の車をある一定の距離だけ動かすのには同じ量のエネルギーを必要とする。もし私たちの自動車のすべてが電気で走ることになれば、**発電所でさらに化石燃料か核燃料を燃やすこと**でしか、その分のエネルギーを供給できないだろう。もちろん電気自動車はガソリン・エンジンよりも効率がよいのは事実だが、**この利点はおそらく、車に載せる電池の重量で相殺されてしまうだろう**。

Double-Check —Conversion of Energy

□ conversion of mechanical energy to heat [kənvə́ːrʒən]	力学的エネルギーを熱に変換
▲ convert	他 変換する
□ rotate a paddle wheel inside the barrel [róuteit] [pǽdl] [bǽrəl]	樽の内部の水車を回転させる
□ converted back and forth [kənvə́ːrtid]	相互に変換される
□ the same ratio [réiʃou]	同じ割合
□ the law of conservation of energy [kὰnsərvéiʃən]	エネルギー保存の法則
□ fossil or nuclear fuel [fάsəl] [njúːkliər][fjúːəl]	化石燃料か核燃料
□ electricity generating plants [ilèktrísəti]	発電所
△ generate	他 発生させる；生み出す；生成する
□ offset by the weight of the batteries [ɔ́ːfsèt] [wéit]	電池の重量で相殺される

物理学

60 Physics
Analysis and Mechanics

Key Sentences 2-61

1 The scientific revolution had bequeathed to mathematics a major program of research in analysis and mechanics.

科学革命は数学に対し、解析と力学における主要な研究プログラムを残してくれた。

2 "The century of analysis," witnessed the consolidation of the calculus and its extensive application to mechanics.

「解析の世紀」には、微積の強化とその広範囲にわたる力学への応用がなされた。

3 The applications of analysis were also varied, including the theory of the vibrating string, particle dynamics, the theory of rigid bodies, the mechanics of flexible and elastic media, and the theory of compressible and incompressible fluids.

解析の応用もまた多岐にわたっており、弦の振動論、分子力学、剛体理論、柔軟媒体の力学、圧縮性液体と、非圧縮性液体の理論を含んでいた。

4 The modern disciplinary division between physics and mathematics and the association of the latter with logic had not yet developed.

物理学と数学の近代的な学問分野区分や数学と論理学の関連は、まだ発達していなかった。

Analysis and Mechanics

The scientific revolution had bequeathed to mathematics a major program of research in analysis and mechanics. The period from 1700 to 1800, "the century of analysis," witnessed the consolidation of the calculus and its extensive application to mechanics. With expansion came specialization, as different parts of the subject acquired their own identity: ordinary and partial differential equations, calculus of variations, infinite series, and differential geometry. The applications of analysis were also varied, including the theory of the vibrating string, particle dynamics, the theory of rigid bodies, the mechanics of flexible and elastic media, and the theory of compressible and incompressible fluids. Analysis and mechanics developed in close association, with problems in one giving rise to concepts and techniques in the other, and all the leading mathematicians of the period made important contributions to mechanics.

The close relationship between mathematics and mechanics in the 18th century had roots extending deep into Enlightenment thought. In the organizational chart of knowledge at the beginning of the preliminary discourse to the Encyclopedie, d'Alembert distinguished between "pure" mathematics (geometry, arithmetic, algebra, calculus) and "mixed" mathematics (mechanics, geometric astronomy, optics, art of conjecturing). Mathematics generally was classified as a "science of nature" and separated from logic, a "science of man." The modern disciplinary division between physics and mathematics and the association of the latter with logic had not yet developed.

全訳 60 解析と力学

　科学革命は数学に対し、解析と力学における主要な研究プログラムを残してくれた。1700年から1800年にかけての時代、つまり「解析の世紀」には微積の強化とその広範囲にわたる力学への応用がなされた。拡大と共に専門化が起こり、数学の様々な部門がそれぞれの固有性を手に入れた。それらはつまり、変動微積、無限級数、微分幾何学であった。解析の応用もまた多岐にわたっており、弦の振動論、分子力学、剛体理論、柔軟媒体の力学、圧縮性液体と、非圧縮性液体の理論を含んでいた。解析と力学は密接な関係で発達してきた。そして片方の諸問題が、他方に着想と技術を生み出させるのだ。だから、その頃のすべての主要な数学者たちは、力学に対して重要な貢献をしたのである。

　18世紀における数学と力学の密接な関係は、啓蒙思想へと深くその根を広げた。百科全書派に対する予備的講話の冒頭にある知識構成図で、ダレンバートは純粋数学（幾何、算術、代数、微積分）と混合数学（力学、幾何天文学、光学、推測法）を区別した。数学は一般的に自然科学の分野として分類され、論理学、つまり人間の科学とは切り離された。物理学と数学の近代的な学問分野区分や数学と論理学の関連は、まだ発達していなかった。

Double-Check —Analysis and Mechanics

□ bequeath ~ to mathematics [bikwíːð| -kwíːθ]	~を数学に対して残す
□ the consolidation of the calculus [kənsὰlədéiʃən]　　[kǽlkjuləs]	微積の強化
□ extensive application to mechanics [iksténsiv] [ӕpləkéiʃən]	力学への広範囲にわたる応用
□ differential equations [dìfərénʃəl] [ikwéiʒənz]	微分方程式
□ calculus of variations [kǽlkjuləs]　[vὲəriéiʃənz]	変動微積
□ infinite series [ínfənət]	無限級数
□ differential geometry 　　　　　　[dʒiámətri]	微分幾何学
□ particle dynamics 　　　　[dainǽmiks]	分子力学
□ elastic media [ilǽstik]	柔軟媒体
□ incompressible fluids [ìnkəmprésəbl] [flúːidz]	非圧縮性液体
□ geometry [dʒiámitri]	図幾何
□ arithmetic [əríθmətik]	図算術
□ algebra [ǽldʒəbrə]	図代数
□ the modern disciplinary division 　　　　　[dísəplinèri]　　[divíʒən]	近代的な学問分野区分

物理学

Q の解答（選択式の場合は ■ の部分が正解）

6. (A) ■ **(B) ■** (C) ■ (D) ■

8. The constitution (of the Confederate States)

15. (A) persistent (B) faster (C) silent **(D) motionless**

19. (A) reformatory **(B) offender** (C) inmate (D) probation

20. genetically inherited

32. (A) operations **(B) new inventions**
    (C) magical enchantment (D) common ideas

33. give off

37. **(A) questioned** (B) projected (C) survived (D) revolutionized

38. fashion

39. (A) disastrous (B) aggressive (C) savage **(D) innate**

40. (A) ■ (B) ■ **(C) ■** (D) ■

49. **(A) occupied** (B) endangered (C) explained (D) altered

57. **(A) feed** (B) block (C) endure (D) starve

PART 2
Classified Word List

Word Check

1 Agriculture・農業

□ **agrarian** [əgrɛ́əriən]	形土地利用に関する；農業の進歩に関する： an agrarian movement 農業向上運動
□ **agronomist** [əgránəmist]	名農学者
□ **barley** [báːrli]	名大麦
□ **barn** [báːrn]	名納屋
□ **basil** [bǽzəl]	名バジル《ハッカに似た植物；香辛料》
□ **crop** ● [kráp|krɔ́p]	名作物：crop rotation 輪作 the main crops of a country 国の主要作物
□ **cropland** [krápkænd]	名農耕地
□ **grain** [gréin] ●	名穀物：a grain elevator 大穀物倉庫
□ **millet** [mílit]	名雑穀
□ **sow** [sóu] ●	他自(種を)まく(⇔ reap 刈り取る)
□ **wheat** [hwíːt|wíːt]	名小麦
□ **windmill** [wíndmìl]	名風車
□ **cultivation** [kʌ̀ltəvéiʃən]	名耕作；栽培；養殖：out of cultivation 休耕中の
□ **soil** [sɔ́il] ●	名土壌：poor [⇔ good=fertile=rich] soil やせた [肥えた]土地
□ **soil fertility** ● [sɔ́il fərtíləti]	名土壌肥沃度

Word Check

□ **soil conservation** [sɔ́il kɑ̀nsərvéiʃən|kɔ̀n-]	名土壌保護
□ **vegetation** [vèdʒitéiʃən]	名(ある地域に生育するすべての)植物： tropical vegetation 熱帯植物
□ **exhaustion** ● [igzɔ́:stʃən]	名枯渇；(土地・土壌の)不毛化
□ **weed** [wí:d]	名雑草；他自雑草を取る： weed a garden 庭の雑草を取る
□ **regenerate** ● [ridʒénərèit]	他 自 再生する；よみがえらせる
□ **fallow** [fǽlou]	名 形 (輪作で寝かせてある)休閑地(の)： lay land fallow 土地を休ませる
□ **the slash-and-burn method**	名焼畑方式 参 slash 枝・薮(やぶ)などを切り払う
□ **hoe** [hóu]	名鍬(くわ)
□ **plow** [pláu]	他耕す(＝cultivate＝furrow)
□ **degrade** [digréid]	他品質を下げる
□ **region** ● [rí:dʒən]	名地域：tropical regions 熱帯地域
□ **agrichemicals** [æ̀grikémikəlz]	名農薬 参 insecticide＝pesticide 殺虫剤
□ **fertilizer** ● [fə́:rtəlàizər]	名肥料；(特に)化学肥料
□ **herbicide** ● [ə́:rbəsàid|hə́:-]	名除草剤
□ **nutrient** [njú:triənt|njú:-]	名栄養になる(薬・食物)
□ **livestock** ● [láivstɑ́k|-stɔ́k]	名家畜(＝stock＝a domestic animal)

Word Check

☐ **dairy** [déəri]	名乳製品工場：dairy products 乳製品
☐ **intensive** ● [inténsiv]	形集約の：intensive agriculture 集約農業
☐ **prune** [prúːn]	他枝をはらう
☐ **deplete** [diplíːt]	他(貯蔵してあるものを)激減させる；枯渇させる：Our supplies of food are rather depleted. 食糧の供給がかなり減った。
☐ **depletion** ● [diplíːʃən]	名減少；枯渇；消耗

Word Check

2 American Studies・アメリカ研究

□ **Puritan** ● [pjúəritən]	名形ピューリタン(の)；清教徒(の)
□ **cooperation** [kouàpəréiʃən|-ɔ́p-]	名協力；協同組合（＝cooperative）
□ **diversity** ● [divə́ːrsəti|dai-]	名多様性；動 diversify 多角化する；多様化する：the diversity policy of American university 米国の大学の多様化政策
□ **proponent** ● [prəpóunənt]	名擁護者；提案者
□ **integrate** ● [íntəgrèit]	他統合する；まとめる（＝combine） 自人種差別がなくなる
□ **bison** ● [báisn|-zn|-sn]	名バイソン（バッファロー）【先住民族によるバイソン狩りなどについての出題多数】
□ **nomadic** ● [noumǽdik]	形遊牧の
□ **verge** ● [və́ːrdʒ]	名瀬戸際：on the verge of bankruptcy 破産寸前で
□ **Pueblo** ● [pwéblou]	名プエブロ族《北米の先住民族》；インディアン集団住宅（この場合、小文字）
□ **subterranean** [sʌ̀btəréiniən]	形地下の：subterranean rooms 地下室
□ **adobe** [ədóubi]	名日干し煉瓦（れんが）
□ **immigrant** ● [ímigrənt]	名（永住を目的とした外国からの）移民
□ **plantation** [plæntéiʃən]	名大農園；栽培場；植民地
□ **colonial** ● [kəlóuniəl]	形植民地の；英国植民地(時代)の
□ **declare** ● [diklέər]	他宣言する；布告する：declare war on (upon/against)~ ~に宣戦を布告する

2 アメリカ研究

271

Word Check

☐ **declaration** [dèkləréiʃən]	●	名宣言；布告；発表： the Declaration of Independence 独立宣言
☐ **patriot** [péitriət|pǽt-]		名愛国者
☐ **patriotism** [péitriətìzm|pǽt-]	●	名愛国心
☐ **act** [ǽkt]	●	名法律；条例： the Act of Congress 国会制定法
☐ **legislation** [lèdʒisléiʃən]	●	名立法：legislator 法律制定者；国会議員
☐ **provision** [prəvíʒən]		名条項；規定【「食糧」の意味もあるので、文脈注意】
☐ **delegate** [déligət|-gèit]	●	名代表：the U.S. delegates to the conference 会議の米国代表
☐ **delegation** [dèləgéiʃən]		名〔C〕《集合的》代表団；派遣団
☐ **consent** [kənsént]		名同意；承諾 自同意する；承諾する
☐ **abolish** [əbáliʃ|əbɔ́l-]	●	他（法律・制度・慣習などを）廃止する（＝do away with＝abrogate）：abolish the death penalty 死刑を廃止する
☐ **abolition** [æ̀bəlíʃən]	●	名廃止：abolitionist 奴隷制度廃止論者
☐ **repeal** [ripíːl]		名破棄
☐ **fort** [fɔ́ːrt]	●	名砦（とりで）；要塞；常設駐屯地
☐ **raid** [réid]		名襲撃；（警察などの）手入れ：make a raid on an enemy's camp 敵の野営地を襲撃する
☐ **surrender** [səréndər]	●	他降伏する： surrender the fort to the enemy 敵に砦を明け渡す
☐ **recession** [riséʃən]	●	名景気後退【depression の婉曲語】

Word Check

☐ **depression** [dipréʃən]	名 不景気；不況：the Depression＝Great Depression（1929年の）世界大恐慌　参 recession 一時的な不況
☐ **halt** [hɔ́:lt]	名 停止；休止；中断：The economic depression of 1930's brought the population expansion to a halt. 1930年代の経済恐慌によって人口の急増は中断した。
☐ **the New Deal (policy)**	名 ニューディール政策《米国において1929年に始まった恐慌に対処するために、F. ルーズベルト大統領が実施した一連の経済・社会政策》
☐ **tackle** [tǽkl]	他（仕事・問題などに）取り組む
☐ **melting pot** [méltiŋ pát|pɔ́t]	名 人種のるつぼ《人種・文化の混じり合った国》
☐ **mobilize** [móubəlàiz]	他 自（軍隊などを）動員する；（産業などを）戦時体制にする(なる)；結集する：In 1941 the U.S. entered WW II and began to mobilize. 1941年に合衆国は第二次世界大戦に参戦し、戦時体制になり始めた。
☐ **abolitionism** [æbəlíʃənìzm]	名 奴隷制度廃止
☐ **eradicate** [irǽdəkèit]	他 ～を根絶する；撲滅する
☐ **nullify** [nʌ́ləfài]	他 ～を無効にする；～の価値をなくす：nullify a treaty 条約を破棄する
☐ **desegregation** [dìːsegrigéiʃən]	他 人種差別廃止
☐ **Civil Rights Movement** [sívəl ráits múːvmənt]	名 公民権運動《米国黒人による人種差別撤廃と憲法による諸権利の保護を要求する運動。1964年公民権法成立の原動力となった》
☐ **racial** [réiʃəl]	形 人種の：racial prejudice 人種偏見
☐ **racism** [réisizm]	名 人種差別
☐ **racist** [réisist]	名 人種差別主義者
☐ **integration** [ìntəgréiʃən]	名 統合；（人種の）融合

2 アメリカ研究

Word Check

□ **barrier** [bǽriər]	图障害；障壁：a deep-rooted barrier between peoples 民族間の根深い壁
□ **disparity** [dispǽrəti]	图格差；相違；不釣り合い：(a) disparity in prestige 身分の違い
□ **hotbed** [hát-|hɔ́tbèd]	图温床：a hotbed of crime 犯罪の温床
□ **poverty line** [pávərti|pɔ́v- láin]	图貧困線《貧困の範囲または境界を決定するために示す最低の生活標準＝貧乏線》
□ **remedy** [rémədi]	图救済策；治療法：find a remedy for air pollution 大気汚染の改善策を見つける
□ **alienate** [éiljənèit]	他疎外する；(財産・名義・権利などを)譲渡する alienate liberals from society 自由主義者を社会ののけ者にする
□ **mobility** [moubíləti]	图(階級・職業などの)流動性；可動性
□ **congress** [káŋgris|kɔ́ŋgres]	图議会　形 congressional [kəngréʃənəl] 議会の；国会の
□ **Congress** [káŋgris|kɔ́ŋgres]	图米国国会【上院と下院から成る】
□ **the Senate** [ðə sénət]	图 米国議会上院（⇔ the House of Representatives 米国議会下院）
□ **Democrat** [déməkræt]	图民主党員（⇔ Republican 共和党員）
□ **Republican** [ripʌ́blikən]	形共和党の；图共和党員
□ **nomination** [nàmənéiʃən|nɔ̀m-]	图指名；推薦　参图 nominee 指名・推薦された人
□ **presidency** [prézədənsi]	图大統領の地位(任期)
□ **inauguration** [inɔ̀ːgjəréiʃən]	图(大統領)就任式
□ **inaugural address** [inɔ́ːgjərəl ədrés]	图就任演説

Word Check

3　Anthropology & Archaeology・人類学&考古学

□ **anthropologist** [æ̀nθrəpάlədʒist|-pɔ́l-]	名人類学者　連結 anthropo-人間；人類
□ **mound** [máund]	名塚；(墓の上の)盛り土；古墳
□ **burial** [bériəl]	名埋葬
□ **cannibalism** [kǽnəbəlìzm]	名人食い；共食い 名形 cannibal 人食い人種
□ **coffin** [kɔ́:fin|kɔ́f-]	名棺
□ **connoisseur** [kὰnəsə́:r|kɔ̀n-]	名鑑定家
□ **corpse** [kɔ́:rps]	名死体；なきがら 【corps（団体）と読みまちがえないように】
□ **marital** [mǽrətl]	形婚姻の
□ **extramarital** [ékstrəmǽrətl]	形婚姻外の；婚外交渉の： extramarital relations 不倫関係
□ **fabric** [fǽbrik]	名織物
□ **seal** [sí:l]	名封緘（かん）；封印
□ **weave** [wí:v]	他織る
□ **ritual** [rítʃuəl]	名(宗教的)儀式(＝ceremony＝rite)
□ **aborigine** [æ̀bərídʒənì:]	名先住民
□ **arch** [ά:rtʃ]	名土踏まず；足の甲

Word Check

ethnic [éθnik]	形民族の；民族的な：ethnic minority 少数派民族
primitive [prímətiv]	形原始的な　名原始人
excavate [ékskəvèit]	他発掘する：The archaeologist excavated a Stone-Age tomb. その考古学者は石器時代の墓を発掘した。
ruin [rú:in]	名（C）廃墟；遺跡；（U）荒廃；崩壊；没落　他荒廃させる；壊滅させる：the ruins of Rome ローマの遺跡
artifact [á:rtəfækt]	名人工品；人工遺物；工芸品
conservation [kànsərvéiʃən|kɔ̀n-]	名（自然）保護；管理；保存（⇔ destruction 破壊）：conservation area（特別建築物、史跡などの保護のための）保全地区
conserve [kənsə́:rv]	他保護する；保存する：conserve energy エネルギーを大切に使う
demography [dimágrəfi|-mɔ́g-]	名人口統計学
demographic transition [dì:məgráfik trænzíʃən]	名人口転換；人口統計上の推移
horticulture [hɔ́:rtəkʌ̀ltʃər]	名園芸
incise [insáiz]	他刻む；切り込みを入れる
outcrop [áutkràp|-krɔ̀p]	名（岩石・地層などの）露出；出現；表面化
pictograph [píktəgræ̀f]	名絵文字；標識
Pleistocene [pláistəsì:n]	名形洪積世（の）
prehistoric [prì:histɔ́:rik]	形有史以前の；先史時代の

Word Check

□ **provenience** [prouvíːniəns]	名出所；起源（＝provenance）
□ **quartzite** [kwɔ́ːrtsait]	名珪岩(けいがん)《ガラス・耐火煉瓦(れんが)・陶石磁器の原料になる》
□ **date** [déit] ●	他 時期を算定する；年代を定める　自(特定の時期・時代に）属する；さかのぼる：We date the custom from the colonial days. 我々はその慣習を植民地時代から始まったと推定している。
□ **radiocarbon dating** [rèidioukáːrbən déitiŋ]	名放射性炭素による時期推定
□ **sedentary** [sédntèri|-təri]	形定住性の（⇔ migratory 移住性の）
□ **ethnography** [eθnágrəfi|-nɔ́g-]	名民族誌(学)
□ **subsistence** ● [səbsístəns]	名生存；生活；食糧

3

人類学＆考古学

Taos Pueblo Taos, New Mexico, USA

Word Check

4 Architecture・建築学

□ **baroque** [bəróuk|-rɔ́k]	形バロック様式の：the Baroque バロック様式(の作品)；バロック音楽
□ **canopy** [kǽnəpi]	名天蓋(てんがい)《寝台・王座・入り口などの上部を覆う装飾》
□ **railing** [réiliŋ]	名手すり
□ **residence** [rézədəns]	名住宅　動 reside 居住する
□ **abbey** [ǽbi]	名大修道院
□ **acropolis** [əkrάpəlis|əkrɔ́p-]	名(古代ギリシア都市の)城砦
□ **aisle** [áil] ●	名側廊；通路
□ **ambulatory** [ǽmbjələtɔ̀:ri|-təri]	名屋根付きの遊歩場
□ **spacious** [spéiʃəs]	形広い
□ **spatial** [spéiʃəl]	形空間の
□ **antique** ● [æntí:k]	形古風な　形 antiquarian 古物研究[収集]の
□ **arcade** [ɑ:rkéid]	名アーケード
□ **atrium** [éitriəm]	名中庭；中央大広間
□ **baptistery** [bǽptistəri]	名教会の洗礼堂
□ **basilica** [bəsílikə|-zíl-]	名バシリカ《裁判や集会用の建物》；バシリカ聖堂

Word Check

□ **buttress** [bʌ́tris]	名控え壁；支持するもの
□ **chancel** [tʃǽnsəl|tʃɑ́ːn-]	名内陣《司祭や合唱隊の席で、教会堂の東端にある》
□ **choir** [kwáiər]	名聖歌隊；合唱
□ **clerestory** [klíərstɔ̀ːri|-stəri]	名クリアストリー《教会などの採光用の高窓が並んだ側壁》
□ **cloister** [klɔ́istər]	名回廊；修道院
□ **coffering** [kɔ́ːfəriŋ]	名貴重品箱；財源（＝coffer）
□ **colonnade** [kɑ̀lənéid|kɔ̀l-]	名列柱；柱廊
□ **column** [kɑ́ləm|kɔ́l-]	名円柱・柱
□ **beam** [bíːm]	名梁（はり）
□ **corbel** [kɔ́ːrbəl]	名コーベル；(けた・梁)の受け材
□ **girder** [gə́ːdə]	名桁（けた）；大梁（おおはり）
□ **cornice** [kɔ́ːrnis]	名カーテンボックス；雪庇（せっぴ）
□ **crypt** [krípt]	名地下聖堂；地下室
□ **dome** [dóum]	名丸屋根；円蓋（がい）；ドーム：the dome of the Capitol Building 米国国会議事堂のドーム
□ **dormer** [dɔ́ːrmər]	名屋根窓（＝dormer window）
□ **engraving** [ingréiviŋ]	名彫刻；彫刻法；版画

4 建築学

Word Check

☐ **facade** [fəsάːd] ●	名正面；前面；外見
☐ **finial** [fíniəl|fáin-]	名頂華；ゴシック建築などの切妻《切妻屋根の端の部分》
☐ **fluting** [flúːtiŋ]	名継溝；溝彫り
☐ **fresco** [fréskou]	名フレスコ画；フレスコ画法
☐ **gable** [géibl]	名切妻；切妻壁：gable roof 切妻屋根
☐ **gargoyle** [gάːrgɔil]	名ガーゴイル；怪物像；(ゴシック建築の)といに付けた怪獣の形の吐水口
☐ **groin** [grɔin]	他防砂堤を作る
☐ **lintel** [líntəl]	名入り口・窓などの横木；まぐさ
☐ **mosaic** [mouzéiik]	名モザイク《ガラス・貝殻・エナメル・石・木などをちりばめて、図案・絵画などを表した装飾物。現代では建築物の床・壁面などに施したものをいう》
☐ **narthex** [nάːrθeks]	名拝廊《教会堂の正面入り口と身廊(nave)の間の玄関広間》
☐ **pagoda** [pəgóudə]	名仏塔
☐ **pantheon** [pǽnθiàn|-ən]	名パンテオン；万神殿；殿堂；神々
☐ **pediment** [pédəmənt]	名破風；山ろく傾斜面
☐ **pilaster** [pilǽstər]	名柱形；方蓋柱
☐ **pyramid** [pírəmìd]	名ピラミッド
☐ **quoin** [kwɔin]	名外角；すみ石

Word Check

□ **rib** [ríb]	名肋材（ろくざい）；リブ《丸天井の肋骨》
□ **rotunda** [routʌ́ndə]	名円形建築物；円形大広間
□ **sanctuary** [sǽŋktʃuèri|-əri]	名神聖な場所；聖域；禁猟区
□ **spandrel** [spǽndrəl]	名三角小間；窓小間
□ **stupa** [stúːpə]	名仏舎利塔
□ **sublime** [səbláim]	形荘厳な；壮大な
□ **picturesque** [pìktʃərésk]	形絵のように美しい；表現力に富んだ
□ **tracery** [tréisəri]	名飾り格子
□ **transept** [trǽnsept]	名袖廊；十字形教会堂の翼廊
□ **vault** [vɔ́ːlt]	名丸天井；地下貯蔵室；地下室
□ **urban** [ə́ːrbən]	形都会の：urban planning 都市計画
□ **urban congestion** [ə́ːrbən kəndʒéstʃən]	名都会密集　参 traffic congestion 交通渋滞
□ **urban fringe** [ə́ːrbən fríndʒ]	名都会周辺
□ **flat** [flǽt]	名共同住宅（＝apartment house）；陸屋根（＝flat roof）
□ **tenement** [ténəmənt]	名保有財産；借地
□ **tenant** [ténənt]	名借地人；居住者

4 建築学

Word Check

☐ **amenity** ● [əménəti|əmíːn-]	名(複)快適にする設備(公園・公共図書館など)； (U) 快適さ
☐ **apartment** [əpάːrtmənt]	名アパートの一室： furnished apartment 家具付きアパート
☐ **occupancy** ● [άkjupənsi|ɔ́k-]	名(土地・家などの) 占有；居住
☐ **cooperative** [kouάpərətiv| -άpərèit-|-ɔ́pərə-]	名共同住宅；生活寮；生活協同組合
☐ **condominium** [kὰndəmíniəm|kɔ́n-]	名分譲マンション
☐ **property** ● [prάpərti|prɔ́p-]	名財産
☐ **Gothic** [gάθik|gɔ́θ-]	名ゴシック様式；ゴシック建築(美術)
☐ **Romanesque** [ròumənésk]	名ロマネスク様式
☐ **spire** [spáiər]	名尖塔
☐ **arch** [άːrtʃ]	名アーチ；(橋・建物の)迫り持ち
☐ **renovation** ● [rènəvéiʃən]	名(古い建物などの)改築；修理；復元 (＝restoration)

Word Check

5 Art History・美術史

□ **bead** [bíːd]	名じゅず玉：Beads were probably the first durable ornaments humans possessed. ビーズはおそらく人間が所有した最初の耐久性のある装飾品であったろう。
□ **coterie** [kóutəri]	名(共通の趣味などを持つ)仲間；サークル；同人：a literary coterie 文芸同人
□ **laureate** [lɔ́ːriət]	形月桂冠をいだいた　名桂冠詩人；受賞者
□ **legacy** [légəsi]	名遺産（＝heritage）
□ **patron** [péitrən]	名後援者
□ **workshop** [wə́ːrkʃɑ̀p|-ʃɔ̀p]	名作業場；講習会
□ **festive** [féstiv]	形祭りの：the festive season（クリスマスなどの）お祭りの季節
□ **fiesta** [fiéstə]	名祝祭；祭典
□ **easel** [íːzəl]	名画架；イーゼル
□ **authentic** [ɔːθéntik]	形本物の（＝genuine＝real）
□ **conspicuous** [kənspíkjuəs]	形人目を引く；顕著な：His works cut a conspicuous figure in artistic circles. 彼の作品は芸術の世界で異彩を放った。
□ **counterfeit** [káuntərfìt]	名形贋物(の)：The "Picasso" turned out to be a counterfeit. そのピカソは贋物だとわかった。
□ **delusion** [dilúːʒən]	名錯覚；妄想：delusions of persecution 被害妄想
□ **empathy** [émpəθi]	名(役などへの)感情移入；(人への)共感
□ **emulate** [émjulèit]	他見習う；匹敵する；負けまいとする

Word Check

□ **enchant** [intʃǽnt|-tʃɑ́:nt]	動うっとりさせる 形enchanting 魅惑的な；非常に美しい
□ **fascinate** [fǽsənèit]	他魅惑する 名fascination
□ **flawless** [flɔ́:lis]	形傷のない：flawless works 完璧な作品
□ **ineffable** [inéfəbl]	形言いようのない：ineffable beauty 言いようのない美しさ
□ **infatuate** [infǽtʃuèit|-tju-]	他夢中にさせる 名のぼせあがり
□ **mold** [móuld]	他 型にはめて作る（=mould）：mold the soft clay into a figure 軟らかい粘土を型に入れて人物を作る
□ **mystic** [místik]	形神秘的な
□ **priceless** [práislis]	頻出形非常に貴重な；金では買えない
□ **spectacular** [spektǽkjulər]	形壮観な
□ **adorn** [ədɔ́:rn]	他飾る（=decorate）
□ **bestow** [bistóu]	他 授ける：The queen bestowed knighthood on the artist. 女王はその芸術家に爵位を与えた。
□ **disfigure** [disfígjər|-gə]	他醜くする；外観を損なう
□ **ornamental** [ɔ̀:rnaméntəl]	形装飾用の
□ **embedded** [imbédid]	形埋め込まれた：a crown embedded with jewels 宝石のちりばめられた王冠
□ **glitter** [glítər]	自ぴかぴか光る
□ **array** [əréi]	名配列 他（軍隊などを）整列させる；配備する

Word Check

☐ **duplicate** ● [djúːplikət|djúː-]	形複製(の);複写(の)
☐ **fleeting** [flíːtiŋ]	形はかない: for a fleeting moment ほんの束の間の
☐ **hue** ● [hjúː|hjúː]	名色;色調:the hues of a rainbow 虹の色
☐ **intricately** [íntrikətli]	副複雑に
☐ **sizable** [sáizəbl]	形かなり大きな
☐ **symmetry** ● [símətri]	名(左右の)対称;釣り合い(＝balance＝propotion＝equilibrium)
☐ **Renaissance** ● [rènəsάːns|rənéisəns]	名ルネッサンス
☐ **perspective** ● [pərspéktiv]	名透視図法
☐ **Impressionism** ● [impréʃənìzm]	名印象派
☐ **portrait** [pɔ́ːrtrit]	名肖像画
☐ **Realism** [ríːəlìzm|ríəl-]	名写実主義;リアリズム
☐ **Cubism** [kjúːbizm]	名立体派;キュービズム《20世紀初頭フランスに興った美術運動。ピカソやブラックなどが有名》
☐ **school** ● [skúːl]	名(学問・芸術の)流派;学派: painters of the Impressionist school 印象派の画家
☐ **movement** [múːvmənt]	名(政治的・社会的な)運動(＝campaign)
☐ **abstract** [ǽbstrækt]	形抽象派の　名抽象画
☐ **manner** [mǽnər]	名流儀;様式;作風

5 美術史

Word Check

□ **enhance** [inhǽns|-hάːns]	他(価値・美・効果などを)高める：The soft evening light enhanced her beauty. 柔らかな宵の明かりが彼女の美しさを高めた。
□ **sculpture** [skʌ́lptʃər]	名彫刻（＝carving）
□ **medium** [míːdiəm]	名複 mediums/media 媒体；媒質
□ **aesthetic** [esθétik|iːs-]	形美的な；美的感覚のある 名 aesthetics 美学
□ **chisel** [tʃízəl]	名のみ；彫刻刀
□ **plaster** [plǽstər|plάːs-]	名石膏
□ **bronze** [bránz|brɔ́nz]	形ブロンズの；青銅の：cast bronze into a statue ブロンズを鋳造して像を作る
□ **carving** [kάːrviŋ]	名彫刻術；彫刻作品（＝sculpture）
□ **cast** [kǽst|kάːst]	他鋳造する；型にはめて作る：cast a torso in bronze ブロンズでトルソーを作る
□ **weld** [wéld]	他溶接する：weld metal sheets 薄い金属板を溶接する
□ **inspiration** [ìnspəréiʃən]	名着想；霊感
□ **prodigy** [prάdədʒi|prɔ́d-]	名驚くべきもの；神童
□ **execution** [èksikjúːʃən]	名(芸術作品の)制作；手法
□ **collection** [kəlékʃən]	名コレクション；収蔵物
□ **stylize** [stáilaiz]	他様式化する

Word Check

6 Astronomy・天文学

□ **whirl** [hwə́ːrl|wə́ːl]	自 ぐるぐる回る
□ **manned** [mǽnd]	形 人を乗せた：manned flights 有人飛行
□ **flash** [flǽʃ]	名 きらめき；閃光
□ **launch** [lɔ́ːntʃ]	他 打ち上げる：launch a spaceship into orbit 宇宙船を打ち上げて軌道に乗せる
□ **galaxy** [gǽləksi]	名 銀河系
□ **the solar system** [ðə sóulər sístəm]	名 太陽系〈太陽を中心に運行している天体の集団とそれを含む空間。下記の9惑星と、これに属する合計約50個の衛星、並びに約4千の小惑星および彗星などを含む〉
□ **Mercury** [mə́ːrkjəri]	名 水星
□ **Venus** [víːnəs]	名 金星
□ **Earth** [ə́ːrθ]	名 地球
□ **Mars** [máːrz]	名 火星
□ **Jupiter** [dʒúːpitər]	名 木星
□ **Saturn** [sǽtərn]	名 土星
□ **Uranus** [júərənəs|juréin-]	名 天王星
□ **Neptune** [néptjuːn|-tjuːn]	名 海王星
□ **Pluto** [plúːtou]	名 冥王星

Word Check

□ **sphere** ● [sfíər]	名球体
□ **celestial** ● [səléstʃəl]	形天体の：celestial bodies 天体 参 terrestrial 地球(上)の
□ **axis** [ǽksis] ●	名(回転体の)軸：the axis of the earth 地軸
□ **asteroid** [ǽstərɔ̀id]	名小惑星（＝planetoid）
□ **orbit** [ɔ́ːrbit] ●	頻出名 軌道：The spaceship has been put in orbit round the earth. 宇宙船は地球を回る軌道に乗った。
□ **lunar module** [lúːnər mádʒuːl|módjuːl]	名月面着陸船
□ **meteor** ● [míːtiər]	名流星；隕石(いんせき) 参 meteoroid （大気圏外の）流星体
□ **meteorite** [míːtiəràit]	名隕石
□ **satellite** ● [sǽtəlàit]	名衛星：The satellite was repaired in orbit by astronauts from the Space Shuttle in 1984. その衛星は1984年にスペース・シャトルからの宇宙飛行士たちによって軌道上で修理された。
□ **astronaut** ● [ǽstrənɔ̀ːt]	名宇宙飛行士
□ **detect** ● [ditékt]	他見つける；発見する；見抜く；探り当てる：These satellite's instruments have detected frequent, small variations in the Sun's energy output. 衛星の機器によって、たびたび起こる太陽エネルギーの放出の小さな変化が看取された。
□ **register** ● [rédʒistər]	他(機器が)自動的に記録する：These instruments registered a 0.3 percent drop in the solar energy reaching the Earth. これらの機器は地球に到達する太陽エネルギーが0.3%減少したことを記録した。
□ **binary star** [báinəri stάːr]	名連星

Word Check

□ **variable star** [vέəriəbl stá:r]	名変光星
□ **sight** [sáit]	他見つける；観測する（=observe）： sight a new star 新しい星を発見する
□ **the big bang theory** [ðə bíg bǽŋ θí:əri|θíəri]	名ビッグ・バン理論；宇宙爆発起源論
□ **spiral** [spáiərəl]	形らせん状の：a spiral galaxy 渦巻銀河
□ **spacecraft** [spéiskræ̀:ft]	名宇宙船（=spaceship）
□ **eclipse** [iklíps]	名（太陽・月の）食：a solar eclipse 日食 a lunar eclipse 月食
□ **quarters of the Moon** [kwɔ́:rtərz əv ðə mú:n]	名上（下）弦の月
□ **lunar month** [lú:nər mʌ́nθ]	名太陰月（約29.5日）
□ **black hole** [blǽk hóul]	名ブラックホール《高密度で重力があまりに強いために物質も光も放出できない天体》
□ **Polaris** [pəlέəris|-lǽr-]	名北極星
□ **vernal equinox** [vɚ́:rnl í:kwənɑ̀ks|-nɔ̀ks]	名春分
□ **autumnal equinox** [ɔ:tʌ́mnəl í:kwənɑ̀ks|-nɔ̀ks]	名秋分
□ **apex** [éipeks]	名頂点：the apex of a triangle 三角形の頂点
□ **configuration** [kənfìgjuréiʃən]	頻出 名 星の位置；(原子の)配置：Twice each month, the Sun, Moon, and Earth lie at the apexes of triangular configuration. 毎月2回、太陽と月と地球は、三角形の星位の頂点に位置することになる。

6

天文学

Word Check

□ **accretion** [əkríːʃən]	图固まること；融合；添加
□ **Alpha Centaurus** [ǽlfə sentɔ́ːrəs]	图アルファケンタウリ；地球から、太陽に次いで最も近い恒星
□ **angstrom** [ǽŋstrəm]	图オングストローム；光の波長を表す単位
□ **asteroid** [ǽstərɔid]	图主として火星と木星軌道間にある小惑星群
□ **atmosphere** ● [ǽtməsfìər]	图大気；雰囲気；気圧：pollute the earth's atmosphere 地球の大気を汚染する
□ **aurora** [ɔːrɔ́ːrə]	图オーロラ《極光；高緯度地方の空の発光現象》
□ **basalt** [bəsɔ́ːlt|bǽsɔːlt]	图玄武岩
□ **bolide** [bóulaid]	图火球《空気との摩擦で明るく輝いている流星》
□ **bow shock** [báu ʃák|ʃɔ́k]	图頭部波《超音速で運動する物体の先端から出る衝撃波》
□ **breccia** [brétʃiə]	图角れき岩
□ **calcium** ● [kǽlsiəm]	图カルシウム
□ **caldera** [kældɛ́ərə]	图カルデラ《陥没でできるほぼ円形の火山性の凹地形》
□ **carbonate** [káːrbənèit| -nət]	图炭酸塩　他炭酸塩化する
□ **chromosphere** [króumousfìər]	图彩層《皆既日食のときに見える太陽大気の一部分》
□ **cinder** [síndər]	图燃え殻；消し炭；灰
□ **cinder cone** [síndər kóun]	图噴石丘《火山れきなどからなる火山砕屑丘》

Word Check

□ **coma** [kóumə]	名彗星の頭【この場合「昏睡」ではない】
□ **composite volcano** [kəmpázit vɑlkéinou|vɔl-]	名複式火山《2つ以上の単一火山が重なり合っている火山》
□ **cosmos** ● [kázməs|kɔ́zməs]	名(秩序と調和のある体系と考えられた)宇宙（⇔ chaos）
□ **cosmic ray** [kázmik réi]	名宇宙線《地球外から入射してくる放射線》
□ **craton** [kréitɑn|-tɔn]	名大陸塊《造陸運動などで移動する陸塊》
□ **cretaceous period** [kritéiʃəs píəriəd]	名白亜紀《1億3,500万年前〜6,500万年前》
□ **dielectric constant** [dàiiléktrik kánstənt|kɔ́n-]	名誘電率《誘電分極の強さを表す係数》
□ **Doppler Effect** [dáplər ifékt]	名ドップラー効果《音源と観測者の距離が縮まる場合に音は高く聞こえ、広がる場合に低く聞こえる現象》光にも成立
□ **eccentricity** [èksəntrísəti|-sen-]	名離心率《円錐曲線の持つ定数のひとつ。離心率の1に対する大小によって楕円・放物線・双曲線となる》
□ **ecliptic** ● [iklíptik]	名黄道《太陽が1年間に運行する天球上の大円》
□ **ellipse** [ilíps]	名長円；卵線形；楕円
□ **fissure** [fíʃər]	名裂け目；割れ目
□ **flare** [flέər]	名フレアー；太陽面爆発《太陽大気中に生じる短時間の明るい閃光》
□ **granulation** [græ̀njuléiʃən]	名粒状班；造粒
□ **gravity** ● [grǽvəti]	名重力：zero gravity 無重力状態

6 天文学

Word Check

□ **gravitation** ● [grævətéiʃən]	名引力；落下
□ **gravitational collapse** [grævətéiʃənl kəlǽps]	名重力崩壊《自身の重力でつぶれてしまうこと》
□ **heliocentric** [hìːliouséntrik]	形太陽中心の；地動の
□ **hummock** [hʌ́mək]	名小さい丘；氷丘
□ **igneous** [ígniəs]	形火の；火成の
□ **inclination** ● [ìnklənéiʃən]	名勾配；傾斜；斜面
□ **inferior planet** [infíəriər plǽnit]	名内惑星
□ **ion** [áiən]	名イオン；電化を帯びた原子；原子団
□ **lava** [láːvə] ●	頻出 名溶岩；火山岩
□ **light year** ● [láit jíər]	名光年《光が1年間に進む距離、すなわち約9兆4,600億キロメートル》
□ **magma** [mǽgmə]	名マグマ《溶融した造岩物質を主体とする、地下に存在する流動物体》
□ **magnetic field** ● [mægnétik fíːld]	名磁場
□ **magnetosphere** [mǽgnitsfìər]	名磁気圏
□ **magnitude** [mǽgnətjùːd|-tjùːd]	名マグニチュード
□ **neutrino** [njuːtríːnou|njuː-]	名ニュートリノ；中性微子
□ **nuclear fusion** [njúːkliər fjúːʒən]	名核融合《水素・ヘリウム・リチウムなどの軽い原子核が融合して重い原子核になる原子核反応。その際、大量のエネルギーを放出する》

Word Check

☐ **obliquity** [əblíkwəti]	名間接的；間接；斜角
☐ **Paleozoic era** [pèiliəzóuik íərə| érə|íərə]	名古生代
☐ **penumbra** [pinʌ́mbrə]	名半影；明暗の境目
☐ **perigee** [péridʒìː]	名近地点《月や人工衛星がその軌道上で地球に最も近づく位置》
☐ **perihelion** [pèrəhíːliən]	名近日点《惑星やその他の天体がその軌道上で太陽に最も接近する点》
☐ **perturb** [pərtə́ːrb]	他かき乱す
☐ **photosphere** [fóutousfìər]	名光球《太陽などの恒星の表面》
☐ **plasma** [plǽzmə]	名原形質；プラズマ；血しょう
☐ **polarization** [pòulərizéiʃən|-raiz-]	名分極
☐ **Precambrian era** [prikǽmbriən íərə| érə|íərə]	名先カンブリア時代
☐ **prominence** [prámənəns|prɔ́m-]	名紅炎《太陽の彩層からさらに高温のコロナの中に突出している深紅色の炎状のもの》
☐ **pyroclastic flow** [pàiərklǽstik flóu]	名火砕流
☐ **pumice** [pʌ́mis]	名軽石
☐ **resolution** ● [rèzəlúːʃən]	名溶解；分解；分析
☐ **retrograde** [rétrəgrèid]	形 自逆行する；後退する

6 天文学

Word Check

☐ **rhyolite** [ráiəlàit]	名流紋岩
☐ **rift** [ríft] ●	名切れ目；亀裂；割れ目；石目
☐ **scarp** [skáːrp]	名急斜面
☐ **gully** [gʌ́li]	名（流水でできた）小峡谷
☐ **shatter cone** [ʃǽtər kóun]	名衝撃円錐《衝撃波でできた円錐》
☐ **shield** [ʃíːld]	名楯状地《古い地質時代に地殻変動をうけた大陸の核心部をなす地塊》
☐ **shield volcano** [ʃíːld vɑlkéinou]	名楯状火山《流動性の大きい溶岩が火山から静かに流出した場合にできる傾斜の緩やかな火山》
☐ **silicate** [sílikət]	名珪（けい）酸塩
☐ **sinus** [sáinəs]	名洞；湾曲
☐ **sunspot** ● [sʌ́nspɑ̀t|-spɔ̀t]	名太陽黒点；夏日斑：These fluctuations of the Sun's energy output coincide with the appearance and disappearance of large groups of sunspots on the Sun's disk. このような太陽エネルギー放出の変動は、太陽の表面での多数の黒点の出現や消滅と同時に発生している。
☐ **superior planets** [səpíəriər plǽnits]	名外惑星
☐ **tectonic** ● [tektɑ́nik|-tɔ́n-]	形地質構造の；建築の
☐ **terra** [térə]	名土；大地
☐ **tessera** [tésərə]	名テッセラ《モザイク用角石》
☐ **tuff** [tʌ́f]	名凝灰岩

Word Check

□ **umbra** [ʌ́mbrə]	名影；暗影部
□ **vent** [vént]	名抜け口；通風孔
□ **volatile** [vɑ́lətl|vɔ́lətàil]	形揮発性の；移り気な；不安定な；危険な
□ **aphelion** [əfíːliən]	名遠日点（⇔ perihelion 近日点）《公転する天体などがその軌道上で太陽から最も遠ざかる地点》
□ **apogee** [ǽpədʒìː]	名最高点；極点；遠地点《公転する天体などがその軌道上で地球から最も遠ざかる地点》
□ **astro-** [ǽstrou-|trə-]	連結星、天体、宇宙を意味する連結形
□ **astrophysics** [æ̀strəfíziks]	名天体物理学
□ **luminosity** ● [lùːmənάsəti|-nɔ́s-]	名照度；光度；明度
□ **calibration** [kæ̀ləbréiʃən]	名口径測定；目盛り定め
□ **corona** ● [kəróunə]	名 複 coronae [kərouniː] コロナ《太陽大気の外層。皆既日食の際、太陽の縁から四方にぼやけて見える真珠色の淡い光》
□ **cosmology** [kɑzmɑ́lədʒi|kɔzmɔ́l-]	名宇宙学；宇宙論《宇宙の起源・構造を研究する哲学、天文学の一部門》
□ **declination** [dèklənéiʃən]	名赤緯《天球上における星の位置を表す座標のひとつ》；偏角；偏差；傾斜
□ **disk** [dísk]	名天体の平面形（表面）
□ **extragalactic** [èkstrəgəlǽktik]	名銀河系外星雲；小宇宙
□ **galactic halo** [gəlǽktik héilou]	名銀河ハロー《銀河の円盤を包む領域》
□ **gamma ray** [gǽmə réi]	名ガンマ線《放射線のひとつ。物質を透過する能力が非常に強いので、医療・工業・物性研究用に多用される》

6 天文学

Word Check

☐ **globular cluster** [glábjulər klástər]	名 球状星団
☐ **Hubble's law** [hʌ́blz lɔ́ː]	名 ハッブルの法則《遠方の銀河の後退速度はその銀河までの距離に比例するという法則》
☐ **hydrogen** ● [háidrədʒən]	名 水素　参 hydro-「水」「水素」の意
☐ **implosion** [implóuʒən]	名（真空管などの）内破
☐ **interstellar** ● [ìntəstélər]	形 星と星の間の
☐ **Kepler's laws** [képləz lɔ́ːz]	名 ケプラーの法則《ケプラーが惑星運動について発見した 3 法則》
☐ **laser** ● [léizər]	名 レーザー；光メーザー《誘導放出による光の増幅器 (optical maser)》【laser も maser も実は頭字語】
☐ **magnetic pole** [mægnétik póul]	名 磁極
☐ **mass** [mǽs]	名 質量
☐ **quasar** [kwéizɑːr]	名 恒星状天体
☐ **microwave** [máikrouwèiv]	名 マイクロ波；極超短波
☐ **NASA** ● [nǽsə]	名 米国航空宇宙局（National Aeronautics and Space Administration）
☐ **nebula** ● [nébjulə]	名 星雲　複 nebulae [nébjulìː]
☐ **Newtonian mechanics** [njúːtniən məkǽniks]	名 ニュートン力学《物体の運動に関する物理法則を中心とする理論体系。ガリレイに始まり、ニュートンが力および質量の力学的概念を導入することによって確立した。古典力学とも呼ばれる》
☐ **nova** [nóuvə] ●	名 新星　複 novae [nóuviː]

Word Check

□ **opacity** [oupǽsəti]	名不透明；不明確；乳白度
□ **photon** [fóutɑn|-tɔn]	名光子
□ **photoelectric effect** [fòutouiléktrik ifékt]	名光電効果《光が物質面を照射したとき、その面から電子が外部に放出され、または物質内部の伝導電子数が増加する現象》
□ **Planck's constant** [kǽnstənt|-kɔ́n]	名プランク定数《量子力学に現れる基礎定数のひとつ》
□ **planetary nebula** [plǽnətèri|-təri nébjulə]	名惑星状星雲《惑星のように見える散光星雲の一種》
□ **positron** [pázətràn|pɔ́zitrɔ̀n]	名陽電子《電子と同じ質量を有し、反対の電荷を帯びた素粒子》
□ **pulsar** [pʌ́lsɑːr]	名パルサー《パルス状の電波を発しながら高速回転している中性子星》
□ **radial velocity** [réidiəl vəlásəti|-lɔ́-]	名視線速度《天体が視線方向に近づく、または遠ざかる速さ》
□ **radian** [réidiən]	名ラジアン；弧度
□ **right ascension** [ráit əsénʃən]	名赤経《天球上における星の位置を表す座標のひとつ》
□ **singularity** [sìŋgjulǽrəti]	名異常気象
□ **spectrometer** [spektrámətər|-trɔ́m-]	名スペクトロメーター；分光計《角度測定用の目盛りを備えた分光器》
□ **spectrum** [spéktrəm]	名スペクトル 複 spectra
□ **stellar** [stélər]	名 形 恒星(の)；星(のような)
□ **supernova** [súːpərnóuvə|sjúː-]	名超新星
□ **visible** [vízəbl]	形可視の (⇔ invisible)

6

天文学

Word Check

□ **wavelength** [wéivlèŋkθ]	图波長
□ **white dwarf** [háiwt|wáit dwɔ́:rf]	图 白色矮(わい)星〈太陽のような質量の比較的小さな星が進化の最終段階で赤色巨星となり、その外層のガスを失って中心核だけ残ったもの〉
□ **wax** [wǽks] ●	自(月が)満ちる；(勢力などが)増大する
□ **wane** [wéin] ●	自(月が)欠ける；(力などが)衰える

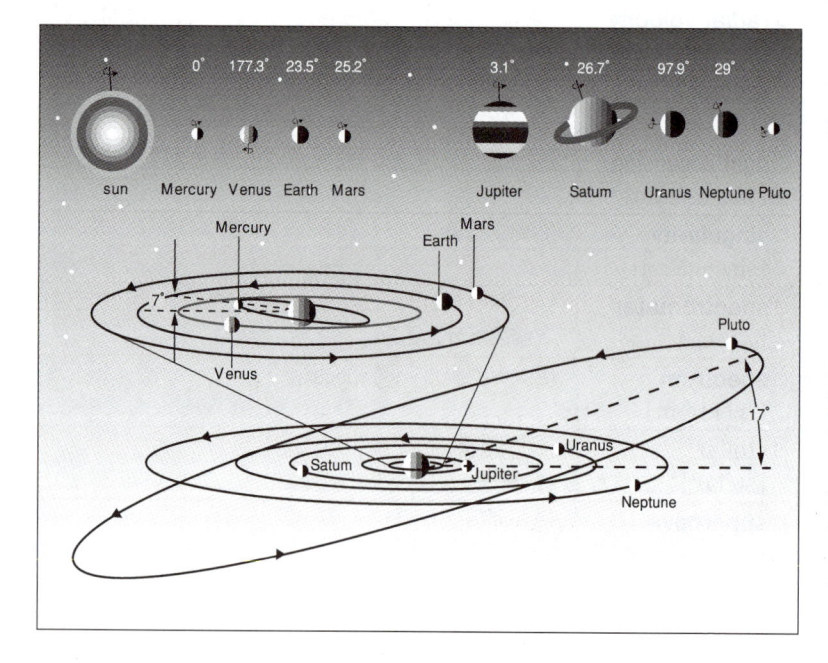

Word Check

7 Biology・生物学

□ **species** [spíːʃiːz]	名種《属はこの種の集まり》
□ **tissue** [tíʃu]	名(動植物の細胞の)組織: brain [nervous] tissue 脳[神経]細胞
□ **coexist** [kòuigzíst]	自共存する；(同一場所に)存在する
□ **scout** [skáut]	他探し回る；偵察する 名斥候；偵察兵：Formic scouts locate a new nesting site. アリの偵察兵は新しい巣づくりの場所を探し出す。
□ **bite** [báit]	他噛む；(虫などが)刺す：He was bitten by mosquitoes several times. 彼は何度か蚊に刺された。
□ **bloom** [blúːm]	自(花が)咲く 名花
□ **burrow** [báːrou|bʌ́r-]	名穴；巣 自他穴を掘る
□ **carnivorous** [kɑːrnívərəs]	形肉食性の 名 carnivore [káːrnəvɔ̀ːr] 肉食動物
□ **palatable** [pælətəbl]	形味のよい；口に合う
□ **prey** [prei]	名自えじき(にする)；捕食(する)：prey on the plant-eaters 草食動物をえじきにする
□ **chameleon** [kəmíːliən]	名カメレオン；気まぐれな人；日和見主義者
□ **camouflage** [kǽməflɑ̀ːʒ]	名偽装；迷彩；隠蔽的擬態《周りの形や形や色にとけこむこと》
□ **mimicry** [mímikri]	名擬態《形や色を他の生物に似せること》
□ **chirp** [tʃə́ːrp]	自(小鳥・虫が)さえずる；鳴く
□ **cobweb** [kábwèb|kɔ́b-]	名クモの巣

Word Check

☐ **cocoon** [kəkúːn]	名繭（まゆ）《中に pupa（さなぎ）が包まれている》
☐ **crawl** [krɔ́ːl]	自（人・虫などが）はう；ゆっくり進む：There is a lizard crawling on the window. トカゲが窓にはい上がっています。
☐ **zoology** ● [zouálədʒi|-ɔ́l-]	名動物学
☐ **cub** [kʌ́b] ●	名動物（キツネ・トラ・クジラなど）の子
☐ **fang** [fǽŋ]	名（肉食動物の）牙；（ヘビの）毒牙
☐ **feed** [fíːd] ●	他餌を与える： Horses are fed oats. 馬にカラスムギを与える。
☐ **flock** [flák|flɔ́k]	名（羊・ヤギ・鳥などの）群れ　参 herd（牛や海獣の群れ）；pack（狼や犬の群れ）；school/shoal（魚の群れ）；drove（追われる動物の群れ）
☐ **fungus** ● [fʌ́ŋgəs]	名（キノコ・カビなどの）菌類　複 fungi [fʌ́ŋgai|-dʒai]【単複両方を（発音も含めて）記憶すべき】
☐ **genus** [dʒíːnəs]	名（生物学の分類での）属： the genus Homo 人類；ヒト属
☐ **gourd** [gɔ́ːrd|gúəd]	名ヒョウタン
☐ **graze** [gréiz]	自草を食う　他（生草を）家畜に食わせる
☐ **heath** [híːθ]	名ヒース《荒野に自生する低木類》
☐ **herd** [hə́ːrd] ●	名（動物の）群：A herd of antelopes was grazing in the field. レイ羊の群れが野原で草を食べていた。
☐ **hornet** [hɔ́ːrnit]	名スズメバチ
☐ **invertebrate** ● [invə́ːrtəbrət]	形脊椎のない；無脊椎動物の
☐ **ivory** [áivəri]	名象牙

Word Check

□ **lush** [lʌ́ʃ]	形(植物が)青々と茂った
□ **ox** [áks|ɔ́ks]	名雄牛　複 oxen
□ **paw** [pɔ́:]	名(動物の)足
□ **plume** [plú:m]	名(大きくて派手な)羽【小さな羽は feather】
□ **poultry** [póultri]	名(集合的に；複数扱い) 家禽 (鶏・アヒル・七面鳥など)；(単数扱い) 家禽の肉
□ **primate** [práimèit]	名霊長類の動物《哺乳綱の一目。サル目》
□ **progeny** [prádʒəni|prɔ́dʒ-]	名子孫 (＝offspring)
□ **prowl** [prául]	自(動物が餌を求めて)うろつく
□ **swarm** [swɔ́:m]	名昆虫の群れ　自群がる： a swarm of aunts アリの群れ
□ **biochemistry** [bàioukémistri]	名生化学　形 biochemical 生化学の
□ **rattle** [rǽtl]	形自ガタガタいう：a rattle snake ガラガラヘビ
□ **extant** [ékstənt|ekstǽnt]	形現存している： the only species extant 現存している唯一の種
□ **gamut** [gǽmət]	名全領域
□ **hardy** [hɑ́:rdi]	形(人・動物・体格などが)頑丈な；(植物が)耐寒性の
□ **proximity** [praksíməti|prɔk-]	名(場所・時間・血族関係などで)近いこと；近接： proximity of blood 近親
□ **transform** [trænsfɔ́:rm]	他 変形させる　形 transformative 変化させる力のある

7

生物学

Word Check

□ **pathogen** ● [pǽθədʒən]	名病原；病原体
□ **phenotype** [fíːnətàip]	名表現型《遺伝子型と環境の相互作用で生じる生物の体質》
□ **phylogenetic tree** [fàilədʒənétik triː]	名系統樹（＝genealogical tree）《生物の系統関係を描いた樹状図》
□ **phylum** [fáiləm]	名（主に動物分類上の）門【植物では division】
□ **population** ● [pɑ̀pjəléiʃən|pɔ́p-]	名個体群；集団： the elephant population of Kenya ケニアの象の数
□ **predator** ● [prédətər]	名捕食動物　形 predatory 捕食性の；肉食性の
□ **predator control** ● [prédətər kəntróul]	名捕食動物制御【PART I の gray wolf と coyote の関係】
□ **species diversity** [spíːʃiːz divə́ːrsəti]	名種の多様性
□ **stability** ● [stəbíləti]	名安定　他 stabilize [stéibilàiz] 安定させる the stability of the plant community 植物群落の安定
□ **subspecies** [sʌ́bspìːʃiːz]	名亜種《生物分類上の一階級。種の下位に置かれる》
□ **succession** [səkséʃən]	名連続；継承；相続
□ **specimen** ● [spésəmən]	名標本；見本： specimens of rare insects めずらしい昆虫の標本
□ **taxonomy** [tæksánəmi|-sɔ́n-]	名分類学；分類法
□ **clone** [klóun] ●	名一個体から無性生殖的に発生した動植物群
□ **cloning** ● [klóuniŋ]	名クローン化《クローンをつくり出すこと。特に DNA クローニングは、特定の遺伝子を組み換えて細菌などに移入し、選択的に増殖させること》
□ **chromosome** ● [króuməsòum]	名染色体

Word Check

□ **vascular plants** [væskjələr plænts|plá:nts]	图維管束植物《維管束を持つ植物の総称。シダ植物と種子植物とがこれにあたる》
□ **paleontology** ● [pèiliəntálədʒi]	图古生物学
□ **chromatin** [króumətin]	图クロマチン；(染色体の)染色質
□ **breed** [brí:d] ●	他品種改良する；子を産む　图品種；系統
□ **breeding** [brí:diŋ]	图繁殖；品種改良：the breeding grounds 繁殖地
□ **wildlife** ● [wáildlàif]	图[集合的に]野生生物
□ **skeleton** [skélitən]	图骨格；骸骨；(葉の)組織
□ **ecosystem** ● [ékousìstəm|í:k-]	图生態系；エコシステム《海洋生態系・都市生態系・地球生態系などに分ける》
□ **botany** ● [bátəni|bɔ́t-]	图植物学
□ **botanist** [bátənist|bɔ́t-]	图植物学者
□ **genetics** ● [dʒənétiks]	图遺伝学
□ **genetic engineering** [dʒənétik èndʒiníəriŋ]	图 遺伝子工学《遺伝子を人工的に操作・改変し、有用物質の生産や生物現象の解明のための技術を開発する学問。例えば、DNAクローニングなど》
□ **genetic manipulation** [dʒənétik mənìpjəléiʃən]	图遺伝子操作
□ **gene** [dʒí:n] ●	图遺伝子
□ **gene bank** [dʒí:n bǽŋk]	图遺伝子銀行

7

生物学

Word Check

☐ **anatomy** ● [ənǽtəmi]	名 人体構造；解剖学；解剖；分析
☐ **physiology** ● [fìziálədʒi|-ɔ́l-]	名 生理学
☐ **capillary** [kǽpəlèri|kəpíləri]	形 毛管の：capillary attraction 毛管引力
☐ **capillary vessel** [kǽpəlèri| kəpíləri vésəl]	名 毛細血管（＝capillary tube）
☐ **cytology** [saitálədʒi|-tɔ́l-]	名 細胞学
☐ **meiosis** [maióusis]	名 （細胞の）減数分裂（＝reduction division）
☐ **evolution** ● [èvəlúːʃən|ìːvə-]	名 進化；進化論：The theory of evolution 進化論
☐ **fossil** ● [fásəl|fɔ́sl]	名 形 化石（の）：a fossil shell 化石化した貝殻 fossil fuel 化石燃料《石油・石炭・天然ガスなど》
☐ **amber** [ǽmbər]	名 琥珀（こはく）《樹脂、コハク酸などによりなる、いわば樹脂の化石。しばしば中に昆虫や植物の化石を含む》；こはく色
☐ **survival** ● [sərváivəl]	名 生存：the survival of the fittest 適者生存
☐ **natural selection** [nǽtʃərəl silékʃən]	名 自然淘汰
☐ **fermentation** [fə̀ːrmentéiʃən]	名 発酵
☐ **ferment** [fə́ːrment]	他 名 発酵（させる）：natural ferment（＝fermentation) of food 食品の発酵
☐ **algae** [ǽldʒiː]	名 alga [ǽlgə] の複数形：藻（も）；藻（そう）類：algae bloom 藻の異常発生
☐ **bacteria** ● [bæktí(ː)əriə]	名 複 バクテリア；分裂菌　単 bacterium

Word Check

□ **bacteriophage** [bæktìəriáfəge]	名バクテリア破壊ウイルス；細菌ウイルス（=phage）
□ **protozoa** [pròutəzóuə]	名(複)原生動物類
□ **metabolism** ● [mətǽbəlìzəm]	名新陳代謝；物質交代
□ **replication** [rèpləkéiʃən]	名再生　自他 replicate 複製する
□ **conjugation** [kàndʒəgéiʃən|kɔ́n-]	名（細胞・個体の）接合
□ **transformation** ● [trænsfərméiʃən]	名変態：the transformation of a tadpole into a frog おたまじゃくしの蛙への変態
□ **recombination** [rì:kɑmbənéiʃən|-kɔmb-]	名（遺伝子の）組み換え
□ **microbe** ● [máikroub]	名微生物；病原菌
□ **embryo** [émbriòu]	名胚芽；胎芽
□ **germinate** ● [dʒə́:rmənèit]	自発芽する（=sprout=bud）　他発芽させる
□ **mineral** ● [mínərəl]	名鉱物　形（資源などが）鉱物性の；鉱物を含んだ：a mineral vein 鉱脈【意外に聴き取りにくい単語なのでリスニングで注意】
□ **nutrition** ● [nju:tríʃən]	名栄養
□ **photosynthesis** ● [fòutəsínθisis]	名光合成
□ **chemosynthesis** [kì:mousínθəsis]	名化学合成
□ **carbon dioxide** ● [ká:rbən daiáksaid|-ɔ́ks-]	名二酸化炭素：Absorption of carbon dioxide occurs mainly in areas of thick forests. 二酸化炭素の吸収は主に鬱蒼とした森林地帯で起こる。

7

生物学

Word Check

□ **biome** [báioum]	名生物群系；バイオーム
□ **pollen** [pálən|pɔ́l-]	名花粉：pollen count 花粉数
□ **petal** [pétəl]	名花弁
□ **stem** [stém]	名(草木の)茎；(灌木の)幹
□ **trunk** [trʌ́ŋk]	名木の幹；(人・動物の)軀(く)幹；体；(昆虫の)胸部
□ **annual ring** [ǽnjuəl ríŋ]	名(木・魚のうろこの)年輪
□ **coniferous tree** [kounífərəs tríː]	名針葉樹
□ **broadleaf tree** [brɔ́ːdlìːf tríː]	名広葉樹
□ **defoliation** [di(ː)fòuliéiʃən]	名落ち葉
□ **deciduous tree** [disídʒuəs|-dju tríː]	名落葉樹　参 deciduous teeth 乳歯
□ **evergreen tree** [évərgrìːn tríː]	名常緑樹
□ **moss** [mɔ́(ː)s]	名苔(こけ)
□ **fern** [fə́ːn]	名シダ：fern seed シダの胞子【リスニングでもリーディングでも頻出の単語、特に繁殖（reproduction）関係での出題が目立つ】
□ **vertebrate** [vɜ́ːrtəbrèit|-brit]	名脊椎動物（⇔ invertebrate 無脊椎動物）
□ **mammal** [mǽməl]	名哺乳類
□ **viviparity** [vàivipǽərəti]	名胎生　形 viviparous [vaivípərəs] 胎生の

Word Check

□ **oviparity** [ouvípæərəti]	名卵生　形 oviparous [ouvípərəs] 卵生の
□ **migration** ● [maigréiʃən]	名移住；渡り：the migration of birds 鳥の渡り
□ **migrant** [máigrənt]	名渡り鳥；回遊魚　形移住性の（＝migrating）
□ **reptile** ● [réptil|-tail]	名爬虫類【カメ・ヘビ・トカゲ・ワニなど】
□ **carapace** [kǽrəpèis]	名（エビ・カニ・カメなどの）甲羅
□ **hibernation** [hàibərnéiʃən]	名冬眠
□ **dinosaur** ● [dáinəsɔ:r]	名恐竜；ダイノソア；中生代の草（肉）食の巨大な爬虫類の総称【リスニングでも頻出】
□ **demise** [dimáiz]	名絶滅；死亡；逝去；崩御
□ **amphibian** ● [æmfíbiən]	名形両生類（の）；水陸両用飛行機（の）
□ **metamorphosis** ● [mètəmɔ́:rfəsis]	名変態
□ **gill** [gíl]	名えら；ひだ；耳のした
□ **scale** ● [skéil]	名（魚・爬虫類などの）うろこ；（鳥の脚・チョウ・ガなどをおおう）鱗片（りんぺん）；うろこ
□ **insect** ● [ínsekt]	名形昆虫（の）：an insect net 捕虫網
□ **antenna** ● [ænténə]	名触覚（＝feeler）
□ **larva** ● [lá:rvə]	名幼虫
□ **pupa** ● [pjú:pə]	頻出 名さなぎ

7 生物学

Word Check

□ **nucleus** ● [njúːkliəs|njúː-]	名核；細胞核
□ **chloroplast** [klɔ́ːrəplæst]	名(U)葉緑体
□ **sperm** [spə́ːrm]	名精子；精液
□ **fertilization** [fə̀ːrtəlizéiʃən|-laiz-]	名受精；多産化；(土地の)肥沃化
□ **biotechnology** ● [bàiəteknálədʒi|-nɔ́l-]	名生命工学；人間工学
□ **subject** ● [sʌ́bdʒekt]	頻出 名被験者；実験対象
□ **DNA** ●	名デオキシリボ核酸(deoxyribonucleic acid)《生物の遺伝子の本体となっている高分子物質》
□ **RNA** ●	名リボ核酸 (ribonucleic acid)
□ **enzyme** ● [énzaim]	名酵素：enzyme engineering 酵素工学
□ **amino acid** [əmíːnou|əmái-ǽsid]	名アミノ酸
□ **protein** ● [próutiːn]	名蛋白質
□ **amoeba** [əmíːbə]	名アメーバ 複 amoebae [emíːbiː] または〜s
□ **parasite** ● [pǽrəsàit]	名寄生動物；托卵鳥；寄生虫；寄生植物
□ **parasitic** [pærəsítik]	名形 寄生の；寄生生物の；(病気が)寄生虫による、寄生性の；(鳥が)托卵性の
□ **parasitism** ● [pǽrəsaitìzm]	名寄生
□ **host** [hóust]	名(寄生生物の)宿主

Word Check

□ **rear** [ríər] ●	頻出 他育て上げる（=raise=bring up）
□ **forage** [fɔ́:ridʒ|fɔ́r-] ●	他食料を探す 名飼料；食料探し；略奪：animals foraging for food 餌を探す動物
□ **mate** [méit] ●	名（動物の）つがいの片方；仲間
□ **habitat** [hǽbitæt] ●	名生息地：the natural habitat of the Bengal tigers ベンガルトラの自然生息地
□ **occur** [əkə́:r] ●	自生育（生息）する：Bats occur almost everywhere. コウモリはほとんどどこにでも生息している。
□ **foliage** [fóuliidʒ]	名（集合的に一本または多くの木全体の）葉；群葉
□ **bark** [bá:rk]	名樹皮；渇色
□ **stump** [stʌ́mp]	名（木・植物の）切り株；（立木の）基部
□ **organic** [ɔ:rgǽnik] ●	形有機体の；生物の；生物から生じた；生成発展する：organic remains 生物の遺骸（がい）
□ **pollinate** [pálənèit|pɔ́l-]	他受粉する；受精する
□ **nectar** [néktər]	名花蜜
□ **sponge** [spʌ́ndʒ]	名海綿動物
□ **coral** [kɔ́:rəl|kɔ́r-] ●	名珊瑚；珊瑚虫；（珊瑚礁を形成する）珊瑚塊
□ **jellyfish** [dʒélifiʃ]	名クラゲ
□ **starfish** [stá:rfiʃ]	名ヒトデ
□ **arthropod** [á:rθrəpàd|-pɔ̀d]	名節足動物【甲殻類・クモ類・昆虫類を含む】

7 生物学

Word Check

□ **reef** [ríːf]	名岩礁；浅瀬礁；砂州
□ **clam** [klæm]	名(蛤・アサリなどの)二枚貝
□ **snail** [snéil]	名カタツムリ；マイマイ；巻貝
□ **nocturnal** ● [nɑktə́ːrnl|nɔk-]	形夜行性の (⇔ diurnal 昼間の)
□ **pest** [pést] ●	名害虫；(有害な)小動物；害鳥
□ **pesticide** ● [péstəsàid]	名殺虫剤；農薬
□ **hatch** [hǽtʃ] ●	自他孵化する：The duck hatched five ducklings. アヒルが5羽のひなをかえした。
□ **caterpillar** ● [kǽtərpìlər]	名芋虫；毛虫；青虫
□ **mature** ● [mətʃúər|-tjúə]	形成熟した 自他成熟する(させる)
□ **locust** [lóukəst]	名イナゴ
□ **cricket** [kríkit]	名コオロギ
□ **cicada** [sikéidə|-kɑ́ː-]	名セミ 複 cicadae [sikéidə]
□ **centipede** [séntəpìːd]	名ムカデ
□ **eel** [íːl]	名ウナギ
□ **trout** [tráut]	名鱒(ます)
□ **toad** [tóud]	名ヒキガエル

Word Check

☐ **tadpole** [tǽdpòul]	名オタマジャクシ（＝polliwog）
☐ **venom** [vénəm]	名毒；(ヘビ・クモの)毒液：a venom fang 毒牙
☐ **crane** [kréin]	名鶴(ツル)
☐ **pheasant** [féznt]	名キジ
☐ **owl** [ául]	名フクロウ
☐ **skylark** [skáilɑ̀ːrk]	名ヒバリ
☐ **thrush** [θrʌ́ʃ]	名ツグミ
☐ **vulture** [vʌ́ltʃər]	名ハゲワシ；コンドル：the endangered California condor 絶滅の危機に瀕したカリフォルニア・コンドル
☐ **bill** [bíl] ●	名(細長く平たい)くちばし（＝beak）
☐ **beak** [bíːk]	名(猛鳥類の曲がった)くちばし（＝bill）
☐ **deft** [déft] ●	形器用な；腕のいい：A cross bill is deft at removing the seeds. 交嘴鳥は種を取り出すのが巧みだ。
☐ **earthworm** [ə́ːrθwə̀ːrm]	名ミミズ；地虫
☐ **nostril** [nástrəl|nɔ́s-]	名鼻孔；小鼻；鼻翼
☐ **nesting** ● [néstiŋ]	名巣をつくること
☐ **reproduction** ● [rìːprədʌ́kʃən]	名繁殖；生殖(作用)
☐ **chick** [tʃík]	名ひな

7

生物学

311

Word Check

□ **reproduce** [rì:prədjú:s|-djú:s]	自他繁殖する(させる)
□ **brood** ● [brú:d]	名(ひと腹の)ひな鳥　自卵を抱く
□ **incubate** ● [ínkjubèit|íŋ-]	他自孵化する：Hummingbirds need six weeks to build a nest, incubate their eggs, and raise the chicks. ハミングバードが巣づくりをし、卵をかえし、雛を育てるのに6週間かかります。
□ **protective coloring** ● [prətéktiv kʌ́lərɪŋ]	名保護色（＝protective coloration）
□ **perch** [pə́:rtʃ]	自(木に)止まる　名止まり木： take one's perch(鳥が)止まる
□ **flap** [flǽp]	自はばたく：flap about はばたいて飛び回る
□ **aerial** [ɛ́əriəl|eiíəriəl|ɛ́ər-]	形空中の；空気の：aerial attacks 空中攻撃
□ **claw** [klɔ́:]	名(鳥獣の)かぎつめ；(昆虫の)つめ；(カニ・エビ・サソリなどの)ハサミ
□ **weasel** [wí:zəl]	名イタチ
□ **squirrel** [skwə́:rəl|skwír-]	名リス
□ **prairie dog** ● [prɛ́əri dɔ́:g|dɔ́g]	名プレーリードッグ《北米草原地産のリス科の動物》 参 prairie　名米国ミシシッピー川流域の大草原；(一般に)草原地帯
□ **coyote** [káiout]	名コヨーテ《イヌ科で北米西部の草原に棲む》
□ **cougar** [kú:gər]	名クーガー；アメリカライオン【主に北米山地に棲む】
□ **grizzly bear** [grízli bέər]	名ハイイログマ《北米西部産の灰褐色の大グマ》
□ **hyena** [haií:nə]	名ハイエナ

Word Check

□ **meerkat** [míərkæt]	名ミーアキャット《南アフリカ産のマングース類肉食小動物》
□ **omnivorous** [ɑmnívərəs|ɔm-]	形雑食性の；何でも食べる
□ **omnivore** [ámnivɔ̀ːr|ɔ́m-]	名雑食動物
□ **ruminant** [rúːmənənt]	名(ウシ・シカ・キリン・ラクダなどの)反芻動物
□ **roost** [rúːst]	他ねぐらにする　自ねぐらにつく　名止まり木
□ **school** [skúːl]	名(魚類・クジラ・イルカなどの)群れ　自(魚などが)群れをなす：a school of whales クジラの群れ
□ **goat** [góut]	名ヤギ
□ **mole** [móul]	名モグラ
□ **otter** [ɑ́tər|ɔ́tə-]	名カワウソ
□ **rat** [rǽt]	名ドブネズミ【mouse(ハツカネズミ)より大型】
□ **rhinoceros** [rainɑ́sərəs|-nɔ́s-]	名サイ
□ **hippopotamus** [hìpəpɑ́təməs|-pɔ́t-]	名カバ　(略)hippo
□ **hoof** [húf|húːf]	名ひづめ；ひづめを持つ動物
□ **tusk** [tʌ́sk]	名(セイウチ・ゾウなどの)きば
□ **microorganism** [màikrouɔ́ːrɡənìzəm]	名微生物
□ **interact** [ìntərǽkt]	自相互作用する；互いに影響し合う；ふれ合う

Word Check

□ **adapt** [ədǽpt] ●		他適応させる（＝adjust＝accommodate） 自順応する　名 adaptation 適応；順応
□ **offspring** [ɔ́ːfsprìŋ] ●		名子孫
□ **genotype** [dʒénətàip]		名遺伝子型
□ **hybridization** [hàibridaizéiʃən] ●		名交配；雑種　名 hybrid 雑種
□ **inbreeding** [ínbrìːdiŋ]		名近親交配[繁殖]；同系交配
□ **inherit** [inhérit] ●		他(遺伝的に)引き継ぐ；相続する：Ron inherited his father's nose. ロンの鼻は父親譲りだ。
□ **synthesis** [sínθəsis] ●		名統合
□ **genesis** [dʒénisis]		他起源；起こり；発生： the genesis of life 生命の起源
□ **vermin** [vɔ́ːrmin] ●		名(ハエ・シラミ・ゴキブリ・ネズミ・イタチ・コヨーテなどの) 害虫・害獣・害鳥
□ **mutant** [mjúːtnt]		名突然変異体(種)　名 mutation 突然変異(体)
□ **mollusk** [máləsk|mɔ́l-]		名軟体動物
□ **herbivore** [ɔ́ːrbəvɔ̀ːr|hɔ́ː-]		名草食動物
□ **accession** [ækséʃən|ək-]		名接近；到達；増加；賛成；即位
□ **assemblage** [əsémblidʒ]		名集まり；集団；集合
□ **biodiversity** [bàioudivɔ́ːrsəti|-dai-] ●		名生物多様性《地球環境を保全するための必須の条件として生物の種を維持して減らさないこと》
□ **biogeography** [bàioudʒiágrəfi|-ɔ́g-]		名生物地理学

Word Check

□ **biotic** [baiátik|-ɔ́t-]	形生命に関する；生命の
□ **buffer zone** [bʌ́fər zóun]	名緩衝地帯；バッファゾーン；中立地区
□ **endemic** [endémik]	形その土地特産の：endemic species 固有種
□ **community** [kəmjúːnəti]	名群集；群落
□ **climax community** [kláimæks kəmjúːnəti]	名安定[極相]群落
□ **cosmopolitan** [kàzməpálətn|kɔ̀zməpɔ́l-]	形普遍種の；世界中に分布した：cosmopolitan species 汎存種
□ **cryogenics** [krài ədʒéniks]	名低温学　形 cryogenic 極低温(貯蔵)を必要とする
□ **decomposition** [dìːkɑ̀mpəzíʃən|-kɔ̀m-]	名分解；分散；腐敗
□ **ecotype** [ékoutàip]	名生態型　【ecospecies の下位区分】
□ **fauna** [fɔ́ːnə]	名(一時代・一地域の)動物相；動物誌
□ **flora** [flɔ́ːrə]	名(一時代・一地域の)植物相；植物区系
□ **cellular** [séljulər]	形細胞の；細胞質[状]の
□ **hemophilia B** [hìːmoufíliə bíː]	名 B 型血友病
□ **inject** [indʒékt]	他注入する；注射する

7

生物学

Word Check

8 Chemistry・化学

□ **carbohydrate** ● [kà:rbouháidreit]	名炭水化物；でんぷん食品
□ **yeast** [jí:st]	名イースト；パン種；酵母(菌)
□ **component** [kəmpóunənt]	名成分；構成要素
□ **dilute** [dilú:t|dai-]	他 薄める　形 希釈の；薄い：He filled his car battery with dilute acid. 彼はバッテリーを希釈酸で満たした。
□ **emanate** [émənèit]	他発する：a strong odor of sulfur emanated from the spring 温泉が発する硫黄の強烈な臭気
□ **sulfur** ● [sʌ́lfər]	名硫黄
□ **foil** [fɔ́il]	名金属の薄片；フォイル；箔：aluminum foil アルミ箔
□ **neon** [ní:ɑn|-ən]	名ネオン
□ **sparkle** [spá:rkl]	自他火花を発する(させる)；輝く
□ **substance** [sʌ́bstəns]	名物質
□ **particle** [pá:rtikl]	名(素)粒子：particle physics 素粒子物理学
□ **atom** [ǽtəm]	名原子
□ **atomic nucleus** [ətámik|ətɔ́m njú:klɪəs|nju:-]	名原子核
□ **element** [éləmənt]	名元素
□ **compound** ● [kámpaund|kɔ́m-]	名化合物

Word Check

☐ **molecule** ● [mάləkjùːl|mɔ́l-]	名分子
☐ **property** ● [prάpərti|prɔ́p-]	名 固有性；属性；特性：the chemical properties of alcohol アルコールの化学的特性
☐ **chemical reaction** ● [kémikəl riǽkʃən]	名化学反応
☐ **carbon** [kάːrbən]	名炭素
☐ **analyze** [ǽnəlàiz]	他 分析する；分解する（⇔ synthesize 統合する）：Water can be analyzed into oxygen and hydrogen. 水は酸素と水素に分解できる。
☐ **oxygen** [άksidʒən|ɔ́k-]	名酸素
☐ **catalyst** ● [kǽtəlist]	名触媒
☐ **catalyze** [kǽtəlàiz]	他触媒作用を及ぼす；大きな変化を引き起こす
☐ **structural formula** [strʌ́ktʃərəl fɔ́ːrmjulə]	名構造式
☐ **synthetic** ● [sinθétik]	形合成の：synthetic resin 合成樹脂
☐ **synthetic fiber** [sinθétik fáibər]	名合成繊維
☐ **proton** [próutɑn|-tɔn]	名プロトン；陽子
☐ **neutron** [njúːtrɑn|njúːtrɔn]	名ニュートロン；中性子
☐ **electron** ● [iléktrɑn|-trɔn]	名電子《原子・分子の構成要素のひとつ》
☐ **charge** [tʃάːrdʒ]	名 電荷（＝electric charge）《電気現象の根本となる実体》
☐ **nitrogen** ● [náitrədʒən]	名窒素

8

化

学

Word Check

□ **nitric acid** [náitrik ǽsid]	名硝酸
□ **nitrogen fixation** [náitrədʒən fikséiʃən]	名窒素固定《空気中の窒素を原料にして窒素化合物を作ること》
□ **sulfuric acid** ● [sʌlfjúərik ǽsid]	名硫酸
□ **zinc** [zíŋk]	名亜鉛
□ **brass** [brǽs|brá:s]	名真鍮(しんちゅう)
□ **uranium** ● [juəréiniəm]	名ウラニウム
□ **alloy** ● [ǽlɔi|əlɔ́i]	他合金にする　名合金: alloy tin with copper 錫に銅を混ぜる
□ **copper** [kápər|kɔ́pər]	名銅
□ **lead** [léd] ●	名鉛
□ **sodium** [sóudiəm]	名ナトリウム
□ **tin** [tín]	名錫(すず)
□ **compression** ● [kəmpréʃən]	名圧縮
□ **nylon** ● [náilɑn|-lɔn]	名ナイロン: Nylon is a synthetic made from a combination of water, air, and a by-product of coal. ナイロンは水、空気、石炭の副産物が組み合わさってできる合成物質です。
□ **polyester** [pálièstər|pɔ́li-]	名ポリエステル
□ **brew** [brú:]	自他醸造する　名醸造酒　参 brewery 醸造所
□ **solution** ● [səlú:ʃən]	名溶液；溶解

料金受取人払郵便

牛込局承認

9513

差出有効期間
2021年12月22日
まで

（切手不要）

郵便はがき

162-8790

東京都新宿区
岩戸町12レベッカビル
ベレ出版

　　読者カード係　行

お名前		年齢
ご住所　〒		
電話番号	性別	ご職業
メールアドレス		

個人情報は小社の読者サービス向上のために活用させていただきます。

ご購読ありがとうございました。ご意見、ご感想をお聞かせください。

● **ご購入された書籍**

● **ご意見、ご感想**

● 図書目録の送付を　　　　　　　　　□ 希望する　　□ 希望しない

ご協力ありがとうございました。
小社の新刊などの情報が届くメールマガジンをご希望される方は、
小社ホームページ（https://www.beret.co.jp/）からご登録くださいませ。

Word Check

□ **solvent** [sálvənt|sɔ́l-]	名溶剤；溶媒
□ **density** ● [dénsəti]	名濃度；密度
□ **dissolve** ● [dizálv|-zɔ́lv]	他溶かす 自溶ける： Water dissolves salt. 水は塩を溶かす。
□ **extract** ● [ikstrǽkt]	他（圧搾・蒸留・溶剤などによって）抽出する；取り出す 名抽出物
□ **tallow** [tǽlou]	名獣脂
□ **wick** [wík] ●	名（ろうそく・ランプの）芯
□ **charcoal** [tʃɑ́ːrkòul]	名木炭
□ **explosive** [iksplóusiv]	形爆発性の 名爆発物
□ **distill** ● [distíl]	他蒸留する；抽出する；(不純物などを) 蒸留除去する：distill the impurities out of water 蒸留によって不純物を水から取り除く
□ **feasible** ● [fíːzəbl]	形実行可能な (＝practicable)： a feasible project 実行可能な計画
□ **odor** ● [óudər]	名におい；臭気
□ **antimony** [ǽntəmòuni|-mə-]	名アンチモン
□ **bauxite** [bɔ́ːksait]	名ボーキサイト
□ **chromite** [króumait]	名クロム鉄鉱
□ **cobalt** [kóubɔːlt]	名コバルト
□ **iron ore** [áiərn ɔ́ːr]	名鉄鉱石

8

化学

Word Check

□ **manganese** [mæŋgənìːs | mæ̀ŋgəníːz]	名マンガン
□ **molybdenum** [məlíbdənəm]	名モリブデン
□ **nickel** [níkəl]	名ニッケル
□ **palladium** [pəléidiəm]	名パラジウム
□ **platinum** [plǽtənəm]	名プラチナ
□ **titanium** [taitéiniəm]	名チタン
□ **tungsten** [tʌ́ŋstən]	名タングステン

Word Check

9 Computer&Information Technology・コンピュータ&情報技術

□ **unzip** [ʌnzíp]	他ジップ(圧縮)ファイルを開く
□ **configuration** [kənfìgjuréiʃən]	名(システムの)構成
□ **slot** [slάt|slɔ́t]	名細長い穴
□ **upgrade** [ʌ́pgrèid]	他ソフト[ハード]ウェアをグレードアップする；上級のものに変更する
□ **site** [sáit] ●	名インターネットでサーバーのある場所のこと【通常はサーバーと同じ意味で使われる】
□ **browser** [bráuzər] ●	名インターネットの Web サーバーにアクセスするための閲覧ソフトウェア
□ **operating system** [ápərèitiŋ|ɔ́p- sístəm]	名ファイルの管理、メモリの管理、入出力の管理、ユーザーインターフェイスの提供などを行う基本ソフトウェア
□ **display** [displéi]	名テキストやグラフィックスを表示する出力デバイス【CRT や液晶などさまざまな形式がある】
□ **keyboard** [kíːbɔ̀ːrd]	名文字を入力するために使う周辺機器
□ **mouse** [máus]	名ポインティングデバイスのひとつ【平面の上に置いて、前後左右に滑らせながら使う】
□ **CPU** ●	名中央演算装置 (Central Processing Unit)；コンピュータの中心部分；人間の脳にあたり、マイクロプロセッサという電子部品が演算や制御を行う
□ **ROM**	名ロム (read-only memory)：読み出し専用メモリー
□ **RAM**	名ラム (random-access memory)：書き換え可能なメモリー
□ **hard disk** [hάːrd dísk]	名磁性体を塗った金属の円盤にデータを読み書きする記録装置
□ **floppy disk** [flάpi dísk]	名磁性体を塗った薄い円盤状のデータ記憶媒体【通常はプラスチックなどの四角いカバーに守られていて、携帯性に優れている】

Word Check

□ **drive** [dráiv]	名ディスク駆動装置【ハードディスクやMOディスクなどのハードウェアを指す】
□ **directory** [diréktəri]	名ディスクでファイル管理の情報を記述した部分【サイズや変更日付などの細かな情報が書き込まれる】
□ **file** [fáil] ●	名ワープロソフトで作った文書やペイントソフトで描いたグラフィックなど、ひとかたまりのプログラムやデータのこと
□ **file compression** [fáil kəmpréʃən]	名一定のアルゴリズムに従ってファイル内のデータの容量を小さくすること
□ **folder** [fóuldər] ●	名ウィンドウズやマックでファイルをまとめて入れる場所
□ **cursor** [kə́ːrsər] ●	名テキストの入力位置を示す挿入ポイントのこと
□ **dragging** [drǽgiŋ]	名マウスのボタンを押したままマウス本体を移動させる操作
□ **function key** [fʌ́ŋkʃən kíː]	名キーボードの上部にあるF1、F2……といった特殊キー
□ **save** [séiv] ●	他コンピュータで入力した文字や絵を保存する
□ **log on** [lɔ́ːg/lɔ́g ɑ́n/ɔ́ːn/ɔ́n]	名コンピュータシステムのリソースにアクセス可能な状態になること【意味としては「ログイン(log in)」と同じ】
□ **log off** [lɔ́ːg/lɔ́g ɔ́ːf/ɑ́f/ɔ́f]	他ログオンとは逆に、資源にアクセス可能な状態を解消すること
□ **access** [ǽkses]	他記憶装置に対してデータの書き込みや読み出しを行うことや、回線やインターネットを通じ別の場所にあるコンピュータに接続すること
□ **password** [pǽswəːrd]	名インターネットを利用したり、ディスクやデータにアクセスしようとするときなどに、その権利のある利用者であることを識別するための文字列
□ **account** [əkáunt] ●	名ネットワークに接続(ログイン)する際の権利【具体的にはユーザーIDを指すことが多い】
□ **cache memory** [kǽʃ méməri]	名データアクセスの効率化のためにデータを一時的に格納しておく場所のこと
□ **the Internet** [ði íntəːrnèt] ●	名インターネット《世界に散在する無数のサーバーの集合体》

Word Check

□ **world wide web** [wə́ːrld wáid wéb]	名「ワールド・ワイド・ウェブ（WWW）」の「Web」（原語の意味は「クモの巣」）で巨大なネットワークであるインターネット網の「網」の部分を指しており、ほとんどインターネットと同義
□ **hardware** [hɑ́ːrdwɛ̀ər]	名コンピュータからソフトウェアを除いた機械部分の総称。周辺機器もこう呼ぶ
□ **software** [sɔ́ːftwɛ̀ər]	名コンピュータが理解できる方法で表現された処理手順のこと
□ **the assembly line** [ði əsémbli làin]	名流れ作業
□ **incompatible** [ìnkəmpǽtəbl]	形互換性のない；非互換の
□ **authentication** [ɔːθèntikéiʃən]	名認証《情報にアクセスする資格の有無を検証すること》
□ **resolution** [rèzəlúːʃən]	名(モニター・プリンターの)解像度
□ **information retrieval** [ìnfərméiʃən ritríːvəl]	名情報検索
□ **boot** [búːt]	名起動；立ち上げ
□ **software virus** [sɔ́ːftwɛ̀ər váiərəs]	名コンピュータウイルス（computer virus）ともいい、ソフトウェアに感染して増殖するソフトウェアのこと
□ **ASP**	名 Application Service Provider の略。データ・センターでアプリケーションを一括稼働し、インターネットを利用するための文字列
□ **applet** [ǽplit]	名 Java などの言語で書かれた比較的小さなアプリケーション
□ **cookie** [kúki]	名 Web サーバーが利用者を識別するために Web ブラウザに送る情報
□ **CG**	名 Computer Graphics の略。コンピュータを利用して描かれた画像
□ **CGI**	名 Common Gateway Interface の略。Web サーバーから外部プログラムを利用するためのインターフェイス

9 コンピュータ＆情報技術

Word Check

☐ **domain name** [drouméin néim]	名インターネットに接続されているコンピュータを識別するための名前 参 domain インターネットアドレスの区分(com、edu、gov、or、co など)
☐ **FAQ**	名 Frequently Asked Questions の略。 よく聞かれる質問集
☐ **GIF**	名 Graphic Interchange Format の略。 グラフィックデータの保存形式のひとつ
☐ **HTML**	名 WWW サーバーのドキュメントを記述するための言語
☐ **interactive** ● [ìntəræktiv]	形ソフトウェアを対話的に自由に操作できる；対話式の；会話型の
☐ **Java** [dʒáːvə]	名サン・マイクロシステムズ社開発のプログラミング言語；オブジェクト指向のインタープリタ言語
☐ **NIC**	名 Network Information Center の略。 IP アドレスやドメイン名を処理している団体
☐ **URL**	名 Uniform Resource Locator の略。 インターネット・サービスの所在地表記；ホーム・ページアドレス
☐ **Bandwidth** [bǽndwìdθ]	名 チャンネルが持つデータ転送の容量；(ネットワークの)回線容量
☐ **firewall** [fáiərwɔ̀ːl]	名インターネットを利用する際のセキュリティのひとつ；社内ネットワークを不法侵入から保護するシステム
☐ **login** [lɔ́gín]	名ネットサービスや FTP サーバーに接続すること；ネットワークにアクセスするための ID 符号
☐ **online** [ɔ́nlàin]	名ネットワークに接続している状態
☐ **offline** [ɔ́ːflàin]	名 online の逆で、回線切断状態のこと
☐ **server** ● [sə́ːrvər]	名クライアントサーバ型システムにおいてサービスを行う側のコンピュータ
☐ **streaming** [stríːmiŋ]	名クライアントがすべてのデータを受信する前に再生開始を可能にする技術
☐ **protocol** [próutəkɔ̀ːl|-kɔ̀l]	名通信データを送る時の接続手順を定めた規約

Word Check

□ **TCP/IP**	名ネットワーク・プロトコルのひとつ
□ **hacker** [hǽkər]	名ネットワークを通じてコンピュータに違法な侵入をしてデータを盗んだりする者；ハッカー
□ **store** [stɔ́ːr]	他記憶する　名データ記憶[再生]装置
□ **process** [práses|próu-]	他(データを)処理する
□ **retrieve** ● [ritríːv]	他(情報を)検索する
□ **retrieval** ● [ritríːvəl]	名(コンピュータの)情報検索
□ **encode** [inkóud]	他(通信文・データなどを) 符号化[コード化]する；符号化して発信する；(Eメールの) 使用言語を選択する
□ **modem** [móudəm|-dem]	名アナログ電話回線を通じてコンピュータ同士を接続するためのアダプタ。変調装置 (modulator) と復調装置 (demodulator) の合成語
□ **feed** [fíːd]	他入力する (= input = enter)：feed the data into a computer コンピュータにデータを入力する
□ **binary** [báinəri]	形2進法の：binary digits 2進数学
□ **bit** [bít]	名ビット《情報の基本単位》
□ **byte** [báit]	名バイト《情報量を表す単位》；1ビット(bit)を8つ集めた情報量　自コンピュータが作動する
□ **command** [kəmǽnd|-máːnd]	名(コンピュータを操作するための) 指令
□ **insert** [insə́ːrt]	他(ディスクを)挿入する
□ **undo** ● [ʌndúː]	他直前の操作を取り消して元に戻す
□ **sophisticated** [səfístəkèitid]	形精密な；精巧な；洗練された

9 コンピュータ&情報技術

Word Check

□ **delete** ● [dilíːt]	他削除する
□ **algorithm** [ǽlgərìðm]	名アルゴリズム；互除法；コンピュータにおける一連の演算手続きによる計算法
□ **artificial intelligence** ● [àːrtəfíʃəl intélədʒəns]	名人工知能　略(ＡＩ)
□ **cognitive science** ● [kágnətiv|kɔ́g sáiəns]	名認識科学
□ **cybernetics** [sàibərnétiks]	名サイバネティクス；人工頭脳学[研究]
□ **fuzzy logic** [fʌ́zi ládʒik]	名ファジー論理；あいまい論理
□ **heuristic** [hjuərístik]	形発見に役立つ：heuristic approach 発見的解決法
□ **infiltration** [ìnfiltréiʃən]	名侵入；侵入物

Word Check

10 Earth Science・地球科学

□ **dash** [dǽʃ]	自 激しくぶつかる；突進する：The waves dashed against the rocks. 波が激しく岩にぶつかった。
□ **revolve** [riválv|-vɔ́lv]	自 回転する：The earth revolves on its axis. 地球は軸を中心に自転する。
□ **magnitude** [mǽgnətjùːd|-tjùːd]	名 大きさ；地震の規模を示す単位：the magnitude of a swamp　湿地の広さ
□ **meteorite** [míːtiəràit]	名 隕石
□ **meteoroid** [míːtiərɔ̀id]	名 (大気圏外の)流星体；メテオロイド
□ **infrared** [ìnfrəréd]	形 赤外線の；赤外線に敏感な
□ **infrared rays** [ìnfrəréd réiz]	名 赤外線
□ **summer solstice** [sʌ́mər sɔ́lstis|sɔ́l-sɔ́l-]	名 夏至
□ **winter solstice** [wíntər sɔ́lstis|sɔ́l-sɔ́l-]	名 冬至
□ **meteorological** [mìːtiərəládʒikəl|-lɔ́dʒ-]	形 気象の：a meteorological observatory　気象台
□ **crude oil** [krúːd ɔ́il]	名 原油（＝crude petroleum）
□ **observatory** [əbzɔ́ːrvətɔ̀ːri|-təri]	名 観測所；気象台；測候所；天文台
□ **abyss** [əbís]	名 底なしの深い穴；深淵
□ **aquaculture** [ǽkwəkʌ̀ltʃər]	名 (魚類・海藻類の)水産養殖
□ **aquanaut** [ǽkwənɔ̀ːt]	名 海底潜水夫；スキンダイバー

327

Word Check

□ **aquatic** [əkwǽtik]	形水の；水生の；水上の
□ **aquarium** [əkwɛ́əriəm]	名養魚池；人工池；水族館
□ **ballast** [bǽləst]	名(船を安定させるための)底荷；砂利；砂袋
□ **bathometer** [bəθámətər|-θɔ́m-]	名(深海)測深器
□ **brig** [bríg]	名ブリグ型帆船；(船内の)監禁室
□ **buoy** [búːi|bɔ́i]	名ブイ；浮標【集合的には buoyage】他ブイを付ける
□ **capelin** [kǽpəlin]	名シシャモ
□ **clipper** [klípər]	名快速帆船；長距離快速飛行艇；刈りばさみ
□ **cod** [kάd|kɔ́d]	名タラ；メバル
□ **coxswain** [kάksən|-swèin|kɔ́k-]	名コックス；舵手；舵取り；短艇長
□ **crabwise** [krǽbwàiz]	副カニのように(横這いで)；慎重に回り道をして
□ **craft** [krǽft|krάːft]	名小型船舶：a pleasure craft 遊覧船
□ **crayfish** [kréifiʃ]	名ザリガニ
□ **crew** [krúː]	名乗組員；乗務員〈団体と見るときは単、各構成員を指すときは複〉：All the crew were saved. 乗組員は全員救助された。
□ **crustacean** [krʌstéiʃən]	名形甲殻類(の)【crab(蟹)や lobster(イセエビ)などがお馴染み】
□ **eelgrass** [íːlgræs]	名アマモ；甘藻《ヒルムシロ科の海産多年草》

Word Check

□ **endangered** ● [indéindʒərd]	形絶滅の危機に瀕した；危険にさらされた： endangered species　絶滅危惧種
□ **estuary** [éstʃuèri|-əri]	名河口；入り江：the Hudson estuary　ハドソン河口
□ **fin** [fín]	名魚類；ひれ： fin, fur, and feathers　魚類、獣類、および鳥類
□ **fishery** [fíʃəri]	名漁業；水産業；漁場；漁場権
□ **fishmonger** [fíʃmʌ̀ŋgər]	名魚屋
□ **flounder** [fláundər]	名カレイ
□ **forecastle** [fóuksl]	名水夫部屋
□ **frigate** [frígət]	名フリゲート艦《主に艦隊・船団護衛用の駆逐艦》
□ **haddock** [hǽdək]	名ハドック《タラの一種》
□ **hook** [húk]	名釣り針
□ **houseboat** [háusbòut]	名平型屋形船
□ **hydrofoil** [háidroufɔ̀il]	名水中翼；水中翼船
□ **inboard** [ínbɔ̀ːrd]	形船内の
□ **Indian Ocean** [índiən óuʃən]	名インド洋
□ **inshore** [ínʃɔ́ːr]	形沿岸の
□ **intertidal** [ìntərtáidl]	形潮間帯の

10　地球科学

Word Check

☐ **keel** [kíːl]	名キール；(船の)竜骨
☐ **lateen** [lætíːn|lə-]	名大三角帆船
☐ **longitude** [lándʒətjùːd|lɔ́ndʒitjùːd]	名経度：20 degrees 15 minutes of east longitude 東経20度15分
☐ **leeward** [líːwərd]	形副風下の(に) 名風下
☐ **littoral** [lítərəl]	形沿岸の；沿岸性の；海岸の
☐ **longitudinal** [lànd ʒətjúːdənl|lɔ̀ndʒitjúː-]	形経度の；経線の；長さの；縦の
☐ **alongshore** [əlɔ́ːŋʃɔ́ːr]	形沿岸の
☐ **menhaden** [menhéidn]	名メンハーデン《ニシン科の魚》
☐ **mercantile** [mɚ́ːrkəntìːl|-tàil]	形商業の；重商主義の
☐ **mercantile marine** [mɚ́ːrkəntìːl məríːn]	名商船隊；海運力
☐ **mermaid** [mɚ́ːrmèid]	名人魚
☐ **molt** [móult]	名脱皮
☐ **narw(h)al** [náːrwəl]	名イッカク《北極海の歯クジラ》
☐ **navigation** [nævəgéiʃən]	名航海
☐ **navy** [néivi]	名海軍
☐ **oceanarium** [òuʃənɛ́əriəm]	名海洋水族館

Word Check

☐ **Oceania** [òuʃiǽniə|-ɑ́:n-]	名オセアニア
☐ **oceanography** ● [òuʃənɑ́grəfi|-nɔ́g-]	名海洋学
☐ **oyster bed** [ɔ́istər béd]	名カキ養殖場
☐ **pelagic** [pəlǽdʒik|pe-]	形遠洋の
☐ **platypus** [plǽtipəs]	名カモノハシ（＝duckbill）《オーストラリア産の卵生の哺乳類》
☐ **pod** [pɑ́d|pɔ́d]	名さや；ポッド
☐ **punt** [pʌ́nt]	名平底小船
☐ **quay** [kí:]	名波止場；埠頭
☐ **quintal** [kwíntəl]	名クウィンタル（＝100キログラム）
☐ **raft** ● [rǽft|rɑ́:ft]	名いかだ；ゴムボート；浮き台
☐ **red tide** [réd táid]	名赤潮
☐ **refit** [rìfít]	名（船の）改修
☐ **rigging** [rígiŋ]	名索具装置（マスト・帆を支える支索）
☐ **schooner** [skú:nər]	名スクーナー船《2本マストの縦帆式帆船》
☐ **seaquake** [sí:kwèik]	名海震
☐ **sea urchin** [sí: ə́:rtʃin]	名ウニ

10 地球科学

Word Check

□ **sea wall** [síː wɔ́ːl]	名防潮堤
□ **seaweed** [síːwìːd]	名海草
□ **seaworthy** [síːwə̀ːrði]	形航海に適する
□ **sextant** [sékstənt]	名六分儀《天球上の2点間の角度を測る携帯用の機器》
□ **shoal** [ʃóul]	名浅瀬；砂州；隠れた危険
□ **tentacle** [téntəkl]	名触手；触糸；触毛；触角
□ **tide** [táid]	名潮流；潮の干満
□ **tide rip** [táid rip]	名激潮水域；早瀬
□ **trawl** [trɔ́ːl]	名トロール網
□ **upriver** [ʌprívər]	名上流地域
□ **upstream** [ʌpstríːm]	名上流
□ **upwind** [ʌpwínd]	形副風上の；逆風の(で)
□ **vessel** ● [vésəl]	名船：a observation vessel 観測船
□ **wale knot** [wéil nát|nɔ́t]	名うね結び
□ **waterway** [wɔ́ːtərwèi]	名水路；航路；運河
□ **watery grave** [wɔ́ːtəri gréiv]	名水死

Word Check

□ **wharf** [hwɔ́:rf|wɔ́:f]	名波止場；埠頭
□ **xebec** [zí:bek]	名小型3本マスト帆船
□ **zoophyte** [zóuəfàit]	名植虫類《形が植物に似ている動物》例：イソギンチャク
□ **zooplankton** [zù:plǽŋktən]	名動物プランクトン
□ **zoospore** [zóuəspɔ̀:r]	名精胞子；遊走子
□ **spring tide** [spríŋ táid]	名親潮
□ **flow tide** [flóu táid]	名満ち潮
□ **ebb tide** [éb táid]	名引き潮；干潮（⇔ flow tide 満潮）：The tide is now at the lowest ebb. 今は潮が一番引いている時です。
□ **fathom** [fǽðəm]	名 水深を表す単位（＝2yard＝1.8m）；尋（ひろ）（約6 feet）

10 地球科学

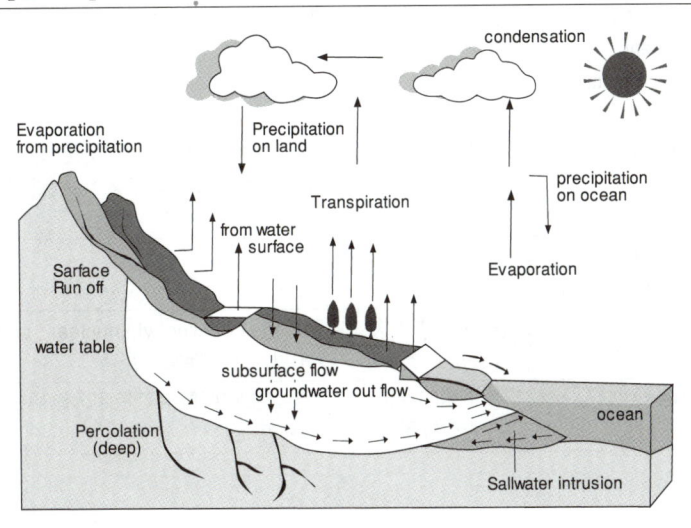

condensation

Evaporation from precipitation

Precipitation on land

Transpiration

from water surface

precipitation on ocean

Evaporation

Sarface Run off

water table

subsurface flow
groundwater out flow

ocean

Percolation (deep)

Sallwater intrusion

Word Check

11 Ecology・生態学

□ **penetrate** ● [pénətrèit]	他中に入る；しみ込む；貫く
□ **encroach** [inkróutʃ]	他（海が陸地を）浸食する
□ **encompass** [inkʌ́mpəs]	他取り囲む；包囲する
□ **emission** ● [imíʃən]	名排出；放出；放射： an emission-free automobile 排気ガス規制車
□ **emission control** ● [imíʃən kəntróul]	名排気規制
□ **environment** ● [inváiərənmənt]	名環境
□ **environmental disruption** ● [invàiərənméntl disrʌ́pʃən]	名環境破壊 参 disruption（国家などの）分裂；崩壊；破裂
□ **environmentalist contingent** [invàiərənméntəlist kəntíndʒənt]	名環境保護団体　参 contingent 派遣団；艦隊
□ **acid rain** ● [ǽsid réin]	名酸性雨《大気汚染物を含む酸性の雨で、土壌・森林・湖沼などに被害を与える。水素イオン指数5.6以下》
□ **deforestation** ● [di:fɔ̀:ristéiʃən]	名森林破壊；森林伐採
□ **disaster** ● [dizǽstər|-zɑ́:s-]	名災害；天災；惨事：the Chernobyl nuclear plant disaster チェルノブイリ原子力発電所災害
□ **niche** [nítʃ]	名生態的地位；ニッチ《生物群集中で特定の動植物の占める位置または生態的役割》

Word Check

□ **extinction** ● [ikstíŋkʃən]	名絶滅　参 extermination 根絶
□ **extinct** ● [ikstíŋkt]	頻出 形絶滅の：become extinct 絶滅する 参 exterminate 絶滅させる
□ **catastrophe** [kətǽstrəfi]	名大災害；災難；不幸；破局
□ **consume** [kəns(j)úːm]	他(火事・病気などが)消滅させる；破壊する：The fire consumed the whole forest. 火事は森全体を焼き尽した。
□ **radioactive** ● [rèidiouǽktiv]	形放射性の
□ **radioactive substance** [rèidiouǽktiv sʌ́bstəns]	名放射性物質
□ **atmospheric pollution** [ætməsférik pəlúːʃən]	名大気汚染；公害
□ **contamination** ● [kəntæmənéiʃən]	頻出 名汚染（＝pollution）　他 contaminate 汚染する
□ **contaminant** [kəntǽmənənt]	名汚染物質；汚染菌
□ **food chain** [fúːd tʃèin]	名食物連鎖《生物が群集内で互いに捕食者・被食者の関係によって連鎖的につながっていること》
□ **insectivore** [inséktəvɔ̀ːr]	名食虫動物［植物］
□ **insecticide** ● [inséktəsàid]	名殺虫剤；農薬
□ **global warming** ● [glóubəl wɔ́ːrmiŋ]	名【温室効果(greenhouse effect)などによる】地球の温暖化
□ **greenhouse effect** ● [gríːnhàus ifékt]	名温室効果《大気中の二酸化炭素・水蒸気・フロンなどの増加による地表の温度上昇》
□ **petroleum** ● [pətróuliəm]	名石油
□ **coal** [kóul]	名石炭

11

生態学

Word Check

□ **tropical rain forest** [trápikəl réin fɔ́:rist]	名熱帯雨林
□ **fertile** ● [fə́:rtl|-tail]	形(土地・土壌が)豊かな；肥沃な；(動植物が)多産な： land fertile in fruit and crops 果物や穀物のよくできる土地
□ **radiation** ● [rèidiéiʃən]	名放射能；(光・熱の)放射；発散
□ **desert** ● [dézərt]	名砂漠
□ **flood** [flʌ́d] ●	名洪水：a flood gate 水門
□ **energy conservation** ● [énərdʒi kànsərvéiʃən]	名エネルギー保存
□ **toxic** ● [táksik|tɔ́k-]	形毒性の
□ **toxin** [táksin]	名毒素
□ **waste** ● [wéist]	名廃棄物：toxic waste 毒性廃棄物
□ **dump** ● [dʌ́mp]	他捨てる；どさっとおろす　名ゴミ捨て場
□ **disposal** ● [dispóuzəl]	名(事物の)処分；投棄： the disposal of nuclear waste 放射性廃棄物の処理
□ **pollution** ● [pəlú:ʃən]	名汚染；公害　名 pollutant 汚染因子
□ **biosphere** [báiəsfiər]	名生活圏
□ **trash** ● [trǽʃ]	名ゴミ
□ **garbage** ● [gɑ́:rbidʒ]	名(U)ゴミ(＝trash＝rubbish＝refuse[réfju:s]＝dust)
□ **rubbish** ● [rʌ́biʃ]	名ゴミ

Word Check

□ **litter** [lítər] ●	名ゴミ（の投げ捨て）：No Litters ゴミの投げ捨て禁止
□ **evacuation** ● [ivækjuéiʃən]	名避難；疎開；撤退
□ **smog** [smɑ́g|smɔ́g]	名スモッグ
□ **ozone** [óuzoun]	名オゾン
□ **ozone layer** ● [óuzoun léiər]	名オゾン層《大気中でオゾンを多く含む層。動植物に有害な太陽からの紫外線を吸収する作用がある》
□ **ozone depletion** ● [óuzoun diplíːʃən]	名オゾン層破壊
□ **oxidization** [ɑ́ksədàizéiʃən]	名酸化
□ **corrosion** [kəróuʒən]	名腐食；腐食状態；さびつくこと
□ **erode** ● [iróud]	自侵食する；腐食する：Acids erode certain metals. 酸はある種の金属を腐食させる。
□ **precipitation** ● [prisìpətéiʃən]	名降水；降雨（量）
□ **erosion** ● [iróuʒən]	名浸食；腐食
□ **acid** [ǽsid]	名酸　形酸性の（＝alkaline アルカリ性の）：acid reaction 酸性反応
□ **alkaline** [ǽlkəlàin]	形アルカリ性の
□ **alluvium** [əlúːviəm]	名沖積層
□ **aqueduct** [ǽkwədʌ̀kt]	名導水管；水路；送水路
□ **aquifer** ● [ǽkwəfər]	名帯水層《地層を構成する粒子の間隙が大きく、地下水によって飽和されている透水層》

11 生態学

337

Word Check

☐ **artesian well** ● [ɑːrtíːʒən wél]	名深掘井戸；自噴井戸《地下水圧により自然に噴出する》
☐ **bedrock** [bédrɑk]	名基盤；床岩；根底
☐ **capillary action** ● [kǽpəlèri ǽkʃən]	名毛管現象
☐ **condense** ● [kəndéns]	他濃縮する；凝縮する： condense steam into water 蒸気を水に凝縮する
☐ **condensation** [kɑ̀ndenséiʃən]	名凝縮；凝結；濃縮
☐ **cubic feet per second（cfs）** [kjúːbik fiːt pər sékəndz]	名1秒間に1立方フィート
☐ **desalinization** [diːsælənaizéiʃən]	名脱塩化；淡水化
☐ **irrigation** ● [irəgéiʃən]	名灌漑（かんがい）
☐ **drawdown** [drɔ́ːdàun]	名減少；削減
☐ **effluent** [éfluənt]	名流水；流出；汚水；廃水；放射物
☐ **evaporation** ● [ivæ̀pəréiʃən]	名蒸発作用
☐ **evaporate** ● [ivǽpərèit]	自他 蒸発する（させる）：The small pool of water evaporated in the sunshine. 小さな水溜りの水は太陽の光で蒸発した。
☐ **geyser** ● [gáizər]	名間欠泉《一定の周期で熱湯または水蒸気を噴出する温泉》
☐ **ground water** ● [gráund wɔ́ːtər]	名地下水
☐ **hardness** [hɑ́ːrdnis]	名（水の）硬度

Word Check

□ **headwater** [hédwɔ̀:tər]	名上流；源流
□ **hydroelectric power** ● [hàidrouiléktrik páuər]	名水力発電
□ **harness** ● [hάːrnis]	他利用する： harness solar energy 太陽エネルギーを利用する
□ **impermeable layer** [impə́ːrmiəbl léiər]	名不浸透性層
□ **leaching** [líːtʃiŋ]	名濾過（ろか）
□ **levee** [lévi]	名堤防；波止場
□ **osmosis** [ɑzmóusis|ɔz-]	名浸透
□ **outfall** [áutfɔ̀:l]	名河口；出口；流れ口
□ **percolation** ● [pə̀ːrkəléiʃən]	名濾過（＝filtration）
□ **permeability** ● [pə̀ːrmiəbíləti]	名浸透性
□ **permeate** ● [pə́ːrmièit]	他浸透する（＝penetrate＝soak）
□ **reclaimed wastewater** [rikléimd wéistwɔ̀:tər]	名再生廃水
□ **reservoir** [rézərvwὰːr]	名貯水池
□ **runoff** ● [rʌ́nɔ̀:f]	名（地中に吸収されずに流れる）雨水
□ **saline water** ● [séilain wɔ́:tər]	名塩水　参 salinity 塩分

11 生態学

Word Check

□ **sediment** ● [sédəmənt]	名沈殿物；堆積物　参 sedimentary rocks 堆積岩
□ **seepage** [síːpidʒ]	名漏出
□ **sewage**\\\\
[súːidʒ|sjúː-]	名汚水
□ **sewage treatment plant** [súːidʒ tríːtmənt plænt]	名下水処理工場
□ **sewer** ● [súːər|sjúə]	名下水道　参 sewerage [sjúː(ː)əridʒ] 下水道；下水処理
□ **subsidence** [səbsáidns]	名沈殿；堆積
□ **surface tension** ● [sə́ːrfis ténʃən]	名表面張力
□ **thermal pollution** [θə́ːrməl pəlúːʃən]	名熱公害《発電所や工場の温排水による水質の悪化》
□ **transpiration** [trænspəréiʃən]	名蒸散
□ **tributary** ● [tríbjutèri|-təri]	形支流の：tributary streams 支流
□ **turbidity** [təːrbídəti]	名濁り
□ **unsaturated zone** [ənsǽtʃərèitid zóun]	名不飽和領域
□ **water cycle** ● [wɔ́ːtər sáikl]	名水循環
□ **water table** [wɔ́ːtər téibl]	名地下水面
□ **watershed** [wɔ́ːtərʃèd]	名分水線；分水界

Word Check

12 Economics & Management・経済学&経営学

□ **analyst** [ǽnəlist]	名分析者；アナリスト；(情勢などの)解説者
□ **bankrupt** ● [bǽŋkrʌpt|-rəpt]	形破産した：go bankrupt 破産する（＝go broke）
□ **bankruptcy** ● [bǽŋkrʌptsi|-rəpsi]	名破産；倒産
□ **broker** [bróukər]	名ブローカー；仲買人；仲介者
□ **curtailment** ● [kərtéilmənt]	名削減；短縮；抑制
□ **devalue** [di:vǽlju]	他価値を減じる；(通貨の)平価を切り下げる
□ **exhortation** [ègzɔ:rtéiʃən]	名(熱心な)勧告；訓戒；奨励
□ **exploit** ● [iksplóit]	他(利益・営利のために)利用する；搾取する；(資源・市場などを)開発する：Many children were exploited as cheap labor in factories. 多くの児童が工場で安価な労働力として搾取された。
□ **imbalance** ● [imbǽləns]	名不均衡（＝disproportion）
□ **ledger** [lédʒər]	名帳簿；元帳
□ **nationalize** [nǽʃənəlàiz]	他(産業・土地を)国有化する
□ **personnel** ● [pə̀:rsənél]	名《集合》(官庁・会社・軍隊などの)全職員；人員；人事課：cutbacks in personnel 人員の削減
□ **productivity** [pròudʌktívəti|prɔ̀d-]	名生産性：high costs and low productivity 高いコストと低い生産性
□ **proviso** [prəváizou]	名(法令・契約などの)但し書き

12 経済学&経営学

Word Check

□ **retail** [ritéil]		自他小売りする(される) 名[rí:teil] 小売り： These socks retail at [for] $5 a pair. この靴下は小売り値で1足5ドルです。
□ **retailer** [rí:teilər]		名小売業者
□ **storage** [stɔ́:ridʒ]		名貯蔵；保管
□ **transaction** [trænsǽkʃən|trænz-]		名(業務・交渉・活動の)処理；執行；商取引： have business transactions with a person 人と商取引する
□ **valid** [vǽlid]		形有効な 名 validity 妥当性
□ **warehouse** [wɛ́ərhàus]		名倉庫
□ **wholesale** [hóulsèil]		名卸売り (⇔ retail) 名 wholesaler 卸売業者
□ **assessment** [əsésmənt]		名(財産・収入の)査定；評価；税額の決定：environmental assessment 環境アセスメント［影響評価］
□ **sluggish** [slʌ́giʃ]		形緩慢な；活気のない： a sluggish economy 停滞気味の経済
□ **repercussion** [rì:pəkʌ́ʃən]		名(好ましくない)影響；余波
□ **boost** [bú:st]		他押し上げる；増やす： boost sales 売り上げを増やす
□ **consolidate** [kənsɑ́lədèit|-sɔ́l-]		他(土地・会社などを)合併する；(負債などを)まとめて整理する；(権力を)強化する： consolidate one's debts 利益をまとめて整理する
□ **remit** [rimít]		他(小切手・お金を)送る：remit the balance to him by money order 彼のところへ郵便為替で残高を送金する
□ **spur** [spə́:r]		名拍車；刺激；激励；動機

Word Check

□ **deduction** [didʌkʃən]	●	名控除；差し引き：income tax deduction 税金控除
□ **downright** [dáunràit]		形徹底的な；まったくの；まぎれもない
□ **enumerate** [injúːmərèit|injúː-]	●	他列挙する；数え上げる
□ **joint** [dʒɔ́int]		形合同；共有の；共通の： joint owners of a business 共同経営者
□ **manifold** [mǽnəfòuld]	●	名多重の；多種多様な；多方面の： a manifold operation 多面的な計画
□ **margin** [máːrdʒin]	●	名差；利ざや：margin transaction 信用取引
□ **multilateral** [mʌ̀ltilǽtərəl]	●	形(貿易・条約などが)多数国参加の： a multilateral agree-ment 多国間協約
□ **multiple** [mʌ́ltəpl]		形複合的な；多重の；多角的な
□ **prolong** [prəlɔ́ːŋ| -lɔ́ŋ|-lɔ́ŋ]		他延長する；長引かせる
□ **superfluous** [supə́ːrfluəs|sjuː-]	●	形余分な；過剰の；不必要な
□ **tardiness** [táːrdinis]		名緩慢；遅滞；遅刻
□ **foreign exchange market** [fɔ́ːrən ikstʃéindʒ máːrkit]		名外国為替市場
□ **lay off** [léi ɔ́ːf]	●	名解雇する 名(一時)解雇： We were laid off (work) for three weeks. 私たちは3週間の一時解雇を命ぜられた。
□ **executive** [igzékjutiv]	●	名 会社役員；経営幹部：He is an executive in the airlines. 彼は航空会社の重役のひとりです。
□ **stock** [stάk|stɔ́k]		名株式

12 経済学＆経営学

Word Check

☐ **stock price index** [sták|stɔ́k práis índeks]	名株価指数
☐ **stock market** ● [sták|stɔ́k màːrkit]	名株式市場
☐ **stockholder** [stákhòuldər]	名株主
☐ **shareholder** ● [ʃɛ́ərhòuldər]	名株主
☐ **exchange rate** [ikstʃéindʒ réit]	名為替レート；(外国)為替相場
☐ **principal** [prínsəpəl]	名元金
☐ **capital gains** [kǽpətl géinz]	名キャピタル・ゲイン《株や土地売買による所得》；資本利得
☐ **surplus** ● [sə́ːrplʌs|-pləs]	名黒字；余り（⇔ deficit 赤字）
☐ **affiliation** ● [əfìliéiʃən]	名加盟；提携：hospitals in affiliation with University of Washington ワシントン大学付属病院
☐ **affiliate** ● [əfílièit]	他 付属にする；提携させる 自 提携する 名 支社；提携会社
☐ **high-interest rate** [hái íntərist rèit]	名高金利
☐ **high yield** ● [hái jíːld]	名高利回り
☐ **official discount rate** [əfíʃəl dískaunt rèit]	名公定歩合 参 discount rate（財政・金融）商業手形割引率
☐ **arbitrage** ● [áːrbətràːʒ]	名(U) 裁定取引；さや取り売買
☐ **fund** [fʌ́nd] ●	名資金；基金：a reserve fund 積立金

Word Check

□ **subcontractor** [sʌbkʌ́ntræktər|sʌ̀bkəntrǽk-]	名下請け業者
□ **consume** ● [kənsúːm|-sjúːm]	他消費する；食べ(飲み)尽くす：This machine consumes 10 percent of all the power we use. この機械はここでの使用電力の1割を食う。
□ **consumer goods** [kənsúːmər gùdz]	名消費財
□ **consumer price index** [kənsúːmər práis ìndeks]	名消費者物価指数
□ **consumption** ● [kənsʌ́mpʃən]	名消費：consumption tax 消費税
□ **securities industry** [sikjúərətiz índəstri]	名証券業界
□ **output** ● [áutpùt]	名生産高
□ **equilibrium** [ìːkwəlíbriəm]	名均衡；平衡；釣り合い：Supply and demand are in equilibrium. 需要と供給が釣り合っている。
□ **aggregate** ● [ǽgrigət]	形総計の；集合した；結合した： aggregate demand 総需要
□ **break-even point** [bréikíːvən pɔ̀int]	名損益分岐点
□ **tax evasion** ● [tǽks ivèiʒən]	名脱税
□ **merger** ● [mə́ːrdʒər]	名(会社などの)(吸収)合併；合同： Merger and Acquisition (M&A) 企業の合併吸収
□ **morale** [mərǽl|mɔrɑ́ːl]	名士気；意気込み：boost the morale of workers 労働者たちの士気を高める
□ **mortgage** ● [mɔ́ːrgidʒ]	名抵当(権)；住宅ローン： place a mortgage on one's land 土地を抵当に入れる

12 経済学＆経営学

345

Word Check

□ **languish** ● [lǽŋgwiʃ]	自低迷する
□ **commission** [kəmíʃən]	名(U) (商取引における)委任；委託；代理業務(C) 手数料；歩合
□ **investment** [invéstmənt]	名投資
□ **investment trust** [invéstmənt trʌ̀st]	名投資信託
□ **monopoly** [mənɑ́pəli|-nɔ́p-]	名独占；専売： the monopoly prohibition law 独占禁止法
□ **dealing** [díːliŋ]	名商取引；付き合い： have dealings with~ ～と商取引をする；付き合う
□ **business transaction** ● [bíznis trænsǽkʃən]	名 処理；取引；業務処理　参 cash transaction 現金取引
□ **dividend** ● [dívədènd]	名配当；預金利子；(保険などの)利益配当金： pass a dividend 無配当にする
□ **bargain** [bɑ́ːrgən]	名売買契約：close [settle/arrange/strike/conclude/make] a bargain with a person over the price 価格について人と契約する；人と価格に関する取引を決める
□ **blue chip** [blúː tʃìp]	名ブルーチップ；優良株；一流株；優良企業
□ **head office** [héd ɔ́ːfis]	名本店；本社；本社の幹部
□ **board of directors** [bɔ́ːrd əv diréktərz]	名重役会；役員会；理事会：a board of trade 商工会議所　a board of education 教育委員会
□ **depositor** [dipɑ́zitər|-pɔ́z-]	名預金者；供託者
□ **rate hike** [réit hàik]	名利上げ
□ **labor union** [léibər jùːnjən]	名労働組合

Word Check

□ **corporation** [kɔ̀ːrpəréiʃən]	名会社；法人： the corporation profit tax 法人利得税
□ **employment** [implɔ́imənt]	名雇用
□ **unemployment** [ʌ̀nimplɔ́imənt]	名失業；失業者数： disguised unemployment 偽装失業
□ **unemployment benefits** [ʌ̀nimplɔ́imənt bènəfits]	名失業手当
□ **analysis** [ənǽləsis]	名分析；分解　複 analyses：logical analyses of human behavior 人間行動の論理的分析
□ **analytic** [æ̀nəlítik]	形分析的な（⇔ synthetic 統合的な）
□ **equitable** [ékwətəbl]	形公平な：distribute the money in an equitable manner 公平な方法でお金を分配する
□ **commodity** [kəmádəti|-mɔ́d-]	名商品；産物；日用品： staple commodities 主要商品
□ **allocate** [ǽləkèit]	他割り当てる；とっておく： allocate $300,000 for the facilities of a library 図書館の設備に30万ドルを充当する
□ **subsidize** [sʌ́bsədàiz]	他補助金を出す： The project is heavily subsidized by the government. そのプロジェクトは巨額の国庫補助を受けている。
□ **subsidy** [sʌ́bsədi]	名助成金；（国家間の援助協定に基づく）報酬金
□ **subsidiary** [səbsídièri|-diəri]	形補助の；助成金の　名子会社；補助物
□ **auditor** [ɔ́ːdətər]	名会計検査官；監査役　他 audit（会計簿などを）検査する
□ **seniority system** [siːnjɔ́ːrəti sìstəm]	名年功序列制

12 経済学＆経営学

Word Check

□ **revenue** ● [révənjùː|-njùː]	名歳入；収益：internal revenue 内国税収入
□ **fiscal** ● [fískəl]	形国庫収入の；会計の：a fiscal year 会計年度
□ **stagnant** ● [stǽgnənt]	形停滞した；不景気な　名 stagnation 不振；不況
□ **per capita** ● [pər kǽpitə]	形副1人当たり；(財産相続などで)頭割りの
□ **dismiss** ● [dismís]	他解任する；解雇する（＝discharge＝fire）： dismiss half the employees 従業員の半数を解雇する 【「解散する」の意味も知っておきたい】
□ **distribution** ● [dìstrəbjúːʃən]	名分布；配布；配給： distribution curves（統計の）分布曲線
□ **distribute** ● [distríbjuːt]	他分配する；配給する；割り当てる： distribute to each employee the benefits due to him 従業員に、支払われるべき利益を分配する
□ **pension** ● [pénʃən]	名年金；恩給；扶助料： collect an old age pension 老齢年金をもらう
□ **entrepreneur** ● [àːntrəprəná:r|ɔ̀n-]	名起業家；事業家
□ **withholding tax** [wiðhóuldiŋ tæks]	名源泉徴収税
□ **tariff** [tǽrif] ●	名関税（＝custom＝duty）；関税率
□ **savings account** [séiviŋs əkàunt]	名普通預金口座
□ **checking account** [tʃékiŋ əkàunt]	名当座預金口座《小切手で払い戻しをする預金で、原則として無利子。大金を持ち歩く習慣がない米国では大学生も利用している》
□ **depreciation** ● [dipriːʃiéiʃən]	名通貨価値の下落；減価償却見積額： depreciation reserves 減価償却準備金

Word Check

☐ **appreciation** ● [əpriːʃiéiʃən]	名 通貨価値の上昇；(価格・評価額の)騰貴（⇔ depreciation）：the appreciation of the yen 円高
☐ **vicious** [víʃəs]	形 悪意のある：vicious circle 悪循環
☐ **developing countries** [divéləpiŋ kʌ́ntriz]	名 発展途上国（＝emerging nations）
☐ **developer** [divéləpər]	名 開発業者；宅地・住宅開発業者
☐ **human rights** [hjúːmən ráits]	名 人権
☐ **indigenous people** ● [indídʒənəs píːpl]	名 土着民；固有の民族
☐ **industrial countries** [indʌ́striəl kʌ́ntriz]	名 工業国
☐ **logging** [lɔ́ːgiŋ|lɔ́g-]	名 伐採；伐木搬出業：a logging railroad 森林鉄道
☐ **materialize** ● [mətíəriəlàiz]	自他 具体化する；実現する：materialize one's dream 夢を実現する
☐ **nonprofit** [nɔ̀nprɑ́fit]	形 非営利の
☐ **sustainable** [səstéinəbl]	形 維持できる；(開発・資源などが)環境破壊せずに継続[利用]できる
☐ **World Bank** [wə́ːrld bǽŋk]	名 世界銀行
☐ **firm** [fə́ːrm]	名 商社；商店；会社；組織としての事務所：a law firm 法律事務所
☐ **asset** [ǽset] ●	名 財産；貴重なもの：He is a great asset to our company. 彼の存在はわが社にとって大きな財産です。
☐ **liable** ● [láiəbl]	形 (負債・損害などに)法的責任がある；服すべき：be liable to taxation 課税対象になる
☐ **register** ● [rédʒistər]	自他 登録する；記載する；書留にする

12 経済学＆経営学

Word Check

□ **agency** ● [éidʒənsi]	名機関；代理店；代理業務： the Central Intelligence Agency 米国中央情報局
□ **loan** [lóun]	名貸付金；公債；借款： raise [issue] a loan 公債を募る
□ **income** [ínkʌm]	名収入；所得：gross [net] income 総[実]収入
□ **currency** ● [kə́:rənsi|kʌ́r-]	名通貨；貨幣：foreign currency 外貨
□ **income tax** [ínkʌm tæks]	名所得税
□ **soar** [sɔ́:r] ●	自急上昇する：The price of gold is soaring. 金の価格が急騰している。
□ **competitiveness** [kəmpétətivnis]	名競争；競合性
□ **competition** [kàmpətíʃən|kɔ̀m-]	名競争 自compete (with/against) 競争する
□ **competent** ● [kámpətənt|kɔ́m-]	形能力のある；有能な：The new section chief is a man competent for the task. 新しい課長はその仕事が十分やれる人だ。
□ **retirement** [ritáiərmənt]	名退職；退役；退却： take early retirement 早期退職する
□ **retirement benefits** [ritáiərmənt bènəfits]	名退職給付金
□ **supply** [səplái]	名供給：supply and demand 供給と需要
□ **deficit** ● [défəsit]	名赤字 (⇔ surplus)；欠損：deficit financing 赤字財政 参 His firm is in the red. 彼の会社は赤字です。
□ **incentive** ● [inséntiv]	名刺激策；誘因；報奨金
□ **interest rate** ● [íntərəst rèit]	名金利；利率

Word Check

□ **innovation** ● [ìnəvéiʃən]	名新しく取り入れたもの；(技術)革新；刷新：technological innovation 技術革新
□ **multinational** [mʌ̀ltinǽʃənl]	形多国籍の　名多国籍企業（＝multinational corporation）
□ **anti-trust law** [æ̀ntitrʌ́st lɔ́ː]	名独占禁止法
□ **balance** [bǽləns]	名収支のバランス；差引残高：a favorable (unfavorable) balance of trade 輸出(輸入)超過
□ **creditor** [kréditər]	名債権者(国)；貸主（⇔ debtor 借主）：Creditors have better memories than debtors.《諺》貸し手は借り手よりもよく覚えている。
□ **foreign exchange reserves** [fɔ́ːrən ikstʃéindʒ rizə́ːrvz]	名外国為替準備；外貨準備高《政府または中央銀行が保有している金および外貨手持額から流動性の乏しい外貨資産を差し引いたもの》
□ **curb** [kə́ːrb] ●	頻出他抑制する；制限する：curb one's spending 支出を抑える
□ **diversify** ● [divə́ːrsəfài|dai-]	他多角化する；多様化する；多角投資する
□ **stake** [stéik] ●	名利害関係；関与；投資(額)；個人的関心
□ **denomination** [dinɑ̀mənéiʃən|-nɔ̀m-]	名(貨幣・度量衡の)単位；金種(きんしゅ)；額面：Bonds were issued in denomination of $500. 証券は額面500ドルで売り出された。
□ **flier** [fláiər]	名チラシ；ビラ
□ **alliance** ● [əláiəns]	名提携；連合：a triple alliance 三国同盟
□ **book** [búk]	名会計簿；帳簿
□ **tax return** ● [tǽks ritə́ːrn]	名確定申告

12 経済学＆経営学

Word Check

□ **ordinance** [ɔ́ːrdənəns]	名条例：a cabinet [a government] ordinance 政令
□ **premiums** [príːmiəmz]	名複保険料；掛け金
□ **list** [líst]	他（株式を）上場する
□ **expenditure** ● [ikspénditʃər]	名支出；歳出：annual expenditure 歳出
□ **expire** [ikspáiər]	自（期限が）切れる；終了する　名 expiration（期限の）満了；終結：My license expires on the first day of March. 私の免許は3月1日に切れる。
□ **venture** [véntʃər]	名開拓型新興小規模企業；投機的事業
□ **maturity** [mətʃúərəti|-tjúər-]	名満期；支払期日
□ **finance** ● [finǽns|fáinæns]	名財務；財政学　他融資する：a finance bill 財政法案
□ **financial market** [finǽnʃəl|fai- máːrkit]	名金融市場
□ **liabilities** ● [làiəbílətiz]	名負債；債務【通例 -ties で単数扱い】
□ **equity** [ékwəti]	名普通株式；企業資産の持分；公明正大：equity capital 自己資本
□ **financial reform** [finǽnʃəl rifɔ́ːrm]	名財政改革
□ **cash flow** [kǽʃ flóu]	名現金流出入；資金流入額；現金流動：have cash flow problems 十分にお金を持っていない
□ **liquidity** [likwídəti]	名流動性；現金（相当物）を持っていること
□ **leverage** [lévəridʒ|líːv-]	名力；手段；てこの作用；レベレッジ《借入金を活用して自己資本収益力を高めること》

Word Check

□ **return** [ritə́ːrn]	名利益;収益
□ **interest** [íntərist]	名利子;利権;利害関係(者);同業者: the shipbuilding interests 造船業者たち
□ **bond** [bánd|bɔ́nd]	名公債;社債;債券;絆: corporate [government] bonds 社債[国債]
□ **capital** [kǽpətl]	名資本:financial capital 金融資本
□ **trade-off** [tréidɔ̀ːf]	名(より必要な物との)交換;(妥協のための)取引
□ **accounting** [əkáuntiŋ]	名会計;経理;会計学 参 bookkeeping 簿記
□ **leasing** [líːsiŋ]	名賃貸借契約
□ **inventory** [ínvəntɔ̀ːri|-təri]	名在庫品;目録

Word Check

13 Education・教育学

□ **browse** ● [bráuz]	名他 拾い読み（する）
□ **console** [kənsóul]	他 慰める：console a person for [on] his misfortune 人の不幸を慰める
□ **embody** ● [imbádi|-bɔ́di]	他[通例 be embodied]（思想・感情などが）具体化される；具体的に表現される：His opinions are embodied in this essay. 彼の意見はこの小論文の中で具体的に表現されている。
□ **enlightenment** [inláitnmənt]	名 啓発；啓蒙；教化　参 the Enlightenment（17〜18世紀のヨーロッパの）啓蒙運動
□ **intelligible** [intélədʒəbl]	形 理解しやすい；わかりやすい；明瞭な
□ **ambivalent** [æmbívələnt]	形 矛盾する感情を持つ；愛憎相争う：an ambivalent feeling toward religion 宗教に対する感情的葛藤（かっとう）
□ **aptitude** ● [ǽptətjùːd|-tjùːd]	名 適性；（学問・芸術習得の）才能：a remarkable aptitude for language すばらしい語学の才能
□ **certificate** ● [sərtífikət]	名 証明書；免状：a teacher's [a teaching] certificate 教員免許状
□ **certify** [sə́ːrtəfài]	他 証明する；保証する：It has been certified that the documents are correct. 書類に誤りがないことが証明された。
□ **compulsion** [kəmpʌ́lʃən]	名 強制；衝動強迫：feel a compulsion to steal 衝動的に盗みたくなる
□ **disinterestedness** ● [disíntərèstidnis]	名 私心のなさ（＝impartiality）
□ **eligible** ● [élidʒəbl]	形 適格な；適任の；選ばれるのにふさわしい
□ **eliminate** ● [ilímənèit]	他 除く；除去する；削除する：eliminate slang words from one's writings 著作から俗語を削除する
□ **engross** [ingróus]	他 没頭させる：engross oneself with 〜に夢中になる

Word Check

□ **evaluate** ● [ivǽljuèit]	他 評価する：It is difficult to evaluate him as a teacher. 教師としての彼を評価するのは難しい。
□ **forbear** [fɔ́:*r*bɛ̀ə*r*]	他 自制する：forbear one's anger 怒りを抑える
□ **indebted** ● [indétid]	形 恩義がある：I am indebted to him for his help with my research. 彼には研究を助けてもらった恩義がある。
□ **persevere** ● [pə̀:*r*səvíə*r*]	自 耐える；(困難に屈せず)目的を貫く；がんばり通す：persevere in one's efforts たゆまず努力する
□ **statement of purpose**	名 志願理由書《大学への出願時に提出するエッセイ》
□ **entail** [intéil]●	他 伴う；必要とする；引き起こす：Writing a philosophy book entails a great deal of work. 哲学の本を書くことは大変な仕事である。
□ **lull** [lʌ́l]	他 あやす：She lulled her baby to [into] sleep. 彼女は赤ちゃんをあやして寝かしつけた。
□ **adept** ● [ədépt｜ǽdept]	形 熟練した 名 名人：be adept at ～ ～が上手である
□ **eligibility for entrance**	名 入学資格
□ **entrance ceremony** [éntrəns sèrəməni]	名 入学式
□ **university entrance examination**	名 大学入試
□ **admission procedure** [ædmíʃən prəsìːdʒə*r*]	名 入学するための手順 参 名 admission（入場・入学・入社）許可；入場料；承認
□ **admission requirement** ● [ædmíʃən rikwàiə*r*mənt]	名 入学資格：satisfy the admission requirements of the university 大学入学資格を満たす
□ **enrollment** ● [inróulmənt]	名 入学；入会；加入；登録；入学者総数：Women's enrollment in engineering schools has risen [dropped]. 工学部への女性の入学者が増えた[減った]。
□ **foster** [fɔ́:stə*r*｜fɔ́s-]	他 育成する；促進する：foster many social reforms 多くの社会改革を促進する

13

教育学

355

Word Check

□ **informative** [infɔ́ːrmətiv]	形知識を与えてくれる
□ **prerequisite** ● [prìːrékwəzit]	名必須前提条件；(大学などの講座で)ある科目を取るためにあらかじめ修得しておくべき科目："Prerequisite —— see University Catalogue"【必須前提科目については大学カタログを参照のこと】
□ **requisite** ● [rékwəzit]	名必要条件　形必要な：He lacks the requisite credentials for that job. 彼はその仕事をする資格を欠いている。
□ **intermediate** [ìntərmíːdiət]	形中間の；中級の：the intermediate level 中級レベル
□ **adolescent** ● [ædəlésnt]	名形若者(の)；青年期(の)
□ **puberty** ● [pjúːbərti]	名思春期；年ごろ
□ **commute** ● [kəmjúːt]	自通勤・通学する：a commuter pass 通勤定期
□ **dormitory** ● [dɔ́ːrmətɔ̀ːri|-təri]	名(略：dorm)(大学などの)寮：When you enter as first year students, the university will assign you to a dorm and a roommate. 1年生の場合、大学側が寮の部屋とルームメイトを割り当てます。
□ **boarding house** [bɔ́ːrdiŋ hàus]	名下宿：Room and Board 食事付き下宿
□ **bully** [búli] ●	他いじめる；脅す　名いじめっ子；弱い者いじめ：play the bully 弱い者いじめをする
□ **courtesy** [kə́ːrtəsi]	名礼儀正しさ；丁寧；優遇；好意
□ **governess** [gʌ́vərnis]	名(子供のしつけ・教育を受け持った、住み込みの)女性家庭教師；女性知事
□ **inquisitor** [inkwízətər]	形好奇心の強い質問者；調査官；審問官
□ **naughty** [nɔ́ːti]	形(子供が)いたずらな；言うことを聞かない；腕白な

Word Check

□ **qualification** [kwɑ̀ləfikéiʃən|kwɔ̀l-]	名(法律上・慣習上必要な)資格;必要条件;免許状;資格証明書:paper qualifications 検定資格
□ **qualify** [kwɑ́ləfài|kwɔ́l-]	他資格を与える:be qualified for teaching [=to teach] music (=be qualified as a teacher of music) 音楽教師の資格がある
□ **reunion** [ri:jú:njən]	名再会:a class reunion クラス会;同窓会 (=alumni association)
□ **tease** [tí:z]	他からかう (=mock);いじめる (=bully)
□ **toddler** [tɑ́dlər|tɔ́d-]	名よちよち歩きの幼児
□ **vocational school** [voukéiʃənl skù:l]	名専門学校;職業訓練学校
□ **vocational education** [voukéiʃənl edʒukèiʃən]	名職業教育
□ **requirements** [rikwáiərmənts]	名必修科目 (=required subject);必要条件
□ **elective** [iléktiv]	名形選択科目(の);随意選択の
□ **quiz** [kwíz]	名小テスト;簡単な試験:She gave us two pop quizzes in spelling last week. 先週スペリングの抜き打ちテストを2度やられた。
□ **handout** [hǽndàut]	名プリント;(学会や講義などで資料として配布する)印刷物
□ **paper** [péipər]	名課題;レポート:I submitted the term paper to Professor Smith yesterday. 私は昨日スミス教授に学期末レポートを提出した。
□ **take-home exams**	名(大学などの講座で)家に持ち帰ってやる試験
□ **cheating** [tʃí:tiŋ]	名カンニング;不正行為 他cheat だます;欺く 自カンニングをする:cheat in [on] the examination 試験でカンニングをする
□ **unit** [jú:nit]	名単位 (=credit)
□ **audit** [ɔ́:dit]	他(大学の講義を)聴講する【正式な単位にはならない】

13 教育学

Word Check

☐ **faculty** ● [fǽkəlti]	名教授陣；学部： the Faculty of Comparative Culture 比較文化学部
☐ **faculty meeting** [fǽkəlti mìːtiŋ]	名教授会
☐ **grade** ● [gréid]	名学年；小学校；成績の評価；評定：have [gain] outstanding grades in science 理科で優秀な成績を取る
☐ **GPA** ●	名 Grade Point Average（評定平均）：If your grade point average is 3.0 or above, you are exempt from submitting test scores. 評定平均が3.0かそれ以上の場合は、各種テストのスコア提出は免除されます。
☐ **transcript** ● [trǽnskript]	名成績証明書
☐ **graduation** ● [græ̀dʒuéiʃən]	名卒業；卒業式 （＝graduation ceremony＝commencement）
☐ **graduation thesis** [græ̀dʒuéiʃən θìːsis]	名卒業論文
☐ **diploma** ● [diplóumə]	名卒業証書；修了証書；大学(院)学位： a high school diploma 高校の卒業証書
☐ **degree** ● [digríː]	名学位：He got [took] his master's degree in Comparative Literature. 彼は比較文学の修士号を取りました。
☐ **resume** ● [rézumèi|rézju-]	名履歴書；身上書（＝curriculum vitae）
☐ **graduate school** ● [grǽdʒuət skùːl]	名 大学院《Master's Degree（修士号：MA、MS）と Doctor's Degree（博士号：PhD）を与える》
☐ **probation** ● [proubéiʃən|prə-]	名落第猶予期間；仮及第期間《ある学期までの評定平均が基準を下回った場合、次の学期に成績を回復すれば落第を免れる。academic probation とも言う》
☐ **dropout** [drápàut]	名 中途退学者；(社会からの) 離脱者《米国の大学は中途退学者が多く、平均的な州立大学で卒業率が40％を下回る大学も少なくない》
☐ **honor student** [ánər|ɔ́n- stjùːdnt]	名 優等生《通常は評定平均が3.7以上（満点4.0）の学生》

Word Check

□ **alumni** [əlʌ́mnai]	名複卒業生 単 alumnus [əlʌ́mnəs]（男子）または alumna [əlʌ́mnə]（女子）《男女を合わせて言う場合は男性形複数の alumni を使う》
□ **aging society** [éidʒiŋ səsáiəti]	名高[老]齢化社会
□ **calligraphy** [kəlígrəfi]	名書道；習字；能書（⇔ cacography 悪筆）
□ **coeducation** [kòuedʒukéiʃən]	名男女共学 （略）coed
□ **College of Liberal Arts**	名教養学部【この場合の college は学部の意】
□ **compulsory** [kəmpʌ́lsəri]	形強制的な；義務的な；必修の 名 compulsory education 義務教育
□ **multiple-choice** [mʌ́ltəpl tʃɔ́is]	形多義選択式の　名 computerized multiple-choice マークシート方式の
□ **correspondence** [kɔ̀:rəspándəns |kɔ̀rəspónd-]	名通信；文通；通信文： correspondence course 通信教育課程
□ **cram** [krǽm]	名詰め込み式の勉強（＝cramming）：pass the exam by cram alone 一夜漬けだけで試験に合格する
□ **credit** [krédit]	名履修単位（＝unit）；単位制度：Community college credit is allowed up to a maximum of 70 semester units. 短大での履修単位は最大70単位まで（2期制単位として）認められます。
□ **curriculum** [kəríkjuləm]	名教育課程；（学校の）カリキュラム；履修課程
□ **Dean of the faculty** (**department**)	名学部長　参 President 学長
□ **dissertation** [dìsərtéiʃən]	名博士論文；論文： write a dissertation for a Ph.D. 博士論文を書く
□ **final oral defense**	名（学位審査の）最終の口頭試問

13 教育学

Word Check

☐ **doctor's degree** ● [dάktərz digrìː]	图博士（略：Dr.、D.）（＝Ph.D.）：take one's doctor's degree 博士号を取る
☐ **master's degree** ● [mǽstərz digrìː]	图修士(号)（略：M.A.または M.S.）
☐ **education-conscious society**	图学歴社会
☐ **educational administration** [èdʒukéiʃənl ædmìnəstréiʃən]	图教育行政
☐ **elementary school** [èləméntəri skùːl]	图小学校（＝grade school）
☐ **equal opportunity** [íːkwəl àpərtjúːnəti]	图(人種・性別によらない)機会均等
☐ **extracurricular activity** ● [ékstrəkəríkjulər æktìvəti]	图クラブ活動；課外活動 ⑧ extracurricular 教科課程外の
☐ **fine arts** [fáin άːrts]	图美術【ちなみに単数の fine art は「美術品」の意】
☐ **fire drill** [fáiər drìl]	图避難訓練；消防訓練
☐ **higher education** ● [háiər edʒukéiʃən]	图高等教育《大学・大学院・専門学校の教育》
☐ **junior college** ● [dʒúːnjər kάlidʒ]	图(2年制)短期大学（＝community college）
☐ **preschool-education** [priskúːl edʒukéiʃən]	图就学前教育
☐ **kindergarten** ● [kíndərgὰːrtən]	图幼稚園 ＊スペリング注意！
☐ **nursery school** ● [nə́ːrsəri skúːl]	图 保育園；託児所（＝day care center）【nursery には「子供部屋」「苗木」の意味もある】

Word Check

□ **medical checkups** ● [médikəl tʃékʌps]	名健康診断（＝medical examination）
□ **intelligence test** [intélədʒəns tést]	名知能検査（＝IQ test）
□ **mentally handicapped children education**	名精神障害児教育
□ **physically and mentally handicapped child**	名心身障害児
□ **mentally retarded** ● [méntəli ritá:rdid]	名形精神遅滞(の)： a mentally retarded pupil 遅進児
□ **emotional disorder** [imóuʃənl disɔ́:rdər]	名情緒障害
□ **anxiety disorder** [æŋzáiəti disədə]	名不安障害
□ **autistic** [ɔ:tístik]	名形自閉症の(人)　参名 autism 自閉症
□ **visual disturbance** [víʒuəl distá:rbəns]	名視覚障害
□ **acoustic disturbance** [əkú:stik distə́:rbəns]	名聴覚障害
□ **communication disorder** [kəmjù:nəkéiʃən disɔ́:rdər]	名言語障害
□ **amentia** [eiménʃə]	名(先天性)精神薄弱；精神遅滞
□ **peer group** ● [píər grù:p]	名 仲間集団　参 peer pressure《仲間の集団から加えられる社会的圧力》
□ **physical education** ● [fízikəl edʒukéiʃən]	名 体育【学生は略して PE と言うこともある。リスニングでも頻出】
□ **physical fitness test**	名体力運動調査

13 教育学

Word Check

☐ **president** ● [prézədənt]	名(大学の)学長　参 vice-president　副学長
☐ **principal** [prínsəpəl]	名校長
☐ **public school** [pʌ́blik skùːl]	名公立学校 【ただし英国の場合、私立の有名中高一貫校を指す】
☐ **school excursion** [skùːl ikskə́ːrʒən]	名修学旅行
☐ **school for deaf and dumb**	名聾啞(ろうあ)学校
☐ **self evaluation** ● [sélf ivæ̀ljuéiʃən]	名自己採点；自己評価
☐ **self-discipline** ● [sélf dísəplin]	名自己規律；自己修養；自己訓練
☐ **quarter** ● [kwɔ́ːrtər]	名4期制の学期【通常10〜12週】
☐ **semester system** ● [siméstər sìstəm]	名2学期制【通常9月〜1月と2月〜6月の2期】
☐ **seminar** [sémənàːr]	名ゼミ；セミナー；演習
☐ **syllabus** ● [síləbəs]	名(講義の)概要；摘要；時間割；授業計画
☐ **transfer** ● [trǽnsfər]	名編入学；転校
☐ **tuition** ● [tjuːíʃən]	名授業料 (=fees)：Legal residents of California are not charged tuition. 正規のカリフォルニア州民は授業料を免除されます。
☐ **tutorial mode** ● [tjuːtɔ́ːriəl mòud]	名(大学の)個別[指導]教授様式
☐ **uniformity** ● [jùːnəfɔ́ːrməti]	名画一性

Word Check

14 Engineering・工学

□ **maneuver** [mənúːvər]	他(巧みに)操る；動かす
□ **specify** [spésəfài]	他具体的に述べる：Tile roofing was specified. (仕様書に)かわら屋根と指定してあった。
□ **aviation** [èiviéiʃən| æv-|èi-]	名航空；飛行；航空機産業
□ **dashboard** [dǽʃbɔ̀ːrd]	名(自動車などの)計器盤；ダッシュボード
□ **blur** [bləːr]	自ぼやける　他ぼかす：Static blurred the television screen. 電波障害でテレビ画面が乱れた。
□ **breakdown** [bréikdàun]	名故障；崩壊： the breakdown of machine 機械の故障
□ **fiber** [fáibər]	名繊維：synthetic fiber 合成繊維
□ **cog** [kág|kɔ́g]	名歯車；はめ歯　＊より小型の歯車は pinion
□ **combustion** [kəmbʌ́stʃən]	名燃焼；(有機体の)酸化： spontaneous combustion 自然発火
□ **install** [instɔ́ːl]	他(装置などを)据え付ける： have a telephone installed 電話を引く
□ **malfunction** [mælfʌ́ŋkʃən]	名(機械などの)不調；(器官などの)機能不全
□ **manipulation** [mənìpjuléiʃən]	名操作　形 manipulative 操作的な
□ **mechanization** [mèkənaizéiʃən]	名機械化
□ **modulate** [mádʒulèit|mɔ́dju-]	他(ある基準に合わせて)調節する
□ **shaft** [ʃǽft|ʃɑ́ːft]	名シャフト；軸

Word Check

□ **ventilate** [véntəlèit]	他換気する；通風設備を付ける
□ **voltage** [vóultidʒ] ●	名電圧(量)；ボルト数
□ **watt** [wát|wɔ́t]	名ワット；電力の単位
□ **compact** [kəmpǽkt| kʌ́m-|kən-]	形引き締まった；(物が)小型で持ち運びしやすい
□ **interchangeable** [ìntəːrtʃéindʒəbl]	形相互に交換できる；互いに取り替え可能な
□ **absorber** [æbsɔ́ːrbər| -zɔ́ːrb-|əb-] ●	名吸収装置；吸収材（＝shock absorber）
□ **absorption coefficient** [æbsɔ́ːrpʃən kouifíʃənt]	名吸収係数
□ **air mass** [ɛər mǽs] ●	名気団《水平方向に気温・湿度などの状態がほぼ均質な大気の塊》
□ **alternating current** [ɔ́ːltərnèitiŋ kə́ːrənt]	名交流（AC）
□ **ampere** [ǽmpiər]	名アンペア《電流の MKSA 単位》記号：A
□ **cell** [sél] ●	名電池【cell を集めたものが battery】
□ **fuel cell** [fjúːəl sèl]	名燃料電池
□ **photovoltaic cell** [fòutouvaltéiik sèl]	名光電池
□ **charging** [tʃáːrdʒiŋ] ●	名充電
□ **battery** [bǽtəri] ●	名電池；バッテリー： a dry [a storage] battery 乾[蓄]電池
□ **grid** [gríd]	名グリッド《電子の流れを調節する装置》

Word Check

□ **antireflection** [æntiriflékʃən]	名反射止め塗料
□ **diode** [dáioud]	名ダイオード；半導体整流素子
□ **boron** [bɔ́:rɑn|-rɔn]	名ホウ素
□ **cadmium** [kǽdmiəm]	名カドミウム
□ **chlorofluorocarbon** ● [klɔ̀:roufluərouká:rbən]	名クロロフルオロカーボン；フロンガス〈冷蔵庫の冷媒などに使用されていたが、オゾン層を破壊するので1995年に生産停止となった〉
□ **conduction band** [kəndʌ́kʃən bǽnd]	名伝導帯
□ **conversion** ● [kənvə́:rʒən|-ʃən]	名変換；換算；(「改宗」の意味でも頻出)：a conversion table 換算表
□ **dendrite** [déndrait]	名デンドライト；樹状突起〈神経細胞から発する枝上の短い突起。興奮性細胞からの刺激を受け取って細胞体に送る〉
□ **diffusion** [difjú:ʒən]	名(分子・イオン・気体の)拡散；発散；(光の)乱反射
□ **direct current** [dáirect kə́:rənt]	名直流 (DC)
□ **discharge** ● [dístʃɑ̀:rdʒ]	名他自放電(する)
□ **donor** [dóunər]	名ドナー；半導体内の電子供与体
□ **dopant** [dóupənt]	名糊状液；機械油；(半導体に加える)微量の添加物
□ **doping** [dóupiŋ]	名濃厚液で処理すること；競技成績を上げるための薬物使用
□ **electric charge** [iléktrik tʃɑ́:rdʒ]	名電荷〈電気現象の根元となる実体。陽電気と陰電気に分けられ、電気素量を単位とする電気量によって規定される〉
□ **electric circuit** ● [iléktrik sə́:rkit]	名電気回路

14 工学

Word Check

☐ **electric current** ● [iléktrik kə́:rənt]	名電流
☐ **electrodeposition** [ilèktroudepəzíʃən]	名電着《電気分解によって特定の物質が析出し電極に付着すること》
☐ **electrolyte** [iléktrəlàit]	名電解液；電解：an electrolyte solution 電解溶液
☐ **semiconductor** ● [sèmaikəndʌ́ktər]	名半導体
☐ **intrinsic semiconductor** [intrínsik sèmaikəndʌ́ktər]	名真性半導体
☐ **gallium** [gǽliəm]	名ガリウム
☐ **giga-** [gígə-, dʒígə-]	名10の9乗倍を意味する接頭語；10億；無数： gigameter　ギガメートル（100万キロ） gigawatt　　ギガワット　（10億ワット）
☐ **glaze** [gléiz]	名うわぐすり　他(陶器などに)うわぐすりを塗る
☐ **hetero-** ● [hétərou-, -rə-]	名「他の」「異なった」を表す接頭語 参 heterogeneous strain 不均等ひずみ
☐ **homo-** ● [hóumou-|-mə-|hám-]	名「同じ」を表す接頭語 参 homogeneous reaction 均一反応
☐ **indium** [índiəm]	名インジウム
☐ **insolation** [ìnsouléiʃən]	名日照；日射
☐ **insulation** ● [ìnsəléiʃən|-sju-]	頻出 名絶縁体[材]；絶縁；断熱
☐ **inverter** [invə́:rtər]	名インバーター；直流を交流に変換する装置
☐ **patent** ● [pǽtnt|péit-]	他名特許(を与える)： file a patent for laser レーザーの特許を申請する

Word Check

☐ **junction** [dʒʌ́ŋkʃən]	名(半導体などの)接合
☐ **load** [lóud] ●	名荷重；負荷
☐ **module** [mádʒu:l|mɔ́dju:l]	名モジュール；測定基準
☐ **monolithic** [mànoulíθik]	形単一の（⇔ hybrid 混成の）
☐ **nuclear energy** ● [njú:kliər énərdʒi]	名核エネルギー
☐ **parallel connection** [pǽrəlèl kənékʃən]	名並列接続
☐ **polycrystalline** [pàlikrístəlin]	名多結晶の
☐ **radioactive waste** ● [rèidiouǽktiv wéist]	名放射性廃棄物
☐ **rectifier** [réktəfàiər]	名整流器
☐ **silicon** [sílikən]	名ケイ素；シリコン
☐ **solar constant** [sóulər kánstənt]	名太陽定数《地球に到達する太陽エネルギーの量（の単位）》
☐ **solar cell** ● [sóulər sèl]	名太陽電池
☐ **solar energy** ● [sóulər énərdʒi]	名太陽エネルギー
☐ **transmission lines** [trænsmíʃən làinz]	名伝送線
☐ **ultraviolet ray** ● [ʌ̀ltrəváiəlit réi]	名紫外線　参 infrared (rays) 赤外線
☐ **ultraviolet radiation** [ʌ̀ltrəváiəlit rèidiéiʃən]	名紫外線放射

14

工学

Word Check

15 Essays & Term Papers・論文作成

□ **explicit** ● [iksplísit]	形(陳述などが)明快な；明晰な： explicit directions　明快な指示
□ **inference** ● [ínfərəns]	名推論；推定；推測：inductive[deductive] inference　帰納[演繹（えんえき）]推理
□ **terse** [tə́ːrs]	形(文章が)簡潔な；短くてきびきびした
□ **conversely** ● [kənvə́ːrsli|kɔ́nvəːs-]	副逆に；反対に；(文修飾で)逆に言えば
□ **expository** [ikspázətɔ̀ːri]	形解説的な；説明的な：expository writing　解説文作成【米国大学のEnglish101（文章作成入門講座）では必ず出てくる言葉です】
□ **interpretative** [intə́ːrprətèitiv|-tət-]	形説明的な；解釈的な
□ **style** [stáil] ●	名文体；言葉遣い；表現様式：write in the style of Hemingway　ヘミングウェー風の文体で書く
□ **descriptive approach** ● [diskríptiv əpròutʃ]	名描写的方法；記述的方法
□ **explanatory approach** [iksplǽnətɔ̀ːri əpròutʃ]	名説明的方法
□ **documentation** ● [dɑ̀kjumentéiʃən]	名参考文書の活用；資料提供；文書の添付
□ **citation** [saitéiʃən]	名(C) 引用文；(U) 引用（＝quotation）
□ **bibliography** ● [bìbliɑ́grəfi|-ɔ́g-]	名(研究書・論文などに付ける)参考文献一覧
□ **index card** [índeks kɑ̀ːrd]	名目録カード
□ **plagiarism** ● [pléidʒərìzm]	名盗作(したもの)；剽窃(ひょうせつ)(物)
□ **footnote** [fútnòut]	名他脚注(を入れる)；補足説明

Word Check

□ **reference** ● [réfərəns]	名参照；出典；参考文献；参考書：the most relevant references to the topic　この問題に最も関連性のある諸文献
□ **reasoning** ● [ríːzəniŋ]	名推論；推理
□ **assumption** ● [əsʌ́mpʃən]	名仮定；想定；前提： on the assumption that ~　~という仮定のもとに
□ **deduction** ● [didʌ́kʃən]	名 演繹法〈前提を認めるならば、結論もまた必然的に認めざるを得ないとする推論〉（⇔ induction 帰納法）；推論；差し引き
□ **deductive reasoning** [didʌ́ktiv ríːzəniŋ]	名演繹法（⇔ inductive reasoning 帰納法）
□ **induction** ● [indʌ́kʃən]	名帰納法；帰納的結論
□ **inductive reasoning** [indʌ́ktiv ríːzəniŋ]	名帰納法
□ **logic** ● [ládʒik|lɔ́dʒ-]	名論理学；論理
□ **logical fallacies** [ládʒikəl fǽləsiz]	名論理的誤り　参 fallacy 誤った考え
□ **stereotype** ● [stériətàip]	名 典型；固定観念；決まり文句；定型表現：hold stereotypes about women 女性に関して固定観念を持つ
□ **redundant** [ridʌ́ndənt]	形（表現が）冗長な；簡潔でない
□ **circular argument** [sə́ːrkjulər áːrgjumənt]	名回りくどい主張；堂々巡りの議論
□ **disjoint** [disdʒɔ́int]	他バラバラにする；混乱させる：Too many digressions disjoint his writing. 彼の文章は脱線が多すぎて支離滅裂になっている。
□ **abstract** ● [ǽbstrækt]	名 抄録；抜粋；抜書き；要約（＝summary）：make an abstract of ~　~の要点を書き抜く；抜粋要約する
□ **outline** ● [áutlàin]	名箇条書き式の概略；大要；あらまし
□ **table of contents**	名目次（＝contents）；項目；目録

15 論文作成

Word Check

16 Geography・地理学

□ **beacon** [bíːkən]	名 信号(灯)；信号所；灯台；かがり火；航路標識
□ **basin** [béisn]	名 構造盆地；盆地；流域；くぼ地：an ocean [a lake] basin 海盆 [湖盆] the Mississippi basin ミシシッピー川流域
□ **cave** [kéiv]	名 洞窟【hollow より大きく cavern より小さい】
□ **cavern** [kǽvərn]	名 大洞窟
□ **cliff** [klíf]	名 (海岸の)絶壁；がけ
□ **hinterland** [híntərlænd]	名 後背地；内陸地域；奥地
□ **inland** [ínlənd]	形 内陸の；(地域・湖などが)沿岸 [国境] から離れた
□ **meridian** [mərídiən]	名 子午線：the celestial meridian 天体子午線
□ **mountainous** [máuntənəs]	形 山の多い；山岳性の： mountainous districts 山岳地方
□ **sporadic** [spərǽdik]	形 散発的な；点在する： sporadic earthquakes 散発的に起こるストライキ
□ **sprawl** [sprɔ́ːl]	自 不規則に広がる：The city sprawled (out) in all directions. 町があらゆる方向に広がっていった。
□ **stretch** [strétʃ]	名 (土地の途切れのない)広がり：a stretch of desert 一面に広がる砂漠
□ **contour** [kántuər|kɔ́n-]	名 (山などの)輪郭；(理論などの)概略 形 等高線の：a contour line 等高線
□ **isotherm** [áisəθəːrm]	名 等温線
□ **steppe** [stép]	名 ステップ《樹木のない大草原》；the Steppes《ステップ地帯：南ロシア・中央アジアの大草原》

Word Check

□ **subtropical** [sÀbtrɑ́pikəl]	形 亜熱帯の
□ **Mediterranean** [mèdətəréiniən]	名形 地中海(の)
□ **savanna** [səvǽnə]	名 サバンナ《熱帯地方の樹木のまばらな大草原》
□ **equator** [ikwéitər]	名 赤道
□ **tundra** [tÁndrə]	名 ツンドラ；凍土帯
□ **taiga** [táigə]	名 タイガ；シベリアなどの亜寒帯林；亜北極地の常緑針葉樹林帯
□ **ice cap** [àis kǽp]	名 (常に氷と雪で覆われた)氷原
□ **circumpolar** [sə̀ːrkəmpóulər]	形 極地方の
□ **Arctic** [ɑ́ːrktik]	形 北極の　名 北極
□ **Antarctic** [æntɑ́ːrktik]	形 南極の　名 南極(⇔ Arctic 北極(の))： an Antarctic expedition 南極探検隊
□ **subarctic** [sÀbɑ́ːrktik]	形 亜北極圏の
□ **saturate** [sǽtʃərèit]	頻出 他自 完全に浸す(される)；ずぶ濡れにする(なる)(＝soak)
□ **permafrost** [pə́ːrməfrɔ̀ːst|-frɔ̀st]	名 永久凍土層
□ **boggy land** [bɔ́gi lǽnd]	名 沼地 (＝swamp＝moor＝marsh＝bog)【生物学・気象学・地質学・地理学に関する読解・聴解で頻出】
□ **Atlantic** [ætlǽntik|ət-]	名形 大西洋(の)：the Atlantic 大西洋 a trans-Atlantic flight 大西洋横断飛行
□ **strait** [stréit]	名 海峡；瀬戸；苦境： the Bering Strait ベーリング海峡

16

地理学

Word Check

☐ **trade wind** ● [tréid wìnd]	名貿易風
☐ **front** [fránt] ●	名前線：a cold (warm) front 寒冷(温暖)前線
☐ **Hot Spot** [hátspàt]	名ホットスポット《地殻下部またはマントル上部の、高温物質が地球内部から熱柱状に上昇している箇所》
☐ **mouth** ● [máuθ]	名河口 (=estuary)
☐ **delta** [déltə]	名(河口の)三角州
☐ **folding** [fóuldiŋ]	名くぼみ；谷の屈曲部
☐ **glaciation** ● [glèiʃiéiʃən|-si-]	名氷河化；氷河作用；氷結
☐ **weathering** [wéðəriŋ]	名風化作用
☐ **deposition** ● [dèpəzíʃən|dì:pə-]	名堆積作用；堆積物：deposition of topsoil from a river in flood 洪水による表土の堆積
☐ **focal point** [fóukəl pɔ́int]	名中心地；中心部
☐ **colonialism** [kəlóuniəlìzm]	名植民地主義[政策]
☐ **heterogeneity** [hètəroudʒəní:əti]	名異種混交
☐ **ethnocentrism** [èθnouséntrizm]	名自民族中心主義
☐ **social stratification** ● [sóuʃəl strætəfikéiʃən]	名社会階層(化)
☐ **pluralism** [plúərəlìzm]	名多元的共存；複数主義
☐ **drought** ● [dráut]	名干ばつ；渇水；日照り【発音と綴りの関係に特徴があるので、実は覚えやすいし、聴き取りやすい】

Word Check

tribalism [tráibəlìzm]	名部族主義（意識）
nepotism [népətìzm]	名（官職登用・昇進についての）縁故びいき
coup d'etat [kù: deitá:]	名クーデター；武力政変
starvation [stɑ:rvéiʃən]	名飢餓
life expectancy [láif ikspèktənsi]	名平均余命
malnutrition [mæ̀lnju:tríʃən]	名栄養不良
famine [fǽmin]	名飢饉；飢え；飢餓（＝starvation）： a region ravaged by famine 飢饉に見舞われた地方
infrastructure [ínfrəstrʌ̀ktʃər]	名基幹施設
soil exhaustion [sɔ́il igzɔ́:stʃən]	名土地の消耗；枯渇
soil erosion [sɔ́il iróuʒən]	名土の浸食
topsoil [tápsɔ̀il]	名表土《土壌の最上層の部分。一般に風化が進み、有機物を含む。作物栽培上重要》
desertification [dizə̀:rtəfikéiʃən]	名砂漠化《家畜の過放牧や森林の伐採などによっておこる、森林や草原が砂漠に変化する現象》
affluence [ǽfluəns]	名裕福；豊かさ；流入；殺到： an affluence of refugees 難民の流入
county [káunti]	名 郡《国の、州の下の地方行政上の最大区画》：Disneyland is in Orange county. ディズニーランドはオレンジ郡にあります。

16 地理学

Word Check

17 Geology・地質学

□ **collide** [kəláid]	他衝突する 名 collision 衝突：Plates sometimes collided head-on. プレート(岩板)は時に正面衝突した。
□ **crush** [kráʃ]	他押しつぶす；(鉱物などを)粉々にする： crush stone into gravel 石を砕いて砂利にする
□ **elevation** [èləvéiʃən]	名高度；高めること： at an elevation of 3,000 meters 高度3,000メートルで
□ **immerse** [imə́ːrs]	名(液体に)浸す；(液面下・水面下に)沈める
□ **jolt** [dʒóult]	他自急に揺する；ガタンと揺れる
□ **shatter** [ʃǽtər]	他粉砕する 自粉々になる
□ **soak** [sóuk]	自(水・液体に)浸す；他浸る
□ **tilt** [tílt]	自傾く 他傾ける (＝slant)
□ **unleash** [ʌnlíːʃ]	名とき放つ；束縛をとく：tsunami unleashed by the earthquake 地震によって引き起こされた津波
□ **chasm** [kǽzm]	名裂け目；亀裂；小峡谷 (＝gorge)
□ **clay** [kléi]	名粘土：clay soil 粘土質の土
□ **crack** [krǽk]	名割れ目；すきま
□ **ditch** [dítʃ]	名水路；溝；掘割
□ **drench** [dréntʃ]	他ずぶ濡れにする；(〜を)液体に浸す (＝saturate＝soak)：get drenched びしょ濡れになる
□ **droplet** [drǽplit|drɔ́p-]	名小滴

Word Check

□ **gutter** [gʌ́tər]	名溝
□ **pebble** [pébl]	名小石；丸石
□ **precipitous** [prisípətəs]	形絶壁の；切り立った（＝steep）
□ **terrain** [təréin] ●	名(特に自然的特徴・軍事的利点から見た)地形
□ **trail** [tréil] ●	名道；(人・動物が通ってできた荒野・山中の)小道： a deer trail シカの道
□ **glossy** [glási|glɔ́si]	形光沢のある；つやつやした
□ **glow** [glóu]	自輝く；(炎を上げずに)熱と光を発する；白熱[赤熱]する
□ **granite** [grǽnit]	名御影石；花崗岩
□ **marble** [má:rbl]	名大理石；大理石片
□ **opaque** [oupéik] ●	形不透明な；不伝導性の
□ **pigment** [pígmənt]	名色素
□ **fragile** [frǽdʒəl|-dʒail] ●	形もろい；壊れやすい： a fragile fossil もろい化石
□ **crust** [krʌ́st] ●	名地殻(ちかく)《地球の最外層。その下がマントル》；凍結した雪面：The weight of the huge mass of ice depressed the crust of the Earth. 巨大な氷の塊の重みが地殻を圧迫した。
□ **mantle** [mǽntl] ●	名マントル《地殻と核との間の層。地球の体積の80％以上を占める》
□ **core** [kɔ́:r] ●	名(地球の)内核；中心核；コア

17 地質学

Word Check

☐ **seafloor** [síːflɔ̀ːr]	名 海底；海床
☐ **hemisphere** ● [hémisfìər]	名 (地球・天の)半球；北[南]半球
☐ **pole** [póul] ●	名 (天体・地球の)極；極圏： the North [the South] Pole 北[南]極
☐ **latitude** ● [lǽtətjùːd|-tjùːd]	名 緯度：south latitude 35 degrees [=latitude 35 degrees south] 南緯35度
☐ **altitude** ● [ǽltətjùːd|-tjùːd]	名 海抜；標高；高度：We are cruising at an altitude of 10,000 feet. 機は高度1万フィートを巡航中です。
☐ **gulf** [gʌ́lf] ●	名 湾：the Gulf Stream メキシコ湾流
☐ **peninsula** ● [pənínsjulə|-sju-]	名 岬；半島
☐ **channel** ● [tʃǽnl]	名 海峡【strait より広い】： the English Channel イギリス海峡
☐ **plateau** ● [plætóu]	名 高原；台地
☐ **plate** [pléit] ●	名 (プレート・テクトニクス説での)プレート 参 プレート・テクトニクス〈大陸や大洋底の相互の位置変動を、厚さ約100キロメートルの剛体の板(プレート)の水平運動によって理解する学問。大地形・地震活動・火山噴火・造山活動などの諸現象を統一的に解釈できる〉
☐ **mountain range** ● [máuntən rèindʒ]	名 山脈；連山；連峰；山岳地帯
☐ **archipelago** ● [ɑ̀ːrkəpéləgòu]	名 列島；群島
☐ **eruption** ● [irʌ́pʃən]	名 噴火；(溶岩の)噴出；(火山の)爆発：eruptions of ashes and lava 火山灰や溶岩などの噴出
☐ **crater** ● [kréitər]	名 (火山の)火口；噴火口；(月・火星の)クレーター；隕石：a crater lake 火口湖
☐ **volcano** ● [vɑlkéinou|vɔl-]	名 火山；噴火口：an active [a dormant, an extinct, a submarine] volcano 活[休、死、海底]火山

Word Check

☐ **seism** [sáizm] ●	名地震　形 seismic 地震の： seismic sea waves（地震による）津波（＝tsunami）
☐ **seismology** [saizmálədʒi|-mɔ́l-]	名地震学
☐ **sedimentary** ● [sèdəméntəri]	名堆積の；沈殿の： sedimentary rocks 堆積[水成]岩
☐ **limestone** [láimstòun]	名石灰岩
☐ **shale** [ʃéil]	名頁岩（けつがん）；泥板岩
☐ **strata** ● [stréitə|strá:tə]	名地層【stratum の複数形】
☐ **glacier** ● [gléiʃər|glǽsjə]	名氷河
☐ **iceberg** ● [áisbə:rg]	名氷山
☐ **moraine** [məréin|mɔ-]	名氷堆石；モレーン
☐ **fault** [fɔ́:lt] ●	頻出 名他自断層（を起こす）：an active fault 活断層
☐ **ridge** [rídʒ] ●	名山の背；尾根；分水嶺
☐ **trench** [tréntʃ]	名海溝
☐ **subduction** [səbdʌ́kʃən]	名沈み込み《相接する2つのプレートのひとつが他のプレートの下に潜り込む現象》
☐ **undulate** ● [ʌ́ndʒulèit|-dju-]	形（土地などが）起伏する（させる）： the undulating landscape 起伏の多い景色
☐ **margin** ● [má:rdʒin]	名縁（＝edge）；端： the margin of a glacier 氷河の端
☐ **debris** [dəbrí:|déibri:]	名岩屑（がんせつ）；瓦礫；破片： a lot of debris after the eruption 噴火後の多量の瓦礫

17 地質学

Word Check

☐ **deposit** ● [dipázit|-pɔ́z-]	名堆積物；沈殿物；沈着物；(特に石油・鉱石の)鉱床；埋蔵物：a coal deposit 石炭層
☐ **slab** [slǽb]	名厚板；平板：a stone slab 石板
☐ **depression** ● [dipréʃən]	名くぼ地；くぼみ
☐ **summit** ● [sʌ́mit]	名(山などの)最高点；頂上　他自登頂する
☐ **pass** ● [pǽs|pάːs]	名峠；山道
☐ **peak** [píːk] ●	名峰；山頂（＝summit）
☐ **dale** [déil]	名谷：go over hills and dales 山を越え谷を渡る
☐ **damp** [dǽmp] ●	形湿っぽい　名湿気；湿度（＝moisture）：damp weather じめじめした天気
☐ **moor** [múər]	名沼地；湿原地
☐ **marsh** ● [mάːrʃ]	頻出名沼地；湿地（＝swamp；bog）　参 marsh fever マラリア
☐ **lagoon** [ləgúːn]	名潟(かた)；礁湖；(川・湖につながる)小さな沼
☐ **drain** [dréin] ●	名排水する　自(沼地などが)干上がる；(水が)はける：drain water from a swamp 湿地から水をはかせる
☐ **drainage** [dréinidʒ]	名排水流域；排水

Word Check

18 History・歴史学

bequeath [bikwíːð|-kwíːθ]	他 遺譲する；(後世の人に)残す： Numerous discoveries were bequeathed to us. 数々の発見がわれわれに伝えられた。
centennial [senténiəl]	形 100年(目)の；100歳の： a centennial anniversary 100年記念(の年)
entrench [intréntʃ]	他 (考え・慣例・権利などを)揺るぎないものにする；固める；しっかり裏打ちする： be entrenched in one's beliefs 確固たる信念を持つ
fugitive [fjúːdʒətiv]	形 逃亡の 名 逃亡者；亡命者： fugitives from Hungary ハンガリーからの亡命者
recurrent [rikə́ːrənt|-kʌ́r-]	名 頻発する 自 再発する；再び浮かぶ
threshold [θréʃhould]	名 出発点；限界点；敷居
throng [θrɔ́ːŋ|θrɔ́ŋ]	名 群衆；人だかり；雑踏
abscond [æbskánd|əbskɔ́nd]	自 (悪事を働いて)逃亡する；姿をくらます： The suspect absconded from the country. 容疑者は国外に高飛びした。
artillery [ɑːrtíləri]	名 大砲；砲兵隊
assassin [əsǽsn]	名 暗殺者 名 assassination 暗殺 他 assassinate (支配者・政治家などを)暗殺する
assault [əsɔ́ːlt]	名 襲撃；猛攻撃；暴行：make a violent assault on a fortress 要塞(ようさい)を猛攻する
barter [báːrtər]	自他 (物々)交換する 名 物々交換
bounty [báunti]	名 賞金；奨励金：a bounty hunter 賞金稼ぎ人

18 歴史学

Word Check

☐ **brigade** [brigéid]	名隊；旅団；砲兵大隊：a fire brigade 消防隊
☐ **capitulation** [kəpìtʃuléiʃən]	名降伏；降伏文書；政府間合意(事項)
☐ **captive** [kǽptiv]	名形捕虜(になった)；囚人（＝prisoner）
☐ **commonwealth** ● [kámənwèlθ]	名連邦；連合： the Commonwealth of Australia オーストラリア連邦
☐ **confederation** ● [kənfèdəréiʃən]	名同盟；連合；連邦：the Confederation（独立までの、東部13州からなる）アメリカ植民地同盟
☐ **dictator** ● [díkteitər|diktéi-]	名独裁者；専制者
☐ **dynasty** ● [dáinəsti|dín-]	名王朝：the T'ang dynasty 唐王朝
☐ **emancipation** ● [imæ̀nsəpéiʃən]	名（奴隷の身分・束縛・因習などからの）解放： Emancipation Proclamation 奴隷解放宣言
☐ **emblem** [émbləm]	名象徴；印；表象；紋章：The eagle is the emblem of the United States. ワシは合衆国の象徴である。
☐ **empower** [impáuər]	他権限を与える：The police are empowered by the law to search private houses. 警察は法律で家宅捜索の権限を与えられている。
☐ **enshrine** [inʃráin]	他祭る；安置する；大切にする： enshrine the nation's ideals 国の理想を大切にする
☐ **forewarn** [fɔːrwɔ́ːrn]	名前もって警告する；注意する
☐ **holocaust** [hάləkɔ̀ːst|hɔ́l-]	名大惨害；大破壊；（ナチスドイツによる）大虐殺
☐ **imperialism** [impíəriəlìzm]	名帝国主義；領土拡張主義　形 imperial 帝国の
☐ **mercenary** ● [mə́ːrsənèri|-nəri]	名形（外国の軍隊に雇われた）傭兵(の)

Word Check

□ **oligarchy** [áləgɑ̀ːrki | ɔ́l-]	名寡頭政治(国)；少数独裁政治
□ **oppression** [əpréʃən]	名圧迫；抑圧；圧制
□ **ordain** [ɔːrdéin]	名(神・法律・運命などが)定める
□ **propaganda** [prɑ̀pəgǽndə | prɔ̀p-]	名組織的宣伝(活動)；デマ
□ **repulse** [ripʌ́ls]	名撃退する；追い払う： repulse the enemy 敵を撃退する
□ **revolt** [rivóult]	名反乱；反抗(する)：rise in revolt 反乱を起こす
□ **scaffold** [skǽfəld]	名絞首台；処刑台：die on the scaffold 斬首(ざんしゅ)[絞首]刑になる
□ **shipwreck** [ʃíprèk]	名難船；難破 (＝wreck)；難破船(の残骸)： suffer shipwreck 難破する
□ **subdue** [səbdjúː | -djúː]	他 抑える；(国・国民などを)征服する；(人・敵を)圧倒する；(反乱を)制圧[鎮圧]する
□ **subjugate** [sʌ́bdʒugèit]	他 支配する；を支配下に置く；征服する；〜を服従[隷属]させる；〜を意のままにあやつる
□ **summon** [sʌ́mən]	名呼び出す；召喚する：be summoned into the President's office 大統領官邸に呼ばれる
□ **thrall** [θrɔ́ːl]	名奴隷；(U) 奴隷の身分；束縛
□ **trigger** [trígər]	他きっかけとなる；誘発する 名引き金：The economic expansion prompted by the Second World War triggered a spectacular population boom in the West. 第二次世界大戦によって早められた経済発展が、西部での目を見張るほどの人口急増のきっかけとなった。
□ **tyranny** [tírəni]	名暴政；専制政治： be oppressed by tyranny 暴政に抑圧される
□ **tyrant** [táiərənt]	名暴君；専制君主

18

歴史学

Word Check

□ **underdog** [ʌ́ndərdɔ̀g|-dɔ̀:g]	名敗北者；社会[政治]的不正の犠牲者；(生存競争の)敗残者 (⇔ top dog)： side with the underdog 判官びいきをする
□ **unify** [jú:nəfài]	他～をひとつ[単一のまとまり]にする；統一[統合]する；一体[一本]化する：unify the factions of a political party 政党の派閥を統合する
□ **upheaval** [ʌphí:vəl]	名(社会状態；思想の)大変動；激変；激動
□ **uprising** [ʌ́pràiziŋ]	名反乱；暴動：a student uprising 学生暴動
□ **warrior** [wɔ́:riər|wɔ́riə]	名戦士；兵士；つわもの；武人
□ **wreck** [rék]	名他破損；難破(させる)；台無しにする
□ **honorific** [ànərífik|ɔ̀n-]	形尊敬を表す　名敬語：honorific titles 敬称
□ **inscription** [inskrípʃən]	名碑文；題辞；献辞；刻まれたもの
□ **outlook** [áutlùk]	名見通し；見解；視野：the outlook for a negotiated-settlement of the war 交渉による戦争終結の見通し
□ **pagan** [péigən]	名形異教徒(の)；多神教徒
□ **parchment** [pá:rtʃmənt]	名羊皮紙；羊皮紙写本；免許状
□ **postulate** [pástʃulèit|pɔ́stju-]	他仮定する；要求する；主張する： The economist postulates that full employment is an impossible goal. その経済学者は完全雇用の目標は達成不可能だと主張している。
□ **revere** [rivíər]	他崇敬する；あがめる
□ **scripture** [skríptʃər]	名経典：the Scripture(s) 聖書

Word Check

□ **astrology** ● [əstrάlədʒi|-trɔ́l-]	名 占星術
□ **audacious** [ɔːdéiʃəs]	形 大胆な；無謀な；向こう見ずな
□ **brutal** [brúːtl]	形 残酷な；非人間的な；荒々しい　名 形 brute 獣；獣のような
□ **candor** [kǽndər]	名 (言葉・表現などの) 率直さ；誠実さ：state a problem with candor 問題を率直に述べる
□ **caprice** [kəpríːs]	名 気まぐれ；移り気；むら気
□ **clement** [klémənt]	形 (性格が)温和な；寛大な；(天候が)温暖な
□ **covert** [kóuvərt|kʌ́v-]	形 ひそかな；目につかない；隠れた；潜在的な；秘密の (⇔ overt 明白な)
□ **crucial** ● [krúːʃəl]	形 決定的な (=decisive)；きわめて重大な：a crucial decision 最終決定
□ **elegant** [éligənt]	形 上品な；優雅な；洗練された；すばらしい
□ **embolden** [imbóuldən]	他 (人を)大胆にする；励ます：Her smile emboldened him to speak to her. 彼女の笑みに勇気づけられて彼は彼女に話しかけた。
□ **enrage** [inréidʒ]	他 怒らせる
□ **foresee** ● [fɔːrsíː]	他 予見する；予知する：We cannot foresee what will happen in the next century. われわれは次の世紀に何が起こるか予知することはできない。
□ **futile** ● [fjúːtl|-tail]	形 (行為が)無駄な；役に立たない；(内容の)くだらない：He made a futile attempt to resist. 彼は抵抗しようとしたが無駄だった。
□ **humiliate** [hju(ː)mílièit]	他 恥をかかせる；屈辱を与える

18 歴史学

Word Check

□ **invincible** ● [invínsəbl]	形無敵の；征服できない；至難の： the Invincible Armada（スペインの）無敵艦隊
□ **majesty** [mǽdʒəsti]	名王者の威厳；尊厳；至高の権威；主権
□ **notorious** [noutɔ́:riəs]	形悪名高い；名うての
□ **prominent** ● [prάmənənt|prɔ́m-]	形卓越した；傑出した；目立った： The case received prominent coverage in Time. その事件は『タイム』誌に大々的に報じられた。
□ **trait** ● [tréit|tréi]	名特徴；特質；特色：American traits 米国国民性
□ **debase** [dibéis]	他（品質・価値・評価などを）落とす： debase the currency 貨幣の質を下げる
□ **mutation** ● [mju:téiʃən]	名変化；盛衰；浮き沈み： the mutations of life 人生の有為転変
□ **outbreak** ● [áutbrèik]	名（火事・戦争・悪疫などの）突発；暴動： the outbreak of war 戦争の勃（ぼっ）発
□ **renounce** ● [rináuns]	自他（地位・権利・称号などを）放棄する；断念する： renounce one's claim to the throne 王位継承を放棄する
□ **transition** ● [trænzíʃən|-síʃ-]	名推移；変化；変遷；過渡期： be in transition 過渡期にある
□ **unveil** ● [ənvéil]	他明らかにする；公表する： The new project was unveiled at the conference. 新しい計画が会議で公表された。
□ **dazzle** [dǽzl] ●	他（目を）くらませる；判断を鈍らせる：The spell of well-being which our civilization was enjoying at the time dazzled our grandfathers into the dogmatic notion. 当時、われわれの文明が謳歌していた幸福に幻惑され、祖父たちは独断的な観念に陥ってしまった。
□ **coincide** ● [kòuinsáid]	自同時に起こる；同一空間を占める；符合する；一致する

Word Check

☐ **concurrent** [kənkə́:rənt|-kʌ́r-]	形同時に発生[存在]する（＝coincident）： a concurrent resolution（上下院の)同時決議
☐ **incessant** [insésnt]	名絶え間ない；ひっきりなしの
☐ **invasion** ● [invéiʒən]	名侵略；侵入；襲来；侵犯；侵害： the Soviet invasion of Afghanistan ソ連のアフガニスタンへの侵攻
☐ **kinship** [kínʃip]	名親類［血族／血縁]関係
☐ **maiden** [méidn]	形初めての；最初の；未婚の；乙女の： a maiden voyage 処女航海
☐ **millennium** ● [miléniəm]	名千年(間)；キリストが再臨してこの世を統治するという千年間；（いつか来る）黄金時代
☐ **precursor** [prikə́:rsər]	名先駆者（＝pioneer）；先任者；前兆；前ぶれ
☐ **prevalent** ● [prévələnt]	形(慣習・病気などが)広く行き渡った；流行した： a prevalent belief 世間一般の信念
☐ **remnant** [rémnənt]	名残り；残物；残存者；断片；なごり
☐ **witness** ● [wítnis]	他目撃する；(世紀・年号・年月・場所を主語にして)〜に遭遇する；見受けられる；起こる【*see にもこの用法あり】：The decade after the First World War witnessed another major surge of people pouring into the West. 第一次世界大戦後の10年間にもまた人々の西部への殺到が起こっていた。
☐ **retribution** [rètrəbjú:ʃən]	名報復；仕返し；懲罰： suffer terrible retribution ひどい仕返しを受ける
☐ **treacherous** [trétʃərəs]	形裏切りの；不誠実な；当てにならない： a treacherous deed 裏切り行為
☐ **ally** ● [ǽlai|əlái]	名同盟[連合]国；同盟者： the Allies (第一次・第二次大戦における)連合軍
☐ **heritage** ● [héritidʒ]	名遺産；継承物；伝承：cultural heritage 文化遺産

18

歴史学

Word Check

☐ **feudalism** ● [fjúːdəlìzm]	名封建制度；封建主義
☐ **lord** [lɔ́ːrd]	名領主；首長；主人；支配者： the lord of the manor 荘園領主
☐ **vassal** [vǽsəl]	名(封建時代の)家臣；領臣；配下
☐ **chivalry** ● [ʃívəlri]	名騎士道(精神)；礼節： Chivalry was satirized by Cervantes. 騎士道はセルバンテスによって風刺化された。
☐ **knight** [náit]	名(封建君主に仕えた)騎士；騎馬武者；ナイト
☐ **peasant** ● [péznt]	名小作人；小百姓；農民
☐ **the Middle Ages** ●	名中世　参 medieval 中世の
☐ **manor** [mǽnər]	名荘園；領地；領主の邸宅
☐ **bureaucracy** ● [bjuərákrəsi|-rɔ́k-]	名官僚制度；官僚主義；官僚政治；官僚
☐ **bureau** [bjúərou]	名局；部；事務局： FBI (Federal Bureau of Investigation) 連邦捜査局 the Bureau of the Mint（米国財務省の）造幣局
☐ **manufacturing** [mæ̀njufǽktʃəriŋ]	名製造（＝manufacture）
☐ **trade** [tréid]	名貿易；商業；商売：foreign [free/protected] trade 外国[自由／保護]貿易
☐ **trade barrier** [tréid bæ̀riər]	名貿易障壁
☐ **trade friction** ● [tréid fríkʃən]	名貿易摩擦
☐ **trade deficit** ● [tréid dèfəsit]	名貿易赤字

Word Check

□ **the Industrial Revolution** ●	名産業革命
□ **reign** [réin] ● 発音注意	名統治(の期間);支配;治世;御世;主権: Queen Victoria's reign ビクトリア女王の御世
□ **unprecedented** ● [ʌ̀nprésədəntid]	形先例のない;空前の: an unprecedented victory 空前の勝利
□ **renown** [rináun]	名名声;有名:win renown 名声を勝ち取る

Crowd Listening to Lincoln at Gettysburg November 19, 1863 Gettysburg, Pennsylvania, USA

18

歴史学

Word Check

19 International Relations・国際関係学

□ **hegemonic** [hèdʒəmánik|hìːgimɔ́n-]	形覇権的な；(連盟などの間の)主導権の
□ **ransom** [rǽnsəm]	名身代金；身請け金；賠償金：exact a ransom of 100 million yen for the hostage release 人質解放に１億円の身代金を要求する
□ **trajectory** [trədʒéktəri]	名(ロケット・ミサイルの描く)弾道；弧
□ **warfare** [wɔ́ːrfɛ̀ər]	名戦争状態；交戦；武力衝突；軍事行動
□ **designate** [dézignèit]	他示す；明示する；指定する；(官職などに)任命する 形指名された(が未就任の)：an ambassador designate 任命された(が未就任の)大使
□ **avert** [əvə́ːrt]	他避ける；そむける；防ぐ：avert a tragic end by prompt action 速やかに手を打って悲惨な結果が生じるのを防ぐ
□ **compatible** [kəmpǽtəbl]	名矛盾しない；共存できる：Both countries are trying to gain compatible ends. 両国は矛盾しない目的を達成しようとしている。
□ **comply** [kəmplái]	自従う：comply with the law 法律に従う
□ **pertinent** [pə́ːrtənənt]	形(事・物・言動が)適切な (＝appropriate)
□ **emigration** [èmigréiʃən]	名(他国への)移住；移民すること【(入国する移住・移民行動は) immigration】
□ **bilateral** [bailǽtərəl]	形双方の；両当事者の；二者(間)の：a bilateral treaty 相互条約
□ **courier** [kə́ːriər|kúr-]	名(外交上の通達や重要報告を携行する) 特使；急使；急使が利用する輸送機関
□ **intervention** [ìntərvénʃən]	名介入；干渉：他国の内政への干渉
□ **minimize** [mínəmàiz]	他最小限にする；軽視する
□ **synchronize** [síŋkrənàiz]	自同時に動く 他同時に動かす；年代別にする

Word Check

19 国際関係学

□ **national interest** ● [nǽʃənəl íntərəst]	名国益　参 national affairs 国務；国事
□ **national security** ● [nǽʃənəl sikjúərəti]	名国家安全保障　参 national defense 国防
□ **deterrent** ● [ditə́:rənt|-tér-]	形引き留めるもの(の)；妨害(の)；抑止力： nuclear deterrent capability 核抑止力
□ **military buildup** [mílitèri bíldʌp]	名軍備増強
□ **economic sanction** ● [èkənámik sǽŋkʃən]	名経済制裁
□ **economic superpower** [èkənámik súːpərpàuər]	名経済超大国
□ **global standard** [glóubəl stǽndərd]	名国際[世界]基準
□ **advanced nation** ● [ædvǽnst néiʃən]	名先進国（⇔ a developing nation 発展途上国）
□ **multiculturalism** ● [mʌ̀ltikʌ́ltʃərəlizm]	名多文化性；多文化主義
□ **cross-cultural** [krɔ́skʌ́ltʃərəl]	形異文化間の；比較文化的な： cross-cultural studies 異文化研究
□ **prejudice** ● [prédʒədəs]	名偏見；先入観（=bias）： racial prejudice 人種的偏見
□ **asylum** [əsáiləm]	名政治犯庇護；亡命；保護；治外法権： political asylum 政治亡命
□ **biological and chemical weapons**	名生物化学兵器（BC 兵器）
□ **genocide** [dʒénəsàid]	名大量殺戮；集団虐殺【-cide は「殺す人」「殺すこと」「殺す薬剤」の意の名詞をつくる：homicide、suicide、pesticide】
□ **persecute** ● [pə́:rsikjùːt]	他迫害する：He was persecuted for his religion. 彼は自分の信仰が原因で迫害された。

Word Check

□ **persecution** [pèːrsikjúːʃən]	名迫害；虐待；宗教的迫害
□ **refugee** [rèfjudʒíː]	名難民；避難者；(国外)亡命者： a refugee camp 難民救済所
□ **territory** [térətɔ̀ːri|tər-]	名領土；領域：territorial dispute 領土論争
□ **conflict** [kánflikt|kɔ́n-]	名紛争；対立：a conflict between two countries 2国間の紛争　a conflict of opinions 意見の対立
□ **hostage** [hástidʒ|hɔ́s-]	名人質：The guerrillas took the ambassador hostage. ゲリラは大使を人質にとった。
□ **peace treaty** [píːs tríːti]	名平和条約　参 peace talks 平和会談
□ **martial law** [máːrʃəl lɔ́ː]	名戒厳令；(占領地域への)軍政の法：place the capital under martial law 首都に戒厳令を敷く
□ **truce** [trúːs]	名休戦；戦闘停止；停戦；休戦協定： call a truce 休戦を発表する
□ **purge** [páːrdʒ]	他浄化する；追放する　名粛清；追放：purge the party of radicals [=purge radicals from the party]党から過激分子を追放する
□ **convoy** [kánvɔi|kɔ́n-]	名護送；護送艦(隊)：a Navy convoy 海軍護送艦
□ **seize** [síːz]	他占領する；奪い取る；押収する；つかむ： seize a castle 城を奪取する
□ **embassy** [émbəsi]	名大使館：the Japanese Embassy 日本大使館
□ **aide** [éid]	名補佐官；助手： a presidential [White House] aide 米国大統領補佐官
□ **microcredit** [máikroukrèdət]	名(資金のない起業家のための)少額ローン
□ **ICJ**	名国際司法裁判所（＝International Court of Justice）
□ **OECD**	名経済協力開発機構（＝Organization for Economic Cooperation and Development）

Word Check

20 Journalism・ジャーナリズム

□ **forum** [fɔ́ːrəm]	名公開討論(の場)
□ **charismatic** [kæ̀rizmǽtik]	形カリスマ的な　名 charisma カリスマ《人々を信服させる強い魅力》
□ **digest** [didʒést|dai-]	他名要約(する)；簡約(する)：This book contains a digest of several articles on psychology. この本には心理学に関するいくつかの論文の要約が載っている。
□ **purveyor** [pəvéiə]	名情報提供者；(うそなどを)言いふらす人
□ **editorial** [èdətɔ́ːriəl]	名(新聞・雑誌の)社説；論説
□ **confidentiality** [kɑ̀nfədenʃiǽləti]	名秘密性；内密であること；秘密を守れること
□ **incorporate** [inkɔ́ːrpərèit]	他合体させる；包含する；組み入れる：The book incorporates his earlier essays. その本には彼の初期の論文も収録されている。
□ **tactics** [tǽktiks]	名戦術；戦法 (=strategy)；用兵学；策略：strong-arm tactics 実力行使
□ **gazette** [gəzét]	名新聞；官報【主に新聞名として用いられる】
□ **handwriting** [hǽndrài tiŋ]	名手書き；肉筆；筆跡；書体
□ **jargon** [dʒɑ́ːrgən]	名隠語；特殊用語；専門語 (=terminology)：official jargon 官庁用語
□ **baffle** [bǽfl]	他まごつかせる；当惑させる (=perplex)
□ **deem** [díːm]	名思う；〜の意見を持つ：
□ **broadcasting** [brɔ́ːdkæ̀stiŋ|-kɑ̀ːst-]	名放送：a broadcasting station 放送局

Word Check

□ **televise** [téləbàiz]	他 テレビ放送[受像]する；放映する
□ **coverage** ● [kʌ́vəridʒ]	名 (ニュースの) 取材範囲；報道；放送： This press gave her adequate coverage. 彼女はこの新聞の報道の仕方に満足していた。
□ **deadline** [dédlàin]	名 最終期限；締め切り：meet a deadline for submitting a paper 期限までにレポートを提出する
□ **supplement** ● [sʌ́pləmənt]	名 補足；補充；(書物などの) 補遺；増補；付録
□ **article** ● [áːrtikl]	名 記事：a newspaper article 新聞記事
□ **literacy** ● [lítərəsi]	名 読み書きの能力；識字力（⇔ illiteracy）： the literacy rate 識字率
□ **illiterate** ● [ilítərət]	形 読み書き[算数]ができない；無知な；無教養の
□ **liberal** [líbərəl]	形 進歩的な；自由主義の； 気前のよい（＝generous）
□ **conservative** ● [kənsə́ːrvətiv]	形 保守的な；保守主義の；穏健な：a conservative attitude toward marriage 結婚に対する保守的な態度
□ **press conference** [prés kànfərəns]	名 記者会見　参 the press corps 記者団
□ **correspondent** [kɔ̀ːrəspándənt]	名 (新聞などの) 通信員；通信記者： a special correspondent 特派員
□ **speech balloon** [spíːtʃ bəlùːn]	名 漫画の吹き出し（＝speech bubble）
□ **comic strip** ● [kámik strìp]	名 漫画：The modern comic strip started out as ammunition in a newspaper war. 近代漫画は新聞戦争における弾薬として出発した。
□ **syndicate** ● [síndikət]	名 新聞雑誌の記事配給業；シンジケート；企業組合； 他自 [síndəkèit] シンジケートを組織する： That comic strip is syndicated in over 30 papers. その連載漫画は30を超える新聞に掲載されている。

Word Check

□ **restrict** [ristríkt]	他 規制する；制限する　形 restrictive 制限的な：restrict freedom of speech 言論の自由を制限する
□ **prototype** [próutoutàip]	名 原型；模範；手本；試作品；元祖
□ **staple** [stéipl]	名 主要素：By 1915 comic strips became a staple of daily newspapers. 1915年までに漫画は日刊新聞になくてはならないものとなった。
□ **tabloid** [tǽbloid]	名 タブロイド版新聞《しばしば扇情的な記事を売り物とする小型新聞》　形 扇情的な
□ **muckrake** [mʌ́krèik]	動 (政界などの)汚職や醜聞をあばく
□ **sensational** [senséiʃənl]	名 扇情的な；人騒がせな；人気取りの；大評判の
□ **the penny press**	名 安価な大衆新聞
□ **circulation** [sə̀ːrkjuléiʃən]	名【数詞を伴う場合】(新聞・雑誌などの)発行[配布、貸し出し]部数
□ **avid** [ǽvid]	形 熱心な；貪欲な：Americans are avid readers of periodicals. アメリカ人は雑誌や新聞の熱心な読者だ。
□ **emerge** [imə́ːrdʒ]	自 出現する；現れる；抜け出す：The true fact began to emerge. 真実が現れ始めた。
□ **agent** [éidʒənt]	名 (反応や変化を起こす)力；動因；手段：The agent of trouble was his style. トラブルの原因は彼の文体にあった。
□ **foreshadow** [fɔːrʃǽdou]	他 予示する；〜の前兆となる
□ **disseminate** [disémənèit]	他 (ニュース・思想・意見などを)広める；普及させる：disseminate information 情報を広める

20 ジャーナリズム

Word Check

21 Law・法学

□ **justice** [dʒʌ́stis] ●		名裁判；司法；判事
□ **juvenile** [dʒúːvənàil] ●		形少年少女の：juvenile delinquency 青少年非行 juvenile offender 未成年犯罪者
□ **delinquent** [dilíŋkwənt] ●		形非行の；怠慢な：a delinquent boy 非行少年
□ **abide** [əbáid] ●		自守る：abide by the rule 規則を守る
□ **prostitution** [prὰstitjúːʃən]		名売春　名 prostitute [prάstətjùːt] 売春婦
□ **codify** [kάdəfài|kɔ́d-]		他（法律・規則などを）成文化する
□ **confiscate** [kάnfiskèit|kɔ́n-] ●		他（罰として）没収する；押収する
□ **extort** [ikstɔ́ːrt]		他ゆすり取る；強要する：extort a confession from a person 人に自白を強要する
□ **penalize** [píːnəlàiz] ●		他罰する
□ **testimony** [téstəmòuni|-mə-]		名証拠；証言： call a person in testimony 人を証人に立たせる
□ **identification** [aidèntəfəkéiʃən] ●		名身元確認
□ **identify** [aidéntəfài] ●		他確認する：The body has been identified at once. 死体は直ちに身元が確認された。
□ **intimidate** [intímidèit]		他怖がらせる
□ **prohibit** [prouhíbit|prə-] ●		他禁ずる：The law prohibits child labor. 法律は子供の就業を禁止している

Word Check

□ **tolerate** [tálərèit|tɔ́l-]	●	他許容する；大目に見る；耐える 【「我慢する」の意味だと同意語が多い：endure＝bear＝stand＝swallow＝put up with】
□ **verify** [vérəfài]	●	他正しさを証明する
□ **frown** [fráun]		自他顔をしかめる；眉をひそめる： frown upon gambling 賭博にいい顔をしない
□ **slaughter** [slɔ́:tər]		他虐殺する 名虐殺
□ **expertise** [èkspə:rtí:z]		名専門的知識[技術、意見]
□ **intermediary** [ìntərmí:dièri|-djəri]		名仲介の
□ **suspend** [səspénd]	●	他一時停止する： suspend a license 免許を一時取り消す
□ **prosecution** [prɑ̀səkjú:ʃən]	●	名起訴；告発
□ **supreme court** [sjuprí:m kɔ́ət]	●	名最高裁判所
□ **death penalty** [déθ pènəlti]	●	名死刑（＝capital punishment）： abolish the death penalty 死刑を廃止する
□ **capital punishment** [kǽpitəl pʌ́niʃmənt]		名死刑
□ **life imprisonment** [láif imprízənmənt]	●	名終身刑：He was under life imprisonment. 彼は終身刑に処せられた。
□ **previous conviction** [prí:viəs kənvíkʃən]		名前科 参名 ex-con 前科者【既決囚（convict）の略語 con から来ている】
□ **search warrant** [sə́:rtʃ wɔ́:rənt]		名捜査令状
□ **lawsuit** [lɔ́:sù:t]	●	名（民法の）訴訟（＝suit）

21

法学

Word Check

□ **defense attorney** [diféns ətə́ːrni]	名弁護団
□ **gallery** [gǽləri]	名傍聴席：the press gallery 新聞記者席
□ **civil lawsuit** [sívəl lɔ́ːsùːt]	名民事訴訟
□ **convict** [kənvíkt]	他 有罪の宣告をする　名（既決の）囚人：convict the accused of murder 被告を殺人罪で有罪とする
□ **conviction** [kənvíkʃən]	名有罪判決： a conviction for murder 殺人による有罪判決
□ **code** [kóud]	名法典：the civil code 民法　the criminal code 刑法
□ **crime** [kráim]	名（法律上の）犯罪【crime、offense は法律上の罪で、sin、vice は道徳上・宗教上の罪】： commit a crime 罪を犯す
□ **court** [kɔ́ːrt]	名裁判所；司法機関；法廷；公判： go to court 裁判に訴える
□ **trial** [tràiəl]	名裁判（＝case＝justice）
□ **jury** [dʒú(ː)əri]	名陪審員（＝panel）
□ **defendant** [diféndənt]	名被告
□ **plaintiff** [pléintif]	名原告；起訴人
□ **lawyer** [lɔ́ːjər]	名弁護士（＝attorney）
□ **prosecutor** [prásəkjùːtər｜prɔ́s-]	名検察官；検事
□ **burden of proof**	名立証責任

Word Check

☐ **disprove** [disprú:v]	他 誤りを立証する；反証をあげる
☐ **circumstatial evidence**	名 状況証拠
☐ **sentence** [séntəns]	名 判決：The sentence was a fine of $80. 判決は80ドルの罰金だった。
☐ **witness** [wítnis]	名 証人：He was witness for the prosecution. 彼は検察側の証人をつとめた。
☐ **fine** [fáin]	名 罰金 他 罰金を科す：fine a person 30 dollars for speeding スピード違反で30ドルの罰金を科す
☐ **probation** [proubéiʃən|prə-]	名 執行猶予《一定期間、刑の執行を猶予し、その猶予期間を無事に経過したとき、判決の効力を失わせる制度》
☐ **imprisonment** [imprízənmənt]	名 禁固刑；投獄
☐ **enforce** [infɔ́:rs]	他 施行する：enforce the law 法律を施行する
☐ **violation** [vàiəléiʃən]	名 違反行為；侵害
☐ **sanction** [sǽŋkʃən]	名 制裁；認可
☐ **detective** [ditéktiv]	名 形 刑事(の)；探偵(の)： a private detective 私立探偵
☐ **murder** [mə́:rdər]	名 殺人
☐ **homicide** [hάməsàid|hɔ́m-]	名 殺人【正式な法律用語】
☐ **robbery** [rάbəri|rɔ́b-]	名 強盗
☐ **armed** [ά:rmd]	形 武装した；武器による： an armed robbery 武装強盗
☐ **rape** [réip]	名 強姦：statutory rape 法定強姦《承諾年齢（age of consent）以下の少女との性交》

21

法学

Word Check

□ **theft** [θéft] ●	名窃盗
□ **arson** [á:rsn] ●	名放火　名 arsonist 放火犯
□ **abduct** [æbdʌ́kt] ●	名誘拐する（＝kidnap）
□ **abduction** [æbdʌ́kʃən]	名誘拐（＝kidnap）
□ **kidnap** [kídnæp] ●	他名誘拐(する)【人、主に子供が対象】
□ **fraud** [frɔ́:d] ●	名詐欺；欺瞞；策略：practice fraud 詐欺を働く
□ **bribery** [bráibəri] ●	名贈収賄　bribe 名賄賂　他買収する
□ **misappropriation** [mìsəproupriéiʃən]	名業務上横領
□ **narcotic** [nɑ:rkátik ǀ -kɔ́t-]	名麻薬中毒者
□ **smuggle** [smʌ́gl] ●	頻出他自密輸する
□ **FBI**	名連邦捜査局（Federal Bureau of Investigation）
□ **inmate** [ínmèit] ●	名囚人（＝prisoner＝convict）；収容者
□ **bail** [béil]	名保釈(金)： He was out on bail. 彼は保釈金を積んで釈放された。
□ **libel** [láibəl]	名名誉毀損（きそん）（＝defamation）
□ **acquit** [əkwít]	他(容疑について)無罪を宣告する；放免する
□ **perjury** [pə́:rdʒəri] ●	名偽証罪　他 perjure 偽証する

Word Check

□ **penal code** [píːnl kóud]	名刑法
□ **infringement** ● [infríndʒmənt]	名権利の侵害
□ **piracy** ● [páiərəsi]	名著作権[特許権]侵害
□ **intellectual property right** [intəléktʃuəl prápərti ráit]	名知的財産権
□ **arrest** ● [ərést]	他逮捕する；(人の注意を)引く：The policeman arrested the man for drunken driving. 警官はその男を飲酒運転で逮捕した。
□ **apprehend** [æprihénd]	他逮捕する
□ **arrest warrant** [ərést wɔ́ːrənt]	名逮捕令状
□ **looting** ● [lúːtiŋ]	名略奪
□ **swindler** [swíndlər]	名詐欺師
□ **reformatory** ● [rifɔ́ːrmətɔ̀ːri|-təri]	名少年院；感化院
□ **insurance claims** [inʃúərəns kléimz]	名保険金支払請求
□ **settle** ● [sétl]	他解決する：settle the claim with insurance company 補償問題を保険会社との間で解決する
□ **optimum** [áptəmən|ɔ́p-]	形最適の；最高の
□ **attorney** ● [ətə́ːrni]	名法定代理人；弁護士（＝lawyer）
□ **mediator** ● [míːdièitər]	名調停者；仲介人　名 mediation 調停；仲裁

21

法学

Word Check

☐ **mandatory arbitration** [mǽndətɔ̀:ri ɑ̀:rbətréiʃən]	名強制的調停： refer a wage dispute to mandatory arbitrations 賃金争議を強制調停に持ち込む
☐ **litigation** [lìtəgéiʃən]	名訴訟
☐ **deposition** [dèpəzíʃən| dì:pə-]	名証言；証言録取書
☐ **interrogatory** [ìntərágətɔ̀:ri]	形質問の；疑問の 名尋問；質問
☐ **production of document** ● [prədʌ́kʃən əv dɑ́kjumənt]	名文書の提出
☐ **expert witness** [ékspə:rt wítnis]	名専門家による証言
☐ **jury verdict** [dʒúəri və́:rdikt]	名陪審評決
☐ **eyewitness** ● [áiwìtnis]	名目撃者（＝witness 現場証人）
☐ **offender** ● [əféndər]	名犯罪者；(法律上の)違反者
☐ **perpetrator** [pə́:rpətrèitər]	名加害者
☐ **culprit** [kʌ́lprit]	名犯人（＝criminal）；犯罪容疑者（＝suspect）；被告人（＝defendant＝accused）
☐ **detain** ● [ditéin]	他留置する；拘置する： Three suspects were detained at the police station. 3名の容疑者が警察署に拘置されていた。
☐ **elicit** [ilísit]	他 引き出す；誘い出す；elicit a confession from the criminal 犯人から自白を引き出す

Word Check

□ **suspect** ● [sʌ́spekt]	名容疑者：The suspect is still at large. 容疑者はまだ逃走中です。
□ **allege** [əlédʒ]	他断言する；主張する　副 allegedly（真偽は不明だが）申し立てによると；伝えられるところでは
□ **file a suit** ● [fáil ē súːt|sjúːt]	他提起する；提出する：file a suit for divorce against a person 人に対して離婚訴訟を起こす
□ **charge** ● [tʃáːrdʒ]	他告訴する；告発する：He was charged with assault and battery. 上院議員は暴行罪で告発された。
□ **testify** [téstəfài]	自他証言する
□ **oath** [óuθ]	名宣誓
□ **plead** ● [plíːd]	他～を主張する；弁護する；申し立てる： plead not guilty 有罪を認めない（無罪を主張する）
□ **confess** ● [kənfés]	自他白状する（＝break＝own up）
□ **exonerate** [igzánərèit|-zɔ́n-]	他無罪とする；（責任などを）免除する： He was exonerated from responsibility for the accident. 彼はその事故の責任を免除された。
□ **cross-examine** [krɔ́ːs|krɔ́s igzǽmin]	他（証人に）反対尋問を行う
□ **clemency** [klémənsi]	名情状酌量；慈悲　形 clement 寛大な
□ **retaliation** [ritæ̀liéiʃən]	名報復（＝revenge＝requital）
□ **indictment** [indáitmənt]	名起訴；告発（アメリカのニュースを聞いていると必ずと言っていいほど耳にする単語、綴りと発音の際立った相違に注目）

21

法学

Word Check

22 Linguistics・言語学

□ **linguistic** ● [liŋgwístik]	形言語の
□ **abbreviation** ● [əbrì:viéiʃən]	名略号　参 acronym 頭字語
□ **dictate** ● [díkteit]	他自書き取らせる：The teacher dictated a short paragraph to us. 先生は短い話を書き取らせた。
□ **syllable** [síləbl]	名音節　参名 phoneme [fóuni:m] 音素
□ **ambiguous** ● [æmbígjuəs]	形あいまいな；多義な；2通り(以上)の解釈が可能な　参 The girl killed the old man with a knife. 「その少女はナイフで老人を殺した」と「ナイフを持った老人を殺した」の2通りの解釈が可能
□ **intercultural** [ìntərkʌ́ltʃərəl]	形異文化間の
□ **bilingual** ● [bailíŋgwəl]	形2カ国語の；2言語使用の(人)：She is bilingual in English and French. 彼女は英仏2言語を同様に使える。
□ **vowel** [váuəl] ●	名母音　(⇔ consonant [kánsənənt|kɔ́n-] 子音)
□ **dialect** ● [dáiəlèkt]	名方言；地方なまり：They were speaking in Southern dialect. 彼らは南部なまりで話していた。
□ **phonetics** [fənétiks]	名音声学；音声体系　参名 phonology 音韻論；音韻体系
□ **morphology** [mɔːrfáládʒi|-fɔ́l-]	名形態論；語形論
□ **grammar** [grǽmər]	名文法【writing で綴りを間違わないように】：transformational grammar 変形(生成)文法
□ **semantics** ● [simǽntiks]	名意味論《語や句・文などの表す意味、その構造や体系性を研究する言語学の一分野》
□ **syntax** [síntæks]	名統語論；統語法《意味論・音韻論と共に言語研究の主要領域》

Word Check

□ **arbitrary** ● [áːrbitrèri|-trəri]	形 随意の；任意の
□ **acquisition** ● [ækwizíʃən]	名 習得：language acquisition 言語習得
□ **cued speech** [kjúːd spíːtʃ]	名 手話（＝sign language）
□ **interaction** ● [ìntərǽkʃən]	頻出 名 相互作用；（言葉の）やりとり
□ **lexicon** [léksəkàn|-kən]	名 辞書；語彙（ごい）
□ **pragmatics** [præɡmǽtiks]	名 語用論【pragmatism（実用主義）と混同しないように】
□ **subliminal perception** [sʌblímənəl pərsépʃən]	名 圏外知覚；潜在意識による知覚
□ **pitch** [pítʃ] ●	名 調子；高低
□ **inflection** ● [inflékʃən]	名 語尾変化；屈折　参 名 derivative [dirívətiv] 派生語
□ **conjugation** ● [kàndʒəɡéiʃən|kɔ̀n-]	名 （動詞の）活用変化　参 declension（名詞・代名詞・形容詞の）変化
□ **idiolect** [ídiəlèkt]	名 個人言語
□ **sociolinguistics** [sòusiəliŋɡwístiks]	名 社会言語学
□ **pidgin** [pídʒən]	名 （複数の言語の）混成語；ピジン語
□ **Creole** [kríːoul]	名 （ヨーロッパ系言語と非ヨーロッパ系言語の）混成語；クレオール語
□ **register** [rédʒistər]	名 （特定の状況での）言語形態
□ **referent** [réfərənt]	名 （語の）指示対象【同一の指示対象（女性）は、異なった表現（Julia と the woman）で表すことができる】

22 言語学

Word Check

23 Literature・文学

□ **haunted** ● [hɔ́:ntid]	形幽霊の出る；何かにとりつかれたような
□ **homely** [hóumli]	形容貌のさえない（⇔ attractive）
□ **infusion** ● [infjú:ʒən]	名(思想などの)注入；鼓舞；吹き込み
□ **innate** [inéit] ●	形生まれつきの；生得の （＝inborn＝natural＝inherent）
□ **behold** ● [bihóuld]	他(じっくり)見る；注視する
□ **mimic** ● [mímik]	他まねる（＝imitate＝copy） 名形模倣(の)
□ **naive** [nɑ:í:v] ●	形純真な（＝ingenuous＝simple＝childlike）
□ **sensual** [sénʃuəl|-sju-]	形官能的な
□ **entrapment** [intrǽpmənt]	名罠
□ **villain** [vílən]	名悪人（＝wretch＝rogue）
□ **ensure** ● [inʃúər]	他確実にする；請け合う；保証する：You must ensure that children will wash their hands. 子供たちが必ず手を洗うようにしなければなりませんよ。
□ **extravagant** ● [ikstrǽvəgənt]	形浪費の（＝luxurious）；法外な
□ **kingdom** [kíŋdəm]	名王国
□ **throne** ● [θróun]	名王座；王位：mount the throne 王位につく
□ **allude** [əlú:d] ●	他それとなく言う；ほのめかす：He alluded to the possibility of cooperation with the ruling party. 彼は与党との協調を示唆した。

Word Check

□ **articulation** ● [ɑːrtìkjəléiʃən]	名(U)明瞭な発音；(思想・感情の)表現 他自はっきり述べる　形明確な
□ **construe** [kənstrúː]	他自解釈する；説明する：His poem can be construed as a confession. 彼の詩は告白と解釈することもできる。
□ **contradiction** ● [kàntrədíkʃən|kɔ́n-]	名矛盾（＝incoherence＝paradox＝discrepancy） 自他 contradict 矛盾する
□ **depict** ● [dipíkt]	他描く：fairy tales depicted in pen-and-ink drawing ペン画で描かれた童話
□ **divine** [diváin]	形神の；神に関する；神に捧げた
□ **fallacy** ● [fǽləsi]	名誤った考え；誤った議論；詭弁
□ **flesh** [fléʃ]	名(人間・動物の)肉；身；肉体：They are of the same flesh as you and I. 彼らも私やあなたと同じ人間である。
□ **folklore** [fóuklɔːr]	名民間伝承；民俗芸能などの総称
□ **hymn** [hím]	名賛美歌
□ **mythical** [míθikəl]	形神話の；架空の；想像上の
□ **mythology** [miθálədʒi|-θɔ́l-]	名(集合的に)神話；神話学
□ **narrative** ● [nǽrətiv]	名物語；語り：a historical narrative 歴史物語
□ **pastoralism** [pǽstərəlìzəm|páːs-]	名田園趣味　参 pastoral poetry 田園詩；牧歌
□ **portray** ● [pɔːrtréi]	他描く：生き生きと描写する
□ **recount** [rikáunt]	他物語る（＝narrate）
□ **revamp** [riːvǽmp]	他改訂する（＝improve）；刷新する

23

文学

Word Check

□ **revision** [rivíʒən]	名改訂
□ **saga** [sάːgə]	名英雄伝説；長編冒険談
□ **scribble** [skríbl]	自走り書きする　名走り書き
□ **succinct** [səksíŋ*k*t]	形簡潔な（＝brief）；ずばりの（＝precise）
□ **verbal** [vˆəːrbəl]	形言葉の：The writer has great verbal skill. あの作家には言葉を操る非凡な技術がある。
□ **wording** [wˆəːrdiŋ]	名表現；言いまわし
□ **worldly** [wˆəːrldli]	形世俗的な（＝secular＝earthly＝material）
□ **adore** [ədɔ́ːr]	他あがめる；崇拝する：His readers adored him. 読者たちは彼に心酔していた。
□ **authoritative** [əθɔ́ːritèitiv|ːθɔ́ritə-]	形（情報・本が）権威ある；信頼できる；官憲の；当局の： an authoritative book on Shakespear シェークスピアについての権威ある本
□ **authorize** [ɔ́ːθəràiz]	他権限を与える；認定する
□ **beguile** [bigáil]	他迷わす；欺く；騙し取る：be beguiled（＝cheated）of one's money 金を騙し取られる
□ **beloved** [bilʌ́vid|-lʌ́vd]	形最愛の　名恋人（＝sweetheart）
□ **bizarre** [bizάːr]	形風変わりな；奇妙な
□ **disillusion** [dìsilúːʒən]	他幻滅を感じさせる；迷いをさます；幻想を捨てさせる　名幻滅；覚醒：Many young people are disillusioned with his new novel. 多くの若者が彼の新しい小説に幻滅している。
□ **drawback** [drɔ́ːbæk]	名障害；不利；欠点；不都合なもの：There are several drawbacks to his method of describing the event. 彼の出来事を描写する方法にはいくつかの不都合な点がある。

Word Check

□ **elusive** ● [ilúːsiv]	形捕らえにくい；理解しにくい
□ **enigma** [ənígmə|i-]	名なぞ；なぞめいた言葉
□ **exquisite** [ékskwizit|ikskwízit]	形この上なく優れた；非常に美しい；洗練された： exquisite manners 洗練された作法
□ **ghastly** [gǽstli|gάːst-]	形血の気のない；ぞっとする　副ぞっとするほど
□ **grotesque** [groutésk]	形怪奇な
□ **grudge** ● [grʌ́dʒ]	他しぶしぶ与える；惜しむ；ねたむ　名恨み 形 grudging いやいやの
□ **horrify** [hɔ́(ː)rəfài]	他ぞっとさせる
□ **intuition** ● [ìntjuːíʃən]	名直感：by intuition 勘で
□ **languish** [lǽŋgwiʃ]	形あこがれる；もの悲しい
□ **monotonous** [mənάtənəs|-nɔ́t-]	形単調な：in a monotonous tone 抑揚のない調子で
□ **ominous** [άmənəs|ɔ́m-]	形不吉な（＝inauspicious）；前兆となる
□ **sinister** [sínistər]	形不吉な；縁起の悪い
□ **perplex** ● [pərpléks]	他当惑させる　形 perplexing 当惑させるような；理解しにくい
□ **plausible** ● [plɔ́ːzəbl]	形もっともらしい（＝likely＝feasible）
□ **preoccupation** ● [priːὰkjəpéiʃən|-ɔ̀k-]	名夢中；没頭
□ **preposterous** [pripάstərəs|-pɔ́s-]	形ばかげた；不条理な（＝absurd）

23

文学

Word Check

☐ **reminiscence** [rèmənísəns]	名思い出；追憶；回想（＝retrospect＝recollection＝memory）
☐ **retrospect** [rétrəspèkt]	名回想；追憶　自他回顧する：in retrospect 回想して；振り返ってみて
☐ **resentment** ● [rezéntmənt]	名憤り
☐ **indignation** [ìndignéiʃən]	名憤慨：stir indignation 怒りをかき立てる
☐ **rudimentary** ● [rùːdəméntəri]	形基本的な；初歩的な
☐ **sneer** [sniər]	自他あざ笑う
☐ **spontaneous** ● [spɑntéiniəs|spɔn-]	形自発的な
☐ **surpass** ● [sərpǽs|-pɑ́ːs]	他(量・程度・能力などで)まさる；しのぐ；越える：Hemingway surpasses Faulkner in a short story. ヘミングウェーは短編ではフォークナーよりも優れている。
☐ **modify** ● [mɑ́dəfài|mɔ́d-]	他修正する；変更する；修飾する
☐ **obliterate** ● [əblítərèit]	他消去する（＝erase＝blot out）；破壊する
☐ **odyssey** [ɑ́disi|ɔ́d-]	名放浪冒険旅行 参 the Odyssey オデュッセイア《Homer の叙事詩》
☐ **idyll** [áidəl|ídil]	名牧歌；田園詩：a prose idyll 散文田園詩
☐ **beast** [bíːst]	名獣；獣のような人：man and beast 人畜
☐ **appendix** [əpéndiks]	名付録；補遺【虫垂(俗に言う盲腸)の意味もある】
☐ **pedantic** [pədǽntik]	形衒学(げんがく)的な；知ったかぶりの
☐ **courtship** [kɔ́ːrtʃip]	名(男性の女性に対する)求愛；求婚

Word Check

☐ **miscellaneous** ● [mìsəléiniəs]	形雑多な；多方面の： a miscellaneous writer 多才な作家
☐ **revenge** [rivéndʒ]	名他復讐（する）： revenge oneself on one's enemy 自分の敵に復讐する
☐ **affront** [əfrʌ́nt]	他侮辱する（＝insult）
☐ **anecdote** ● [ǽnikdòut]	名逸話；秘話；挿話
☐ **clown** [kláun]	名道化師；道化役者；ピエロ（＝jester）
☐ **duel** [djúːəl]	名決闘；果たし合い： fight a duel with a person 人と決闘する
☐ **dwarf** [dwɔ́ːrf]	名こびと（⇔giant）；一寸法師（＝pygmy）
☐ **embrace** ● [imbréis]	他抱擁する；喜んで応じる；含む 自抱き合う
☐ **endow** ● [endáu|in-]	他授ける：be endowed with talent [resources/right] 才能（資源・権利）に恵まれている
☐ **allegory** ● [ǽləgɔ̀ːri|-gəri]	名寓話；たとえ話
☐ **alliteration** [əlìtəréiʃən]	名頭韻（法）〈韻が語頭にある〉
☐ **rhyme** [ráim] ●	名韻；押韻；脚韻《詩の各行の終わりに同音を繰り返すこと》；押韻詩；詩歌
☐ **adaptation** [ædəptéiʃən]	名改作；翻案：This film is an adaptation of a novel. この映画はある小説をもとにしている。
☐ **allusion** ● [əlúːʒən]	名引喩《諺、故事、有名な詩歌・文章を引用して自分の言いたいことを表現する方法》；ほのめかすこと；当てつけ
☐ **anachronism** ● [ənǽkrənìzəm]	名アナクロニズム；時代錯誤的な物(事)：Slavery is a sheer anachronism in the modern age. 奴隷制度は現代においてはまったくの時代錯誤だ。
☐ **anagram** [ǽnəgræ̀m]	名アナグラム；つづり換え《綴り字の順序を変えて新語句を作ること 例：time → emit》

23

文学

Word Check

□ **analogous** ● [ənǽləgəs]	形似ている；類似した（=similar）：The major poems of Frost and Robinson are somewhat analogous in conception. フロストとロビンソンの主な詩は着想が多少似ている。
□ **analogy** ● [ənǽlədʒi]	名類推；類似：an analogy between the computer and the brain コンピュータと頭脳の類似性
□ **annotation** [æ̀noutéiʃən]	名注釈；注釈を付けること
□ **antagonist** [æntǽgənist]	名敵対者（=adversary=opponent=enemy）
□ **anthology** [ænθálədʒi|-ɔ́l-]	名作品集；選集
□ **anti-hero** ● [æ̀ntaihí(:)ərou]	名反英雄《道徳的でない主人公》
□ **antithesis** [æntíθisis]	名完全な相違；正反対；アンチテーゼ
□ **archetype** ● [ɑ́ːrkitàip]	名原型（=prototype）；典型；オリジナル
□ **blank verse** [blǽŋk vɚ́ːrs]	名無韻詩 《弱強5脚の韻を踏まない詩》
□ **bowdlerize** [bóudləràiz|báud-]	他不穏当な箇所を削除する
□ **cacophony** [kəkáfəni|kækɔ́f-]	名不協和音；不快な音調[口調]
□ **carpe diem** [kɑ́ːrpe díːem]	【ラテン語】この日をつかめ；今日を楽しめ（=seize the day）
□ **catharsis** [kəθɑ́ːrsis]	名カタルシス；精神浄化作用
□ **cliché** ● [kliːʃéi]	名決まり文句；ありきたりの筋：An epigram will become a cliché soon. 警句もやがて決まり文句になってしまうものだ。
□ **criticism** [krítisìzəm]	名批評 名 critic 批評家：be above (beyond) criticism 非の打ちどころがない

Word Check

□ **critical** [krítikəl]	形批判的な；批評の【「危機的な」「重大な」の意味がある】：critical works 評論
□ **dialogue** [dáiəlɔ̀(:)g]	名対話；問答：After that, a short dialogue took place between them. そのあと、彼らの間に短い会話が交わされた。
□ **didactic** [daidǽktik|di-]	形教訓的な；説教的な
□ **elegy** [élidʒi]	名哀歌；挽歌
□ **epigraph** [épəgrǽf|-grɑ̀:f]	名碑文；題辞
□ **epilogue** [épəlɔ̀(:)g]	名結語；結末；終局（⇔ prologue 序文）
□ **epithet** [épəθèt]	名(人・物の性質を端的に表す)形容詞句；添え名；あだな：The Lion-Hearted is an epithet for Richard Ⅰ. 獅子心王はリチャード1世の添え名です。
□ **existentialism** [ègzisténʃəlìzəm]	名実存主義：Existentialism had a great influence on Camus. 実存主義はカミュに多大な影響を与えた。
□ **fable** [féibl]	名寓話；たとえ話：Aesop's Fables イソップ物語
□ **genre** [ʒɑ́:ŋrə]	名(芸術作品の)ジャンル；種類；類型；様式
□ **haiku** [háiku]	名俳句【shogun「将軍」や tsunami「津波」も日本語から】
□ **icon** [áikɑn|-kɔn]	名像；肖像；聖像；アイコン；アイドル
□ **invective** [invéktiv]	名悪口；雑言；毒舌（＝insult）
□ **modernism** [mɑ́dərnìzəm|mɔ́d-]	名モダニズム；現代的思想
□ **myth** [míθ]	名神話：ancient Greek myths 古代ギリシア神話
□ **naturalism** [nǽtʃərəlìzəm]	名自然主義

23 文学

Word Check

□ **ode** [oud]	名オード；呼びかける形式の叙事詩
□ **onomatopoeia** ● [ànəmæ̀təpíːəǀ-nɐ́-]	名擬音；擬声
□ **pathos** ● [péiθɑsǀ-θɔs]	名哀感；哀調；ペーソス；情念
□ **persona** [pərsóunə]	名登場人物（＝character）；仮面
□ **structuralism** [strʌ́ktʃərəlìzəm]	名構造主義《一般には、研究対象の構造の研究を主とする研究方法。また、その立場をさす》
□ **rhetoric** ● [rétərik]	名修辞学；修辞法；特別な効果を狙った言語表現
□ **satire** ● [sǽtaiər]	名風刺；皮肉；風刺文学：The play was a satire on political circles. その劇は政界の風刺だった。
□ **immortal** [imɔ́ːrtəl]	形不滅の：immortal masterpieces 不朽の傑作
□ **epigram** ● [épəgræ̀m]	名（機知に富んだ）警句；エピグラム；短い風刺（詩）
□ **irony** ● [áiərəni]	名皮肉：a dramatic irony 劇的皮肉《観客にはわかっているが登場人物は知らないことになっている状況》
□ **medieval** [mìːdíːvəlǀmè-]	形中世の：medieval literature 中世文学
□ **paradox** ● [pǽrədɑ̀ksǀ-dɔ̀ks]	名逆説；矛盾（＝contradiction＝discrepancy）
□ **scansion** [skǽnʃən]	名韻律分析
□ **semiology** [sìːmiɑ́lədʒiǀ-ɔ́l-]	名記号論（＝semiotics）
□ **play** [pléi] ●	名劇（＝drama）

Word Check

□ **theater of the absurd** [θí(:)ətər əv ði əbsə́ːrd]	名不条理劇《人間存在の不条理を核とした戯曲・舞台：サミュエル・ベケット(仏)の「ゴドーを待ちながら」はその代表作》
□ **poetry** ● [póuitri]	名(U) [集合的に]詩；詩歌（=verse）
□ **treatise** ● [tríːtis]	名(学術)論文
□ **prose** [próuz] ●	名散文；単調
□ **verse** [véːrs] ●	名韻文；詩歌；詩形：blank verse 無韻[自由]詩形
□ **chronicle** [kránikl|krɔ́n-]	名年代記；編年史
□ **metaphor** ● [métəfɔ̀ːr|-fər|-fə]	名比喩；暗喩；隠喩（⇔ simile [síməli] 直喩）
□ **epic** [épik]	名叙事詩 形叙事詩的な： an epic novel 叙事詩的小説
□ **lyric** [lírik]	名形叙情詩(の)；歌詞
□ **biography** ● [baiágrəfi|-ɔ́g-]	名伝記 参名 autobiography 自伝
□ **tragedy** ● [trǽdʒidi]	名悲劇
□ **comedy** ● [kámidi|kɔ́m-]	名喜劇
□ **tragicomedy** [trædʒikámidi|-kɔ́m-]	名悲喜劇
□ **playwright** ● [pléiràit]	名劇作家（=dramatist）【綴りに注意】
□ **perspective** ● [pərspéktiv]	名観点；展望

23

文学

Word Check

□ **platitude** [plǽtitjùːd]	名決まり文句　形 platitudinous 陳腐な
□ **incongruous** [inkáŋgruəs|-kɔ́ŋ-]	名不調和な
□ **appreciate** ● [əpríːʃièit]	他評価する；理解する；鑑賞する；感謝する：His novel was appreciated by his own generation. 彼の小説は同世代の人々に認められた。
□ **prod** [prád|prɔ́d]	他〜するように駆り立てる
□ **advocate** ● [ǽdvəkèit]	名主張者；支持者　他主張する；支持する；弁護する：advocate free speech 言論の自由を唱道する
□ **ridicule** ● [rídəkjùːl]	他〜を嘲笑する；あざける（＝mock）　名あざけり

Word Check

24 Mathematics・数学

□ commensurate [kəménsərit|-ʃər-]	形 同等の；ふさわしい
□ abacus [ǽbəkəs]	名 そろばん
□ formula [fɔ́ːrmjələ]	名 公式；定理：a binominal formula 二項式（定理）
□ formulate [fɔ́ːrmjəlèit]	他 (明確に)表す；公式化する；考案する；組み立てる：formulate a hypothesis 仮説を公式化する
□ dimension [diménʃən|dai-]	名 寸法；容積；体積；次元：A plain has two dimensions. 平面は二次元である。
□ minimal [mínəməl]	形 最小限の
□ quadruple [kwɑdrúːpl|kwɔ́drupl]	形 4倍の
□ remainder [riméindər]	名 (割り算の)余り；(引き算の)残り；差
□ equilateral triangle [ìːkwəlǽtərəl tráiæŋgl]	名 正三角形
□ cube [kjúːb]	名 立方体 他 3乗する
□ cylinder [sílindər]	名 円柱；(回転式拳銃の)弾倉；(ポンプ・エンジン・印刷機などの)シリンダー
□ cone [kóun]	名 円錐(すい)；円錐状のもの《ソフトクリームの容器；工事現場のオレンジ色の円錐柱》；松かさ
□ prism [prízəm]	名 角柱
□ development [divéləpmənt]	名 展開(図)
□ circle [sə́ːrkl]	名 円：draw a circle with compasses コンパスで円を描く

24

数学

Word Check

□ **oval** [óuvəl] ●	名楕円
□ **sector** [séktər]	名扇形
□ **square** ● [skwéər]	名正方形　他2乗する
□ **root** [rú(:)t] ●	名根；ルート： 3 is the square root of 9. 3は9の平方根です。
□ **rectangle** ● [réktæŋgl]	名長方形
□ **parallelogram** [pærəléləgræm]	名平行四辺形
□ **diamond** [dáiəmənd]	名ひし形
□ **pentagon** ● [péntəgàn|-gən]	名五角形　参 the Pentagon 米国国防総省 【建物の形からこの名前がついた】
□ **hexagon** [héksəgàn|-gən]	名六角形
□ **octagon** [áktəgàn|ɔ́ktəgən]	名八角形
□ **equation** ● [ikwéiʒən|-ʃən]	名等式；方程式：a linear equation 一次方程式
□ **quadratic equation** [kwɑdrǽtik ikwéiʒən]	名二次方程式
□ **cubic equation** [kjú:bik ikwéiʒən]	名三次方程式
□ **function** ● [fʌ́ŋkʃne]	名関数：a trigonometrical function 三角関数
□ **factor** [fǽktər]	名因数；因子：a common factor 共通因数
□ **integer** ● [íntidʒər]	名整数

Word Check

□ **variable** [vɛ́(:)əriəbl]	名変数
□ **greatest common divisor** [gréitest kámən diváizər]	名最大公約数
□ **lowest common multiple** [lóuest kámən máltəpl]	名最小公倍数
□ **million** [míljən]	名百万:five million, four hundred and two thousand 540万2千
□ **billion** [bíljən]	名10億
□ **trillion** [tríljən]	名1兆
□ **odd number** [ád|ɔ́d námbər]	名奇数
□ **even number** [í:vən námbər]	名偶数(⇔ odd number)
□ **round** [ráund]	形端数のない;(数量が)ちょうどの
□ **round off** [raund ɔ:f|ɑf|ɔf]	他四捨五入する:round 7.828 off two decimal places 7.828を小数点以下第3位で四捨五入する
□ **round up** [ráund ʌp]	他切り上げる(⇔ round down 他切り捨てる)
□ **theorem** [θí(:)ərəm]	名定理:the Pythagorean theorem ピタゴラスの定理
□ **width** [wídθ|wítθ]	名横(幅):a room 10 (feet) wide by 20 (feet) long 間口(幅)10フィート、奥行が20フィートの部屋
□ **height** [háit]	名高さ
□ **depth** [dépθ]	名奥行き

24

数学

Word Check

□ **direct proportion** [dirékt prəpɔ́ːrʃən]	名正比例（⇔ inverse proportion 反比例）
□ **area** [ɛ́əriə]	名面積
□ **weight** [wéit]	名重さ
□ **volume** [vάljuːm|vɔ́l-]	名体積；容積
□ **base** [beis]	名(図形の)底辺；底面；基数
□ **circumference** [sərkʌ́mfərəns]	名円周；周囲；周辺の長さ：The circumference of the pond is almost 3 miles. その池の周囲は約3マイルです。
□ **radius** [réidiəs]	名半径
□ **diameter** [daiǽmitər]	名直径：That circle is 10 inches in diameter. = [That circle has a diameter of 10 inches.] その円は直径10インチあります。
□ **right angle** [rait ǽŋgl]	名直角
□ **vertical** [vɔ́ːtəkl]	名垂直の；水平面に直角な；頂点の
□ **parabola** [pərǽbələ]	名放物線
□ **perpendicular line** [pɔ̀ːrpəndíkjələr láin]	名垂直線
□ **diagonal** [daiǽgənəl]	形斜めの；対角線(の)：diagonal line 対角線
□ **parallel line** [pǽrəlèl lain]	名平行線
□ **diagram** [dáiəgræm]	名図形；図；略図：This book has diagrams showing the parts of a car engine. この本には車のエンジンの部品図が載っている。
□ **approximation** [əpràksəméiʃən|-rɔ́k-]	名(U)近似値；概算

Word Check

□ **ratio** ● [réiʃou|-ʃiðu]	名比率（＝proportion）；歩合
□ **polygon** [páligɑ̀n|pɔ́ligən]	名多角形
□ **circumscribe** [sə̀ːrkəmskráib]	他自外接させる(する)
□ **surface area** [sə́ːrfis ɛ́(ː)əriə]	名表面積
□ **volume of a sphere** [váljuːm əv ə sfíər]	名球の体積
□ **figure** ● [fígjər|fígə]	名図形；数字（~s）；計算：a plane figure 平面図形
□ **addition** ● [ədíʃən]	名加法
□ **subtraction** [səbtrǽkʃən]	名減法　他 subtract 引き算をする
□ **multiplication** [mʌ̀ltəpləkéiʃən]	名乗法：multiplication tables 掛け算(九九)表
□ **multiply** ● [mʌ́ltəplài]	他掛け算をする： multiply 5 by 3　5に3を掛ける
□ **division** ● [divíʒən]	名除法；他 divide 割り算をする： divide 9 by 3　9を3で割る
□ **geometry** ● [dʒiámitri|-ɔ́m-]	名幾何学：solid geometry 立体幾何学
□ **probability** ● [prɑ̀bəbíləti|prɔ̀b-]	名確率
□ **cardinal number** [káːrdinəl nʌ́mbər]	名基数
□ **ordinal number** [ɔ́ːrdənəl nʌ́mbər]	名序数
□ **differential calculus** ● [dìfərénʃəl kǽlkjələs]	名微分

24

数学

Word Check

□ **integral calculus** [íntəgrəl kǽlkjələs]	名積分
□ **fraction** [frǽkʃən]	名分数：a mixed fraction 帯分数
□ **permutation** [pə̀ːrmjətéiʃən]	名順列（＝change）
□ **combination** [kɑ̀mbənéiʃən|kɔ́m-]	名組み合わせ
□ **set** [sét]	名集合：a negative integer set 負の整数の集合
□ **statistics** [stətístiks]	名統計(学)【「統計資料」の意では複数扱い】
□ **deviation value** [dìːviéiʃən vǽljuː]	名偏差値
□ **decimal** [désəməl]	形小数の；10進法の：a decimal point 小数点； a decimal system 10進法
□ **imaginary number** [imǽdʒənèri nʌ́mbər]	名虚数
□ **logarithm** [lɔ(ː)gəríðəm]	名対数
□ **proportion** [prəpɔ́ːrʃən]	名比例　参 inverse proportion 反比例 ⇔ direct proportion 正比例
□ **ounce** [áuns]	名オンス（約28.3グラム）
□ **pint** [páint]	名パイント（＝約0.47リットル）
□ **quart** [kwɔ́ːrt]	名クォート（＝2パイント）
□ **gallon** [gǽlən]	名ガロン（＝4クォート）《約3,785リットル》
□ **bushel** [búʃəl]	名ブッシェル（＝8ガロン）《穀物計量の最大単位》

25 Medicine・医学

□ **pierce** [píərs]	●	他自刺し通す；(寒さや苦痛が)身にしみる
□ **impalpable** [impǽlpəbl]	●	形知覚できない
□ **moderation** [mɑ̀dəréiʃən|mɔ̀d-]	●	名適度
□ **stupor** [stjúːpər]		名人事不省；意識朦朧(もうろう)
□ **susceptible** [səséptəbl]	●	形影響を受けやすい；感染しやすい：be susceptible to colds 風邪をひきやすい
□ **abstain** [əbstéin]	●	自控える(＝refrain)：abstain from drinking 飲酒を慎む
□ **refrain** [rifréin]	●	自(行為を)差し控える；慎む：Please refrain from smoking in the car. 車内での喫煙はご遠慮ください。
□ **breakthrough** [bréikθrùː]	●	名(科学上の)大発見；躍進；突破；打破：make a breakthrough in medicine 医学の分野で飛躍的な進歩を記録する
□ **impair** [impɛ́ər]	●	他損なう：Overwork impaired his health. 彼は働きすぎて健康を損ねた。
□ **mitigate** [mítəgèit]	●	他和らげる；鎮める
□ **squeeze** [skwíːz]	●	他絞り出す
□ **stretch** [strétʃ]		他自(人・動植物が)(手足・翼を)のばす
□ **chronically** [krɑ́nikəli]	●	副絶えず；慢性的に
□ **protrude** [proutrúːd|prə-]		他自突き出す；突き出る：protrude (＝put out) one's tongue 舌を突き出す
□ **abuse** [əbjúːz]	●	他乱用する；悪用する；虐待する：abuse one's health 健康を損なう

医学

Word Check

□ **alcoholic** [ǽlkəhɔ́(ː)lik]	名アルコール中毒患者
□ **bruise** [brúːz]	名打撲傷
□ **choke** [tʃóuk]	他窒息させる
□ **contagious** [kəntéidʒəs]	形 伝染する；伝染性の（＝infectious＝epidemic＝taking＝pestilent）：a contagious disease 接触伝染病
□ **cramp** [krǽmp]	名（寒さ・疲労などによる筋肉の）けいれん；ひきつり：a cramp in the calf こむら返り
□ **cripple** [krípl]	他 損なう；（主に足を）不自由にする《むしろ disable を使うほうがよい》
□ **disabled** [diséibld]	形身体に障害のある　名身体障害者たち
□ **dose** [dóus]	名服用量　他投薬する： a dose of medicine 一服の薬
□ **tablet** [tǽblit]	名錠剤（＝pill）
□ **epilepsy** [épəlèpsi]	名てんかん
□ **gland** [glǽnd]	名腺：the sweat glands 汗腺
□ **innocuous** [inákjuəs|inɔ́k-]	形（薬・ヘビなどが）無害な；無毒の
□ **insomniac** [insámniæk|-sɔ́m-]	名不眠症患者
□ **itchy** [ítʃi]	形かゆい
□ **longevity** [lɑndʒévəti|lɔn-]	名長寿
□ **malign** [məláin]	形悪性の（＝malignant）（⇔ benign 良性の）

Word Check

□ **medication** ● [mèdəkéiʃən]	名薬物治療；医薬
□ **crystalline** [krístəlin|-làin]	名水晶のような；結晶体からなる： crystalline lens（眼球の）水晶体
□ **myopia** ● [maióupiə]	名近視
□ **nurture** ● [nə́ːrtʃər]	他育てる　名養育；教育
□ **olfactory** [ɑlfǽktəri|ɔl-]	形嗅覚の
□ **perceptible** ● [pərséptəbl]	形感知できる：There is no perceptible change in her condition. 彼女の病状には気のつくほどの変化はない。
□ **perceptive** ● [pərséptiv]	形知覚の：perceptive 知覚技能
□ **perspire** ● [pərspáiər]	自発汗する　名 perspiration 発汗（＝sweat）
□ **physiognomy** [fiziágnəmi|-ɔ́nə-]	名人相
□ **physique** [fizíːk]	名体格
□ **posture** ● [pástʃər|pɔ́s-]	名姿勢
□ **practitioner** [præktíʃənər]	名開業医 参 practice the medicine 医者を開業している
□ **prescribe** ● [priskráib]	他規定する
□ **quarantine** ● [kwɔ́(ː)rəntìːn]	名隔離：keep a patient in quarantine 患者を隔離する
□ **refrigeration** [rifrìdʒəréiʃən]	名冷蔵
□ **sensory** ● [sénsəri]	形感覚に関する：sensory memory 感覚記憶

25

医学

Word Check

□ **sore** [sɔ́ːr] ●	形痛い：have sore shoulders 肩が痛い
□ **surgical** [sə́ːrdʒikəl] ●	形外科の
□ **tactile** [tǽktil|-tail]	形触覚の
□ **therapist** [θérəpist] ●	名治療専門家
□ **urinal** [júː(ː)ərənəl]	名しびん
□ **virus** [váiərəs] ●	名ウイルス
□ **wrinkle** [ríŋkl]	名皺（しわ）
□ **allergy** [ǽlərdʒi] ●	名アレルギー：pollen allergy 花粉アレルギー；花粉症（＝hay fever）
□ **allergens** [ǽlərdʒəns]	名アレルゲン；アレルギー起因物質
□ **germ** [dʒə́ːrm] ●	名細菌；病原菌；胚種：a room free of germs 無菌室
□ **paralyze** [pǽrəlàiz] ●	他麻痺させる：the traffic paralyzed by the snowstorm 吹雪で麻痺した交通
□ **hygienic** [hàidʒiénik|-dʒíːn-] ●	形衛生の
□ **sanitary** [sǽnitèri|-təri] ●	形衛生の：a bad sanitary condition 不良な衛生条件
□ **atopic dermatitis** [eitápic dà:rmətáitis]	名アトピー性皮膚炎
□ **adrenaline** [ədrénəlin]	名アドレナリン《副腎髄質ホルモン》（＝epinephrine）；興奮させるもの
□ **implant** [implǽnt|-plɑ́ːnt] ●	他移植する：implant a piece of bone 骨を埋め込む

Word Check

□ **genetic code** [dʒənétik kóud]	名遺伝情報
□ **influenza** ● [ìnfluénzə]	名インフルエンザ（＝flu）
□ **complication** ● [kàmpləkéiʃən｜kɔ́m-]	名合併症；併発；余病
□ **diarrhea** [dàiərí(ː)ə]	名下痢【発音に慣れておこう】
□ **acrophobia** [æ̀krəfóubiə]	名高所恐怖症　参 -phobia ～恐怖症
□ **cholera** [kálərə｜kɔ́l-]	名コレラ
□ **relapse** [rilǽps]	自再発する（＝return＝reappear）
□ **symptom** ● [símptəm]	名症状：subjective symptom 自覚症状
□ **dietary therapy** [dáiətèri θérəpi]	名食餌療法
□ **midwife** [mídwàif]	名助産婦
□ **medical examination** [médikəl igzæ̀mənéiʃən]	名健康診断
□ **heartbeat** [háːrtbìːt]	名心拍（＝pulse）
□ **heart disease** ● [háːrt dizìːz]	名心臓病（＝heart trouble）
□ **heart attack** [háːrt ətæ̀k]	名心臓発作
□ **Medicare** ● [médəkɛ̀ər]	名高齢者医療保障 参 Medicaid 低所得者医療扶助制度
□ **diagnosis** ● [dàiəgnóusis]	名診断：make a diagnosis on the case of ～の患者の診察をする

25

医

学

Word Check

☐ **lifestyle-related disease** [láifstàil riléitid dizíːz]	名生活習慣病
☐ **asthma** ● [ǽzmə|ǽs-]	名喘息 asthmatic 形喘息(性)の 名喘息患者
☐ **remove** ● [rimúːv]	他摘出する（＝extirpate）
☐ **sunstroke** [sʌ́nstròuk]	名日射病
☐ **heatstroke** [híːtstròuk]	名熱中症（＝heat exhaustion）
☐ **brain death** ● [bréin dèθ]	名脳死（＝cerebral death） 参 euthanasia[jùːθənéiʒiə]＝mercy killing 安楽死
☐ **pneumonia** ● [njuː(ː)móunjə]	名肺炎
☐ **fertility drug** [fə(ː)rtíləti drʌ̀g]	名排卵誘発剤
☐ **pneumoconiosis** [njùːməkòunióusis]	名肺塵症
☐ **leukemia** ● [ljuː(ː)kíːmiə]	名白血病
☐ **cystitis** [sistáitis]	名膀胱(ぼうこう)炎　参 名 形 cyst 嚢(のう)胞；嚢(のう)胞の
☐ **folk medicine** [fóuk mèdisin]	名民間療法
☐ **immune** ● [imjúːn]	形免疫の　名 immunity 免疫： immune response 免疫反応
☐ **immune system** [imjúːn sístəm]	名免疫システム
☐ **immunization** [ímjənaizéiʃən]	名予防接種；免疫を与えること：The Student Health Center can provide your immunizations free of charge. 予防接種は学生健康センターで無料で受けることができます。
☐ **depression** ● [dipréʃən]	名抑うつ症

Word Check

☐ **preventive medicine** [privéntiv médisin|médsin]	名予防医学
☐ **clinical test** [klínikəl tèst]	名臨床実験
☐ **appetite** [ǽpitàit]	名食欲；欲求
☐ **stethoscope** [stéθəskòup]	名聴診器
☐ **thermometer** [θərmámitər|-mɔ́m-]	名体温計
☐ **urine** [jú(:)ərin]	名尿
☐ **urinary organs** [jú(:)ərənèri ɔ́:rgənz]	名泌尿器系
☐ **shot** [ʃát|ʃɔ́t]	名注射
☐ **drip** [dríp]	名点滴（＝infusion）：be put on a drip 点滴を受ける
☐ **pharmacy** [fá:rməsi]	名薬局（＝drugstore）
☐ **prescription** [priskrípʃən]	名処方箋　他 prescribe 規定する
☐ **gastritis** [gæstráitis]	名胃炎
☐ **mumps** [mʎmps]	名おたふく風邪【米国留学前に予防接種を求められることが多い】
☐ **ulcer** [ʎlsər]	名潰瘍（かいよう）（＝canker）：a stomach ulcer 胃潰瘍
☐ **hay fever** [héi fí:vər]	名花粉症（＝pollen allergy）

25

医学

Word Check

□ **slipped disk** [slípt dìsk]	名ぎっくり腰
□ **dislocated finger** [dísloukèitid fíŋgər]	名突き指
□ **tuberculosis** [tjuː(ː)bəːrkjəlóusis]	名結核（＝TB）
□ **hemorrhoids** [hémərɔ̀idz]	名痔（じ）
□ **hives** [háivz]	名じんましん
□ **measles** ● [míːzlz]	名はしか 【米国留学前に予防接種を求められることが多い】
□ **chicken pox** [tʃíkən pɑ̀ks|pɔ̀ks]	名水疱瘡（みずぼうそう）
□ **burn** [báːrn]	名火傷：a burn on the finger 指の火傷
□ **nervous system** ● [nə́ːrvəs sístəm]	名神経系
□ **nerve** ● [nə́ːrv]	名神経：nerve strain 神経過労
□ **neuron** [njúː(ː)ərɑn|-rɔn]	名神経細胞
□ **cerebrum** [səríːbrəm|séri-]	名大脳
□ **cerebellum** [sèrəbéləm]	名小脳
□ **vertebral column** [və́ːrtəbrəl kɑ́ləm]	名脊柱（＝spinal column）
□ **stimulus** ● [stímjələs]	名刺激　複 stimuli [stímjəlài]

Word Check

□ **respiration** ● [rèspəréiʃən]	名呼吸
□ **respiratory system** [réspərətɔ̀:ri sístəm]	名呼吸器系
□ **inhale** [inhéil]	他自吸い込む
□ **exhale** [ekshéil]	他自(息を)吐き出す (⇔ inhale)
□ **lung** [lʌ́ŋ]	名肺：lung capacity 肺活量
□ **nasal cavity** [néizəl kǽvəti]	名鼻腔(びくう)
□ **oral cavity** [ɔ́(:)rəl kǽvəti]	名口腔(こうくう)
□ **larynx** [lǽriŋks]	名喉頭(こうとう)
□ **pharynx** [fǽriŋks]	名咽頭(いんとう)
□ **vocal cord** ● [vóukəl kɔ̀:rd]	名声帯
□ **trachea** [tréikiə|trəkí:ə]	名気管
□ **pulmonary artery** [pʌ́lmənèri ɑ́:rtəri]	名肺動脈
□ **diaphragm** [dáiəfrǽm]	名横隔膜
□ **aorta** [eiɔ́:rtə]	名大動脈
□ **digest** ● [didʒést|dai-]	他自消化する：digestive system 消化器系
□ **esophagus** [isáfəgəs|i(:)sɔ́f-]	名食道 (＝gullet)

25

医

学

Word Check

☐ **stomach** [stʌ́mək]	名胃：a sour stomach 胸やけ
☐ **duodenum** [djùːədíːnəm]	名十二指腸　形duodenal 十二指腸の：a duodenal ulcer 十二指腸潰瘍
☐ **small intestine** [smɔ́ːl intéstin]	名小腸
☐ **large intestine** [láːrdʒ intéstin]	名大腸
☐ **rectum** [réktəm]	名直腸
☐ **pancreas** [pǽnkriəs|pǽŋ-]	名膵臓（すいぞう）
☐ **vermiform appendix** [və́ːrməfɔ̀ːrm əpéndiks]	名虫垂（ちゅうすい）
☐ **appendicitis** [əpèndisáitis]	名盲腸炎；虫垂炎：He was operated on for appendicitis. 彼は盲腸炎の手術を受けた。
☐ **liver** [lívər]	名肝臓
☐ **gall bladder** [gɔ́ːl blǽdər]	名胆嚢（たんのう）
☐ **bladder** [blǽdər]	名嚢；袋状組織；（特に）膀胱（ぼうこう）：the gall bladder 胆嚢
☐ **uremia** [juəríːmiə]	名尿毒症
☐ **urethra** [juəríːθrə]	名尿道
☐ **kidney** [kídni]	名腎臓
☐ **skull** [skʌ́l]	名頭蓋骨

Word Check

□ **forehead** [fɔ́(:)rid]	名額；前額部（＝brow）
□ **temple** [témpl]	名こめかみ
□ **navel** [néivəl]	名へそ
□ **knee** [níː]	名膝(ひざ)：draw up one's knees 膝を立てる
□ **ankle** [ǽŋkl]●	名くるぶし；足首：sprain one's ankle 足首をくじく
□ **toe** [tóu]	名つま先
□ **trunk** [trʌ́ŋk]	名胴
□ **hip** [híp]	名腰部《腰から臀(でん)部にかけての左右の張り出した部分の片方の意》
□ **waist** [wéist]	名腰
□ **buttock** [bʌ́tək]	名臀(でん)部【hip より日本語の尻に近い】
□ **thigh** [θái] ●	名太腿
□ **heel** [híːl]	名かかと
□ **elbow** [élbou]	名肘(ひじ)　他肘で押す：elbow a person aside 人を押しのける
□ **wrist** [ríst]	名手首
□ **palm** [páːm]	名手のひら；たなごころ
□ **auditory** [ɔ́ːditɔ̀ːri|-təri]	形聴覚の；耳の：auditory difficulties 聴覚障害

25

医学

Word Check

impulse [ímpʌls]	名(〜したいという)衝動：on impulse 衝動的に；出来心で
retina [rétənə]	名網膜
pupil [pjúːpəl]	名瞳孔(どうこう)
pore [pɔ́ːr]	名毛穴
platelet [pléitlit]	名血小板
clot [klάt|klɔ́t]	他自凝固させる(する)；(血の)どろっとした固まり：a clot of blood in the cut 傷口の凝血
white blood cell [hwáit blʌ́d sèl]	名白血球
hormone [hɔ́ːrmòun]	名ホルモン
saliva [səláivə]	名唾液；つば (＝spittle)
physician [fizíʃən]	名内科医
surgeon [sə́ːrdʒən]	名外科医
pediatrician [pìːdiətríʃən]	名小児科医：pediatrics 小児科
infection [infékʃən]	名伝染病；感染
vaccine [væksíːn]	名ワクチン
vaccinate [væksənèit]	名予防接種をする：Tourists from foreign countries must be vaccinated against yellow fever. 外国からの旅行者は黄熱病の予防接種を受けなければならない。
smallpox [smɔ́ːlpὰks|-pɔ̀ks]	名天然痘

Word Check

□ **diphtheria** [difθí(:)əriə]	名ジフテリア
□ **typhoid** [táifɔid]	名腸チフス
□ **polio** ● [póuliòu]	名小児麻痺
□ **tumor** [tjú:mər]	名腫瘍【cancer(がん)の遠回し表現としても用いる】
□ **cancer** ● [kǽnsər]	名がん；癌腫；害悪： terminal cancer patients 末期がんの患者
□ **correlation** ● [kɔ̀(:)rəléiʃən]	名相関関係；相互関係：There is a correlation between smoking and lung cancer. 喫煙と肺がんには相互関係がある。
□ **AIDS** [éidz]	名エイズ：後天性免疫不全症候群(Acquired Immunodeficiency [Immune Deficiency] Syndrome)
□ **HIV**	名エイズウイルス (the human immunodeficiency virus)
□ **deficiency** ● [difíʃənsi]	名不全；欠陥：a vitamin deficiency ビタミン不足
□ **syndrome** ● [síndroum]	名症候群；病的現象
□ **anesthetize** ● [ənésθətàiz]	他麻酔をかける
□ **anesthesia** ● [æ̀nisθí:ʒə|-zjə]	名麻酔 形 anesthetic 麻酔の；麻酔剤
□ **transplant** ● [trænsplǽnt|-plɑ́:nt]	他移植する：transplant a heart 心臓を移植する
□ **arthritis** [ɑ:rθráitis]	名(U)関節炎
□ **diabetes** ● [dàiəbí:ti:z|-tis]	名糖尿病【リスニングの際に発音注意】
□ **diabetic** [dàiəbétik]	名形糖尿病患者(の)

25

医学

Word Check

□ **obesity** [oubíːsəti]	名肥満病　形 obese[oubíːs]　肥満の
□ **nausea** [nɔ́ːziə|-sjə]	名吐き気；むかつき
□ **dizziness** [dízinis]	名めまい　形 dizzy 頭がくらくらする；目が回る
□ **coma** [kóumə]	名昏睡状態（＝lethargy）： go into a coma 昏睡状態になる
□ **bleed** [blíːd]	自出血する；血を流す　他血を採る： bleed to death 出血多量で死ぬ
□ **sprain** [spréin]	名捻挫（する）（＝twist）：sprain one's ankle 足首を捻挫する
□ **fracture** [frǽktʃər]	名骨折；suffer a fracture 骨を折る
□ **dislocation** [dìsləkéiʃən]	名脱臼
□ **bandage** [bǽndidʒ]	名包帯　他包帯をする： put a bandage on a wound 傷に包帯をする
□ **adhesive-plaster** [ædhíːsiv plǽstər]	名絆創膏
□ **ointment** [ɔ́intmənt]	名軟膏： rub ointment into one's arms 腕に軟膏をすり込む
□ **x-ray** [éksrèi]	名レントゲン写真
□ **forceps** [fɔ́ːrsəps]	名複ピンセット；鉗子（かんし）
□ **scalpel** [skǽlpəl]	名外科用メス
□ **stretcher** [strétʃər]	名担架
□ **throat** [θróut]	名喉：I have a sore throat. 喉が痛いです。

Word Check

□ **chest** [tʃést] ●	名胸部
□ **abdomen** ● [ǽbdəmən|æbdóu-]	名腹部（=belly）
□ **rib** [ríb] ●	名肋骨（ろっこつ）
□ **joint** [dʒɔ́int] ●	名関節： set the arm in joint（脱臼した）腕の関節を直す
□ **gullet** [gʌ́lit]	名食道
□ **spleen** [splíːn]	名脾臓（ひぞう）
□ **anus** [éinəs]	名肛門
□ **womb** ● [wúːm]	名子宮：from the womb to tomb（=from cradle to the grave）生まれてから死ぬまで
□ **jaw** [dʒɔ́ː]	名顎（あご）
□ **chin** [tʃín]	名顎の先
□ **gum** [gʌ́m]	名歯茎
□ **encephalomyelitis** [ensèfəloumàiəláitis]	名脳脊髄炎
□ **aneurysm** [ǽnjərìzəm|ǽnjuər-]	名動脈瘤　参 varicose veins 静脈瘤
□ **arachnoid** [ərǽknɔid]	名形くも膜（の）；くもの巣状の： subarachnoid hemorrhage くも膜下出血
□ **spine** [spáin] ●	名脊柱
□ **spinal** [spáinəl]	形背骨の；（まれに）脊髄の spinal anesthesia 脊椎麻酔；脊髄麻酔

25

医学

Word Check

□ **spinal cord** [spáinəl kɔ́ːrd]	名脊髄
□ **spinal injury** ● [spáinəl índʒəri]	名脊柱損傷；(まれに)脊髄損傷
□ **hernia** [hə́ːrniə]	名ヘルニア（＝rupture）；脱腸
□ **metastases** [mətǽstəsìːz]	名転移
□ **amnesia** [æmníːʒə|-zjə]	名記憶喪失症；健忘症
□ **brain tumor calcification** [bréin tjúːmər kǽlsəfəkéiʃən]	名脳腫瘍石灰化
□ **artery** ● [áːrtəri]	名動脈（⇔ vein 静脈）
□ **encephalitis** [ensèfəláitis]	名脳炎
□ **nodule** [nádʒuːl]	名こぶ；小結節《エンドウ豆の大きさの病巣》
□ **pituitary** [pitjúːitèri|-təri]	形下垂体の
□ **ovule** [óuvjuːl]	名卵細胞
□ **jugular** [dʒʌ́gjələr]	形頸部の；頸静脈の　名頸静脈
□ **hydrocephalus** [hàidrəséfələs]	名脳水腫；水頭症
□ **hemorrhage** [héməridʒ]	名大出血：suppress a hemorrhage 出血を止める
□ **Parkinsonism** [páːrkinsənìzəm]	名パーキンソン病

Word Check

□ **stroke** ● [strouk]	名(卒中などの)発作
□ **thyroid** [θáirɔid]	名甲状腺
□ **goiter** [gɔ́itər]	名甲状腺腫
□ **iodine** [áiədàin]	名ヨウ素(欠乏すると甲状腺腫の原因となる)
□ **thyroid calcification** [θáirɔid kæ̀lsəfəkéiʃən]	名甲状腺石灰化
□ **thyroid carcinoma** [θáirɔid kɑ̀ːrsənóumə]	名甲状腺悪性腫瘍
□ **abdominal muscles** [æbdɑ́mənəl mʌ́slz]	名腹筋
□ **Achilles tendon** [əkíliːz téndən]	名アキレス腱
□ **airborne irritant** [ɛ́ərbɔ̀ːrn írit ənt]	名空気で運ばれる(花粉などの)刺激物
□ **amniocentesis** [æ̀mniousentíːsis]	名羊水穿刺(せんし)《性別判定などのために羊水を採ること》
□ **amniotic fluid** [æ̀mniɑ́tikflúːid]	名羊水《羊膜の内側を満たす透明の液で、胎児を保護し、また分娩時に流出して出産を容易にする》
□ **anemic** ● [əníːmik]	形貧血(症)の；無気力の　名 anemia 貧血(症)
□ **anti-coagulants** [ǽntai|ǽnti-kouǽgjələnts]	名反血液凝固剤
□ **antibiotics** ● [æ̀ntaibaiɑ́tiks]	名抗生物質：administer antibiotics to the patient 患者に抗生物質を投与する
□ **antibody** [ǽntibɑ̀di|-bɔ̀di]	名抗体

25

医学

Word Check

☐ **blood clotting** [blˊʌd klɑ̀tiŋ]	名凝血
☐ **blood pressure**● [blˊʌd prèʃər]	名血圧　参 manometer 血圧計
☐ **blood vessels** ● [blˊʌd vèsəls]	名血管
☐ **Caesarean birth** [sizέ(:)əriən bə̀:rθ]	名帝王切開
☐ **chemotherapy** [kèməθérəpi|kí:mə-]	名化学療法
☐ **chronic illness**● [krάnik ílnis]	名慢性病；持病（⇔ an acute illness　急病）
☐ **circumcision** [sə̀:rkəmsíʒən]	名割礼；宗教的・民族的な通過儀礼
☐ **colostrums** [kəlάstrəms]	名（産婦の）初乳
☐ **compresses** [kəmprésiz]	名（止血用の）圧迫包帯；湿布
☐ **constipation** ● [kὰnstəpéiʃən|kɔ̀n-]	名便秘
☐ **contraction** ● [kəntrˊækʃən]	名罹病《病気にかかること》；短縮；収縮： the contraction of a disease 罹病
☐ **cough suppressant** [kɔ́(:)f səprésənt]	名咳；咳ばらい　自他咳をする：cough suppressant 咳止め　whooping cough 百日咳
☐ **decongestant** [dì:kəndʒéstənt]	名充血緩和剤；消炎剤
☐ **dehydration** ● [di(:)háidreiʃən]	名脱水症状
☐ **diuretic** [dàijuərétik]	形利尿の　名利尿剤
☐ **Down's syndrome** [dάunz síndroum]	名ダウン症（症候群）

Word Check

□ **eczema** [éksəmə|égzə-]	名湿疹
□ **emphysema** [èmfisí:mə]	名気腫
□ **glucose** [glú:kous]	名ブドウ糖
□ **fetal** [fí:təl]	形胎児の
□ **fetus** [fí:təs] ●	名胎児
□ **embryo** ● [émbriðu]	名胎芽(たいが)《人間の場合、受精後8週間未満の生体を指し、それ以後を「胎児」(fetus)という》；萌芽；始まり
□ **swaddle** [swádl|swɔ́dl]	名産着；おむつ(＝diaper)
□ **genital** [dʒénitəl]	形生殖器の　名性器
□ **gestation** [dʒestéiʃən]	名妊娠(＝pregnancy＝conception)；懐胎期間
□ **pregnant** ● [prégnənt]	形妊娠した：She is pregnant. (＝She is expecting a baby.) 彼女は妊娠しています。
□ **frostbite** [frɔ́(:)stbàit]	名しもやけ；凍傷：suffer from frostbite しもやけになる
□ **glaucoma** [glɔ:kóumə]	名緑内障
□ **gonorrhea** [gànərí(:)ə|gɔ̀n-]	名淋病
□ **heartburn** [há:rtbə̀:rn]	名胸やけ(＝upset stomach)
□ **hepatitis** ● [hèpətáitis]	名肝炎
□ **hepatitis B** [hèpətáitis bí:]	名B型肝炎：provide proof of full immunization against the hepatitis B virus B型肝炎への免疫証明を提出する

25 医学

Word Check

□ **hepatitis B vaccine** [hèpətáitis biː væksíːn]	名B型肝炎ワクチン
□ **herpes** [hə́ːrpiːz]	名ヘルペス；疱疹
□ **histamine** [hístəmìː(ː)n]	名ヒスタミン《体内に過剰に遊離するとアレルギー症状をおこす》
□ **humidifier** [hjuːmídəfàiər]	名加湿器
□ **hypersensitivity** ● [hàipərsènsitívəti]	名過敏症
□ **hypertension** ● [hàipərténʃən]	名高血圧(症)（＝high blood pressure）
□ **hypothermia** [hàıpouθə́ːmiə]	名低体温症【hypo- は hyper- の反対】
□ **hysterectomy** [hìstəréktəmi]	名子宮摘出
□ **insulin** [ínsjəlin]	名インシュリン；糖尿治療薬
□ **intravenous** [ìntrəvíːnəs]	名静脈注射；輸血；点滴
□ **jaundice** [dʒɔ́ːndis]	名黄疸
□ **laryngitis** [lærəndʒáitis]	名喉頭炎
□ **lesion** [líːʒən]	名病変；機能障害
□ **letdown** [létdàun]	名減少；減退（＝decline）
□ **ligament** [lígəmənt]	名靱帯（じんたい）
□ **membrane** ● [mémbrein]	名(動植物の)皮膜；細胞膜；浸透膜

Word Check

□ **menopause** [ménəpɔ̀:z]	名更年期；月経閉止期
□ **miscarriage** ● [miskǽridʒ]	名(自然)流産　参 abortion 妊娠中絶
□ **ovary** [óuvəri]	名卵巣
□ **pelvis** ● [pélvis]	名骨盤：the pelvis major [minor] 大[小]骨盤
□ **placenta** [pləséntə]	名胎盤
□ **postpartum** [poustpá:rtəm]	名産後の
□ **prostate gland** [prásteit glǽnd]	名前立腺
□ **rash** [rǽʃ]	名発疹(＝eruption)；吹き出物
□ **rubella** [ru:bélə]	名風疹；三日はしか 【米国留学前に予防接種を求められることが多い】
□ **secrete** ● [sikrí:t]	他～を分泌する　名 secretion 分泌
□ **spasm** [spǽzəm]	名ひきつけ；けいれん
□ **sterilization** ● [stèrəlizéiʃən|-lai-]	名不妊；無菌　形 sterile 殺菌した；不毛な
□ **syphilis** [sífəlis]	名梅毒
□ **testis** [téstis]	名睾丸
□ **tetanus** [tétənəs]	名破傷風(＝lockjaw)
□ **toxemia** [taksí:miə|tɔks-]	名毒血症

25

医学

Word Check

☐ **tranquilizers** [trǽŋkwəlàizərz]	名精神安定剤
☐ **tuberculin skin test** [tju(:)bə́ːrkjəlin skìn tèst]	名ツベルクリン検査［反応］（＝tuberculin reaction）
☐ **umbilical cord** [ʌmbílikəl kɔ́ːrd]	名へその緒
☐ **uterus** [júːtərəs]	名子宮（＝womb）
☐ **viral infection** ● [váirəl infékʃən]	名ウイルス性感染
☐ **wheezing** [hwíːziŋ]	名(喘息などで)ぜいぜい息をすること
☐ **breakdown** ● [bréikdàun]	名衰弱；消耗：a nervous breakdown 神経衰弱
☐ **cholesterol level** [kəléstərɔ̀(ː)l lévəl]	名コレステロール値
☐ **malady** ● [mǽlədi]	名(慢性の)病気（＝disease）
☐ **curtail** ● [kə(ː)rtéil]	他削減する；抑える： curtail medical spending 医療費を削減する
☐ **pulse** [pʌ́ls] ●	名脈：The doctor felt [took] her pulse. 医者は彼女の脈をみた。
☐ **coronary** ● [kɔ́(ː)rənèri|-nəri]	名形冠状動脈(の)：a coronary occlusion 冠状動脈閉塞 coronary thrombosis 冠状動脈血栓
☐ **epidemic** ● [èpidémik]	名流行病；頻発
☐ **incubation** ● [ìŋkjəbéiʃən|ìn-]	名潜伏(期間)（＝incubation period）
☐ **plague** ● [pléig]	名疫病；伝染病　他病気にかかる

Word Check

□ **intoxication** [intὰksəkéiʃən|-tɔ̀k-]	名酩酊；中毒
□ **poisoning** [pɔ́izəniŋ]	名（食物・毒物・ガスなどによる）中毒：lead poisoning 鉛中毒
□ **addiction** [ədíkʃən]	名（麻薬などの）常用；中毒　他addict 中毒させる　名 addict 中毒患者
□ **distend** [disténd]	他自膨張させる（する）：Rapid ascent in water distends a lung. 水中で急速に浮上すると肺が膨張する。
□ **rupture** [rʌ́ptʃər]	名破裂；ヘルニア　自他破裂する（させる）

- （咽頭）Pharynx
- （喉頭蓋）Epiglottis
- （食道）Esophagus
- （右肺）Right lung
- Sinuses（静脈洞）
- Nasal cavity（鼻腔）
- Larynx（喉頭）
- Trachea（気管）
- Bronchiole（細気管支）
- Left bronchus（左気管支）
- Heart（心臓）
- Pleural sac（肋膜）
- Diaphragm（横隔膜）(cut)

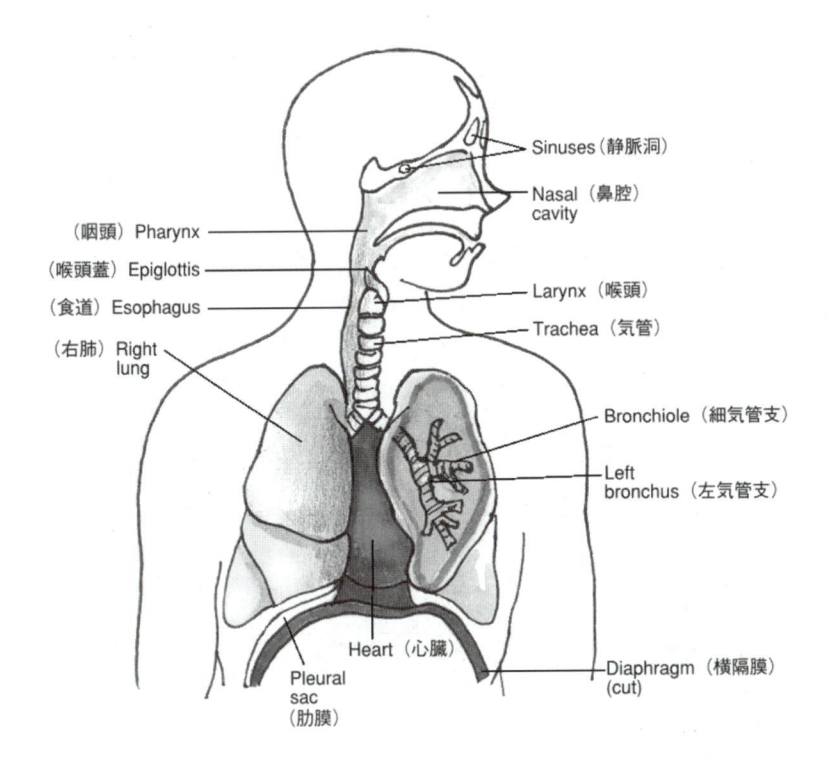

25　医学

Word Check

26 Meteorology・気象学

□ **parch** [páːrtʃ]	他からからに乾かす
□ **arid** [ǽrid]	形(土地などが)乾燥した；不毛の；退屈な
□ **icicle** [áisikl]	名つらら
□ **fallout** [fɔ́ːlàut]	名放射性降下物（＝radioactive fallout）；(火山灰などの)降下物
□ **melt** [mélt]	自融ける　他融かす
□ **devastating** [dévəstèitiŋ]	形(物事が)破壊的な；荒廃させる： a devastating flood 壊滅的な洪水
□ **mist** [míst]	名もや；霧：a thick mist 濃霧
□ **fog** [fɔ́(ː)g]	名霧：A heavy [thick/dense] fog hinders planes from landing. 濃霧で飛行機の着陸ができない。
□ **dew** [djúː]	名露：drops of dew 露のしずく
□ **sleet** [slíːt]	名霙(みぞれ)
□ **hail** [héil]	名霰(あられ)；雹(ひょう)
□ **drizzle** [drízl]	名霧雨　自霧雨が降る
□ **squall** [skwɔ́ːl]	名スコール
□ **hurricane** [hɔ́ːrəkèin|hʌ́rikən]	名ハリケーン；大暴風雨
□ **snowstorm** [snóustɔ̀ːrm]	名吹雪

Word Check

□ **myriad** ● [míriəd]	名無数の：myriads of particles 無数の粒子
□ **minute** ● [mainjúːt]	形微細な；わずかな：minute dust 微小なちり
□ **minuscule** [mínəskjùːl]	形非常に小さな
□ **crystal** [krístəl]	名結晶；結晶体；水晶：crystals of snow 雪の結晶
□ **stratum** ● [stréitəm|stráː-]	名（水平に重なった）層（＝layer）複 strata
□ **cluster** ● [klʌ́stər]	名群れ；かたまり
□ **terrain** ● [təréin|térein]	名地域；地勢：hilly terrain 丘陵地帯
□ **weather map** [wéðər mǽp]	名天気図（＝weather chart）
□ **barometric pressure** [bæ̀rəmétrik préʃər]	名気圧（＝atmospheric pressure＝air pressure）
□ **trough** [trɔ́(ː)f]	名気圧の谷；（景気・統計グラフなどの）谷；底
□ **isobar** [áisəbɑ̀ːr|-sou-]	名等圧線
□ **vapor** [véipər]	名蒸気
□ **centigrade** ● [séntəgrèid]	名摂氏（＝Celsius）： 30℃《thirty degrees centigrade》摂氏30度
□ **Fahrenheit** ● [fǽrənhàit]	名形華氏温度計（目盛り）（の）： 90°F《ninety degrees Fahrenheit》華氏90度
□ **gas composition** [gǽs kɑ̀mpəzíʃən]	名気体組成
□ **troposphere** [trɑ́pəsfìər|trɔ́p-]	名対流圏

26 気象学

Word Check

□ **phenomenon** [fináməndàn|-nóminən]	名現象　複 phenomena
□ **Celsius** [sélsiəs]	名摂氏；セルシウス《スウェーデンの天文学者で、摂氏温度計を創案した人》形摂氏の（＝centigrade）
□ **stratosphere** [strǽtəsfìər]	名成層圏
□ **mesosphere** [mézəsfìər|mésou-]	名中間圏
□ **thermosphere** [θə́ːrməsfìər]	名温度(熱)圏
□ **ionosphere** [aiánəsfìər|-ɔ́nə-]	名電離層
□ **radio signals** [réidiòu sígnəlz]	名無線信号
□ **ionized particles** [áiənàizd pɑ́ːtiklz]	名イオン化分子
□ **turbulence** [tə́ːbjələns]	名大気の乱れ；乱気流
□ **northern hemisphere** [nɔ́ːrðərn hémisfìər]	名北半球
□ **southern hemisphere** [sʌ́ðərn hémisfìər]	名南半球
□ **albedo** [ælbíːdou]	名アルベド《太陽系にある天体の太陽光反射率》
□ **transparent** [trænspé(ː)ərənt]	形透明な；transparent substance 透明な物質
□ **cirrus clouds** [sírəs kláudz]	名絹雲
□ **cumulonimbus** [kjùːmjəlounímbəs]	名積乱雲

Word Check

□ **lightning** ● [láitniŋ]		名稲妻
□ **tornado** [tɔːrnéidou]		名竜巻；トルネード（＝twister（米略式））《北アメリカ中西部に発生する大規模な陸上竜巻》
□ **moisture** [mɔ́istʃər]		名湿り気
□ **humidity** ● [hjuːmídəti]		名湿度
□ **cold front** ● [kóuld frʌ́nt]		名寒冷前線
□ **warm front** ● [wɔ́ːrm frʌ́nt]		名温暖前線
□ **stationary front** [stéiʃənèri|-nəri frʌ́nt]		名停滞前線
□ **probe** ● [próub]		名他自調査（する）参 a space probe 天体観測衛星
□ **doldrums** [dóuldrəmz|dɔ́l-]		名副赤道無風帯（気象）
□ **El Niño** [elníːnjou]		名エルニーニョ現象《数年に一度、ペルー沖から中部太平洋赤道域にかけて、海面水温が平年に比べて1〜2度高くなる現象。世界各地に高温・低温・多雨・旱魃（かんばつ）をもたらす》
□ **maritime** ● [mǽritàim]		形海の；近海の
□ **cyclone** [sáikloun]		名サイクロン；（インド洋の熱帯性）低気圧
□ **thunderstorm** [θʌ́ndərstɔ̀ːrm]		名激しい雷雨
□ **breeze** [bríːz]		名微風；そよ風

26 気象学

Word Check

☐ **gale** [géil]	名強風
☐ **swirl** [swə́ːrl] ●	自渦巻く　他渦巻いて運ぶ　名渦巻き
☐ **congregate** [káŋgrəgèit|kɔ́ŋ-]	自集まる；集合する　他集める
☐ **mirage** [mirάːʒ] ●	名蜃気楼
☐ **sighting** [sáitiŋ]	名観測されること；目撃例

Word Check

27 Music & Theater・音楽&演劇

□ **lyre** [láiər]	名竪琴
□ **overture** [óuvərtʃər|-tʃúər|-tjúə]	名序曲
□ **theatrical** ● [θiǽtrikəl]	形演劇の
□ **routine** ● [ru:tí:n]	名いつもの手順；決まった出し物；いつもすること
□ **fugal** [fjú:gl]	名フーガ(fugue)形式の
□ **compose** ● [kəmpóuz]	名作曲する(＝write)： compose a symphony 交響曲を作曲する
□ **symphony** [símfəni]	名交響曲　参名 concerto 協奏曲
□ **choreography** [kɔ̀(:)riágrəfi|-ɔ́g-]	名舞踏；バレエの振り付け法
□ **sonata** [səná:tə]	名ソナタ《独奏または重奏のための多楽章器楽の一形式》
□ **piece** ● [pí:s]	名作品；曲：play a few pieces by Bach バッハの小品を2～3曲弾く
□ **improvisation** ● [ìmprəvizéiʃən|ìmprəvai-]	名即興　他 improvise (詩・曲などを)即興で作る
□ **nocturne** [náktə:n|nɔ́k-]	名夜想曲【絵画なら夜景を描いた作品】
□ **suite** [swí:t]	名組曲
□ **woodwind** [wúdwìnd]	名木管楽器　参名 brass 金管楽器　参名 strings 弦楽器　参名 percussion 打楽器

Word Check

28 Philosophy・哲学

□ **momentum** [mouméntəm]	名契機；はずみ；勢い
□ **Confucianism** [kənfjúːʃənizəm]	名儒教
□ **ethics** [éθiks]	名倫理学；倫理；道徳
□ **expound** [ikspáund]	名詳細に説明する：expound a hypothesis to a person 仮説を人に詳説する
□ **premise** [prémis]	名前提：the major premise（三段論法の）大前提
□ **presume** [prizjúːm]	他自推定する 副 presumably たぶん〜らしい
□ **attest** [ətést]	他自証明する：He attested the truth of her statement. 彼は彼女の陳述が事実であることを証明した。
□ **brood** [bruːd]	自熟考する：brood over/on〜 〜についてじっと（くよくよ）考える
□ **fallibility** [fæləbíləti]	名誤る可能性
□ **inexorable** [inéksərəbl]	形無情な；変えられない：inexorable doom 避けがたい運命
□ **reason** [ríːzən]	名理性；理由；道理
□ **paradigm** [pǽrədàim]	名パラダイム；理論的枠組；方法論《一時代の支配的な物の見方。天動説か地動説はその例》
□ **determinism** [ditə́ːrmənizəm]	名決定論《自然的諸現象、歴史的出来事、特に人間の意志は、自然法則・神・運命などによって必然的に規定されているとする立場》
□ **dualism** [djúːəlìzəm]	名二元性；二元論

Word Check

□ **empiricism** [empírisìzəm]	名経験主義；経験論
□ **exemplar** [igzémplər]	名模範；典型
□ **introspection** ● [ìntrəspékʃən]	名内省　他自 introspect 内省する；反省する
□ **monism** [mánizəm|mɔ́n-]	名一元論《物質・精神またはそのどちらでもない第三の実態によって世界を一方的に説明する立場》
□ **normative** [nɔ́ːrmətiv]	形標準の；規範的な：normative grammar 規範文法
□ **paranormal** [pæ̀rənɔ́ːrməl]	形科学では説明のつかない
□ **pragmatism** ● [prǽgmətìzəm]	名プラグマティズム；実用主義
□ **rationalism** [rǽʃənəlìzəm]	名理性主義；合理主義
□ **syllogism** ● [sílədʒìzəm]	名三段論法；手の込んだ議論
□ **dogma** [dɔ́(ː)gmə]	名信条；教義；独断
□ **utilitarianism** [juː(ː)tìlitéəriənizm]	名功利主義
□ **libertarianism** [lìbətéəriənizm]	名自由至上主義
□ **communitarianism** [kəmjúːnətéəriənizm]	名コミュニタリアニズム《基本的人権より共同体の安全性を優先させようとする考え》（⇔ libertarianism）
□ **altruism** [ǽltruìzm]	名利他主義；利他精神（⇔ egoism）

28

哲学

Word Check

29 Physics・物理学

☐ **constrict** [kənstríkt]	图締め付ける；圧縮する：The instrument is constricted in the middle. その器具は中央がくびれている。
☐ **demolish** [dimáliʃ|-mɔ́l-]	图(建物などを)破壊する；(理論を)粉砕する：That physicist demolished the homing theory. その物理学者が帰巣理論を粉砕した。
☐ **magnify** [mǽgnəfài]	他拡大する：This lens magnifies objects 1,000 times. このレンズは対象物を1,000倍に拡大する。
☐ **static** [stǽtik]	形静的な (⇔ dynamic 動的な)；空電の：static electricity 静電気
☐ **coil** [kɔ́il]	自他ぐるぐる巻く
☐ **conduction** [kəndʌ́kʃən]	图(熱・音・電気などの)伝導
☐ **congeal** [kəndʒíːl]	自他凍る；(血液・油などを)凍らせる；固まらせる；凝結する：The fat congealed on the cold plates. 脂肪は冷たい皿の上で固まった。
☐ **elastic** [ilǽstik]	形弾性のある；伸縮性のある：an elastic bandage 伸縮性のある包帯
☐ **friction** [fríkʃən]	图摩擦：the coefficient of friction 摩擦係数
☐ **gear** [gíər]	图装置；伝動装置；歯車；道具：the landing gear of an airplane 飛行機の着陸装置
☐ **gleam** [glíːm]	自かすかに光る
☐ **plumb** [plʌ́m]	图おもり
☐ **reflex** [ríːfleks]	图反射能力；反射神経　形反射的な
☐ **simulation** [sìmjəléiʃən]	图模擬実験

Word Check

□ **vibrate** ● [váibreit]	自他 振動する(させる)
□ **inversion** ● [invə́ːrʒən|-ʃən]	名 転倒；転回；反転
□ **slant** ● [slǽnt|slɑ́ːnt]	形 斜めの
□ **upright** ● [ʌ́práit]	形 直立した： stand in an upright position まっすぐな姿勢で立つ
□ **relativity** ● [rèlətívəti]	名 相対性；関連性；相関性：Relativity 相対性理論
□ **acoustics** [əkúːstiks]	名 (U) 音響学；音響効果[装置]（複数扱い）
□ **resonance** [rézənəns]	名 反響；共鳴
□ **retention** [riténʃən]	名 維持；保有；記憶
□ **optics** ● [ɑ́ptiks|ɔ́p-]	名 光学
□ **quantum mechanics** [kwɑ́ntəm məkǽniks]	名 量子力学《分子・原子・原子核・素粒子などの微視的物理系を支配する物理法則を中心とした理論体系》
□ **vacuum** [vǽkjuəm]	名 真空
□ **reflect** ● [riflékt]	他自 反射させる(する)
□ **reflection** ● [riflékʃən]	名 反射
□ **refract** [rifrǽkt]	他 (水・ガラスなどが光などを)屈折させる： refracting telescope 屈折望遠鏡
□ **refraction** ● [rifrǽkʃən]	名 屈折

29

物理学

Word Check

□ **convex lens** [kɑnvéks lénz]	名凸レンズ
□ **concave lens** [kɑnkéiv lénz]	名凹レンズ
□ **objective** [əbdʒéktiv]	名対物レンズ
□ **eyepiece** [áipìːs]	名接眼レンズ
□ **conduct** ● [kʌ́ndʌkt|kɔ́n-]	他(電気を)伝える：conduct electricity 電気を伝える
□ **dynamo** [dáinəmòu]	名発電機；ダイナモ
□ **resistance** [rizístəns]	名抵抗： overcome air resistance 空気の抵抗を克服する
□ **IC** [áisíː]	名 集積回路（integrated circuit）《多くの回路素子が1個の基板の表面か内部で一体として結合されている超小型構造の電子回路》
□ **fission** ● [fíʃən]	名分裂：nuclear fission 核分裂
□ **radio-** ● [réidiòu]	連結 放射；無線：ラジウム
□ **kinematics** [kìnəmǽtiks| káinə-]	名運動学
□ **velocity** ● [vəlásəti|-lɔ́s-]	名速度
□ **frequency** ● [fríːkwənsi]	名振動数；(電波などの)周波数： frequency modulation 周波数変調（FM放送）
□ **neural** [njú(ː)ərəl]	形神経(系)の
□ **prism** [prízəm]	名分光スペクトル

Word Check

□ **vector** [véktər]	名ベクトル；動径；方向量
□ **coordinate** ● [kouɔ́ːrdənit]	名形座標(の)
□ **viscosity** [viskásəti|-kɔ́s-]	名粘性《流体内部で流れの速度が一様でないとき、速度を一様にしようとする力が生ずるような流体の性質》；液体摩擦
□ **hydrostatic pressure** [hàidrəstǽtik préʃər]	名液体圧力；静水圧《静水中において生ずる水圧。深さと密度と重力加速度との積》
□ **streamline** [stríːmlàin]	名形流線形(の)
□ **laminar flow** [lǽmənər flóu]	名層流《薄層中の気[液]体のなめらかな流れ》
□ **turbulent flow** [tə́ːrbjələnt flóu]	名乱流《流体の各小部分が不規則に混じり合い、乱れを含むような流れ》
□ **phase velocity** [feiz vəlásəti]	名位相速度
□ **convection** [kənvékʃən]	名(熱・電気の)対流；上昇気流
□ **thermodynamics** [θə̀ːrmoudainǽmiks]	名熱力学
□ **kinetic energy** [kinétik énərdʒi]	名運動エネルギー
□ **potential energy** [pəténʃəl énərdʒi]	名位置エネルギー
□ **inertia** ● [inə́ːrʃjə]	名慣性；惰性： roll under its own inertia 惰力で回転する
□ **torque** [tɔ́ːrk]	名トルク《回転している物体がその回転軸周に受ける偶力》

29 物理学

Word Check

30 Political Science・政治学

□ **nationality** [næ̀ʃənǽləti]	名国籍
□ **outcry** [áutkrài]	名抗議
□ **uphold** [ʌphóuld]	他 支持する：uphold a district court's decision 地裁の判決を支持する
□ **ally** [əlái]	他自同盟する；連合する：The country has been allied with the U.S. for more than half a century. その国は半世紀以上、合衆国と同盟を結んでいる。
□ **deterrent** [ditə́:rənt|-tér-]	形名抑止(の)；抑止力；戦争抑止力：the nuclear deterrent 核抑止力
□ **autonomy** [ɔ:tánəmi|-tɔ́n-]	名(U)自治；(C)自治体
□ **censor** [sénsər]	名(出版物・映画・放送・通信文などの)検閲官；他(出版物・映画などを)検閲する
□ **council** [káunsəl]	名評議会；諮問委員会
□ **despotism** [déspətìzəm]	名専制(政治) (＝autocracy＝tyranny)
□ **dispatch** [dispǽtʃ]	他(使者・軍隊などを)派遣[急派]する；(手紙などを)急送する：dispatch the Foreign Minister to the U.N. General Assembly 国連総会に外務大臣を急いで派遣する
□ **doctrine** [dáktrin|dɔ́k-]	名主義；教義；信条；学説：the Monroe Doctrine モンロー主義 (欧米両大陸の相互不干渉を主張する、合衆国の外交政策の原則。1823年にJ.モンローが宣言)
□ **domineer** [dàməníər|dɔ̀m-]	自他(独裁的に)支配する (＝ dominate)；威張り散らす
□ **enactment** [inǽktmənt]	名制定
□ **enact** [inǽkt]	他法律を制定する：The bill is expected to be enacted during the present session. その法案は今会期中に成立する見通しである。
□ **espouse** [ispáuz]	他(主義・学説などを) 信奉する；支持する；擁護する：He enthusiastically espoused the Monroe Doctrine. 彼は熱烈にモンロー主義を信奉していた。

Word Check

□ **expel** ● [ikspél]		他 追い出す；追い払う：be expelled from ～（国・場所・団体から）追い出される；除名される
□ **federal** ● [fédərəl]		名 連邦の：the federal government of the U.S. 米国連邦政府　参 state government 州政府
□ **forfeit** [fɔ́ːrfit]		名 剥奪；没収；罰金；喪失した権利： the forfeit of one's civil rights 市民権の剥奪
□ **imprison** ● [imprízən]		他 投獄する
□ **inaugurate** [inɔ́ːgjərèit]		他 ～に就任する【米国の場合、特に大統領に用いる】
□ **jurisdiction** ● [dʒùərisdíkʃən]		名 支配権；権力の範囲
□ **ministry** [mínistri]		名 省；（欧州の）内閣： The Ministry has resigned. 内閣は総辞職した。
□ **nominate** ● [nάmənèit|nɔ́m-]		名 指名する
□ **oversee** ● [òuvərsíː]		他 監督する
□ **postal** [póustəl]		形 郵便の：In the early days of the United States, postal charges were paid by the recipient. 合衆国の初期の頃は、受取人が郵便料金を払っていた。
□ **premier** [prímiər|prémiə]		名 首相
□ **regime** ● [rəʒíːm|rei-]		名 政治形態；政権：a socialist regime 社会主義政体
□ **regulation** [règjəléiʃən]		名 (U)規制；(C)規則；条例： traffic regulations 交通法規
□ **reinstate** [rìːinstéit]		他 （元の地位・職場に）復帰させる（＝restore）
□ **resign** ● [rizáin]		名 辞職する（＝step down）；退陣する：resign one's position as the Secretary of State 国務長官の職を辞任する
□ **resignation** ● [rèzignéiʃən]		名 辞任

30 政治学

Word Check

□ **restitution** [rèstitjúːʃən]	名弁償；損害賠償；補償
□ **scapegoat** ● [skéipgòut]	名身代わり；他人の罪を負わされる者
□ **sovereign** ● [sávərin|sɔ́v-]	名君主：sovereignty 主権
□ **stipulate** [stípjəlèit]	他(契約条項として)規定する
□ **subordinate** [səbɔ́ːrdənit]	形(階級・地位が)下位の
□ **subversion** [səbvə́ːrʒən|-ʃən]	名転覆；打倒；破壊
□ **superintend** ● [sjùːpərinténd]	他(公的機関などを)監督する
□ **treason** ● [tríːzən]	名反逆：high treason 大逆罪
□ **denigrate** [dénəgrèit]	他中傷する；(人格などを)汚す；(名誉を)傷つける
□ **denounce** ● [dináuns]	他公然と非難する：He was denounced by the press as a coward. 彼はマスコミに臆病者と非難された。
□ **forum** ● [fɔ́ːrəm]	名公開討論
□ **ideology** ● [àidiálədʒi|idi-|-ɔ́l-]	名イデオロギー；観念形態；空論
□ **intrigue** ● [intríːg]	名策略；陰謀　自陰謀を企てる　他興味をそそる
□ **leak** [líːk]	他漏らす
□ **notify** [nóutəfài]	他通知する
□ **precept** [príːsept]	名教訓

Word Check

□ **proclaim** [proukléim|prə-]	他宣言する：proclaim the country a republic 国を共和国と宣言する
□ **retort** [ritɔ́:rt]	他自言い返す
□ **stenographer** [stənágrəfər|-nɔ́g-]	名速記者
□ **stricture** [stríktʃər]	名非難
□ **tacit** [tǽsit]	形暗黙の；無言の
□ **underscore** [ʌ̀ndərskɔ́:r]	他下線を引く（＝underline）
□ **alternative** [ɔ:ltə́:rnətiv| æl-|-ɔ:l-]	形名 代わりの（選択肢）：The only alternative to surrender is fighting. 降伏に代わる唯一の選択肢は戦うことだ。
□ **antipode** [ǽntipòud]	名正反対の物
□ **appraise** [əpréiz]	他（専門的に）評価する：appraise a house for taxation 家屋を課税のために評価する
□ **appropriate** [əpróupriit]	形適当な　名 appropriateness 適切さ
□ **blunder** [blʌ́ndər]	名自大失敗（する）
□ **boycott** [bɔ́ikɑt|-kɔt]	他ボイコットする；排斥する；購買を拒否する：boycott foreign products 外国製品の不買運動をする
□ **coercion** [kouə́:rʃən]	名 弾圧政治；強制；抑圧　他 coerce [kouə́:rs] 強要する；抑圧する
□ **coherence** [kouhí(:)ərəns]	名首尾一貫　名 cohesion 結合；粘着；結束
□ **constrain** [kənstréin]	他（服従などを）強いる；（計画などを）阻止する：He was constrained to agree. 彼は賛成を強要された。
□ **crass** [krǽs]	形洗練されていない；鈍い；愚かな：crass ignorance まったくの無知

30 政治学

Word Check

creditably [kréditəbli]	副 立派に
discrepancy [diskrépənsi]	名 相違；食い違い；矛盾（＝contradiction）
fatuous [fǽtʃuəs|-tju-]	形 (ひとりよがりで) 愚かな；無意味な
frantic [frǽntik]	形 半狂乱の
hospitable [háspitəbl|hɔ́s-]	形 歓待する；寛容な；快適な
hospitality [hàspitǽləti|hɔ̀s-]	名 歓待
impartial [impáːrʃəl]	形 公平な（＝fair＝equitable＝even）
impotent [ímpətənt]	形 無力な
injunction [indʒʌ́ŋkʃən]	名 指令；命令；(裁判所の) 差し止め命令
legitimate [lidʒítəmit]	形 正当な 動 適法と認める（＝legitimize＝legitimatize）
manifest [mǽnəfèst]	形 明らかな
militant [mílitənt]	名 好戦的な
neutral [njúːtrəl]	形 中立の 他 neutralize (国・地域を) 中立にする：neutral parties 中立側
piquant [píːkənt]	形 辛い；食欲をそそる；小気味よい
priority [praiɔ́(ː)rəti]	名 優先度：give priority to ～に優先権を与える
promising [prámisiŋ|prɔ́m-]	形 前途有望な；見込みのある：a promising young politician 将来を嘱望された若い政治家

Word Check

□ **reconcile** ● [rékənsàil]	他和解させる
□ **stricken** [stríkən]	形打ちひしがれた
□ **tangible** [tændʒəbl]	形明白な
□ **vehement** [víːəmənt]	形激しい：vehement argument 激論
□ **wholesome** ● [hóulsəm]	形健全な；有益な：wholesome advice 有益な忠告
□ **allotment** ● [əlátmənt|əlɔ́t-]	名割り当て
□ **alteration** [ɔ̀ːltəréiʃən]	名変更；改変；修正
□ **alternation** [ɔ̀ːltərnéiʃən| æl-|ɔ̀ːl-]	名交替；交互；1回おき；循環： alternation of generation 世代交代
□ **centralize** [séntrəlàiz]	他自中心に集める(まる)
□ **clarify** [klǽrəfài]	他明らかにする
□ **clash** [klæʃ] ●	自他衝突する 名対立： a clash of opinions 意見の不一致
□ **convene** [kənvíːn]	他自(議会などが)集まる；召喚する
□ **discard** ● [diskɑ́ːrd]	他捨てる；廃棄する
□ **disqualify** [diskwɑ́ləfài|-kwɔ́l-]	他失格させる；資格を奪う；不適格とみなす：He was disqualified by his age. 彼は年齢制限に引っかかった。
□ **distort** ● [distɔ́ːrt]	他(事実を)ゆがめる；誤り伝える： distort the truth 真実をゆがめる
□ **entitle** ● [intáitl]	他資格を与える：He is not entitled to choose his own successor. 彼には後継者を選ぶ権利がない。

30 政治学

Word Check

☐ **escalate** [éskəlèit]	他 段階的に拡大する
☐ **evade** ● [ivéid]	他自 逃れる；(義務などを)回避する
☐ **facilitate** ● [fəsílitèit]	他 容易にする；促進する
☐ **outburst** [áutbə:rst]	名 爆発
☐ **pacify** [pǽsəfài]	他 静める
☐ **partake** ● [pɑ:rtéik]	他 参加する（＝take part＝participate）
☐ **suppress** ● [səprés]	他 (暴徒などを)鎮圧する；なだめる
☐ **terminate** [tə́:rmənèit]	他 終わらせる：terminate the meeting by 5　5時までに会議を終わらせる
☐ **exponent** ● [ikspóunənt|eks-]	名 主導者；代表者；〜の典型：He was one of the early exponent of free trade. 彼は自由貿易の、初期の主唱者のひとりだった。
☐ **coordination** [kouɔ̀:rdənéiʃən]	名 協調(対等)関係；調和；調整
☐ **defer** ● [difə́:r]	他自 延期する（＝delay＝postpone＝put off）
☐ **deflect** [diflékt]	他自 (進路などを)そらす(それる)；屈折させる(する)
☐ **detract** [ditrǽkt]	他 (注意などを)そらす（＝distract）　自他 (価値・名声を)落とす
☐ **divert** ● [divə́:rt|dai-]	他 (進路・注意などを)そらす；方向転換する：divert the course of a stream 流れを変える
☐ **drastic** ● [drǽstik]	形 (行動・方法などが)徹底的な：take a drastic measures 抜本的な手段をとる
☐ **duration** [djuəréiʃən]	名 (時間の)継続；(事柄の)存続期間：filing period duration 書類提出期間の存続

Word Check

□ **entangle** [intǽŋgl]	他からませる
□ **menace** ● [ménəs]	名脅威；危険（なもの・人物）
□ **neighboring** [néibəriŋ]	形隣接した（＝adjacent）
□ **perpetuate** [pərpétʃuèit]	他永続させる
□ **plight** [pláit] ●	名苦境；窮地
□ **predecessor** ● [prédisèsər|príː-]	名前任者
□ **premature** ● [prìːmətjúər|prèm-]	形時期尚早の：premature decision 時期尚早の決定
□ **quantum** ● [kwántəm|kwɔ́n-]	名分け前
□ **reciprocal** ● [risíprəkəl]	形相互の　名 reciprocity 相互利益
□ **versus** ● [vǝ́ːrsəs]	前〜対〜；〜に対して
□ **dissolve** ● [dizálv|-zɔ́lv]	名解散する；溶かす：dissolve Congress 国会を解散する
□ **parliamentary politics** [pɑ̀ːrləméntəri pálitiks|pɔ́l-]	名議会政治
□ **deregulation** ● [di(ː)regjəléiʃən]	名規制緩和
□ **administrative reform** [ədmínistrèitiv rifɔ́ːrm]	名行政改革
□ **move** ● [múːv]	他（法案などに）（動議を）提出する："I move that we should adjourn."「休会を提起します」

30 政治学

Word Check

☐ **introduce a motion** [ìntrədjúːs ə móuʃən]	名動議を出す
☐ **second** [sékənd]	他(提案・動議などを)支持する；採択に賛成する：Committeemen seconded his motion. 委員たちは彼の動議を支持した。
☐ **urgent motion** [ə́ːrdʒənt móuʃən]	名緊急動議
☐ **censorship** [sénsərʃìp]	名検閲(制度)
☐ **consensus** [kənsénsəs]	名合意；総意：reach a consensus on the matter その問題に関して意見の一致をみる
☐ **public interests** [pʌ́blik íntərists]	名公益
☐ **Parliament** [pɑ́ːrləmənt]	名(英国の)国会　参parliamentarian(=parliamentary member) 国会議員
☐ **Senator** [sénətər]	名(米国会の)上院議員
☐ **Representative** [rèprizéntətiv]	名(米国会の)下院議員
☐ **Congressman** [kɑ́ŋgrəsmən|kɔ́ŋgres]	名国会議員【特に米国会の下院議員を指す】
☐ **the Diet** [ðə dáiət]	名(日本などの)国会：member of the Diet 国会議員
☐ **caucus** [kɔ́ːkəs]	名執行委員会；幹部会議；(政党の)地方集会
☐ **statutory** [stǽtʃutɔ̀ːri|-tjutəri]	形法令の；法定の
☐ **committee** [kəmíti]	名委員会：He is on the finance committee. 彼は財政委員会の一員です。
☐ **amend** [əménd]	他(動議・法案・憲法などを)修正する：amend the Constitution 憲法を改正する
☐ **political turmoil** [pəlítikəl tə́ːrmɔil]	名政治的混乱

Word Check

☐ **corruption of political ethics** [kərʌ́pʃən əv pəlítikəl éθiks]	名(道徳的な)堕落；腐敗；汚職；贈収賄：corruption of political ethics 政治倫理の腐敗
☐ **budget** [bʌ́dʒit]	名予算；予算案：Congress approved the budget. 議会は予算案を可決した。
☐ **tax revenue** [tǽks révənjùː]	名税収
☐ **voter** [vóutər]	名有権者　参 voting 投票
☐ **election campaign** [ilékʃən kæmpéin]	名選挙運動
☐ **hard money** [háːd mʌ́ni]	名選挙運動に際して候補者へ直接寄せられる活動資金
☐ **soft money** [sɔ́ft mʌ́ni]	名規制対象外の選挙運動資金
☐ **local assembly** [lóukəl əsémbli]	名地方議会
☐ **exit poll** [égzit pòul]	名出口調査《選挙結果を予想するために、投票所の出口で、投票した人に直接尋ねて調べること》
☐ **local authority** [lóukəl əθɔ́ːrəti]	名地方自治体
☐ **faction** [fǽkʃən]	名派閥；党派；分派：a political faction 政治的派閥
☐ **independent** [ìndipéndənt]	名無所属；党派に左右されない
☐ **opposition party** [àpəzíʃən páːrti]	名野党
☐ **ruling party** [rúːliŋ páːrti]	名与党（⇔ opposition party 野党）
☐ **coalition** [kòuəlíʃən]	名(党・国家などの一時的な)連合；(政治)提携；連立政権：a coalition cabinet 連立内閣

30 政治学

Word Check

☐ **pledge** [plédʒ]	名誓約：a formal pledge to support the coalition cabinet 連立内閣支持の正式な約束
☐ **civil war** [sívəl wɔ́:r]	名内戦；内乱；(大文字の場合は) the Civil War (米国の)南北戦争、または (英国の) 清教徒革命戦争
☐ **lobbyist** [lábiist｜lɔ́b-]	名ロビイスト《圧力団体の代理人として、政党や議員や官僚、さらには世論に働きかけて、その団体に有利な政治的決定を行わせようとする者》
☐ **run** [rʌ́n]	自立候補する： run for President 大統領に立候補する
☐ **candidate** [kǽndidèit｜-dit]	名候補者：a presidential candidate 大統領候補
☐ **elector** [iléktə]	名選挙人【米国の場合は、大統領選挙の党代表投票者】
☐ **electoral** [iléktərəl]	形選挙の：an electoral system 選挙制度
☐ **bill** [bíl]	名法案【可決されると act となる】；請求書；紙幣
☐ **constitution** [kànstitjú:ʃən｜kɔ̀n-]	名構成；憲法：the Constitution (特定の国の) 憲法 参 unconstitutional 憲法違反の
☐ **judicial** [dʒu:díʃəl]	形司法（裁判）の
☐ **house** [háus]	形議会： the House of Representatives 米国下院議院
☐ **executive** [igzékjətiv]	形行政上の：executive powers 行政権 executive authority 行政当局
☐ **hearing** [hí(:)əriŋ]	名聴取；審理；公聴会（＝a public hearing）
☐ **impeach** [impí:tʃ]	他 (公務員を) 弾劾する 名 impeachment【クリントン前大統領が弾劾されそうになったとき、はじめてこの言葉を耳にした人も多いだろう】
☐ **secretary** [sékrətèri｜-tri]	名長官：the Secretary of State (米国の) 国務長官《外交担当大臣にあたる主席閣僚》
☐ **cabinet** [kǽbənit]	名内閣：a cabinet reshuffle 内閣改造

Word Check

□ **administration** ● [ədmìnistréiʃən]	名政府；内閣；行政部：the new administration starting next month 来月発足の新政権
□ **cabinet meeting** [kǽbənit míːtiŋ]	名閣議
□ **monarch** ● [mánərk|mɔ́n-]	名君主
□ **monarchy** ● [mánərki|mɔ́n-]	名君主政治
□ **aristocracy** ● [ærìstákrəsi|-tɔ́k-]	名貴族政治
□ **aristocrat** ● [ərístəkræt|ǽris-]	名貴族；貴族政治主義者： Roman aristocrats ローマの貴族たち
□ **check** [tʃék] ●	他阻止する；抑制する　名抑制；妨害： check one's anger 怒りを抑える
□ **appropriation** ● [əpròupriéiʃən]	名(予算などの)充当；流用；盗用：the Senate Appropriations Committee 米国上院予算委員会
□ **treaty** [tríːti] ●	名条約
□ **ratify** ● [rǽtəfài]	他批准する；承認する
□ **veto** [víːtou] ●	名拒否権：exercise the veto over a bill 法案に拒否権を行使する
□ **deputy** [dépjəti]	名代理；副官；副長官；補佐官
□ **camp** [kǽmp]	名 (政治的な)陣営；同志たち
□ **deploy** [diplɔ́i]	自他(部隊を)配備する
□ **defection** [difékʃən]	名脱会；亡命；変節；背信
□ **census** ● [sénsəs]	名国勢調査：a census taker 国勢調査員

30 政治学

Word Check

□ **constituency** ● [kənstítʃuənsi|-tju-]	名選挙区；選挙民；有権者： strengthen one's constituency 選挙の地盤を固める
□ **constituent** [kənstítʃuənt|-tju-]	形 選挙権のある；憲法改正権のある　名選挙有権者；代理指定人
□ **hierarchy** [háiərɑ̀ːrki]	名階級組織
□ **municipal** [mjuː(ː)nísəpəl]	形地方自治の；市町村の： municipal government 自治体当局
□ **petition** [pətíʃən]	名嘆願書：sign a petition 嘆願書に署名する
□ **poll** [póul]	名投票；選挙；世論調査：a telephone poll 電話投票
□ **preliminary** ● [prilímənèri|-nəri]	形予備の；準備の：preliminary elections 予備選挙
□ **rally** [rǽli] ●	名集会：a political rally 政治集会

Word Check

31 Psychology・心理学

□ **behaviorism** [bihéivjərìzəm]	名行動主義《米国のワトソンが心理学の客観科学化を目指して唱えた学説》
□ **egoist** [íːgouist|égou-]	名利己主義者
□ **egotistical** [ìːgouístikəl]	形自己中心の
□ **association** [əsòusiéiʃən|-ʃi-|-si-]	名連想：There is an association between Lincoln and slavery. リンカーンといえば奴隷制度だ。
□ **hypocrisy** [hipάkrəsi|-pɔ́k-]	名偽善
□ **hysterics** [histériks]	名ヒステリー状態
□ **trauma** [trɔ́ːmə|tráu-]	名ショック；精神的衝撃；精神的外傷
□ **affectation** [æ̀fektéiʃən]	名気取り；ふりをすること；みせかけ
□ **cognitive development** [kάgnitiv divéləpmənt]	名認識発達
□ **ESP**	名テレパシー（extrasensory perception）；霊感
□ **clinical** [klínikl]	形臨床の：clinical psychology 臨床心理学
□ **functionalism** [fʌ́ŋkʃənəlìzəm]	名機能心理学
□ **ganglion cells** [gǽŋgliən selz]	名中枢細胞
□ **hypnosis** [hipnóusis]	名催眠状態：under hypnosis 催眠術にかかって

31

心理学

Word Check

□ **agony** [ǽgəni]	名苦痛
□ **apprehension** [æprihénʃən]	名心配（＝anxiety＝fear＝concern）
□ **disdain** [disdéin]	他軽蔑する（＝scorn）：disdain a man for his vulgarity 人の下品さを軽蔑する
□ **envision** [invíʒən]	他(将来のことを)心に描く；思い巡らす（＝envisage）
□ **extrovert** [ékstrəvə:rt]	形外向的な（⇔ introvert 内向的な）
□ **indulgent** [indʌ́ldʒənt]	形(親などが子供に)甘い　他形 indulge 甘やかす；耽(ふけ)る
□ **marked** [má:rkt]	形顕著な（＝remarkable＝striking＝noticeable＝outstanding）
□ **masochism** [mǽsəkìzəm]	名マゾヒズム（⇔ sadism サディズム）
□ **mnemonic** [nimánik｜-mɔ́n-]	形記憶の(を助ける)　名 mnemonics 記憶術
□ **obsession** [əbséʃən]	名妄執；強迫観念　名形 obsessional 強迫観念症の(患者)
□ **smug** [smʌ́g]	形自己満足の
□ **transcend** [trænsénd]	他越える　参 transcendentalism 先験論；超絶主義
□ **evoke** [ivóuk]	他(記憶・感情などを)呼び起こす；引き起こす：His sermon evoked the past. 彼の説教は過去の記憶を呼び起こしてくれた。
□ **induce** [indjú:s]	他引き起こす　名 inducement 誘導；誘発物；動機
□ **interwoven** [ìntərwóuvən]	形織り込まれた

Word Check

□ inferiority complex ● [infìəriɔ́(:)rəti kámpleks]	名劣等複合；劣等感；ひがみ (⇔ superiority complex 優越感)
□ **hallucination** ● [həlù:sənéiʃ(ə)n]	名幻覚症状；妄想
□ **neurosis** [njuəróusis]	名神経症；ノイローゼ　参連結 neuro- 神経(の)
□ **illusion** ● [ilj/ú:ʒən]	名幻想
□ **anxiety** ● [æŋzáiəti]	名不安；切望；熱望　形 anxious
□ **psychiatric** ● [sàikiǽtrik]	形精神医学の
□ psychiatric examination [sàikiǽtrik igzæ̀mənéiʃən]	名精神鑑定　(＝mental examination)
□ **psychoanalysis** [sàikouənǽlisis]	名精神分析(学)
□ **couch** [káutʃ]	名診療台；長椅子： a couch doctor 精神科医　(＝psychiatrist)
□ **therapy** ● [θérəpi]	名(薬や外科手術を用いない)療法： speech therapy 言語障害治療
□ **psychotherapy** [sàikouθérəpi]	名精神療法
□ **client** [kláiənt]	名患者(＝patient)
□ conditioned response ● [kəndíʃənd rispáns]	名条件反射《生物が環境条件に適応して後天的に獲得する反射。「パブロフの条件反射」は出題実績あり》
□ **reinforce** ● [rì:infɔ́:rs]	名強化する；(実験動物に)ほうびを与えて望ましい反応を促す

31　心理学

Word Check

☐ **reinforcement** [rìːinfɔ́ːrsmənt]	名(反応の)強化
☐ **peripheral** [pərífərəl]	形末梢の；周辺の：peripheral nerves 末梢神経
☐ **somatic** [soumǽtik]	形体細胞の
☐ **parasympathetic** [pæ̀rəsimpəθétik]	形副交感神経の
☐ **sympathetic** [sìmpəθétik]	形交感神経の
☐ **sensation** ● [senséiʃən]	名(外的刺激に対する)感覚
☐ **phobia** ● [fóubiə]	名恐怖症　参 acrophobia 高所恐怖症
☐ **paranoid** [pǽrənɔ́id]	形偏執狂の(患者)
☐ **narcissistic** [nɑːrsístik]	形自己陶酔の　名 narcissism 自己陶酔
☐ **antisocial** [æ̀ntaisóuʃəl|-ti-]	形反社会的な
☐ **dissociative** [disóuʃièitiv]	形分裂の；反社会的行動にかりたてる
☐ **dissociate** [disóuʃièit|-si-]	名意識を分裂させる；切り離す：a dissociated personality 分裂人格
☐ **psychotic** [saikátik|-kɔ́t-]	形精神病の；精神病患者
☐ **schizophrenia** [skìtsəfríːniə]	名統合失調症
☐ **bias** [báiəs]	名偏り（推定値と真値の差）：bias errors
☐ **phrenology** [frináládʒi]	名骨相学

Word Check

32 Religious Studies・宗教学

□ **cardinal** [káːrdinəl]	名枢機卿
□ **deity** [díːiti|déi-]	名神；神性；神格： the deities of ancient Greece 古代ギリシアの神々
□ **demon** [díːmən]	名悪魔；悪霊
□ **mundane** ● [mʌndéin]	形日常の；ありふれた；世俗の
□ **secular** ● [sékjələr]	形世俗の（=worldly）
□ **parochial** [pəróukiəl]	形教区の
□ **Pope** [póup]	名(the ~) ローマ法王[教皇]　形 papal ローマ教皇の
□ **resurrection** [rèzərékʃən]	名キリストの復活；復活
□ **sacred** ● [séikrid]	形神聖な：sacred writings（聖書などの）聖典
□ **salvation** [sælvéiʃən]	名魂の救済
□ **sanctify** [sǽŋktəfài]	他神聖にする
□ **savior** [séivjər]	名救済者；救世主；キリスト
□ **terminology** ● [tə̀ːrmənálədʒi|-nɔ́l-]	名術語；専門用語
□ **theological** ● [θìːəládʒikəl|θìəlɔ́dʒ-]	形神学の　名 theology 神学
□ **auspicious** [ɔːspíʃəs]	形吉兆の；幸先のよい；幸運な

32

宗教学

Check

~te [tʃéist]	形けがれのない；純潔な（＝pure）
~tice [~ʒʌ́stis]	名正義　名 justification 正当化
~nystify [místəfài]	他神秘的にする；煙に巻く；当惑させる
inflict [inflíkt]	他（打撃・損害・苦痛などを）与える；課す
purify [pjú(ː)rəfài]	他自浄化する
revelation [rèvəléiʃən]	名啓示；黙示；暴露； the Revelation（聖書）ヨハネの黙示録
revive [riváiv]	自生き返る；復活する　名 revival 復活；再生
missionary [míʃənèri|-nəri]	名（まだ教化されていない国に派遣される）宣教師；伝道師
Christianity [kristʃiǽnəti|-ti-]	名キリスト教
Christian Fundamentalism [krístʃən fʌ̀ndəméntəlìzəm]	名キリスト教原理主義《聖書の記述は常に真実であると信じ、近代主義や合理主義を批判・排斥しようとする立場》
Islam [ísləm| íz-|islάːm]	名イスラム教
Judaism [dʒúːdiìzəm|-dei-]	名ユダヤ教
Buddhism [bú(ː)dizəm]	名仏教
Confucius [kənfjúːʃəs]	名孔子

Word Check

□ sin [sín] ●		名(宗教・道徳上の)罪；罪悪：the seven deadly sins (キリスト教における)7つの大罪《傲慢・貪欲・邪淫・怒り・貪食・ねたみ・怠惰》
□ redemption [ridémpʃən] ●		名キリストによる罪の贖(あがな)い；救い
□ serpent [sə́ːrpənt]		名ヘビ（=snake）
□ atonement [ətóunmənt] ●		名(罪などの)あがない；償(あがな)い；キリストの贖罪(しょくざい)
□ service [sə́ːrvis] ●		名礼拝：The church holds 2 services on Sundays. その教会では日曜日には2回礼拝を行う。【service は「兵役」「食器のひとそろい」「種付け」など多様な意味があるので要注意】
□ cathedral [kəθíːdrəl]		名大聖堂
□ mosque [másk|mɔ́ːsk]		名イスラム教寺院
□ the crusades [ðə kruːséid]		名十字軍
□ Catholicism [kəθálisìzəm|-θɔ́l-]		名カトリック教(信仰)
□ Protestantism [prátistəntìzəm|prɔ́t-]		名プロテスタント教(信仰)
□ theism [θíːìzəm]		名有神論；一神論
□ atheism [éiθiìzəm]		名(U) 無神論；不信心　名 atheist 無神論者
□ deism [díːizəm]		名理神論《奇跡や啓示を否定する理性宗教》；自然神論
□ monotheism [mánəθìːìzəm|mɔ́n-]		名唯神教(論)　参名 polytheism[páliθìːìzəm|pɔ́l-]多神教(論)

32

宗教学

Word Check

□ **sect** [sékt] ●		名分派；宗派；学派
□ **cult** [kʌ́lt] ●		名新興宗教；にせ宗教；崇拝；(一時的な)熱狂・流行：He belonged to a strange religious cult. 彼は奇妙な新興宗教に属していた。
□ **adherent** ● [ædhí(:)ərənt|əd-]		名信奉者；支持者（=follower）
□ **heathen** [hí:ðən]		名異教徒（=pagan）
□ **convert** ● [kənvə́:rt]		他改宗する；変換する：He was converted to Islam. 彼はイスラム教に改宗した。
□ **faith** [féiθ] ●		名信仰；信念；宗教
□ **congregation** [kɑ̀ŋgrəgéiʃən|kɔ̀ŋ-]		名信徒；集合；(米国植民地時代の)教区・行政区
□ **Anglican Church** [ǽŋglək ən tʃə́:rtʃ]		名イギリス国教会
□ **dissent** [disént]		他宗教上で意見を異にする；(国教に)反対する
□ **separate** ● [sépərèit]		他自離脱する：Pilgrim Fathers separated from Anglican Church. ピルグリム・ファーザーズたちは国教会から離脱した。
□ **monastery** [mǽnəstèri|mɔ́nəstəri]		名修道院
□ **denomination** [dinɑ̀mənéiʃən|-nɔ́m-]		名教派；宗派　参 sect 分派：Protestant denominations プロテスタント諸派
□ **Presbyterianism** [prèzbitìəriənizəm]		名長老制；長老教会の教理
□ **Methodist** [méθədist]		名メソジスト派
□ **Baptist** [bǽptist]		名バプティスト派　参他自 baptize [bæptáiz] 洗礼を行う

Word Check

□ **nonconformist** [nɑ̀nkənfɔ́ːrmist|nɔ́n-]	名非国教徒；非協力者
□ **Ecumenical Movement** [èkju(ː)ménikəl múːvmənt]	名(教派を超えた)世界教会運動《20世紀初頭にプロテスタント教会から起こったキリスト教会合同の運動。ジュネーヴに本部を持つ。1948年結成の世界教会協議会はその具体化》
□ **Gospel** [gɑ́spəl|gɔ́s-]	名福音書 参名 evangelist [ivǽndʒəlist] 福音伝道者
□ **christen** [krísən]	他洗礼を行う；洗礼名を授ける： They christened him John. 彼らは彼に John という洗礼名を授けた
□ **pious** [páiəs] ●	形敬虔な；信心深い（＝devout＝religious）
□ **devout** ● [diváut]	形信心深い；敬虔な： a devout Christian 信心深いキリスト教徒
□ **worship** ● [wə́ːrʃip]	他崇める（＝consecrate）
□ **sermon** ● [sə́ːrmən]	名説教
□ **clergyman** ● [klə́ːrdʒimənt]	名聖職者；牧師（＝priest＝pastor＝parson＝minister＝reverend＝rector）
□ **preach** ● [príːtʃ]	自他説教する： preach on grace to people 人々に神の恩寵を説く
□ **hymn** [hím]	名賛美歌
□ **Fundamentalism** [fʌ̀ndəméntəlìzəm]	名根本主義（＝原理主義）
□ **puritanical** ● [pjùəritǽnikəl]	形清教徒的な；厳格で禁欲的な
□ **occult** [əkʌ́lt|ɔk-]	名オカルト；超自然的なもの 形魔術的な

32 宗教学

Word Check

33 Sociology・社会学

□ **anonymous** [ənánəməs|ənɔ́n-]	形匿名の；名を明かさない： an anonymous letter 匿名の手紙
□ **cater** [kéitər]	自他料理をまかなう；(人の要求・要望に)応ずる (=supply)： We cater to the needs of the disabled. 私どもは身障者のご要望に応じます。
□ **celebrity** [səlébrəti]	名有名人；名士；知名度
□ **civility** [sivíləti]	名礼儀正しさ
□ **inherent** [inhí(:)ərənt]	形本来の；生来の(=innate=inborn=natural)： inherent rights 生得権《生まれつき持っている権利》
□ **onlooker** [ánlùkər|ɔ́n-]	名傍観者
□ **pedestrian** [pədéstriən]	名歩行者：Right of Way for Pedestrians 歩行者優先
□ **populate** [pápjəlèit|pɔ́p-]	他人を住まわす： a densely populated area 人口密度の高い地方
□ **premarital** [prìːmǽritəl]	形結婚前の
□ **reception** [risépʃən]	名(U)もてなし；歓迎；(C)宴会；レセプション： a wedding reception 結婚披露宴
□ **discrimination** [diskrìmənéiʃən]	名差別：racial discrimination 人種差別
□ **discriminate against** [diskrímənèit əgénst]	他 差別する：discriminate against a minority group 少数派に対して差別する
□ **sexism** [séksizəm]	名性差別 (=sex discrimination)
□ **taboo** [təbúː]	名文化的禁忌事項
□ **sociable** [sóuʃəbl]	形社交的な；なごやかな

Word Check

□ **socialize** [sóuʃəlàiz]	他社交的にする；社会に役立つようにする；社会主義化する
□ **stepmother** [stépmʌ̀ðər]	名継母（⇔ stepfather 継父）
□ **widower** [wídouər]	名男やもめ
□ **boulevard** [bú(:)ləvɑ̀:rd|bú:lvɑ̀:d]	名大通り
□ **bourgeois** [búərʒwɑ]	名形 ブルジョア(の)；中産階級の市民(の)；(けなして) 資本家；俗物根性の人
□ **caste** [kǽst|kɑ́:st]	名 カースト《インドのヒンズー社会の身分制度》；身分；社会的階級[地位]
□ **chaperon** [ʃǽpəròun]	名お目付役；介添え役
□ **civic** [sívik]	形市民の；市立の；都市の： a civic duty 市民の義務
□ **communal** [kəmjú:nəl|kɔ́mju-]	形共同社会の；共同使用の；公共の
□ **compartment** [kəmpɑ́:rtmənt]	名(鉄道などの)仕切り客室
□ **compensation** ● [kɑ̀mpənséiʃən|kɔ̀mpen-]	名補償；賠償；報酬；給与；代償
□ **corps** [kɔ́:r] ●	名団体；軍団：the press corps 記者団；the Marine Corps 米海兵隊 【つづりと発音の関係が特に不規則なのでリスニングとリーディングで要注意の単語】
□ **affect** [əfékt] ●	名 影響を与える (＝have an effect on)：The expansion of industries affected interior cities like Denver, Phoenix, and Salt Lake City. 各種産業の発達はデンバー、フェニックス、ソルトレイクシティーなどの内陸の都市にも影響を与えた。
□ **depopulate** [di(:)pápjəlèit|-pɔ́p-]	他 人口を激減させる　名 depopulation 人口減少；過疎化
□ **destitution** [dèstitjú:ʃən]	名欠乏；極貧；赤貧

社会学

Word Check

☐ **detour** [díːtuər]	名回り道:make [take] a detour 回り道をする
☐ **donate** ● [dóuneit]	他寄付[寄贈]する:donate $10,000 to a charity 慈善団体に10,000ドルを寄付する
☐ **gangway** [gǽŋwèi]	名(建物・船・講堂などの)通路
☐ **impoverish** [impávəriʃ|-pɔ́v-]	他貧乏にする
☐ **industrialized** [indʌ́striəlàizd]	形工業化された:industrialized nations 工業国
☐ **instigate** [ínstəgèit]	他扇動する:instigate the students to resort to violence 学生を扇動して暴力に訴えさせる
☐ **insurgent** [insə́ːrdʒənt]	形暴動の
☐ **lighthouse** [láithàus]	名灯台(＝beacon)
☐ **locomotive** [lòukəmóutiv]	名機関車
☐ **lottery** ● [látəri|lɔ́t-]	名宝くじ(＝a lottery ticket);くじ引き【学生寮の入居に関する「くじ引き」についての対話はリスニングで頻出】
☐ **metropolitan** [mètrəpálitən|-pɔ́l-]	形大都会の
☐ **parlor** [páːrlər]	名店:a beauty parlor 美容院
☐ **paternity** [pətə́ːrnəti]	名父権;父性
☐ **patriarchy** [péitriàːrki]	名父権制(⇔ matriarchy 母権制)
☐ **paucity** ● [pɔ́ːsəti]	名欠乏;不足;少量: a paucity of information 情報不足
☐ **proprietor** [prəpráiətər]	名(企業・ホテルなどの)所有者;(米)植民地領主

Word Check

□ **riot** [ráiət] ●	名暴動；騒動（＝disturbance＝uprising）：Riots broke out in Los Angeles. ロスで暴動が起こった。
□ **shipment** ● [ʃípmənt]	名発送
□ **strand** [strǽnd]	他座礁させる；立ち往生させる： be stranded at the airport 空港で足止めをくう
□ **thrifty** [θrífti] ●	形質素な；つましい；金の使い方がうまい
□ **tourism** [tú(:)ərizəm]	名観光産業
□ **WASP** [wɑ́sp|wɔ́sp]	アングロサクソン系白人新教徒；ワスプ（White Anglo-Saxon Protestant）【通例侮蔑的に使われる】
□ **colloquial** ● [kəlóukwiəl]	形口語の（＝spoken）
□ **compliment** [kάmpləmənt|kɔ́m-]	名賛辞（＝praise＝tribute）
□ **materialism** ● [mətí(:)əriəlìzəm]	名物質主義　名 materialist 物質主義者
□ **questionnaire** [kwèstʃənέər]	名アンケート
□ **adverse** ● [ædvə́:rs]	形反対の；敵意に満ちた；逆の： adverse criticism 酷評
□ **aloofness** ● [əlú:fnis]	名無関心
□ **apathy** ● [ǽpəθi]	名無感動；冷淡　形 apathetic 無関心な
□ **appall** [əpɔ́:l]	他ぞっとさせる：be appalled at ～にぞっとする
□ **appease** [əpí:z]	他なだめる：Management tried to appease labor by offering them a bonus. 経営者側は労働者側にボーナスを出すと言って譲歩しようとした。
□ **bland** [blǽnd]	形（態度が）穏やかな；薄味の；刺激の少ない： a bland story 面白味のない話

33

社会学

Word Check

□ **conform** [kənfɔ́ːrm] ●	(慣習・規則などに)従う：Students were supposed to conform to the school dress code. 学生は学校の服装規定に従うことになっていた。
□ **confound** [kɑnfáund|kən-]	他 当惑させる：His strange behavior confound us. 彼の奇妙な振る舞いにわれわれは困惑した。
□ **detrimental** [dètrəméntəl]	形 有害な (＝injurious)
□ **discern** [disə́ːrn|-zə́ːrn] ●	他 見分ける；はっきりと認識する：We could discern from his appearance that he was upset. 彼の様子から彼が怒っていることがはっきりと分かった。
□ **disconcerting** [dìskənsə́ːrtiŋ]	形 混乱させるような；狼狽させるような
□ **discredit** [diskrédit]	他 疑う；信じない；信用を落とさせる 名 不信；疑惑；不名誉：cast discredit on a theory ある理論に対し疑惑を投げかける
□ **dismay** [disméi] ●	他 うろたえさせる；愕然とさせる；おじけづかせる：We were dismayed at the news of his death. われわれは彼の死の知らせに愕然とした。
□ **exasperate** [igzǽspərèit]	他 憤慨させる；怒らせる；いらいらさせる：be exasperated at [by] a person's behavior 人の行動に激怒する
□ **exotic** [igzɑ́tik|-zɔ́t-] ●	形 外国産の；風変わりな；異国風の
□ **fake** [féik]	名 偽物；模造品 (＝counterfeit＝imitation)
□ **fervor** [fə́ːrvər]	名 熱狂；熱烈さ：religious fervor 宗教的熱情
□ **frenzy** [frénzi]	名 熱狂
□ **folly** [fɑ́li|fɔ́li] ●	名 愚行；愚かな考え：the folly of speaking without notes メモを用意しないで講演するという愚行
□ **haphazard** [hæphǽzərd]	形 でまかせの
□ **heed** [híːd] ●	名 他 自 注意(を払う)

Word Check

□ **inconsequential** [inkànsəkwénʃəl|-kɔ̀n-]	形重要でない
□ **ingenuous** [indʒénjuəs]	形率直な；純真な
□ **invaluable** ● [invǽljuəbl]	形とても貴重な【in-は否定的ではなく強意】
□ **invidious** [invídiəs]	形いまいましい（=insulting）；しゃくにさわる（=offensive）
□ **irritate** [íritèit]	他いらいらさせる 名 irritability 短気なこと 名 irritation 怒らせること；苛立ち
□ **junk** [dʒʌ́ŋk]	名がらくた；くず；くだらない物
□ **mortify** [mɔ́ːrtəfài]	他悔しがらせる（=chagrin=frustrate）
□ **nuisance** ● [njúːsəns]	名迷惑；迷惑な人(物)：a public nuisance 公的不法妨害；はた迷惑な人
□ **obnoxious** [ɑbnɑ́kʃəs|əbnɔ́k-]	形不快な
□ **orderly** ● [ɔ́ːrdərli]	形整然とした【-ly で終わっているが形容詞】
□ **ostensibly** [ɑsténsəbli]	形表面上は；見たところ
□ **overwhelm** ● [òuvərhwélm]	他圧倒する
□ **palpable** [pǽlpəbl]	形明白な
□ **pernicious** [pərníʃəs]	形有害な：an ideology pernicious to society 社会にとって有害な思想
□ **precarious** [prikɛ́(ː)əriəs]	形不安定な（=unstable=unsteady=unsettled）
□ **preclude** [priklúːd]	他排除する；不可能にする；妨げる

33

社会学

Word Check

□ **prone** [próun]	形傾向がある（＝liable）：She is prone to cold [to catch cold]. 彼女は風邪をひきやすい。
□ **pungent** [pʌ́ndʒənt]	形刺激的な（＝sharp＝strong）：a pungent smell of riot gas 催涙ガスの刺激臭
□ **remonstrate** [rimɑ́nstreit|rémən-]	他抗議する（＝protest）：Many consumer groups remonstrated with the government against high prices. 多くの消費者団体が物価高に対して政府に抗議した。
□ **repel** [ripél]	他追い払う；受け入れない（＝defy）
□ **repress** [riprés]	他抑制する（＝control） 形 repressive 抑圧的な；弾圧的な
□ **righteousness** [ráitʃəsnis]	名正義
□ **ruthless** [rúːθlis]	形冷酷な；無慈悲な（＝cruel＝merciless）
□ **salient** [séiliənt]	形（最も）顕著な；目立つ（＝prominent）
□ **sanity** [sǽnəti]	名正気 形 sane 正気の
□ **satiation** [sèiʃiéiʃən]	名満足 他 satiate 満足させる【聴き取り注意】
□ **scrutinize** [skrúːtənàiz]	他綿密に調べる；吟味する（＝examine）
□ **shrewd** [ʃrúːd]	形そつのない；如才ない；抜け目のない：He is shrewd in business. 彼はやり手の事業家だ。
□ **shun** [ʃʌ́n]	他避ける（＝avoid）；遠ざける
□ **snobbery** [snɑ́bəri|snɔ́b-]	名俗物根性 名 snob 俗物《名誉や利益にばかりとらわれているつまらない人物》
□ **stifling** [stáifliŋ]	形息苦しい：a stifling room むっとする部屋

Word Check

□ **tedious** [tíːdiəs]	形(仕事や儀式などが)退屈な（＝boring＝dull＝weary）
□ **tenacious** [tənéiʃəs]	形不屈の（＝tough）
□ **trifle** [tráifl] ●	名 つまらない物；くだらない物　自他 いい加減に扱う：This matter should not be trifled with. この問題をいい加減に扱うべきではない。
□ **vigilance** [vídʒələns]	名警戒（＝watch＝caution＝precaution）
□ **abate** [əbéit]	他(痛みなどを)和らげる；減じる　自 和らぐ：abate a person's pain 痛みを和らげる
□ **arouse** ● [əráuz]	他目覚めさせる；刺激する；呼び起こす
□ **crash** [kræʃ] ●	名激突；(飛行機の)墜落；(株式相場などの)暴落：Two cars crashed (＝collided) head on. 2台の車が正面衝突した。
□ **dispense** [dispéns]	他分配する；施す　自免除する：The linotype dispensed with hand-setting of type. ライノタイプができて手組みの活字が無用になった。
□ **dispersion** [dispə́ːrʒən|-ʃən]	名分散；四散；散乱
□ **falsify** [fɔ́ːlsəfài]	他(書類・遺言などを)偽造する；不正に手を加える
□ **fetch** [fétʃ] ●	他取ってくる（＝go、get、and bring something）
□ **huddle** [hʌ́dl]	自他 密集する；寄り集まる【アメフトのプレーでQBを中心に集まって指示を聞くのも、このhuddle】
□ **intensify** [inténsəfài]	他 強める；激しくする；増大する：The incident intensified his feeling of inferiority. その出来事で彼の劣等感はさらに強まった。
□ **intrude** ● [intrúːd]	他自割り込む；押し付ける；介入する
□ **jostle** ● [dʒásl|dʒɔ́sl]	他押しのける；ひじで突く：jostle a person away 人を押しのける

33 社会学

Word Check

□ **mingle** [míŋgl]	他自混ぜ合わせる；混ざる
□ **obstruction** [əbstrʌ́kʃən]	名妨害；障害（＝obstacle＝hindrance＝bar＝block＝barrier）
□ **pry** [prái]	自詮索(せんさく)する；のぞき込む【pry open「こじ開ける」のpryも頻出】
□ **publicity** [pʌblísəti]	名知れ渡ること；知名度；評判；広告： gain publicity 有名になる
□ **publicize** [pʌ́blisàiz]	他公表する；宣伝する
□ **relinquish** [rilíŋkwiʃ]	他(つかんでいる物を)手放す；(希望・信仰・地位・職などを)捨てる
□ **stride** [stráid]	名他自大股(で歩く)： stride off (away) 大股で歩き去る
□ **tamper** [tǽmpər]	他いじる；不法に改変する：The document has been tampered with. 文書は書き換えられた形跡がある。
□ **thrust** [θrʌ́st]	他押す 名駆動力：The basic thrust of Western civilization is the pursuit of individual freedom. 西洋文明を推し進めてきた基本的な駆動力は個人の自由の探求である。
□ **transmit** [trænsmít|trænz-]	他(信号・ニュース・物などを)送る；(性質などを)伝える（＝pass on）；(病気などを)伝染させる
□ **travail** [trǽveil]	名労苦（＝pains＝trouble＝hardship）
□ **utilize** [júːtəlàiz]	他利用する
□ **estate** [istéit]	名地所；(特に邸宅のある広大な)地所；屋敷；私有地
□ **access** [ǽkses]	名接近方法；利用の権利： have access to「名詞」利用する(できる)
□ **accessible** [əksésəbl]	形接近[利用]できる

Word Check

□ **beep** [bíːp]	他自ビーッという音が鳴る(鳴らす) 参 beeper＝pager ポケベル
□ **congest** [kəndʒést]	他詰め込む　他 congestion 渋滞；密集： urban congestion 都会の混雑
□ **detergent** [ditə́ːrdʒənt]	名(中性)洗剤
□ **highbrow** [háibràu]	名知識人
□ **hinge** [híndʒ]	名ちょうつがい；関節；要点　自次第である：Everything hinges on what we do next. すべては次にやること次第だ。
□ **hoop** [húːp]	名(金属・木などの)輪；桶のたが；輪状の物
□ **impetus** [ímpitəs]	名はずみ；起動力；勢い：The flow of people into these areas provided an enormous impetus to the expansion of the service industries. これらの地域への人口の流入がサービス業の発展に大きな弾みをつけた。
□ **outfit** [áutfit]	名装備一式；服装一そろい： a complete cowboy outfit 完全なカウボーイの服装
□ **deviate** [díːvièit]	他自(進路から)そらす；それる；逸脱する： deviate from social norm 社会規範から逸脱する
□ **devoid** [divɔ́id]	形欠いている： the world devoid of humor ユーモアのない世界
□ **dislocate** [dísloukèit]	他場所を移す；正常な状態を狂わせる：dislocate the operations of a factory 工場の操業を狂わせる
□ **displace** [displéis]	他移す；強制退去させる；とって代わる (＝substitute＝replace)： Oil has displaced (replaced) coal. 石油が石炭にとって代わった。
□ **enormous** [inɔ́ːrməs]	形巨大な
□ **formidable** [fɔ́ːrmidəbl]	形ぞっとするような；(敵・問題などが)手に負えない：a formidable barrier between peoples 民族間の手に負えない障壁
□ **haven** [héivən]	名避難所 (＝shelter)

33 社会学

Word Check

□ **in-depth** [indépθ]	形詳細な：an in-depth analysis of an American city アメリカの都市の綿密な分析
□ **mockery** [mákəri|mɔ́k-]	名嘲（あざけ）り（＝scorn＝ridicule＝taunt＝jeer）
□ **molestation** [məlèstéiʃən]	名いじめること；妨害；乱暴
□ **objectify** [əbdʒéktəfài|ɔb-]	他客観化する
□ **outright** [áutràit]	形完全な；徹底的な（＝thorough＝total）
□ **overall** [òuvərɔ́ːl]	形全体の：an overall abolition 全面的廃止
□ **queue** [kjúː]	自他列に並ぶ（並べる）
□ **realm** [rélm] ●	名領域；範囲：the realm of socially acceptable behavior 社会的に容認される行動の範囲
□ **recipient** [risípiənt]	名受領者；受取人：a heart transplant recipient 心臓移植を受けた人
□ **residue** [rézidjùː]	名残されたもの；残余（＝remainder）
□ **revert** [rivə́ːrt] ●	自（前の状態に）戻る　形 revertible（財産が）回復できる
□ **seclusion** [siklúːʒən]	名隔離（＝isolation）；遮断；隠遁
□ **stale** [stéil] ●	形新鮮でない：stale bread 固くなったパン
□ **national pension system** ●	名国民年金制度　参 pension 年金
□ **old age pension**	名老齢年金：Inflation has eroded an old age pension. インフレによって老齢年金が目減りした。
□ **segregation** ● [sègrəgéiʃən]	名人種隔離政策（⇔ desegregation 差別廃止）

Word Check

□ **assimilate** [əsíməlèit]	他 同化[吸収]する；消化する：The immigrants were assimilated with the natives. 移民は先住民に同化した。
□ **exile** [égzail|éks-]	名 国外追放；亡命；亡命者　他 亡命する；追放する：He has been an exile from his native land for many years. 彼は長年、母国から亡命中です。
□ **deportation** [dì:pɔːrtéiʃən]	名 国外追放：a deportation order 退去命令
□ **convention** [kənvénʃən]	名 因習；慣習；しきたり；協定；代表者会議：break social conventions 社会の慣習を破る
□ **custom** [kʌ́stəm]	名 慣習；しきたり（＝convention）；関税：Bathing in River Ganges is a religious custom among the Hindus. ガンジス川で水浴することはヒンズー教徒の宗教的慣習です。
□ **coin** [kɔ́in]	他 造語する：Do you know who coined the New Deal? 誰が「ニューディール」を造語したか知っていますか。
□ **homosexuality** [hòuməsèkʃuǽləti|-sèksju-]	名 同性愛
□ **heterosexuality** [hètərəsèkʃuǽləti|-sèksju-]	名 異性愛
□ **spouse** [spáus|spáuz]	名 配偶者：apply for a spouse visa 配偶者ビザを申請する
□ **nuclear family** [njúːkliər fǽməli]	名 核家族
□ **generation gap** [dʒènəréiʃən gǽp]	名 世代の断絶
□ **divorce** [divɔ́ːrs]	名他 離婚；離婚する(させる)：The couple asked to be divorced. 夫妻は離婚を申し出た。
□ **norm** [nɔ́ːrm]	名 規範；基準（＝standard）
□ **suicide** [sjúːisàid]	名 自殺

33

社会学

Word Check

□ **bias** [báiəs] ●	名偏見（＝prejudice）：political bias 政治的偏向
□ **population density** ● [pɑ̀pjəléiʃən dénsəti]	名人口密度
□ **prejudice** [prédʒədis] ●	名性向；偏見　他偏見をいだかせる
□ **distribution** [dìstrəbjúːʃən] ●	名分布：population distribution 人口分布
□ **population explosion** ● [pɑ̀pjəléʃən iksplóuʒən]	名人口の爆発的増加（＝population boom）
□ **boom** [buːm]	名急騰；急増： a baby boomer 米国のベビーブーム世代の人
□ **expansion** [ikspǽnʃən]	名拡大；増大；膨張： a rapid expansion of population 人口の急速な増加
□ **surge** [səːrdʒ] ●	自波のように押し寄せる　名殺到
□ **sparse** [spɑːrs]	形（人口などが）まばらな（⇔ dense 密集した）： a sparse population まばらな[わずかな]人口
□ **burgeon** [bə́ːrdʒən] ●	自（郊外などが）急に発展する；新芽を出す： the burgeoning suburbs 広がっていく郊外
□ **influx** [ínflʌks]	名（空気・光・水・人などの）流入： the influx of immigrants 移民の流入
□ **mores** [mɔ́ːreiz|-riːz]	名慣習；道徳規範
□ **subculture** [sʌbkʌ́ltʃər]	名副次（下位）文化《ある社会の中の特定グループが持つ独特の文化》
□ **counterculture** [káuntərkʌ̀ltʃər]	名反体制文化《規制社会の価値観を破る若者文化》
□ **fertility rate** ● [fə(ː)rtíləti reit]	名出生率
□ **mortality rate** ● [mɔːrtǽləti reit]	名死亡率（＝mortality＝death rate）

Word Check

☐ **acculturation** [əkʌltʃəréiʃən]	名(異文化との接触による)文化変容
☐ **expulsion** [ikspʌ́lʃən]	名追放；除籍： an expulsion order （外国人への）国外退去命令
☐ **gender** ● [dʒéndər]	名性；性別：the feminine gender 女性
☐ **socialism** [sóuʃəlìzəm]	名社会主義：socialist party 社会主義政党
☐ **capitalism** ● [kǽpitəlìzəm]	名資本主義
☐ **latent** ● [léitənt]	形隠れた；潜在的な（＝potential）： latent ability 潜在能力
☐ **upward mobility** [ʌ́pwərd moubíləti]	名(社会の)上方流動性
☐ **extended family** [iksténdid fǽməli]	名大家族；拡大家族《近親の核家族（nuclear family）が集まって構成する大家族》
☐ **single-parent household** [síŋgl pɛ́(ː)ərənt háushòuld]	名母(父)子家庭
☐ **monogamy** [mənɑ́gəmi|mɔnɔ́g-]	名一夫一婦制
☐ **polygamy** [pəlígəmi]	名複婚制；一夫多妻制
☐ **exogamy** [eksɑ́gəmi|-sɔ́g-]	名異族結婚
☐ **endogamy** [endɑ́gəmi|-dɔ́g-]	名同族結婚
☐ **egalitarianism** [igæ̀litɛ́(ː)əriənìsəm]	名平等主義
☐ **fad** [fæd] ●	名(一時的な)流行；気まぐれ

33 社会学

Word Check

□ **vogue** [vóug] ●	名流行：come into vogue 流行し始める
□ **comprehensive** [kàmprihénsiv|kòm-]	形 包括的な；総合的な：CTBT（Comprehensive Test Ban Treaty）包括的核実験禁止条約
□ **widow** [wídou]	名未亡人
□ **orphan** [ɔ́ːrfən]	名孤児
□ **allowance** [əláuəns]	名支給額；手当て；お小遣い
□ **elderly** ● [éldərli]	名（かなり）年配の：the elderly 老人
□ **the disabled** ● [ðə diséibld]	名障害者【複数扱い】
□ **charity** [tʃǽrəti]	名慈善；慈善事業：live on charity 施し[生活保護]に頼って生活する
□ **welfare** ● [wélfɛ̀ər]	名福祉；厚生：social welfare 社会福祉
□ **scheme** ● [skíːm]	名機構；仕組み
□ **day-care** ● [déikɛ̀ər]	名形未就学児童保育(の)；保育・託児(の)：a day-care center（仕事を持つ母親などのための）保育所
□ **leave** [líːv] ●	名許可；（軍人・公務員・教授などの）休暇：sick leave 疾病休暇
□ **feminist** [fémənist]	名男女同権論者
□ **harass** [hərǽs|hǽrəs]	他悩ます；困らせる；（敵を）攻撃する
□ **harassment** [hərǽsmənt]	名嫌がらせ：sexual harassment 性的嫌がらせ
□ **Women's Lib** [wíminz lib]	名女性解放運動（Women's Liberation）

Word Check

□ **crusade** [kruːséid]	名(改革・撲滅)運動；十字軍；聖戦： a crusade against crime 犯罪撲滅運動
□ **workforce** [wə́ːrkfɔ̀ːrs]	名労働力（＝labor force）
□ **contraception** [kàntrəsépʃən|kɔ̀n-]	名避妊
□ **birth control** ● [bə́ːrθ kəntróul]	名産児制限
□ **abortion** ● [əbɔ́ːrʃən]	名妊娠中絶
□ **incorporate** ● [inkɔ́ːrpərèit]	名他自合併する；組み入れる 形合併した： incorporate changes into the plan 計画に変更を加える
□ **profile** [próufail]	名輪郭；側面
□ **inhabitant** ● [inhǽbitənt]	名住民（＝resident＝dweller＝citizen）
□ **adjacent** [ədʒéisənt]	形隣接した：The hotel is adjacent to the stadium. そのホテルは球場の近くにある。
□ **ration** [rǽʃən] ●	名食糧；配給食糧（＝provision＝food）
□ **sustenance** [sʌ́stənəns]	名(生命維持の)食物；糧食；生活維持
□ **thaw** [θɔ́ː]	他解凍する：thaw frozen food 冷凍食品を解凍する
□ **donor** [dóunər]	名(臓器・血液などの)提供者；ドナー： a kidney donor 腎臓提供者
□ **accommodation** [əkàmədéiʃən|əkɔ̀m-]	名収容設備；便宜；順応；適合；和解： The hotel has accommodations for 500 guests. そのホテルには500人宿泊できます。
□ **trickle** [tríkl]	自徐々に伝わる；浸透する

33

社会学

キャンパスでよく使う単語

☐ academic advisor	●教育相談者、指導教授。授業の登録や専攻決定、履修単位など学業に関してのアドバイザー。
☐ academic calendar	●学事暦（＝College Calendar）。
☐ academic year	●9月開始で5月までの1学年。通常、2学期制（Semester）か4学期制（Quarter）に分けられている。
☐ acceptance	●入学許可のこと。"～ letter"：入学許可書。
☐ accreditation	●認定、認可。米国には日本の文部科学省にあたる国の大学認定機関がなく、地域ごとに大学を認定、管理する。
☐ add	●学期の途中でコースを追加登録すること。
☐ admission office	●入学事務局のこと。資料請求や願書申請などを担当する窓口を指す。
☐ admission	●入学、入学許可。"～ with advanced standing"：単位をもって入学する。"～ as Freshman"：1年生から入学する。
☐ admissions Committee	●入学審査委員会。
☐ adult Education	●社会人を対象とした大学教育公開プログラム。Continuing Education と同意。
☐ adult school	●成人向けの社会人教育プログラム。地域や

教会などが、移民を対象に英語や実践科目などを幅広く教える。

- [ ] advance deposit
  - ●学籍確保のために送金する入学前払金。
- [ ] advanced standing
  - ●他の大学で取得した単位が承認され、2〜3年次に編入できること。
- [ ] affidavit
  - ●宣誓供述書。大学・大学院への出願の場合は、Affidavit of Financial Support つまり「費用負担同意書」が必要。
- [ ] Alien Registration Card
  - ●米国に居住する外国人の番号登録を明記したカード。
- [ ] alumnus/alumni alumna/alumnae
  - ●男子卒業生(単)/(複)／女子卒業生(単)/(複)
- [ ] assignment
  - ●宿題・研究課題。
- [ ] assistantship
  - ●大学院生用の奨学金のひとつ。週10〜20時間程度教授の助手として働き、学費免除や援助金を受ける。
- [ ] associate degree (A.A./A.S.)
  - ●準学士号。2年制大学を修了した場合に取得できる学位を指す。(Associate of Arts：文系準学士号/Associate of Science：理系準学士号)
- [ ] attendance
  - ●出席。クラスの成績は出席、クラス内発言 (class participation)、レポート (paper)、テストの得点で査定される。
- [ ] audit
  - ●聴講生として講義に出席すること。単位認定はされない。
- [ ] B.A.(Bachelor of Arts)
  - ●文系学士号。
- [ ] B.S. (Bachelor of Sciences)
  - ●理系学士号。
- [ ] brainstorming
  - ●ブレーンストーミング。グループの中で思

☐ blue book	いつくままアイデアを出し合う問題解決法。 ●大学の筆記試験用の答案用紙をとじた青い表紙のノート。試験前に学内のbook storeで購入する。
☐ bulletin	●大学で発行している要覧。Catalogと同意。
☐ cafeteria	●セルフサービス形式の食堂。
☐ case study	●事例研究。実際の事例を挙げて分析し、ひとつの理論を組み立てていく学問。MBAでは必須。
☐ cashier's office （＝bursar's office）	●会計・出納係。
☐ catalog	●大学便覧、目録。Bulletinとも言う。
☐ certificate program	●1年程度で、修了証書がもらえるプログラム。Community collegeの職業訓練プログラムに多い。
☐ check	●個人用小切手。小切手用口座を開設する必要がある。Personal Checkと同意。
☐ citation	●論文作成に際し引用文の出典を文中に明記すること。表記法は専攻によって違う。無断引用（Plagiarism）に注意。
☐ class Participation	●クラス内における積極的な発言や討論参加。
☐ class performance	●授業中の態度や小テスト、試験の成績。出欠も成績にかなり影響する。
☐ class	●学年。1年目から順に、Freshman Year、Sophomore Year、Junior Year、Senior Year。また卒業年度を指す場合もある。
☐ coed	●"Co-education"の略語で、男女共学のこと。寮のタイプやフロアなどで男女共同を意味することも多い。
☐ commencement	●卒業式（＝graduation ceremony）。5～

	6月頃行われる学位授与式。通常、独特の帽子とガウンを身に着ける。
☐ community college	● 公立の2年制大学。4年制大学への編入コースと職業訓練コースがある。留学生も比較的容易に入学可能。
☐ comprehensive exam	● 修了試験、卒業資格試験。博士課程では基礎課程から専攻の研究に進めるかを見る学位資格試験。
☐ conditional acceptance	● 条件付き入学。
☐ consortium	● 複数の大学で結成されている提携組織。提携大学の施設を利用でき、授業履修も可能。
☐ continuing education	● 社会人を対象とした大学公開プログラム。単位取得はできない。Adult Education とも言う。
☐ core curriculum	● 特定の学位を取るために必要な科目群。必須科目 (core requirements) と同義。
☐ correspondence course	● 通信講座、通信教育課程。インターネットを使うコースは Online course と言う。
☐ course description	● 開講クラスの概要および要項。担当教授、時間帯、単位数、登録番号、講義内容を明示。
☐ course load	● 1学期 (Semester) に履修する単位数 (Hours)。学部の場合は通常12から18単位が標準。
☐ course number	● 授業内容を区別するためにつけられた番号。百の位の数字が大きいほど難しい。
☐ course work	● 履修科目。学部や大学院で履修する通常の履修科目を指す。
☐ cram	● 試験直前に詰め込み勉強をする。cram

	school は塾のこと。
□ credit	●単位（＝unit）。大学の履修単位のこと。卒業は何年在籍したかではなく、何単位を取得したかで決定。
□ curriculum vitae	●履歴書、職務経歴書（＝resume）。
□ cut	●授業を欠席すること。skip とも言う。
□ deadline	●締切日（＝the due date）。
□ dean	●学部長。
□ dean's list	●各学期ごとに発表される成績優秀者のリスト。
□ deferred admission	●入学を許可された学生の入学時期を１年間延期することを認める制度。
□ deferred tuition payment plan	●学費分割払い制度。学費支払延期制度。
□ degree	●学位。
□ department	●学部。
□ diploma	●修了証書。一定のコースを修了したことを証明するもの。卒業証書と同意。
□ dismissal	●退学・停学。除籍処分（＝kick out）。"Class dismissed !" は「授業終了！」。
□ dissertation	●学術（学位）論文（主に博士論文）。Thesis の同義語。
□ dorm	●大学寮。dormitory の略。Residence Hall とも言う。
□ double major	●同時に２つの専攻科目を履修して、２種類の学位を取ること。Dual major とも言う。
□ draft	●レポートや論文の草稿。First、Second、Final などをつけて仕上がりの段階を示す。
□ drop	●登録済みのコースの履修を途中で取り消すこと。取り消しの時期が早ければ授業料が

	返却される。
☐ dropout	●中途退学（者）。
☐ due	●提出期限が来た、締め切りの。My history paper is due next Monday.（歴史のレポートは次の月曜日が締め切りだ）。
☐ electives	●選択科目。必須科目以外で、専攻を超えて自由に履修できる科目を指す。
☐ ELP/ESL	●English Language Program/English as a Second Language の略。非英語圏の学生のための英語集中講座。
☐ enroll	●学籍を登録する。
☐ escort services	●図書館での自習や授業のために夜遅くなった場合、安全のために寮まで送ってくれるサービス。
☐ EPT (English Proficiency Test)	●入学者の選考の際に行われる英語力判定テスト。Proficiency は「熟達」という意味。
☐ evaluation	●評価。査定調書。
☐ extension course	●大学が正規の学生以外を対象に開講する公開講座。正規の単位取得はできない。
☐ extension of stay	●滞在延長許可。論文などの締切延長でも extension を使う。Ask for an extension「延長をお願いする」。
☐ extracurricular-activities	●課外活動。具体的には任意の奉仕活動など。
☐ F/fail	●不合格、落第。成績表では F で表示。
☐ F-1	●学生ビザの呼称。留学生がフルタイムで米国の学校に通う場合、入学許可時に発行される I-20 でこのビザを申請する。
☐ faculty	●教授、教授陣。個別なら A faculty member「教授の 1 人」。「学部」も意味する。

	The Faculty of Theology「神学部」。
☐ fee	●授業料。Tuition and Fees という言い方が使われることが多い。
☐ fellowship	●大学院生・研究員に対する特別奨学金。他の経済援助として scholarship、grant や loan も知っておきたい。
☐ field of study	●研究分野（=field study、field work）。
☐ field work	●野外研究、実地研究。インタビュー、アンケート、観察などをして調査研究すること。（=field trip）。
☐ final/final exam	●期末試験。
☐ financial aid	●奨学金・教育ローンなどの経済的援助。
☐ financial statement	●財政能力証明書。大学への出願やビザ申請時に必要。通常は Bank Statement「預金残高証明書」を使用。
☐ fraternity	●男子学生だけで構成される社交組織。厳しい入会基準がある。女性は Sorority。
☐ freshman	●大学の1年生。
☐ FSA	●Foreign Student Advisor の略。留学生の入学許可証（I-20）の発行やF-1ビザの管理についてのアドバイスを行う。
☐ full load	●単位制限いっぱいに科目を登録すること。
☐ full-time student	●学期ごとに学部なら通常12単位以上、大学院なら9単位以上を履修する学生。F-1ビザでは Full-time が必須。
☐ furnished studio	●家具付きのアパート。
☐ GED	●高校卒業資格試験。合格すると高校修了と同等の資格を与えられる。
☐ general education	●一般教養。大学の1～2年次で履修する基礎科目（=general studies、Liberal

☐ GMAT/Graduate Management Admission Test	Arts）を指す。 ● MBAプログラム（経営学大学院）入学の適性試験。英語、数学、分析力を試す。
☐ go over	● 復習する、見直す（＝review）
☐ GPA（Grade Point Average）	● 評定平均値。A、B、C、Dの評価を4、3、2、1の数字に置き換えて算出。入学の際の審査で使用。
☐ grading system	● 成績評価法。試験やクラス参加、提出物を元にA＝4点、B＝3点、C＝2点、D＝1点、F＝Fail 0点で評価する。
☐ graduate assistant	● 成績優秀な大学院生が、指導教授のもとで学部生の授業を担当する。Teaching Assistantと同意。
☐ graduate school	● 大学院。
☐ grant	● 学部生や大学院生への奨学補助金。
☐ GRE	● 経営学、医学、法学以外の大学院入学審査に必要な適性試験。一般試験（英語、数学）と専門試験がある。
☐ handicaped sticker	● 車などに貼る身障者を示すステッカー。この貼付により身障者専用駐車場に駐車できる。
☐ handout	● 配布物。授業などで教師から資料として渡されるプリントなどの印刷物。
☐ health center	● 医療センター。大学内にあるセンターで、学生はここで医療サービスを受けられる。
☐ health insurance	● 健康保険。
☐ higher education	● 主に大学教育を指す。
☐ honor societies	● 成績優秀な学生のみを集めたクラブ。特別授業や奨学金など多くの恩典があり、当然、

	進学や就職で有利。
☐ honors program	●優等生プログラム。優秀な学生を対象とした、能力をより高めることのできるプログラム。
☐ housing office	●学生の滞在先に関する手続き、斡旋、紹介などをするオフィス。寮の申し込みなどは、通常ここで行う。
☐ humanities (the ~)	●人文科学。
☐ I.D.	● Identity Card あるいは Identification Card の略。身分証明書。大学では履修登録時に発行される学生証（Student ID）。
☐ I-20	●入学を認められたフルタイムの留学生に発行される入学許可書。学生ビザを取得するときに必要。
☐ I-94	●出入国カード。米国に入国する際にパスポートに添付される。
☐ immunization requirement	●免疫証明義務。州によっては入学時に提出を求められる。風疹などの予防接種や健康診断書提出。
☐ independent study	●担当教授の指導のもと、クラスに出席せずに、研究課題を個人で修了させて単位を取るコース。
☐ instructor evaluation sheet	●教授評価表。生徒側からの教授の講義に対する評価用紙で、最終的には教務に提出される。
☐ interdisciplinary major	●複数の分野にまたがる関連科目を学際的に履修していく専攻。環境情報や総合政策などがその例。
☐ internship	●専攻分野に関連した仕事に実際に参加し、研究報告を行って単位を習得するプログラ

ム。

- ☐ interview
- ● 面接。入学審査や採用試験などの1項目。MBA や LLM 志願者に課されることが多い。
- ☐ joint degree
- ● 2つの専攻を組み合わせたプログラム。同時に2学位の取得が可能。例えば MBA & International Relations など。
- ☐ junior
- ● 4年制大学の3年生。
- ☐ junior college
- ● 2年制大学。準学士の学位が与えられる。
- ☐ Juris Doctor/JD
- ● 法学博士。Law school で3年間の課程を修了すると取れる学位を指す。
- ☐ kick-out
- ● 退学（＝dismissal）。
- ☐ laboratory/lab
- ● 実験、実験室。主に理系の学生が使うが、LL 教室なども Lab と呼ばれる。
- ☐ late registration
- ● 遅れて科目登録すること。
- ☐ leave of absence
- ● 休学。病気などの理由により、学生が一定期間の休みを取れるシステム。
- ☐ lecture
- ●（大教室で行う授業形態の）講義。あらかじめ決められたトピックについて教授が授業を行う。
- ☐ liberal arts college
- ● 教養大学。専門科目よりも教養科目に重点を置いている。少人数の私立大学が多い。
- ☐ liberal arts
- ● 一般教養科目、教養課程。人文科学、社会科学、自然科学系の分野がある。
- ☐ LLM/ Master of Laws
- ● 法学修士。Law school の大学院課程にあたるコースを修了して得られる学位。
- ☐ loan
- ● 学費ローン。主に学部生対象で卒業後に返済しなければならない。
- ☐ lower-division course
- ● 1～2年制レベルで履修する科目。通常は 100～200番台のクラスコードで表示。
- ☐ LSAT/Law School
- ●（JD プログラムの）入学審査の際に必要な

Admission Test	試験。
□ major	●専攻。留学生の場合、出願の際に専攻を決定するが、日本と違って、米国の大学の場合は、専攻変更が比較的容易。
□ make-up exam	●追試験。正当な理由で受験できなかった学生に対して行われる。
□ mandatory	●必修の。required とも言う。
□ Master's degree	●修士号。通常2年で修了し取得できる大学院課程の学位。専門によって MA、MS、MBA、LLM などがある。
□ matriculation	●大学入学許可。"〜student"：正規に入学許可を与えられた学生。
□ MD	●医学博士。Medical School にて大学院課程を修了した者が得られる学位。
□ meal plan/ meal card	●学生寮や学食などで学期ごと、一定期間ごとに食費を払う制度。主にプリペイドカードを使う。
□ medical insurance	●医療保険。留学生は、日本から加入して行かない場合、学内の保険に加入することになる。
□ midterm/ midterm exam	●中間試験。
□ minor	●副専攻。ダブルメジャーの場合の第2専攻を指す。
□ natural sciences	●自然科学。
□ non-resident	●留学生など、州や市の住民権を持たない外国人居住者。税金を納めていないため、州立大学でも授業料が高い。
□ notary public	●公証人。書類を提出することで出願者の身元や人物の保証をしてくれる（＝Affidavit

	of Support)。
☐ notification	●合否通知。
☐ office hours	●学生からの質問や相談に応じるために、教授に義務付けられる時間帯のこと。
☐ on-campus work	●学内でのアルバイト。教授の助手（TA）、寮の仕事をする RA など多様。
☐ online application	●大学のホームページから直接データを入力し出願するシステム。しかし残高証明や成績表は郵送が必要。
☐ open admission	●入学審査がなく、出願資格者が出願すれば基本的に入学できる方式。コミュニティカレッジなどで採用。
☐ open-book exam	●参考書・辞書類の持ち込み可の試験。
☐ oral exam	●口頭試験。
☐ orientation	●新学期に行われる新入生に対する履修登録やキャンパスライフ全般についての説明会。
☐ overload	●学期内の規定単位数を上回る授業を取ること。前学期までの成績優秀者に対し特別に認められる。
☐ paper	●日本で言うレポートを指す。一般に Term Paper と言う。
☐ parking sticker	●駐車証。
☐ part-time student	●正規取得となる12単位以下を履修している学生。留学生には通常許されない。
☐ pass-fail grading system	●ABC 評価でなく、合格か不合格のいずれかで成績を評価するシステム。
☐ personal check	●個人用小切手。小切手用口座を開設する必要がある。Check と同意。
☐ Ph.D.（Doctor of Philosophy）	●博士号。大学院の学術関連向けの博士課程修了で得られる最高学位。

☐ physical education (PE)	●体育。
☐ physical sciences	●(生物以外の)自然科学。
☐ placement test	●クラス分けテスト。このテストに合格しないと単位科目が取れない場合もある。
☐ plagiarism	●論文作成の際の文献等の無断引用あるいは盗用。違反した場合、処罰の対象となる。退学処分もあり得る。
☐ pop quiz	●抜き打ち小テスト。
☐ portfolio	●作品。芸術や建築などの専攻関連の入学審査時には、多くの場合、作品の提出を求められる。
☐ postgraduate	●大学院(=graduate)。
☐ practical training	●大学、大学院修了後1年間、各自の専門分野での実地研修として、学生ビザのまま仕事に就ける制度。
☐ prerequisite	●必須前提科目。特定の科目を取るため、その前に必ず履修すべき科目。免除のためには教授の許可が必要。
☐ presentation	●口頭発表。プレゼンテーション(=oral report)。
☐ probation	●仮及第、仮進級。Academic Provation とも言う。GPA が基準を割った学業不振者への警告。退学の猶予勧告を指す。
☐ professional school	●専門職大学院。学術系と区別して、Business school、Medical school、Law school などがある。
☐ professor emeritus	●名誉教授。
☐ prospective student	●入学見込みの学生。まだ決定ではないが、将来入学してくれる可能性のある学生を指

	す。
☐ qualifying exam	● 博士課程で博士論文にかかる前に受ける専門知識に関する試験。合格するとCandidateとなる。
☐ quarter	● 1年を4学期に分ける。1学期は約11週間。通常は9、1、4、6月に学期が始まる。
☐ questionnaire	● アンケート用紙、質問事項、調査票。
☐ quiz	● 授業時間内に行う小テストのこと。
☐ R.A./Resident Assistant	● 寮の相談係。通常、住んでいる学生が務める。または、"Research Assistant"：研究助手を表す。
☐ readmission	● 以前在籍していた学生の再入学。
☐ reapply	● 再出願。再申請。一度出願したが不合格になった場合などは、提出不要の書類もある。
☐ recess	● 休暇、休憩（=break）。"Christmas ~"：クリスマス休暇。
☐ recommendation	● 推薦状。必要な出願書類のひとつで、上司や教授など、出願者をよく知る社会的地位のある人に依頼する。
☐ reference	● 参考文献。"~ book"：参考図書。出願者の身元保証人や推薦状の意味にも使われる。
☐ refund	● 返金；払い戻し
☐ register for	● 登録する（=sign up for）。科目登録の場合に使うことが多い。
☐ registration	● 履修登録。学期の初めに、自分の履修する科目を登録し授業料を納める。現在はオンライン登録が主流。
☐ remedial course	● 正式な科目を取るには学力不足の学生に対する補習コース。卒業に必要な単位はもらえない。

☐ required course	●必修科目。学位を取るために必ず単位を取得しなければならない科目。
☐ research paper	●特定のテーマについて独自に調査・研究をしてまとめた論文。自分なりの意見が中心であるエッセイとは違う。
☐ residence hall	●大学寮。Dormitory、Dormと同意。
☐ residency requirement	●卒業に必要な最低居住期間。州立大学で授業料適用のために州内居住最低期間を示すこともある。
☐ resume	●履歴書、職務経歴書。大学院や企業に応募する際に提出すべき書類のひとつ。
☐ retake	●再受験、再試験、再履修。
☐ rolling admission	●願書の提出期限まで待たず、受付順に入学審査を行い合否を出すシステム。
☐ room and board	●寮費と食費。
☐ sabbatical leave	●通常7年ごとに教授に与えられる1年間の有給休暇。
☐ SAT	●Scholarship Aptitude [Assessment] Testの略。米国の高校生が大学進学時に受ける大学進学適性試験。
☐ savings account	●普通預金口座。小切手用の当座預金はChecking accountと言う。
☐ scholarship	●奨学金。
☐ second-hand bookstore	●古本屋。
☐ security deposit	●保証金。寮やアパートなどの契約時に支払うお金。日本の敷金にあたるもので、退去時に返還される。
☐ semester	●2学期制。1学期約17週間。
☐ seminar	●セミナー。ゼミ。少人数のディスカッショ

	ン中心のクラス。
□ senior	● 4年制大学の4年生、短大の2年生。高校の最高学年。
□ sign up for	● 登録する。
□ skip	● 授業を欠席すること。Cut と同意。
□ social science	● 社会科学。
□ social security number	● 社会保障番号。アメリカ人の一人ひとりが持つ9桁の年金番号で、身分証明の大切な機能を持つ。
□ sophomore	● 4年制大学や高校の2年生。
□ sorority	● 女子学生交友クラブ。メンバーはひとつの家に共同で住み、様々な活動をする。入会には厳しい規則がある。
□ state university	● 州立大学。
□ statement of purpose	● 出願の動機、出願準備、出願プログラムの必要性や、将来の目標と計画などをまとめたエッセイ。
□ stipend	● 年間奨学金。
□ Student Union	● 学生ホール (Student Center)
□ summer school/ summer session	● 夏休み期間に開設される夏学期。設置科目は少ないが、手早く取得単位を増やせる。
□ syllabus	● 授業概要や日程・時間を示した予定表。テキスト、参考文献、課題、試験日程、成績査定法などが記されている。
□ take-home exam	● 試験問題を自宅に持ち帰り、期限までに仕上げて提出する形式の筆記式テスト。
□ Teaching Assistant/ TA	● 成績優秀な大学院生などが、担当指導教授の監督下で学部生の授業を一部または全部受け持つこと。
□ tenure	● 終身雇用権。

☐ term paper	●学期末レポート。各講座のテーマについての研究内容を決められた形式で書いて提出する。
☐ term	●学期。
☐ theme	●論文の主題。テーマ。
☐ thesaurus	●類義語辞典。
☐ thesis	●卒論、学位論文。学位課程終了時に今までの研究成果をまとめて書く論文のこと。
☐ tow	●(車を) レッカーする。
☐ transcript	●成績証明書。成績証明の写し。
☐ transfer	●転校、編入。例えば米国の大学は日本の大学よりも単位の移行が容易で、編入しやすい。
☐ trimester	●3学期制。採用している大学は少ないが、通常、1学期は15週間。9、1、5月に学期開始の場合が多い。
☐ tuition	●学費、授業料。"〜 (and) fees"という言い方で授業料と登録料、施設使用費などをまとめて表す。
☐ tutor	●個別指導員。学部上級生や大学院生がスカラシップの一環として、時間を取って遅れ気味の学生に個人指導をする。
☐ undeclared major	●専攻未定。学部レベルの入学時や一般教養受講の期間は必ずしも専攻を決定しなくてもよい。
☐ undergraduate	●大学生、学部生。
☐ unit	●学科の単位 (=credit)。
☐ upper-division course	●学部生の3〜4年次の専門課程の学生が履修する科目。科目番号は通常、300〜400番台で表示。

☐ used books	●中古本。中古のテキストのこと。通常は大学内のブックストアで中古テキストの売買が可能。
☐ visa	●査証。入国の際に必要な証明書で、目的により種類が分かれている。学生ビザ（F-1）も、そのひとつ。
☐ vocational school	●職業専門学校。美容・音楽・宝石鑑定など、特定の専門知識や技能を修得し資格を取るための学校。
☐ waive	●(権利を)放棄する、(規則の適用を)免除する。推薦状の中身閲覧の権利放棄や試験・履修免除などに使われる。
☐ withdrawal	●大学を中退すること。あるいは登録したクラスを学期半ばで取り消すこと。
☐ work study	●実習のため、学内外で1学期間働きながら学ぶプログラム。
☐ workshop	●指導教授のもとで一定のテーマを決めて自主的に研究するセミナー形式の授業、または、研究会、講習会。
☐ yield	●歩留まり。つまり大学院などの全合格者に対する実際の入学率を指す。

索 引

A

a variety of ～s…103
abacus…415
abandon…47,123
abate…485
abbey…278
abbreviation…402
abdomen…435
abdominal muscles…437
abduct…398
abduction…398
abide…394
abolish…272
abolition…55,59,272
abolitionism…273
abolitionist…59
aboriginal…47
aborigine…275
abortion…147,493
abscond…379
absorb…139,191
absorber…364
absorption…203
absorption coefficient…364
abstain…421
abstract…103,119,285,369
abstraction…119
abundant…215
abuse…421
abyss…327
academic advisor…494
academic calendar…494
academic year…494
acceptance…494
access…151,322,486
accessible…486
accession…315
accommodation…493
accompany…187
accord…87
accordingly…195
account…107,322
account for…219
accounting…353
accreditation…494
accretion…290
acculturation…491
accuse…51

Achilles tendon…437
acid…191,195,337
acid rain…334
acknowledge…179
acoustic disturbance…361
acoustics…453
acquaintance…127
acquire…39,103,195,263
acquisition…107,403
acquit…398
acrophobia…425
acropolis…278
act…51,59,272
adapt…87,215,314
adaptation…171,175,409
add…494
addiction…443
addition…199,419
address…107
adept…355
adequacy…255
adherent…476
adhesive-plaster…434
adjacent…239,493
administration…467
administrative…75
administrative reform…463
admission…494
admission office…494
admission procedure…355
admission requirement…355
admissions committee…494
adobe…271
adolescent…356
adopt…55
adore…406
adorn…284
adrenaline…424
adult education…494
adult school…494
advance…31
advance deposit…495
advanced nation…389
advanced standing…495
advent…91
adverse…481
advisable…167
advise…255

advocate…414
aerial…35,312
aerospace…71
aesthetic…286
affair…91
affect…203,479
affectation…469
affidavit…495
affiliate…344
affiliation…79,344
affluence…373
afford…47
affront…409
afterlife…39
agency…71,350
agent…393
aggregate…131,345
aggression…179
aging society…359
agony…470
agrarian…268
agrichemicals…269
agronomist…268
aide…390
AIDS…433
air mass…364
airborne irritant…437
aisle…278
alarm…59
albedo…446
alcoholic…422
algae…191,305
algebra…263
algorithm…326
Alien Registration Card…495
alienate…67,274
alkaline…337
allege…401
allegory…409
allergens…424
allergy…424
alliance…351
alliteration…409
allocate…347
allotment…461
allowance…492
alloy…318
allude…404

512

allusion…409
alluvium…337
ally…195,385,456
alongshore…330
aloofness…481
Alpha Centaurus…290
alter…83,219
alteration…461
alternating current…364
alternation…461
alternative…215,459
altitude…376
altruism…451
alumni…359
alumnus/alumni alumna/
　alumnae…495
amber…304
ambiguity…123
ambiguous…402
ambivalent…354
ambulatory…278
amend…95,464
amenity…282
amentia…361
amino acid…308
ammonia…191
amnesia…436
amniocentesis…437
amniotic fluid…437
amoeba…308
amongst…179
amount…95
ampere…364
amphetamine…255
amphibian…215,307
anachronism…409
anagram…409
analogous…199,410
analogy…410
analysis…43,143,195,263,347
analyst…341
analytic…347
analytical…131
analyze…317
anatomy…304
ancestor…187
anecdote…409
anemic…437

anesthesia…433
anesthetize…433
aneurysm…435
angle…203
Anglican Church…476
angstrom…290
animosity…51
ankle…431
annotation…410
annual…127,203
annual ring…306
anonymous…478
antagonist…410
Antarctic…371
antenna…308
anthology…410
anthropologist…275
anthropology…27
antibiotics…437
antibody…437
anticline…235
anti-coagulants…437
anti-hero…410
antimony…319
antipode…459
antique…278
antireflection…365
antisocial…472
antithesis…410
anti-trust law…351
antitrust…71
anus…435
anxiety…471
anxiety disorder…361
aorta…429
apartment…282
apathy…481
ape…103
apex…289
aphelion…295
aphoristic…123
apogee…295
appall…481
apparatus…103
appease…481
appendicitis…430
appendix…408
appetite…251,427

applet…323
apply…75,195
appraise…459
appreciate…414
appreciation…349
apprehend…399
apprehension…470
appropriate…459
appropriation…55,467
approve…163,219
approximation…418
aptitude…354
aquaculture…183,327
aquanaut…327
aquarium…328
aquatic…328
aqueduct…111,337
aquifer…337
Arab…39
arachnoid…435
arbitrage…344
arbitrary…403
arcade…278
arch…111,275,282
archaeological…35
archaeologist…35
Archaeopteryx…187
archetype…410
archipelago…376
arctic…31,215,371
area…418
argue…107,135
arid…444
aristocracy…467
aristocrat…467
aristocratic…127
arithmetic…199,263
armed…397
arouse…485
array…284
arrest…151,399
arrest warrant…399
arson…398
artery…436
artesian well…338
arthritis…247,433
arthropod…309
article…392

articulate…115
articulation…405
artifact…276
artificial…183
artificial intelligence…326
artillery…379
as of…59
ASP…323
aspect…179,255
assassin…379
assault…379
assay…43
assemblage…315
assert…55,67,107
assertion…67
assessment…342
asset…349
assignment…59,495
assimilate…489
assistantship…495
associate degree…495
associate…163,239
association…87,139,469
assume…67
assumption…369
asteroid…159,288,290
asthma…247,426
asthmatic…247
astonishment…151
astro-…295
astrology…383
astronaut…288
astronomer…155
astronomy…263
astrophysics…295
asylum…389
at the outset…87,251
atheism…475
athlete…255
Atlantic…371
atmosphere…203,290
atmospheric pollution…335
atom…227,316
atomic nucleus…316
atomism…131
atonement…475
atopic dermatitis…424
atrium…278

attainment…179
attendance…495
attest…450
attorney…399
attribute…43,123
attribution…43
audacious…383
audience…87
audit…357,495
auditor…347
auditory…431
augment…67
aurora…290
auspicious…473
authentic…283
authenticate…43
authentication…323
authoritative…406
authority…179
authorize…406
autistic…361
autonomy…456
autumnal equinox…289
avert…388
aviation…363
avid…393
awareness…175
axis…159,203,288

B

B.A.…495
B.S.…495
bacteria…191,235,304
bacteriophage…305
baffle…391
bail…398
balance…351
ballad…123
ballast…328
bandage…39,434
Bandwidth…324
bankrupt…341
bankruptcy…341
banquet…127
Baptist…476
baptistery…278
bargain…346
bark…309

barley…268
barn…268
barometric pressure…445
baroque…278
barrel…259
barrier…274
barter…379
basalt…290
base…418
basil…268
basilica…278
basin…370
basis…175
bathometer…328
battery…364
bauxite…319
beacon…370
bead…283
beak…311
bean…47
bear…111,251
beast…408
become extinct…171,175
bedrock…338
beep…487
beguile…406
behavior…135
behaviorism…135,469
behold…404
beloved…406
beneficial…191
bequeath…263,379
bestow…284
beverage…95
bias…472,490
bibliography…368
bilateral…388
bilingual…402
bill…55,311,466
billion…417
binary…325
binary star…288
biochemist…195
biochemistry…195,301
biodiversity…223,315
biofeedback…247
biogeography…314
biographical…43

biography…413
biological…171,175
biological and chemical weapons…389
biome…215,306
biosphere…336
biotechnology…308
biotic…315
birth control…493
bison…47,271
bit…325
bite…299
biweekly…247
bizarre…406
black hole…289
bladder…430
bland…481
blank verse…410
bleed…434
blood clotting…438
blood pressure…438
blood vessels…438
bloom…299
blue book…496
blue chip…346
blues…87
blunder…459
blur…83,363
board of directors…346
boarding house…356
bog…215
boggy land…371
bolide…290
bond…353
book…351
boom…490
boon…223
boost…255,342
boot…323
boron…365
botanist…27,303
botany…303
boulevard…479
bounty…223,379
bourgeois…479
bow shock…290
bowdlerize…410
boycott…459

brackish…207
brain death…426
brain tumor calcification…436
brainstorming…495
brass…318
breakdown…363,442
break-even point…345
breakthrough…421
breccia…290
breed…183,215,303
breeding…303
breeze…447
brew…318
bribery…398
brig…328
brigade…380
bring up…103
broadcasting…391
broaden…91
broadleaf tree…306
broker…341
bronze…286
brood…312,450
browse…354
browser…321
bruise…422
brutal…383
Buddhism…474
budget…465
buffer zone…315
built-in…251
bulky…251
bulletin…496
bully…356
buoy…328
buoyant…211
burden of proof…396
bureau…386
bureaucracy…386
burgeon…490
burial…275
burn…428
burrow…299
bursar's office…496
bury…39
bushel…420
business transaction…346

buttock…431
buttress…279
buzzer…135
byte…325

C

cabinet meeting…467
cabinet…466
cache memory…322
cacophony…410
cadmium…365
Caesarean birth…438
cafeteria…496
calcium…290
calculus…263
caldera…290
calibration…295
calligraphy…359
camouflage…299
camp…467
cancer…163,247,433
candidate…466
candor…383
canine…223
cannibalism…275
canopy…278
capable…107
capelin…328
capillary…304
capillary action…338
capillary vessel…304
capital…353
capital gains…344
capital punishment…395
capitalism…491
capitulation…380
caprice…383
captive…380
captivity…183
carapace…307
carbohydrate…195,316
carbon…235,317
carbon dioxide…305
carbonate…290
carcass…223
cardiac…255
cardinal…473
cardinal number…419

515

carnivorous…299
carp…183
carpe diem…410
carving…286
case…171
case study…496
cash flow…352
cashier's office…496
cast…286
caste…479
catalyst…195,317
catalyze…317
catastrophe…335
categorize…27
category…107
cater…478
caterpillar…219,310
catfish…183
catharsis…410
cathedral…475
Catholicism…475
caucus…464
cave…370
cavern…370
celebrity…478
celestial…288
cell…304,364
cellular…315
Celsius…446
censor…456
censorship…91,464
census…467
centennial…379
centigrade…445
centipede…310
centralize…461
cerebellum…428
cerebrum…428
certificate…354
certificate program…496
certify…354
CG…323
CGI…323
challenge…171
chamber…227
chameleon…299
chancel…279,376
chant…127

chaperon…479
charcoal…319
charge…55,155,317,401
charging…364
charismatic…391
charity…492
chart…263
chasm…374
chaste…474
cheating…357
check…467,496
checking account…348
chemical…39,219,259
chemical reaction…317
chemosynthesis…305
chemotherapy…438
chest…435
chick…311
chicken pox…428
chin…435
chirp…299
chisel…286
chivalry…386
chlorofluorocarbon…365
chloroplast…308
choir…279
choke…422
cholera…425
cholesterol level…442
choreography…449
christen…477
Christian…43
Christian Fundamentalism
…474
Christianity…474
chromatin…303
chromite…319
chromosome…302
chromosphere…290
chronic illness…438
chronically…421
chronicle…413
cicada…310
cinder…290
cinder cone…290
circle…415
circuit…199
circular argument…369

circulate…91
circulation…393
circumcision…438
circumference…418
circumpolar…371
circumscribe…419
circumstatial evidence…397
cirrus clouds…446
citation…368,496
civic…479
civil lawsuit…396
Civil Rights Movement…273
civil war…466
civility…478
clam…310
clarify…461
clash…461
class…496
class participation…496
class performance…496
classical…259
classify…191
claw…312
clay…374
clemency…401
clement…383
clerestory…279
clergyman…477
cliche…410
client…471
cliff…370
climax community…315
clinical…195,469
clinical test…427
clipper…328
cloister…279
clone…302
cloning…302
clot…432
clothing…31
clown…409
clump…167
cluster…215,445
coal…335
coalition…465
coat…39
cobalt…319
cobweb…299

cocoon…300
cod…328
code…396
codify…394
coed…496
coeducation…359
coercion…459
coexist…299
coffering…279
coffin…275
cog…363
cognitive…107
cognitive development…469
cognitive science…326
coherence…459
coil…452
coin…143,489
coincide…31,384
cold front…447
collapse…63,111
colleague…247
collection…286
College of Liberal Arts…359
collide…211,239,374
collision…239
colloquial…481
collusion…71
colonial…143,271
colonialism…372
colonnade…279
colostrums…438
column…227,279
coma…291,434
combat…71
combination…420
combustion…363
come by…259
comedy…413
comfort…255
comic strip…392
command…325
commencement…496
commensurate…415
commission…346
commitment…67
committee…464
commodity…347
commonwealth…380

communal…479
communication disorder…361
communitarianism…451
community…315
community college…497
commute…356
compact…364
comparable…127
compartment…479
compatible…388
compensate…59
compensation…479
competence…107
competent…350
competition…71,350
competitiveness…350
competitor…67
complication…425
compliment…481
comply…388
component…87,131,316
compose…131,449
composite volcano…291
compound…63,191,195,316
comprehensive…35,79,492
comprehensive exam…497
compresses…438
compression…123,318
comprise…111,115,195
compulsion…354
compulsory…359
concave lens…454
conceive…175
concentration…207
concern…43,195
concurrent…385
condensation…338
condense…211,338
condition…39
conditional acceptance…497
conditioned response…471
condominium…282
conduct…454
conduction…452
conduction band…365
cone…415
Confederacy…59
Confederate…55

confederation…380
confess…401
confidentiality…391
configuration…131,289,321
confine…79,95
confinement…99
confiscate…394
confiscation…99
conflict…390
conform…482
confound…482
Confucianism…450
Confucius…474
congeal…452
congest…487
congregate…448
congregation…476
congress…55,274
Congressman…464
coniferous…215
coniferous tree…306
conjecture…263
conjugation…305,403
connoisseur…275
connotative…123
conquer…39,179
conscious…39
consciousness…143
consensus…464
consent…272
consequence…219
conservation…223,259,276
conservative…392
conserve…276
considerable…71
consist…95
consistent…127
console…354
consolidate…342
consolidation…263
consonant…103
consortium…497
conspicuous…283
conspiracy…51
constipation…438
constituency…468
constituent…127,195,468
constitution…95,143,466

constitutional…51
constrain…459
constrict…452
construe…405
consume…163,239,335,345
consumer goods…345
consumer price index…345
consumption…163,251,345
contact…67
contagious…422
contaminant…335
contamination…335
contemporary…75
contend…119
context…43
continuing education…497
contour…35,370
contraception…493
contraction…438
contradiction…405
contribute…211
controversy…71
convection…455
convective…211
convene…461
convention…489
conventional…103
converge…239
convergence…47
convergent…211,239
conversely…203,368
conversion…195,259,365
convert…191,243,259,476
convex lens…454
convict…99,396
conviction…107,396
convoy…390
cookie…323
cooperation…67,271
cooperative…282
coordinate…455
coordination…462
cope with…175
copper…318
coral…309
corbel…279
core…39,375
core curriculum…497

corn…47
cornerstone…259
cornice…279
corona…295
coronary…442
corporate…67
corporation…347
corps…479
corpse…39,275
correlation…433
correspond…199
correspondence…359
correspondence course…497
correspondent…392
corrosion…337
corruption of political ethics
…465
cosmic ray…291
cosmology…295
cosmopolitan…315
cosmos…291
coterie…283
couch…471
cougar…312
cough suppressant…438
council…51,456
counterculture…490
counterfeit…283
county…373
coup d'etat…373
courier…388
course description…497
course load…497
course number…497
course work…497
court…396
courtesy…356
courtship…408
coverage…392
covert…383
coxswain…328
coyote…223,312
CPU…199,321
crabwise…328
crack…374
craft…328
cram…359,497
cramp…422

crane…311
crash…485
crass…459
crater…376
craton…291
crawl…300
crayfish…328
creature…171
credit…51,359,498
creditably…460
creditor…351
Creole…403
cretaceous period…291
crew…328
cricket…310
crime…396
criminal…99
criminologist…99
cripple…422
crises…63
criteria…75
critic…115
critical…43,255,411
criticism…410
crop…35,268
cropland…268
cross-cultural…389
cross-examine…401
crucial…383
crude oil…327
crumple…239
crusade…493
crush…374
crust…243,375
crustacean…328
cryogenics…315
crypt…279
crystal…167,445
crystalline…423
cub…300
cube…415
cubic equation…416
cubic feet per second…338
Cubism…285
cued speech…403
culprit…400
cult…476
cultivation…47,268

cumbersome…95
cumulonimbus…446
curb…351
cure…247
currency…350
current…79
curriculum…143,359
curriculum vitae…498
cursor…322
curtail…442
curtailment…341
custom…489
cut…498
cybernetics…326
cyclone…211,447
cyclonic…211
cylinder…227,415
cystitis…426
cytology…304

D

dab…167
dairy…270
dale…378
damp…231,378
daring…51
dash…327
dashboard…363
data…43
date…277
day-care…492
dazzle…384
deadline…392,498
dealing…346
Dean of the faculty…359
dean's list…498
death penalty…395
debase…384
debate…143
debris…377
decade…231
decay…39,243
deciduous tree…306
decimal…420
decimate…223
declaration…272
declare…55,271
declination…295

decline…63,223
decomposition…315
decongestant…438
deduce…155
deduction…343,369
deductive reasoning…369
deem…391
defection…467
defendant…396
defense attorney…396
defer…67,462
deferred admission…498
deferred tuition payment plan …498
defiance…59
deficiency…433
deficit…350
define…103,175,179
definition…135
deflect…462
defoliation…306
deforestation…334
deft…311
degradation…195
degrade…269
degree…87,119,358,498
dehydrate…207
dehydration…438
deism…115,475
deity…473
delegate…272
delegation…272
delete…326
deliberate…127
delight…123
delinquent…394
delta…372
delusion…283
demise…307
Democrat…274
Democratic Party…79
demographic transition…276
demography…276
demolish…452
demon…473
dendrite…365
denigrate…458
denomination…351,476

denote…175
denounce…458
dense…159
density…35,319
department…498
depend…43
depict…119,405
depiction…119
deplete…270
depletion…270
deplore…179
deploy…467
depopulate…479
deportation…489
deposit…231,235,378
deposition…372,400
depositor…346
depreciation…348
depression…63,273,378,426
deprivation…251
deprive…51
depth…417
deputy…467
deregulation…463
derivative…123
desalinization…338
descend…187,239
descendant…79
descriptive approach…368
desegregation…273
desert…211,336
desertification…373
deserve…87
design…35,71,255
designate…388
desire…179
despite…59
despotism…456
destitution…479
detain…400
detect…288
detective…397
detergent…487
determinism…450
deterrent…389,456
detour…480
detract…462
detrimental…482

519

devalue…341
devastating…63,444
develop…87
developer…349
developing countries…349
development…415
deviate…487
deviation value…420
device…35,139,199
devoid…487
devout…477
dew…211,444
diabetes…433
diabetic…433
diagnosis…255,425
diagonal…418
diagram…418
dialect…402
dialogue…411
diameter…155,418
diamond…416
diaphragm…429
diarrhea…425
dictate…402
dictator…380
didactic…411
die out…175
dielectric constant…291
diet…47,223,255
dietary therapy…425
differential…263
differential calculus…419
differentiate…175
diffusion…365
digest…391,429
digestive…167
digital…199
dilute…207,316
dimension…415
dinosaur…307
diode…365
diphtheria…433
diploma…358
diplomatic…51
direct current…365
direct proportion…418
directory…139,322
disabled…422

disaster…334
disastrous…179
discard…27,461
discern…482
discharge…365
disciplinary…263
discipline…255
disconcerting…482
discourse…263
discredit…482
discrepancy…460
discriminate against…478
discrimination…59,147,478
disdain…470
disease…167,251
disfigure…284
disguise…251
disillusion…406
disinterestedness…354
disjoint…369
disk…199,295
dislocate…487
dislocated finger…428
dislocation…434
dismay…482
dismiss…348
dismissal…498
disown…179
disparity…274
dispatch…456
dispense…485
disperse…79
dispersion…485
displace…487
display…321
disposal…336
dispose…39
disprove…397
disqualify…461
disseminate…393
dissent…476
dissertation…359,498
dissipate…235
dissociate…472
dissociative…472
dissolve…319,463
distend…443
distill…319

distinct…131
distinguish…131,263
distort…461
distribute…111,348
distribution…27,255,348,490
disturbance…215
disturbing…219
ditch…35,374
diuretic…438
divergent…239
diverse…47,215
diversify…351
diversity…271
divert…462
dividend…67,346
divine…405
division…199,419
divorce…489
dizziness…434
DNA…308
Doctor of Philosophy…505
doctor's degree…360
doctrine…131,456
documentation…43,368
dogma…451
doldrums…447
domain name…324
dome…279
domestic…171
dominance…179
domineer…456
donate…480
donor…365,493
dopant…365
doping…365
Doppler Effect…291
dorm…498
dormer…279
dormitory…356
dose…163,422
double major…498
downbuckle…239
downplay…119
downright…343
Down's syndrome…438
downsize…223
draft…498
dragging…322

drain…378
drainage…378
drastic…462
drawback…406
drawdown…338
drench…374
drip…427
drive…179,322
drizzle…444
drop…498
droplet…374
dropout…358,499
drought…63,372
dualism…450
due…499
duel…409
dump…336
duodenum…430
duplicate…285
duration…203,462
dwarf…409
dwell…191
dynamics…263
dynamo…454
dynasty…91,380

E

early stage…315
earning…67
Earth…287
earthworm…311
ease…247
easel…283
ebb tide…333
eccentric…159
eccentricity…291
eclipse…289
ecliptic…203,291
economic sanction…389
economic superpower…389
ecosystem…223,303
ecotype…315
Ecumenical Movement…477
eczema…439
editorial…391
educational administration …360
education - consciousociety …360
eel…311
eelgrass…328
efficient…259
effluent…338
egalitarianism…491
egoist…469
egotistical…469
El Nino…447
elaborate…39
elastic…263,452
elbow…431
elderly…492
election campaign…465
elective…357
electives…499
elector…466
electoral…466
electric…227
electric charge…365
electric circuit…365
electric current…366
electrodeposition…366
electrolyte…366
electromagnetic…227
electron…227,317
elegant…383
elegy…411
element…316
elementary school…360
elevate…147
elevation…374
elicit…135,400
eligibility for entrance…355
eligible…354
eliminate…63,223,354
elk…223
ellipse…291
elliptical…155,159
ELP…499
elusive…407
emanate…316
emancipation…59,380
embargo…51
embassy…390
embedded…284
embellish…127
embitter…59

emblem…380
embody…95,354
embolden…383
embrace…409
embryo…439
embryo's structure…315
emerge…393
emergence…175
emergency…167
emigration…215,388
emission…334
emission control…334
emit…155
emotional disorder…361
empathy…43,283
emphysema…439
empiricism…451
employ…127
employment…347
empower…380
emulate…283
enact…456
enactment…456
encephalitis…436
encephalomyelitis…435
enchant…284
encircle…215
enclosure…183
encode…325
encompass…255,334
encourage…247
encouraged…35
encroach…334
endanger…219
endangered…329
endeavor…71,115
endemic…315
endogamy…491
endow…409
endurance…255
endure…251
energy conservation…336
enforce…397
enforcement…71
engineering…219
engraving…279
engross…354
enhance…67,75,255,286

521

enhancement…151
enigma…407
enlargement…191
enlightenment…354
enormous…487
enrage…383
enroll…499
enrollment…355
enshrine…380
ensure…255,404
entail…195,355
entangle…463
enterprise…67
entertainment…87,127
entitle…171,461
entity…175
entrance ceremony…355
entrapment…404
entrench…379
entrepreneur…348
enumerate…343
enumeration…43
environment…334
environmental disruption…334
environmentalist contingent…334
envision…470
enzyme…308
epic…413
epidemic…442
epigram…412
epigraph…411
epilepsy…422
epilogue…411
epithet…411
equal opportunity…360
equation…416
equator…203,371
equilateral triangle…415
equilibrium…345
equipment…59,175,255
equitable…347
equity…352
era…143
eradicate…273
erode…337
erosion…337
erupt…239
eruption…376
escalate…462
escort services…499
ESL…499
esophagus…429
ESP…469
espouse…456
essence…131
essential…139
establish…47
estate…486
estimate…47,155
estuary…207,329
etch…231
ethics…143,450
ethnic…79,276
ethnocentrism…372
ethnography…277
EPT English Proficiency Test…499
European…47
evacuate…227
evacuation…337
evade…462
evaluate…355
evaluation…499
evaporate…211,338
evaporation…207,338
even number…417
eventually…51
evergreen tree…306
everyday…259
evoke…151,470
evolution…171,304
evolve…187
examine…227
exasperate…482
excavate…276
exchange rate…344
execution…286
executive…67,343,466
exemplar…451
exert…71
exhale…429
exhaustion…269
exhortation…341
exile…99,489
existentialism…411
exit poll…465
exogamy…491
exonerate…401
exotic…482
expansion…211,490
expatriate…87
expedition…51
expel…457
expenditure…67,352
expense…67
expert…139,187
expert witness…400
expertise…395
expire…352
explanatory approach…368
explicit…368
exploit…67,243,341
exploration…35
explosive…319
exponent…462
expository…368
expound…450
expulsion…491
exquisite…87,407
extant…301
extended family…491
extension course…499
extension of Stay…499
extensive…43,263
extent…79,87
extinct…187,335
extinction…335
extort…394
extract…243,319
extracurricular activity…360
extracurricular-activities…499
extragalactic…295
extramarital…275
extravagant…404
extrovert…470
eyepiece…454
eyewitness…400

F

F…499
F-1…499
fable…411
fabric…275

facade…280
facilitate…462
facility…71
faction…95,465
factor…416
faculty…143,358,499
faculty meeting…358
fad…491
Fahrenheit…445
fail…499
faith…476
fake…482
fallacy…405
fallibility…450
fallout…444
fallow…269
falsify…485
famine…373
fang…300
FAQ…324
farce…127
farming…71
far-reaching…151
fascinate…284
fashion…175
fat…215
fatal…167,191
fathom…333
fatuous…460
fault…235,377
fauna…215,315
FBI…398
fear…59
feasible…71,151,319
feast…127
feature…111
federal…59,457
fee…500
feed…199,219,300,325
fellowship…500
feminist…147,492
ferment…304
fermentation…304
fern…306
fertile…336
fertility drug…426
fertility rate…490
fertilization…308

fertilize…183
fertilizer…269
fervor…482
festive…283
fetal…439
fetch…199,485
fetus…439
feudalism…386
fiber…363
field of study…500
field work…500
fiesta…283
figure…419
filament…227
file…322
file a suit…401
file compression…322
film…227
fin…329
final…500
final exam…500
final oral defense…359
finance…352
financial…63
financial aid…500
financial market…352
financial reform…352
financial statement…500
fine…99,397
fine arts…360
finial…279
fire drill…360
firewall…324
firm…349
fiscal…71,348
fishery…329
fishmonger…329
fission…454
fissure…291
flap…312
flare…291
flash…287
flat…281
flaw…139
flawless…284
fleeting…285
flesh…39,183,247,405
flier…351

flight…187
flipper…187
float…239
flock…300
flood…336
floppy…199
floppy disk…321
flora…315
flounder…329
flow tide…333
fluent…107
fluid…255
fluorescent…227
flush…207
fluting…280
fly…187
focal point…372
fog…211,444
foil…316
folder…322
folding…372
foliage…309
folk medicine…426
folklore…405
folly…482
food chain…335
footnote…368
for the first time…171
forage…309
forbid…55
forceps…434
forbear…355
forecastle…329
forehead…431
foreign exchange market
…343
foreign exchange reserves
…351
forelimb…187
foremost…75
foresee…383
foreshadow…393
forewarn…380
forfeit…457
forge…147
formalism…115
formidable…487
formula…67,415

formulate…27,75,107,415
fort…35,272
forum…391,458
fossil…259,304
foster…71,223,355
found…143
foundation…27
fraction…420
fracture…434
fragile…375
frantic…460
fraternity…500
fraud…398
freeze…211
frenzy…482
frequency…155,454
fresco…280
freshman…500
friction…75,255,452
frigate…329
front…372
frost…211
frostbite…439
frown…395
frustrate…123
FSA…500
fuel…259
fuel cell…364
fugal…449
fugitive…59,379
full load…500
full-time student…500
function…91,207,416
function key…322
functionalism…469
fund…344
fundamental…31,259
Fundamentalism…477
funeral…247
fungi…163,191
fungus…300
fur…167
furnished studio…500
futile…383
fuzzy logic…326

G

gable…280

galactic halo…295
galaxy…155,287
gale…448
gall bladder…430
gallery…396
gallium…366
gallon…420
gamma ray…295
gamut…301
ganglion cells…469
gangway…480
garbage…336
gargoyle…280
gas composition…445
gastritis…427
gazette…91,391
gear…452
GED…500
gender…491
gene…27,303
gene bank…303
general education…500
generate…259
generation…27,79
generation gap…489
generative…107
generator…243
genesis…314
genetic…27,219
genetic code…425
genetic engineering…303
genetic manipulation…303
genetically…31
genetics…27,171,303
genital…439
genocide…389
genotype…314
genre…411
genus…300
geologic…239
geology…171
geometry…263,419
geothermal…243
germ…424
germinate…305
gestation…439
geyser…338
ghastly…407

GIF…324
giga-…366
gigantic…251
gill…307
give off…155
give rise to…263
glacial…31
glaciation…372
glacier…377
gland…422
glaucoma…439
glaze…366
gleam…452
glitter…284
global standard…389
global warming…335
globular cluster…296
glossy…375
glow…375
glucose…439
GMAT…501
go into effect…95
go over…501
goat…313
goiter…437
gonorrhea…439
goodwill…67
Gospel…477
Gothic…282
gourd…300
govern…103,195
governess…356
GPA…358,501
grade…358
gradient…243
grading system…501
gradual…171
graduate assistant…501
Graduate Management Admission Test…501
graduate school…358,501
graduation…358
graduation thesis…358
grain…268
grammar…402
granite…375
grant…99,501
granulation…291

grave⋯167
gravel⋯215
gravitation⋯292
gravitational collapse⋯292
gravity⋯291
graze⋯300
GRE⋯501
greatest common divisor⋯417
greenhouse effect⋯335
grid⋯364
grizzly bear⋯312
groin⋯280
groom⋯167
grotesque⋯407
ground⋯51
ground water⋯338
grudge⋯407
guarantee⋯95,147
gulf⋯376
gullet⋯435
gully⋯294
gum⋯435
gutter⋯375

H

habitat⋯309
hacker⋯325
haddock⋯329
haiku⋯411
hail⋯444
hallucination⋯471
halt⋯51,273
handicaped sticker⋯501
handle⋯215,255
handout⋯357,501
handwriting⋯391
haphazard⋯482
harass⋯492
harassment⋯492
hard disk⋯321
hard money⋯465
hardness⋯338
hardware⋯323
hardy⋯301
harness⋯339
harvest⋯183
hasten⋯247
hatch⋯183,310

haunted⋯404
haven⋯487
hay fever⋯427
head office⋯346
head-on⋯239
headwater⋯339
heal⋯167
health center⋯501
health insurance⋯501
hearing⋯466
heart attack⋯425
heart disease⋯425
heartbeat⋯425
heartburn⋯439
heath⋯300
heathen⋯476
heatstroke⋯426
heed⋯482
heel⋯431
hegemonic⋯388
height⋯417
heliocentric⋯292
helpless⋯175
helplessness⋯247
hemisphere⋯203,215,376
hemophilia B⋯315
hemorrhage⋯436
hemorrhoids⋯428
hence⋯131
hepatitis⋯439
hepatitis B vaccine⋯440
hepatitis B⋯439
herbicide⋯269
herbivore⋯314
herd⋯47,300
hereditary⋯27,195
heredity⋯27
heritage⋯35,79,123,385
hernia⋯436
herpes⋯440
hetero-⋯366
heterogeneity⋯372
heterosexuality⋯489
heuristic⋯326
hexagon⋯416
hibernate⋯215
hibernation⋯307
hide⋯47

hierarchy⋯468
high yield⋯344
highbrow⋯487
higher education⋯360,501
high-interest rate⋯344
hinder⋯91
hinge⋯487
hinterland⋯370
hip⋯431
hippopotamus⋯313
histamine⋯440
HIV⋯247,433
hives⋯428
hoe⋯269
holistic⋯131
holler⋯87
hollow⋯35
holocaust⋯380
homely⋯404
homicide⋯397
homo-⋯366
homosexuality⋯489
honor societies⋯501
honor student⋯358
honorific⋯382
honors program⋯502
hoof⋯313
hook⋯329
hoop⋯487
horizontal⋯203
hormone⋯195,432
hornet⋯300
horrify⋯407
horticulture⋯276
hospitable⋯460
hospitality⋯460
host⋯308
hostage⋯390
hostility⋯59
Hot Spot⋯372
hotbed⋯274
house⋯227,466
houseboat⋯329
housing office⋯502
HTML⋯324
Hubble's law⋯296
huddle⋯485
hue⋯285

525

human rights···349
humanities···502
humidifier···440
humidity···447
humiliate···383
humiliation···99
hummock···292
hung···91
hunger···251
hunt···47
hurricane···444
hybridization···314
hydrocephalus···436
hydroelectric power···339
hydrofoil···329
hydrogen···235,296
hydrostatic pressure···455
hyena···312
hygienic···424
hymn···87,123,405,477
hypersensitivity···440
hypertension···440
hypnosis···469
hypocrisy···469
hypothermia···440
hysterectomy···440
hysterics···469

I

I.D.···502
IC···454
ice cap···371
iceberg···377
icicle···444
ICJ···390
icon···411
iconography···43
identical···131
identification···394
identify···79,394
identity···79,147,263
ideology···458
idiolect···403
idyll···408
igneous···292
ignore···27,119
illiterate···392
illuminated···83

illusion···83,471
image···83
imaginary number···420
imagination···119
imbalance···341
imitate···87
immature···183
immediate···103
immerse···374
immigrant···79,271
immigration···215
immortal···412
immune system···426
immune···247,426
immunization···426
immunization requirement
  ···502
immutable···131
impact···223
impair···55,255,421
impalpable···421
impartial···460
impeach···466
impede···87
imperialism···380
impermeable layer···339
impetus···487
implant···424
implosion···296
impose···63
impotent···460
impoverish···480
impression···83,231
Impressionism···285
impressionist···119
imprison···457
imprisonment···99,397
Improvisation···449
improvisational···87
impulse···432
inaugural address···274
inaugurate···457
inauguration···274
inboard···329
inborn···179
inbreeding···314
incentive···67,350
incessant···385

incidence···163
incise···276
inclination···292
income···350
income tax···350
incompatible···323
incongruity···123
incongruous···414
inconsequential···483
incorporate···127,239,391,493
incubate···312
incubation···442
indebted···355
independence···179
independent···465
independent study···502
in-depth···488
index card···368
Indian Ocean···329
indictment···401
indigenous people···349
indignation···408
indium···366
induce···470
induction···369
inductive reasoning···369
indulgent···470
industrial countries···349
industrialized···480
ineffable···284
inequality···147
inertia···455
inexorable···450
infatuate···284
infect···167
infection···167,432
infectious···167
infer···107
inference···135,368
inferior planet···292
inferiority complex···471
infiltration···326
infinite···263
inflection···403
inflict···474
influence···43
influential···147
influenza···425

526

influx⋯490
information retrieval⋯323
informative⋯356
infrare⋯35
infrared rays⋯327
infrared⋯327
infrastructure⋯373
infringement⋯399
infusion⋯404
ingenuous⋯483
inhabitant⋯31,493
inhale⋯429
inherent⋯478
inherit⋯27,103,175,314
inheritance⋯171,314
initial⋯59,199,259
inject⋯315
injunction⋯460
injury⋯255
inland⋯370
inmate⋯99,398
innate⋯107,404
inner⋯119
innocuous⋯422
innovation⋯151,351
inquiry⋯75
inquisitor⋯356
inscription⋯382
insect⋯219,307
insecticide⋯335
insectivore⋯335
insert⋯35,325
inshore⋯329
insight⋯43,75
insolation⋯366
insomniac⋯422
inspiration⋯286
inspire⋯51
install⋯363
instigate⋯480
instinct⋯31
instinctive⋯175
institution⋯55,79,147
instructor evaluation sheet
⋯502
instrumental⋯87,127
insulation⋯215,366
insulin⋯440

insurance claims⋯399
insurgent⋯480
intact⋯39
intaglio⋯231
intake⋯255
integer⋯416
integral⋯195
integral calculus⋯420
integrate⋯271
integration⋯273
intellectual⋯115
intellectual property right
⋯399
intelligence test⋯361
intelligible⋯354
intensify⋯485
intensive⋯270
intent⋯119
interact⋯313
interaction⋯103,403
interactive⋯324
interchangeable⋯364
intercultural⋯402
interdisciplinary major⋯502
interest⋯353
interest rate⋯350
interlude⋯127
intermediary⋯395
intermediate⋯356
internal⋯39
internship⋯502
interplay⋯75
interpretation⋯67
interpretative⋯368
interrelate⋯195
interrogatory⋯400
interstellar⋯155,296
intertidal⋯329
intervention⋯388
interview⋯503
interwoven⋯470
intimate⋯191
intimidate⋯394
intoxication⋯443
intravenous⋯440
intricately⋯285
intrigue⋯458
intrinsic⋯131

intrinsic semiconductor⋯366
introduce a motion⋯464
introduction⋯47
introspection⋯451
intrude⋯485
intuition⋯407
intuitive⋯43
invade⋯31
invaluable⋯483
invariably⋯167
invasion⋯385
invective⋯411
invent⋯111
inventory⋯353
inversion⋯453
invertebrate⋯300
inverter⋯366
investigate⋯27
investigation⋯135
investment⋯67,346
investment trust⋯346
invidious⋯483
invincible⋯384
invisible⋯155,211
involve⋯31,43
iodine⋯437
ion⋯292
ionized particles⋯446
ionosphere⋯446
iron ore⋯319
irony⋯412
irresistible⋯251
irrigation⋯338
irritate⋯483
irritation⋯167
Islam⋯474
isobar⋯445
isotherm⋯370
issue⋯55,91
itchy⋯422
ivory⋯300

J

jar⋯39
jargon⋯391
jaundice⋯440
Java⋯324
jaw⋯223,435

jazz…87
JD…503
jellyfish…310
joint…343,435
joint degree…503
jolt…374
jostle…485
journalism…91
Judaism…474
judicial…466
jugular…436
junction…367
junior…503
junior college…360,503
junk…483
Jupiter…159,287
Juris Doctor…503
jurisdiction…457
jury…396
jury verdict…400
justice…51,394,474
justify…163
juvenile…394
juxtaposition…131

K
keel…330
Kepler's laws…296
keyboard…321
kick-out…503
kidnap…398
kidney…207,430
kindergarten…360
kinematics…454
kinetic energy…455
kingdom…404
kinship…385
knee…431
knight…386
knit…79

L
Lab…503
labor union…346
laboratory…251,503
lagoon…378
laminar flow…455
languish…346,407

lapse…83
large intestine…430
larva…308
laryngitis…440
larynx…429
laser…296
last…139
late registration…503
lateen…330
latent…491
latitude…203,376
latitudinal…203
latter…87,263
launch…51,287
laureate…283
lava…292
Law School Admission Test
…503
law…259
lawsuit…395
lawyer…396
lay…27
lay off…343
layer…235,243
leaching…339
lead…318
leak…458
leap…187
leasing…353
leave…492
leave of absence…503
lecture…503
ledger…341
leeward…330
legacy…283
legislation…55,147,272
legitimate…87,460
lesbianism…147
lesion…440
lesser…99
letdown…440
leukemia…426
levee…339
leverage…71,352
lexicon…403
liabilities…352
liable…349
libel…398

liberal…392
liberal arts college…503
liberal arts…503
libertarianism…451
liberty…123
lichen…191
lick…167
life expectancy…373
life imprisonment…395
lifestyle-related disease…426
ligament…440
light year…292
lighthouse…480
lightning…447
like-minded…147
limestone…377
line…139,187
linguistic…402
lintel…280
lipid…195
liquidity…352
list…352
literacy…91,392
literal…119
literary…115
litigation…400
litter…337
littoral…330
liver…430
livestock…223,269
LLM…503
load…111,367
loan…350,503
lobby…147
lobbyist…466
local assembly…465
local authority…465
locate…215
locomotive…151,480
locust…310
log off…322
log on…322
logarithm…420
logging…349
logic…263,369
logical fallacies…369
login…324
longevity…422

longitude…330
longitudinal…330
long-term…63
loose…87
loosely…103
looting…399
lord…386
lottery…480
lower-division course…503
lowest common multiple…417
LSAT…503
lull…355
luminosity…295
lunar module…288
lunar month…289
lung…429
lush…301
lust…123
lyre…449
lyric…413

M

magma…239,292
magnetic…155,199
magnetic field…292
magnetic pole…296
magnetosphere…292
magnify…227,452
magnitude…292,327
maiden…385
majesty…384
major…504
make-up exam…504
malady…442
malfunction…363
malign…422
malnutrition…373
mammal…215,307
mammoth…39
mandatory…504
mandatory arbitration…400
maneuver…363
manganese…320
mania…151
maniac…151
manifest…179,460
manifold…343
manipulation…363

manned…287
manner…285
manor…386
mantle…239,243,375
manufacture…95,191
manufacturing…386
manuscript…123
marble…375
margin…343,377
marine…207
marital…275
maritime…447
mark…79
marked…470
Mars…159,287
marsh…378
martial law…390
masochism…470
mass…127,296
massive…111
Master of Laws…503
master's degree…360,504
mastery…179
mate…309
materialism…481
materialize…349
matriculation…504
mature…310
maturity…75,183,352
maximize…67
maze…135
MD…504
meal card…504
meal plan…504
means…51
measles…428
mechanical…251,259
mechanically…151
mechanics…263
mechanism…171,195
mechanization…363
media…263
mediator…399
medical checkups…361
medical examination…425
medical insurance…504
Medicare…425
medication…423

medicine…255
medieval…412
Mediterranean…371
medium…286
meerkat…313
meiosis…304
melodic…87
melt…444
melting pot…273
membrane…207,440
membranous…187
menace…463
menhaden…330
menopause…441
mentally handicapped children education…361
mentally retarded…361
mercantile marine…330
mercantile…330
mercenary…380
Mercury…159,287
merger…71,345
meridian…370
mermaid…330
mesosphere…446
metabolism…305
metabolize…191
metamorphosis…307
metaphor…413
metastases…436
meteor…288
meteorite…288,327
meteoroid…327
meteorological…327
meter…123
Methodist…476
metropolitan…480
microbe…305
microcredit…390
microorganism…314
microscope…227
microwave…296
midterm…504
midterm exam…504
midwife…425
migrant…307
migrate…31,215
migration…27,31,79,307

migratory…31
militant…460
military buildup…389
millennium…385
millet…268
million…417
mimic…404
mimicry…299
mineral…305
mingle…486
minimal…415
minimize…388
minimum…175
ministry…457
minor…504
minuscule…445
minute…131,445
mirage…448
misappropriation…398
miscarriage…441
miscellaneous…139,409
misleading…235
missionary…474
mist…444
mitigate…421
mnemonic…470
mobility…47,274
mobilize…273
mockery…488
mode…175,187
modem…325
moderately…155
moderation…421
modernism…411
modification…55,187
modify…27,408
modulate…363
module…367
moisture…211,215,447
mold…284
mole…313
molecule…195,317
molestation…488
mollusk…314
molt…330
molybdenum…320
momentum…63,450
monarch…219,467

monarchy…467
monastery…476
monetary…71
monism…451
monogamy…491
monolithic…367
monopoly…346
monotheism…475
monotonous…407
moor…378
moraine…377
moral…87
morale…345
mores…490
morphology…402
mortality rate…490
mortgage…345
mortify…483
mosaic…280
mosque…475
moss…306
mound…35,275
mountain range…376
mountainous…370
mouse…321
mouth…372
move…463
movement…285
muckrake…393
mule…35
multiculturalism…389
multilateral…343
multinational…351
multiple…343
multiple-choice…359
multiplication…199,419
multiply…419
multitudes of…171
mummy…39
mumps…427
mundane…473
municipal…127,468
murder…397
muscular…251
mussel…183
mutant…314
mutation…384
mutual…191

myopia…423
myriad…445
mystic…284
mystify…474
myth…411
mythical…405
mythology…405

N

naive…404
narcissistic…472
narcotic…398
narrative…405
narthex…280
narw(h)al…330
NASA…296
nasal cavity…429
national interest…389
national pension system…488
national security…389
nationality…456
nationalize…341
natural sciences…504
natural selection…304
naturalism…411
naughty…356
nausea…434
navel…431
navigation…330
navy…330
nebula…296
nectar…309
neglect…259
negotiate…51
neighboring…463
neoclassical…115
neon…316
nepotism…373
Neptune…287
nerve…428
nervous system…428
nesting…312
neural…454
neuron…428
neurosis…471
neutral…51,135,460
neutrino…292
neutron…317

Newtonian mechanics…296
NIC…324
niche…334
nickel…320
nitric acid…318
nitrogen…191,317
nitrogen fixation…318
nocturnal…310
nocturne…449
nodule…436
nomadic…47,271
nominate…457
nomination…274
nonconformist…477
nonprofit…349
non-resident…504
norm…489
normative…451
northern hemisphere…446
nostril…311
notable…143
notably…71
notary public…504
notation…127
note…111,171
noticeable…123
notification…505
notify…458
notion…39,67
notorious…384
nova…296
novel…139
nuclear…259,489
nuclear energy…367
nuclear fusion…292
nuclei…211
nucleic…195
nucleus…155,308
nuisance…223,483
nullify…273
numerous…127
nursery school…360
nurture…423
nutrient…269
nutrition…195,255,305
nutritional…251
nylon…318

O

oath…401
obesity…251,434
objectify…488
objective…59,454
obliquity…293
obliterate…408
obnoxious…483
obscene…127
obscurity…123
observation…171
observatory…327
observe…135
obsession…470
obstruct…167
obstruction…167,486
obtain…47
occult…477
occupancy…282
occupy…47,235
occur…309
ocean…207
oceanarium…330
Oceania…331
oceanography…331
octagon…416
odd number…417
ode…412
odor…319
odyssey…408
OECD…390
offender…99,400
offense…99
offer…147
office…51
office hours…505
official discount rate…344
official…91
offline…324
offset…231,259
offspring…314
ointment…434
old age pension…488
olfactory…423
oligarchy…381
ominous…407
omnivore…313
omnivorous…313

on the move…31
on-campus work…505
once…99
online…324
online application…505
onlooker…478
onomatopoeia…412
opacity…297
opaque…375
open admission…505
open-book exam…505
operating system…321
operation…151
operational…67
opposition party…465
oppression…381
optical…227
optics…263,453
optimum…399
option…247
oral cavity…429
oral exam…505
orbit…159,288
ordain…381
orderly…483
ordinal number…419
ordinance…352
organ…39
organic…191,195,309
organism…171
organization…147
organizational…263
organize…55
orient…47
orientation…505
original…51
originate…75
ornamental…284
orphan…492
oscillate…215
osmosis…207,339
ostensibly…483
ostrich…187
otter…313
ounce…420
outbreak…384
outburst…462
outcrop…276

outcry…456
outfall…339
outfit…487
outgrow…195
outline…369
outlook…382
output…71,255,345
outright…488
outscore…247
oval…416
ovary…441
overall…488
overland…151
overload…505
override…239
oversee…457
overture…449
overweight…251
overwhelm…483
oviparity…307
ovule…436
owl…311
ownership…43
ox…301
oxidization…337
oxidize…235
oxygen…255,317
oyster bed…331
oyster…183
ozone…337
ozone depletion…337
ozone layer…337

P

pacify…462
pad…83
paddies…183
paddle…259
pagan…382
pagoda…280
palatable…299
paleontology…303
Paleozoic era…293
palladium…320
palm…431
palpable…483
pancreas…430
panic…63

pantheism…115
pantheon…280
paper…357,505
parabola…418
paradigm…450
paradox…123,412
parallel connection…367
parallel line…418
parallelogram…416
paralyze…424
paranoid…472
paranormal…451
parasite…308
parasitic…309
parasitism…191,309
parasympathetic…472
parch…444
parchment…382
parking sticker…505
Parkinsonism…436
Parliament…464
parliamentary politics…463
parlor…480
parochial…473
parody…127
parole…99
partake…462
particle…131,155,211,316
particulate…211
part-time student…505
pass…378
passage…187
pass-fail grading system…505
password…322
pastoralism…405
patent…366
paternity…480
pathogen…302
pathos…412
patriarchy…480
patriot…272
patriotism…272
patron…283
paucity…480
paw…167,301
PE…506
peace treaty…390
peak…378

peasant…386
pebble…375
pedagogy…75
pedantic…408
pedestrian…478
pediatrician…432
pediment…280
peer group…361
pelagic…331
pelvis…441
penal code…399
penalize…394
penalty…99
penetrate…334
peninsula…376
pension…348
pentagon…416
penumbra…293
people…31
per capita…348
perceive…115,139
perceptible…423
perception…83,423
perch…312
percolation…339
perennial…71
perfect…111
perigee…293
perihelion…293
peripheral…199,472
perjury…398
permafrost…215,371
permeability…339
permeable…207,243
permeate…339
permutation…420
pernicious…483
perpendicular…159
perpendicular line…418
perpetrator…400
perpetuate…463
perplex…407
persecute…389
persecution…390
persevere…355
Persian…39
persistence…83
persona…412

personal check⋯505
personnel⋯341
perspective⋯43,285,413
perspire⋯423
pertinent⋯388
perturb⋯293
pest⋯219,310
pesticide⋯163,219,310
petal⋯306
petition⋯468
petroleum⋯335
Ph.D.⋯505
pharaoh⋯39
pharmacy⋯427
pharynx⋯429
phase velocity⋯455
pheasant⋯311
phenomenon⋯131,446
phenotype⋯302
philanthropic⋯79
philosophical⋯115
philosophy⋯75
phobia⋯472
phonetics⋯402
photoelectric effect⋯297
photon⋯297
photosphere⋯293
photosynthesis⋯191,305
photovoltaic cell⋯364
phrenology⋯472
phylogenetic tree⋯302
phylum⋯302
physical⋯27,191
physical education⋯361,506
physical fitness test⋯361
physical sciences⋯506
physically⋯39
physically and mentally handicapped child⋯361
physician⋯27,59,432
physics⋯259
physiognomy⋯423
physiological⋯251
physiology⋯195,304
physique⋯423
pictograph⋯276
picturesque⋯281
pidgin⋯403

piece⋯127,449
pier⋯111
pierce⋯421
piety⋯127
pigment⋯375
pilaster⋯280
pint⋯420
pinwheel⋯155
pious⋯477
piquant⋯460
piracy⋯399
pirate⋯51
pitch⋯39,403
pituitary⋯436
pivot⋯151
pivotal⋯115
placement test⋯506
placenta⋯441
plagiarism⋯368,506
plague⋯442
plain⋯47
plaintiff⋯396
Planck's constant⋯297
plane⋯159
planetary nebula⋯297
plant⋯259
plantation⋯271
plasma⋯293
plaster⋯286
plate⋯239,376
plateau⋯376
platelet⋯432
platform⋯59
platinum⋯320
platitude⋯414
platypus⋯331
plausible⋯407
play⋯412
playwright⋯413
plead⋯401
pledge⋯466
Pleistocene⋯276
plight⋯463
plow⋯67,269
plumb⋯452
plume⋯301
plunge⋯203
pluralism⋯372

Pluto⋯159,287
pneumoconiosis⋯426
pneumonia⋯426
pod⋯331
poetry⋯413
poison⋯223
poisoning⋯443
Polaris⋯289
polarization⋯293
pole⋯376
polio⋯433
political turmoil⋯464
politics⋯143
poll⋯468
pollen⋯219,306
pollinate⋯309
pollution⋯336
polycrystalline⋯367
polyester⋯318
polygamy⋯491
polygon⋯419
pop quiz⋯506
Pope⋯473
populate⋯478
population⋯47,302
population density⋯490
population explosion⋯490
pore⋯432
porous⋯235
portfolio⋯506
portrait⋯285
portray⋯119,405
pose⋯251
positron⋯297
postal⋯71,457
postgraduate⋯506
postpartum⋯441
postpone⋯51
postulate⋯382
posture⋯423
potential energy⋯455
poultry⋯301
poverty line⋯274
practicable⋯55
practical training⋯506
practitioner⋯255,423
pragmatics⋯403
pragmatism⋯451

533

prairie dog···312
preach···477
preamble···55
Precambrian era···293
precarious···483
precaution···39
preceding···115
precept···458
precipitation···211,215,337
precipitous···375
precipitously···63
precise···123
preclude···483
precursor···385
predator···223,302
predator control···302
predecessor···463
predominantly···87
pregnant···439
prehistoric···276
prejudice···389,490
preliminary···263,468
premarital···478
premature···463
premier···457
premise···115,450
premiums···352
preoccupation···407
preponderantly···79
preposterous···407
prerequisite···356,506
Presbyterianism···476
preschool-education···360
prescribe···423
prescription···427
presentation···506
preservative···39
preserve···39,79
presidency···274
president···362
press conference···392
press···63
presume···450
pretend···119
prevail···31,55
prevalent···385
prevention···167,255
preventive···167

preventive medicine···427
previous conviction···395
prey···299
priceless···284
primacy···67
primary···43
primate···301
prime···175
primitive···276
principal···71,251,344,362
principle···27,107,259
priority···460
prism···415,454
prisoner···99
probability···419
probation···99,358,397,506
probe···35,447
procedure···95
process···325
proclaim···459
proclamation···59
prod···414
prodigy···286
production of document···400
productivity···341
professional···147
professional school···506
professor emeritus···506
profile···493
profitable···47
profusion···239
progeny···301
progression···203
progressive···75
prohibit···55,394
project···83
prolong···343
prominence···293
prominent···79,384
promising···460
promote···147,255
prone···484
propaganda···381
proper···79
property···282,317
proponent···67,271
proportion···251,420
proprietor···480

prose···413
prosecution···395
prosecutor···396
prosody···123
prospective student···506
prostate gland···441
prostitution···394
protective coloring···312
protective···55
protein···195,308
Protestantism···475
protocol···324
proton···317
prototype···393
protozoa···305
protrude···421
provenance···43
provenience···277
provide···83
provision···71,95,272
proviso···341
prowl···301
proximity···301
prune···270
pry···486
pseudosuchian···187
psychiatric···471
psychiatric examination···471
psychoanalysis···471
psychology···75
psychotherapy···471
psychotic···472
puberty···356
public···87
public interests···464
public school···362
publicity···163,486
publicize···486
publish···27
Pueblo···271
pulmonary artery···429
pulsar···297
pulse···442
pumice···293
pump···207
pun···123
punctuation···123
pungent···484

punt…331
pupa…307
pupil…432
purchase…51
purge…390
purify…474
Puritan…271
puritanical…477
pursue…79
purveyor…391
puzzle…187
pyramid…280
pyroclastic flow…293

Q

quadratic equation…416
quadruple…415
qualification…357
qualify…357
qualifying exam…507
quantitative…195
quantum…463
quantum mechanics…453
quarantine…423
quart…420
quarter…362,507
quarters of the Moon…289
quartzite…277
quasar…296
quay…331
questionnaire…481,507
queue…488
quintal…331
quiz…357,507
quoin…280

R

R.A.…507
rabies…167
racial…273
racism…273
racist…273
radial velocity…297
radian…297
radiation…155,203,336
radio…454
radio signals…446
radioactive substance…335

radioactive waste…367
radioactive…243,335
radiocarbon dating…277
radius…418
raft…331
ragtime…87
raid…59,272
railing…278
raise…183,215
rally…468
RAM…199,321
ransom…388
rape…147,397
rash…441
rat…313
rate…243
rate hike…346
ratification…143,147
ratify…467
ratio…259,419
ration…59,493
rationalism…451
rattle…301
ray…203
readmission…507
Realism…285
realization…115
realize…199
realm…488
reapply…507
rear…309
reason…175,450
reasoning…369
rebel…179
rebellion…59
recall…139
reception…478
receptive…87
recess…507
recession…272
recipient…488
reciprocal…463
recitation…75
reclaimed wastewater…339
recognition…87
recombination…305
recommendation…507
reconcile…461

recount…405
recruit…59
rectangle…416
rectifier…367
rectum…430
recurrent…379
red tide…331
redemption…475
redundant…369
reef…310
refer…119,199
reference…369,507
referent…403
refit…331
reflect…55,453
reflection…35,203,453
reflex…135,452
reform…75
reformatory…99,399
refract…453
refraction…453
refrain…421
refrigeration…423
refugee…390
refund…507
regardless of…107,259
regenerate…269
regime…457
region…155,203,243,269
register…139,288,349,403
register for…507
registration…507
regulation…71,175,457
regulatory…195
rehabilitation…255
rehearsal…139
reign…387
reinforce…471
reinforcement…472
reinstate…457
relapse…425
relative…187
relativity…453
release…195
relieve…75
religious…43
relinquish…486
remainder…111,415

535

remedial course…507
remedy…274
reminiscence…408
remit…342
remnant…385
remonstrate…484
remove…39,426
Renaissance…115,285
renounce…384
renovation…282
renown…387
repeal…95,272
repel…231,484
repercussion…342
repertory…127
repetition…139
replace…39,231
replication…305
represent…83
representation…119
representative…159,464
repress…484
reproduce…312
reproduction…312
reptile…187,215,307
Republican…51,274
repulse…381
reputation…75
required course…508
requirements…357
requisite…356
research paper…508
resemble…167
resentment…408
reservoir…235,243,339
reside…59,115
residence…278
residence hall…508
residency requirement…508
Resident Assistant…507
residue…163,488
resign…457
resignation…457
resistance…255,454
resolutely…251
resolution…293,323
resolve…75,227
resonance…453

respect…203
respiration…429
respiratory…167
respiratory system…429
response…135
restitution…458
restoration…223
restore…51,223
restrict…71,393
resume…358,508
resurrection…473
retail…342
retailer…342
retain…83,91,231
retake…508
retaliation…401
retention…453
retina…432
retirement…350
retirement benefits…350
retort…459
retreat…31
retribution…385
retrieval…325
retrieve…325
retrograde…293
retrospect…408
return…353
reunion…357
revamp…405
revelation…474
revenge…409
revenue…63,348
revere…382
reversal…27
revert…488
revision…406
revive…474
revolt…381
revolutionize…171
revolve…327
rhetoric…412
rheumatoid…247
rhinoceros…313
rhyme…123,409
rhyolite…294
rhythmic…87
rib…281,435

ridge…377
ridicule…414
riffle…83
rift…294
rigging…331
right angle…418
right ascension…297
righteousness…484
rigid…263
riot…481
ritual…275
RNA…308
roam…167
robbery…397
rodent…223
roll…159
rolling admission…508
ROM…321
Romanesque…282
room and board…508
roost…313
root…263,416
rotate…159,231
rotation…159,203
rotunda…281
round…417
round off…417
round up…417
routine…47,449
rubbish…336
rubella…441
rudimentary…408
ruin…63,276
ruling party…465
ruminant…313
run…466
runoff…207,339
rupture…443
rural…79
ruthless…484

S

sabbatical leave…508
sac…251
sacred…473
safeguard…179
saga…406
saint…119

sake…119
salient…484
saline water…339
salinity…207
saliva…432
salivation…135
salvation…473
sample…35
sanctify…473
sanction…397
sanctuary…281
sanitary…424
sanity…484
SAT…508
satellite…35,288
satiation…484
satire…412
saturate…215,371
Saturn…287
savage…179
savanna…371
savannah…31
save…322
savings account…348,508
savior…473
scaffold…381
scale…43,187,307
scalpel…434
scanner…199
scansion…412
scapegoat…458
scarp…294
scatter…227
scheme…243,492
schizophrenia…472
scholar…43
scholarship…43,508
school…43,285,313
school excursion…362
school for deaf and dumb
…362
schooner…331
scout…299
scrape…239
scribble…406
script…139
scripture…382
scrutinize…484

sculpture…119,286
sea urchin…331
sea wall…332
seafloor…376
seal…275
seaquake…331
search warrant…395
seaweed…332
seaworthy…332
secede…59
secession…55
seclusion…488
second…464
secondary…199
second-hand bookstore…508
secretary…466
secrete…441
sect…476
sector…71,416
secular…127,473
secure…147
securities industry…345
security deposit…508
sedentary…277
sediment…235,340
sedimentary…235,377
seek…63
seepage…340
segment…63
segregation…488
seism…377
seismic…235
seismically…243
seismology…377
seize…151,390
selective…139
self evaluation…362
self-discipline…362
semantic…107
semantics…402
semester…508
semester system…362
semiconductor…366
seminar…362,508
semiology…412
Senator…464
senior…509
seniority system…347

sensation…472
sensational…393
sensitivity…43
sensor…35
sensory…139,423
sensual…404
sentence…99,397
sentimental…79
separate…476
sermon…477
serpent…475
server…324
service…475
set…420
settle…399
settle…47
sewage…340
sewage treatment plant…340
sewer…340
sexism…478
sextant…332
shaft…363
shale…235,377
shareholder…67,344
shatter…374
shatter cone…294
shelter…31,191
shield…294
shield volcano…294
shift…115,203,223
ship…151
shipment…481
shipwreck…381
shoal…332
shot…427
shrewd…484
shun…484
shutter…83
Siberian…39
sight…289
sighting…448
sign up for…509
significant…163
significantly…71
silicate…294
silicon…367
simulation…452
sin…475

sinew···47
single-parent household···491
singularity···297
sinister···407
sink···239
sinus···294
site···321
sizable···285
skeleton···303
skip···509
skull···430
skylark···311
slab···239,378
slant···453
slaughter···395
slavery···55,59
sleet···444
slipped disk···428
slot···321
sluggish···342
small intestine···430
smallpox···432
smear···39
smog···337
smug···470
smuggle···398
snail···310
sneer···408
snobbery···484
snowstorm···444
soak···374
soar···350
sociable···478
social science···509
social security number···509
social stratification···372
socialism···491
socialize···479
sociolinguistics···403
sodium···318
soft money···465
software···323
software virus···323
soil···268
soil conservation···269
soil erosion···373
soil exhaustion···373
soil fertility···268

solar···203
solar cell···367
solar constant···367
solar energy···367
solution···318
solvent···319
somatic···472
sonata···449
sophisticated···325
sophomore···509
sore···424
sorely···63
sorority···509
sound···171
southern hemisphere···446
sovereign···55,458
sow···268
spacecraft···289
spacious···278
span···111
spandrel···281
Spaniard···47
sparkle···316
sparse···490
spasm···441
spatial···278
specialization···263
species···171,175,191,299
species diversity···302
specific···27,139
specifically···195
specify···363
specimen···227,302
spectacular···284
specter···251
spectrometer···297
spectrum···297
speech···107
speech balloon···392
sperm···27,308
sphere···203,288
spherical···155
spinal···435
spinal cord···436
spinal injury···436
spine···435
spiral···155,289
spire···282

spiritual···87
spleen···435
spoils···51
sponge···309
spontaneous···87,408
sporadic···370
spouse···489
sprain···434
sprawl···370
spring tide···333
spur···75,342
squall···444
square···416
squash···47
squeeze···123,183,421
squirrel···312
stability···302
stable···223
stage···43
stagnant···348
stake···351
stale···488
stalk···251
stance···115
staple···393
starfish···310
starvation···251,373
state university···509
statement of purpose ···355, 509
static···452
stationary front···447
statistics···420
status···55
statute···95
statutory···464
steep···39
stellar···297
stem···306
stenographer···459
stepmother···479
steppe···370
stereotype···369
sterilization···441
steroid···255
stethoscope···427
stifling···484
still···83

stimulus…135,428
stipend…509
stipulate…458
stock…63,343
stock market…344
stock price index…344
stockholder…67,344
stomach…430
storage…342
store…39,325
straight…155
strain…75,219
strait…371
strand…481
strata…377
strategic…35
strategy…139
stratosphere…446
stratum…445
streaming…324
streamline…455
stress…247
stretch…370,421
stretcher…434
stricken…461
stricture…115,459
stride…486
striking…203
stroke…437
structural formula…317
structuralism…412
structure…155
struggle…175
Student Union…509
stuff…251
stump…309
stupa…281
stupor…421
sturgeon…183
style…368
stylize…286
subarctic…371
subcontractor…345
subculture…490
subdiscipline…135
subduction…239,377
subdue…381
subject…95,203,308

subjugate…381
sublime…281
subliminal perception…403
submerge…462
subordinate…458
subsidence…340
subsidiary…347
subsidize…347
subsidy…347
subsistence…47,277
subspecies…302
substance…39,316
substantial…95
substrate…195
subterranean…235,271
subtraction…199,419
subtropical…371
subversion…458
succeed…43,55
succession…83,302
successive…31,83
succinct…406
suicide…489
suite…449
sulfur…316
sulfuric acid…318
summer school…509
summer session…509
summer solstice…327
summit…378
summon…381
sunspot…294
sunstroke…426
superfluous…343
superintend…458
superior planets…294
supernova…297
supervision…99
supplement…47,392
supply…350
suppression…51
supreme…51
supreme court…395
surface area…419
surface tension…340
surge…490
surgeon…432
surgical…424

surpass…408
surplus…344
surrender…272
surround…111
survey…35
survival…304
survive…31,171,191
susceptible…421
suspect…163,401
suspend…99,395
sustain…79,215
sustainable…349
sustenance…493
swaddle…439
swallow…167
swarm…301
sweep…215
swell…251
swindler…399
swirl…448
syllable…402
syllabus…362,509
syllogism…451
symbiosis…191
symbolism…43,119
symmetry…285
sympathetic…472
symphony…449
symptom…167,425
synchronize…388
syndicate…392
syndrome…433
syntax…402
synthesis…195,314
synthetic…317
synthetic fiber…317
syphilis…441

T

TA…509
table of contents…369
tablet…422
tabloid…393
taboo…478
tacit…459
tackle…273
tactics…391
tactile…424

tadpole…311
taiga…215,371
take place…151
take-home exam…357,509
tallow…319
tamper…486
tangible…461
tardiness…343
tariff…55,63,348
tax evasion…345
tax return…351
tax revenue…465
taxonomy…302
TCP/IP…325
Teaching Assistant…509
tease…357
tectonic…294
tedious…485
televise…392
temple…431
tenacious…485
tenant…281
tenement…281
tenet…75
tension…75
tentacle…332
tenure…509
term…55
term paper…510
terminate…462
terminology…473
terra…294
terrain…375,445
terrestrial…159
territorial…223
territory…51,390
terse…368
tessera…294
testify…401
testimony…394
testis…441
tetanus…441
thaw…493
the assembly line…323
the big bang theory…289
the crusades…475
the Diet…464
the disabled…492

the Industrial Revolution…387
the Internet…322
the Middle Ages…386
the New Deal…273
the penny press…393
the Senate…274
the slash - and - burn method…269
the solar system…287
theater of the absurd…413
theatrical…449
theft…398
theism…115,475
theme…510
theological…473
theology…115
theorem…417
therapist…424
therapy…247,471
thermal pollution…340
thermodynamics…455
thermometer…427
thermosphere…446
thesaurus…510
thesis…510
thickness…203
thigh…431
thin…243
thrall…381
threat…51
threshold…379
thrifty…481
thrive…223
throat…434
throne…404
throng…379
throughout…175
thrush…311
thrust…135,486
thunderstorm…447
thyroid…437
thyroid calcification…437
thyroid carcinoma…437
tide…332
tide rip…332
tilt…159,203,374
time-consuming…95

timing…255
tin…318
tip…31
tissue…299
titanium…320
to sum up…31
toad…310
toddler…357
toe…431
tolerate…127,395
topsoil…373
tornado…211,447
torque…455
totality…123
tourism…481
toute…219
tow…510
toxemia…441
toxic…163,336
toxin…163,336
trace…27
tracery…281
trachea…429
tract…167
trade…386
trade barrier…386
trade deficit…386
trade friction…386
trade wind…372
trade-off…353
tradition…43
tragedy…413
tragicomedy…413
trail…155,375
trait…27,384
trajectory…388
tranquilizers…442
transaction…342
transcend…470
Transcendentalism…115
transcript…358,510
transept…281
transfer…139,362,510
transform…301
transformation…305
transistor…199
transition…384
transmission…195

transmission lines···367
transmit···27,486
transparent···446
transpiration···340
transplant···433
transportation···151
trappings···67
trash···336
trauma···469
travail···486
trawl···332
treacherous···385
treason···458
treasonable···51
treat···231
treatise···413
treatment···163,255
treaty···467
trench···239,377
trial···396
tribalism···373
tribe···47
tributary···340
trickle···493
trifle···485
trigger···381
trillion···155,417
trimester···510
triple···47
troop···59
tropical rain forest···336
troposphere···445
trough···445
trout···183,311
truce···390
true of ∼···103
trunk···306,431
trustworthy···99
tuberculin skin test···442
tuberculosis···428
tuff···294
tuition···362,510
tumor···433
tundra···215,371
tune···87
tungsten···320
turbidity···340
turbulence···446

turbulent flow···455
tusk···314
tutor···510
tutorial mode···362
typhoid···433
tyranny···381
tyrant···381

U

ulcer···167,427
ultraviolet radiation···367
ultraviolet ray···367
umbilical cord···442
umbra···295
undeclared major···510
underdog···382
undergo···203
undergraduate···510
underlie···107,179
underlying···35,75
underscore···459
undo···325
undue···255
undulate···377
unemployment···347
unemployment benefits···347
uniformity···362
unify···79,382
union···51
unique···123
unit···357,510
universal···171
universe···115
university entrance examination···355
unleash···374
unprecedented···387
unrelenting···59
unsaturated zone···340
unveil···384
unzip···321
upgrade···321
upheaval···382
uphold···456
upper-division course···510
upright···453
uprising···382
upriver···332

upstream···332
upward mobility···491
upwind···332
uranium···318
Uranus···159,287
urban···281
urban congestion···281
urban fringe···281
uremia···430
urethra···430
urge···251
urgent motion···464
urinal···424
urinary···167
urinary organs···427
urine···167,207,427
URL···324
usage···79
used books···511
uterus···442
utilitarianism···451
utilize···486
utterance···103,107

V

vaccinate···432
vaccination···167
vaccine···432
vacuum···227,453
valid···342
vapor···211,445
variability···171
variable···417
variable star···289
variation···203,227
vascular plants···303
vassal···386
vault···281
vector···455
vegetation···215,269
vehement···461
vehicle···87
velocity···454
venom···311
vent···295
ventilate···364
venture···352
Venus···159,287

541

verbal…406
verge…271
verify…395
vermiform appendix…430
vermin…314
vernal equinox…289
verse…413
versus…219,463
vertebral column…428
vertebrate…306
vertical…203,418
vessel…332
veterinarian…167
veterinary…167
veto…55,467
vibrate…453
vice-president…55
vicious…349
victim…247
view…75
vigilance…485
vigor…71
vigorously…59
villain…404
violation…397
viral…167
viral infection…442
virus…424
visa…511
viscosity…455
visible…297
vision…83
visual…43,83
visual disturbance…361
visualize…175
vital…87,195
viviparity…306
vocal…87
vocal cord…429
vocational education…357
vocational school…357,511
vogue…492
volatile…295
volcano…376
voltage…364
volume…418
volume of a sphere…419
volunteer…251

voter…465
voussoir…111
vowel…103,402
vulture…311

W

wage…63
waist…431
waive…511
wake…63
wale knot…332
wane…298
warehouse…342
warfare…388
warm front…447
warrior…382
WASP…481
waste…336
water cycle…340
water table…340
waterproof…39
watershed…340
waterway…332
watery grave…332
watt…364
wavelength…298
wax…298
weasel…312
weather map…445
weathering…372
weave…275
wedge…111
weed…269
weight…418
weld…286
welfare…492
westward…79
wharf…333
wheat…268
wheel…259
wheezing…442
when it comes to…259
whereabouts…43
whereas…203
whereby…107
whim…95
whirl…211,287
white blood cell…432

white dwarf…298
wholesale…342
wholesome…461
wick…319
widow…492
widower…479
width…417
wildlife…223,303
wind…183
windmill…268
winter solstice…327
with the exception of…159
withdraw…55,95
withdrawal…511
withholding tax…348
witness…251,385,397
witnessed…263
womb…435
Women's Lib…492
woodwind…449
wording…406
work study…511
workforce…493
workshop…283,511
World Bank…349
world wide web…323
worldly…406
worship…477
wound…167
wrap…39
wreck…382
wrinkle…424
wrist…431

X

xebec…333
x-ray…434

Y

Yankee…79
yeast…316
yield…107,511
yoga…247
young…215

Z

zinc…318
zoology…300

zoophyte…333
zooplankton…333
zoospore…333

参考文献

《図書および CD-ROM》

Microsoft, Encarta Premium 2008 Encyclopedia. Microsoft Corporation 2008

Compton's Interactive Encyclopedia Deluxe. SoftKey Multimedia Inc., 2001

Encyclopedia Britannica. britannica. com 2001

M. J. Clugston, Dictionary of Science. Penguin Books 1998

Guide to American Literature from Emily Dickinson to the Present. Barnes & Noble Books, 1990

Siever, Raymond. Understanding Earth. W. H. Freeman and Company, 1998

Asimov, Isaac. Words from History II. Yumi Press, 1994

The Official Guide to the TOEFL iBT with CD-ROM, Third Edition Educational Testing Servise, 2009

小西　友七　編．ジーニアス英和大辞典．大修館書店、2001
新村　出　編．広辞苑　第6版．岩波書店、2008．．
崎川範行．英和科学用語辞典．講談社、1996．
大石不二夫．理工英語小辞典．三共出版株式会社、1997．
林 功．TOEFL iBT 頻出英単語1700．ベレ出版、2006
林 功（監訳）．ETS 公認ガイド TOEFL iBT CD-ROM 版, Educational Testing Service, 2009

《Web ページ》

Susan Braun, eHow.com,
http://www.ehow.com/list_5943872_parts-arch-roman-architecture.html

Infoplease.com, Infoplease,
http://www.infoplease.com/ce6/ent/A0859011.html

Office of Naval Research, Science & Technology Focus
http://www.onr.navy.mil/focus/ocean/water/salinity1.htm

University of California Museum of Paleontology, UCMP,
http://www.ucmp.berkeley.edu/exhibits/biomes/tundra.php

留学試験対策専門校
LINGO L.L.C.
We respect what makes man man.

受講生の目標得点到達を確実にし、真の英語運用力獲得と夢実現を可能にする
少人数クラス：
TOEFL® Test対策講座
Course 100・80・65・Speaking 各クラス
IELTS対策講座
Course 6.5・5.5（Academic・General）各クラス

LINGO L.L.C. / リンゴ・エル・エル・シー
〒160-0023
東京都新宿区西新宿3-2-7　KDX新宿ビル1F
JR・小田急線・地下鉄各線新宿駅南口徒歩約8分
Tel 03-6279-4340　Fax 03-6279-4350
ホームページ：http://www.lingollc.com
e-mail: ryugaku @ lingollc.com

TOEFL® メール添削講座

● TOEFL® Writing添削
LINGO L.L.C.の細やかさを凝縮したIndependent Task対策。
サンプル答案をご希望の方は下記のページをご覧下さい。
http://www.lingollc.com/tensaku/toefl_writing

著者略歴

林 功（はやし いさお）

長崎県生まれ。早大一文中退。サザン・イリノイ大英文科卒。ワシントン大大学院比較文学科修士課程修了(MA)。現在、留学試験専門校LINGO L.L.C.代表。筑波大大学院共通講座客員講師。長年にわたって、高校生からビジネスマンまで、TOEFLテスト受験対策を中心に英語を教え続け、「ヒゲの林」の愛称で親しまれている。今では10000人以上の教え子が国内外で活躍中。

著書「CD BOOK TOEFL® Test 必須英単語5000」「TOEFL® TEST 英文法徹底対策」「CD BOOK TOEFL® iBT 頻出英単語1700」「CD BOOK アメリカの中学教科書で英語を学ぶ（正・続篇）」「CD BOOK 英語の出し入れ実践トレーニング」（以上ベレ出版）、「全問正解する TOEFL ITP® Test 文法問題対策」（語研）、「ETS公認ガイド TOEFL® iBT CD-ROM版（監訳）」（ETS/McGraw-Hill）、そのほか、アルクや毎日ウイークリーなどの英語学習誌にTOEFLを中心にIELTS、GRE、GMAT対策やユニークな英語学習法などを執筆。

(CDの内容)
- DISC1：79分06秒
- DISC2：79分02秒
- 収録内容：PART1の英文
- ナレーション：Judy Venable/Stave Martin/Chris Koprowski
- DISC1、DISC2は重なっています。

CD BOOK 改訂新版 TOEFL® TEST 必須英単語5600

2011年2月25日	初版発行
2020年3月4日	第15刷発行
著者	林 功（はやし いさお）
カバーデザイン	竹内雄二

©Isao Hayashi 2011. Printed in Japan

発行者	内田 眞吾
発行・発売	ベレ出版 〒162-0832 東京都新宿区岩戸町12レベッカビル TEL.03-5225-4790 FAX.03-5225-4795 振替00180-7-104058
印刷	株式会社三光デジプロ
製本	根本製本株式会社

落丁本・乱丁本は小社編集部あてにお送りください。送料小社負担にてお取り替えします。

ISBN 978-4-86064-282-2 C2082　　　　編集担当 脇山 和美

英語で意見を論理的に述べる技術とトレーニング

植田一三 著

A5 並製／定価 1995 円（5% 税込） 本体 1900 円
ISBN978-4-86064-048-4 C2082 ■ 312 頁

英語圏の人たちは、自分が話している相手に対して自分の意見がより強いことを示そうとします。わかりやすくて説得力のある英語のスピーキング力は英語圏の人たちとコミュニケーションするために必須のものです。本書はさまざまな社会情勢や事情に関する知識と、それらを英語で論理的に述べる表現力を養うトレーニングブックです。

国際会議・スピーチ・研究発表の英語表現

石井隆之 著

A5 並製／定価 2835 円（5% 税込） 本体 2700 円
ISBN978-4-86064-111-5 C2082 ■ 328 頁

国際化と情報化の現代、英語による一歩進んだコミュニケーションをする機会が増えてきています。国内・国外を問わず、英語で会議、講演、研究発表をするという状況も珍しくなくなりました。本書は国際会議やセミナーの場で、英語で講演や研究発表をする研究者、学生、ビジネスマンのために有益な英語表現を、状況別・テーマ別にまとめた使える英語表現集です。CD2 枚付き。

英語プレゼンハンドブック

味園真紀 著

四六並製／定価 1680 円（5% 税込） 本体 1600 円
ISBN978-4-86064-253-2 C2082 ■ 176 頁

英語でプレゼンテーションをする時に必要なスライド作成ルールからすぐに使えるシンプルなプレゼン表現をコンパクトにまとめました。プレゼンで使う表現はこれだけで十分です。現役のビジネスパーソンが現場で使えるようにシンプルで使える表現ばかりを厳選。プレゼンテーションの組み立て方、スライド作成上のポイント、プレゼン場面の導入、本論、結論そしてプレゼンで想定されるQ&Aなど、プレゼンの流れに沿った構成です。ビジネスパーソン必携の1冊。CD1 枚付き。

教室で使う英語表現集

3枚付き

曽根田憲三／ブルース・パーキンス 著

A5並製／定価2940円（5%税込） 本体2800円
ISBN978-4-939076-91-6 C2082　■ 312頁

留学先ではもちろん、日本でも英語での授業やネイティブ相手の英会話学校で使える表現3200を収録しました。あいさつ・自己紹介・生徒への指示や注意・先生への相談や報告・議論など、授業での会話、学校内での会話のありとあらゆる表現を、生徒の表現、先生の表現、両方使える表現の表示つきで状況別・場面別に紹介します。ミニ単語集付き。

数量表現の英語トレーニングブック

2枚付き

大島さくら子 著

A5並製／定価2205円（5%税込） 本体2100円
ISBN978-4-86064-243-3 C2082　■ 256頁

数字・単位・計算などの聞き取り・読み取り・書き取りに強くなるための実践トレーニングブック。日常会話やビジネス会話の中で数字がでてくるととたんに思考が止まる人、数字が1桁、2桁ならどうにか聞きとれてもそれ以上になるととたんに会話が止まってしまう人にピッタリの本。ビジネス場面で数字の英語に弱いのは致命傷。要点解説と豊富な例文、そして実践的な練習問題で英語の数字がどんどん聞きとれるようになり、すらすら話せるようになります。

数・単位・計算の英語表現集

3枚付き

曽根田憲三／ブルース・パーキンス 著

四六並製／定価2730円（5%税込） 本体2600円
ISBN978-4-86064-215-0 C2082　■ 368頁

日常会話レベルで頻繁に出てくるはずなのに意外に知らない、数、単位、計算の表現を豊富に収録。標高、海抜、利子、株価、税金、重量、風速、湿度、面積、体積、容量、心拍数、視力、自給率、四則計算、分数、掛け算、四捨五入、比率…数にまつわる様々な英語を「内閣の支持率は45%です」「この車の幅はどのくらいありますか」など使える表現で紹介していきます。

📀 英語圏で通用する英語

内之倉礼子 著

四六並製／定価 1785 円（5% 税込） 本体 1700 円
ISBN978-4-86064-207-5 C2082　■ 336 頁

英語での意思疎通や基本的なコミュニケーションくらいはできるけれど、そこから一歩先に進むことができない中級英語学習者が、ネイティブレベルの英語力をモノにするために何をすればよいかを、具体的に教示します。現状の英語力を冷静に見据え、着実に目標を設定して英語力 UP を目指す本書のやり方は、外資系企業で働くことや英語圏での生活を実際に目標にすえた、本気で上級英語習得を目指す方に最適です。

📀 暮らしの英会話表現辞典

曽根田憲三／ブルース・パーキンス 著

四六並製／定価 3045 円（5% 税込） 本体 2900 円
ISBN978-4-86064-080-4 C2082　■ 572 頁

起きてから寝るまでの日常表現から、電話、ショッピング、観光、乗り物、ドライブ、病気、銀行、お宅訪問など状況、場面別の表現、その他健康、食事、天気など話材となる表現まで、暮らしの中で使うあらゆる会話表現を収録。すべて使いやすく、やさしい、簡潔な英語表現ばかり。海外への長期滞在、旅行、留学、転勤、また英会話上達にも役立つ1冊。

📀 アメリカで生活する英語表現集

長井千枝子 著

A5 並製／定価 2940 円（5% 税込） 本体 2800 円
ISBN978-4-86064-003-3 C2082　■ 400 頁

著者のアメリカ駐在経験から、アメリカ暮らしに必要な生活情報と、日常生活で使うであろう、あらゆる英語表現をまるごと1冊にまとめました。掲載したすべてのフレーズを CD 3 枚に収録してありますので、これ1冊あれば〈安心して〉アメリカでの生活をエンジョイすることができます。

世界の歴史の知識と英語を身につける

植田一三／深谷真佐江／大平剛／上田敏子 著

A5 並製／定価 2205 円（5% 税込） 本体 2100 円
ISBN978-4-86064-240-2 C2082　■ 400 頁

世界の歴史の知識は、英語学習にも必須。タイム読解や CNN ニュースなどの理解度が大幅にアップします。そしてネイティブとの社会問題について英語でディスカッションするときも、歴史上の事件の背景、文化についての知識があれば説得力が増します。本書の構成は第 1 章はヨーロッパ史、2 章は中東史、3 章はアメリカ・オセアニア・アフリカ史、4 章はアジア史。CD には世界遺産の観光場面のダイアローグを収録。

独習英会話 スピーキング＆リスニング練習帳

北浦尚彦 著

A5 並製／定価 1785 円（5% 税込） 本体 1700 円
ISBN978-4-86064-201-3 C2082　■ 224 頁

会話に必要な二大要素、会話力とリスニング力をつけるためのトレーニングブックです。基本語彙を使った英会話例文を使って、単なる知識としてではなく使えるレベルにまであげるスピーキングのトレーニングと、発音をからめて聴き取りのコツをつかむリスニングのトレーニングをしていきます。この一冊で、辞書も副教材も使わずにネイティブとの会話が恐くなくなる力がつけられます。

---

60 日完成 入門英会話＆英文法まるごとドリル

石津奈々 著

A5 並製／定価 2520 円（5% 税込） 本体 2400 円
ISBN978-4-86064-156-6 C2082　■ 352 頁

1 日数頁、60 日間きちんと続ければ、どんな人でも必ず初級の英会話フレーズとそれに必要な文法力が身につけられる本。とにかくこれ一冊だけを丁寧に学習すれば OK。毎日、新しいことは少しずつ、そして前日の復習がきちんとできるようプログラムされていますから、無理なく楽しく学習できます。今までいろいろな本で浮気をして結局何も身についていない…という初級学習者に是非オススメの一冊です。CD3 枚付き。

おかわり！スラスラ話すための瞬間英作文シャッフルトレーニング

森沢洋介 著

四六並製／定価 1785 円（5% 税込）本体 1700 円
ISBN978-4-86064-262-4 C2082 ■ 176 頁

『どんどん話すための瞬間英作文トレーニング』では、文型ごとに中学レベルの例文を瞬間的に英作文で基礎力をつけるトレーニングをしましたが、本書ではそれらの文型をシャッフルして、どの文型の例文かという情報なしに瞬間英作文していきます。前作『スラスラ話すための瞬間英作文シャッフルトレーニング』と同じレベルで、もっとトレーニングしたいという人のための一冊です。

ポンポン話すための瞬間英作文パターン・プラクティス

森沢洋介 著

四六並製／定価 1890 円（5% 税込）本体 1800 円
ISBN978-4-86064-193-1 C2082 ■ 184 頁

本書は、『どんどん話すための瞬間英作文トレーニング』『スラスラ話すための瞬間英作文シャッフルトレーニング』既刊のこの 2 冊のように 1 文 1 文を英作文していく方法では日本語にひっぱられてしまって成果をあげづらいという方のために考えた、肯定文を疑問文にしたり、主語や動詞など部分的に単語を入れ換えてそれに瞬間的に反応して英作文していくという新しいトレーニング本です。

英語の出し入れ実践トレーニング

林功／大瀧綾子 著

A5 並製／定価 1890 円（5% 税込）本体 1800 円
ISBN978-4-86064-232-7 C2082 ■ 200 頁

本物素材で英語のリスニングとスピーキングを同時に鍛える学習法。さまざまなテーマに基づいたネイティブスピーカーによる自然な生音声を聞きながら、関連語彙や英語表現、文化知識などの情報と自然なイントネーションを繰り返しインプットし、そのトピックの知識だけでなく、音声も含めたアウトプット能力も高めることが本書の目的。英語の出し入れ、つまりインプットとアウトプットの両面を鍛え、英語力を飛躍的に向上させるトレーニング。中級からの英語学習者向け。

```
B E R E T B O O K S
B E R E T B O O K S
B E R E T B O O K S
B E R E T B O O K S
B E R E T B O O K S
B E R E T B O O K S
B E R E T B O O K S
B E R E T B O O K S
B E R E T B O O K S
B E R E T B O O K S
```